Halle und sein Umland

Halle und sein Umland

Geographischer Exkursionsführer

herausgegeben von
Klaus Friedrich und Manfred Frühauf

Mitteldeutscher Verlag

Gedruckt mit freundlicher Unterstützung

der Stadt Halle (Saale)

HALLE Die Stadt

und der Martin-Luther-Universität
Halle-Wittenberg

2006

2., überarbeitete und aktualisierte Auflage

Coverfotos: K. Fricke
Druck: druckhaus köthen GmbH
Printed in Germany

ISBN 3-89812-167-4

Inhalt

Umlandexkursionen

Vorwort

Der vorliegende Exkursionsführer, der sich der größten Stadt Sachsen-Anhalts und ihrem Umland widmet, will sowohl dem Einheimischen als auch dem Besucher Informationen über die geographischen Gegebenheiten - vor allem aber Besonderheiten - dieses Raumes bereitstellen. Möglicherweise ist Halle als Geburtsstadt von Georg Friedrich Händel und Hans Dietrich Genscher, als Wirkungsstätte von August Hermann Francke und Martin Luther, als so genannte Kulturhauptstadt Sachsen-Anhalts bekannt oder durch ihre Lage an der Saale unweit von Leipzig, ihre bis zur Wende vorherrschende Funktion als „Chemiemetropole“ mit einer großen Anzahl von Umweltproblemen. Über diese genannten Facetten hinaus gibt es jedoch aus geographischer - also natur- und sozialwissenschaftlicher - Sicht weitere wichtige Entwicklungen und Strukturen dieses Raumes, die es lohnen, erkundet zu werden. Deshalb beschäftigt sich dieser Exkursionsführer ebenso mit den landschaftlichen wie mit den kulturgeographischen Bedingungen des halleschen Raumes; vor allem orientiert er dabei auf diesbezügliche Besonderheiten, auf Gunst- und Wechselwirkungen, aber auch auf aktuelle Probleme und Entwicklungstendenzen.

Damit wird auch der Versuch unternommen, verbreiteten Stereotypen zu begegnen, die z. B. Halle („Diva in Grau“) oder sein Umland („monotone Ackerlandschaft mit Industrie- und Bergbaurelikten“) betreffen. Dies erscheint nicht nur unter dem Blickwinkel einer sich seit der Wende gravierend verbesserten Umweltsituation und des veränderten äußeren Erscheinungsbildes notwendig. Zweifellos bleibt auch 13 Jahre nach diesem Ereignis noch viel zu tun, um das aus der jüngeren Vergangenheit übernommene Erbe aufzupolieren. Doch schon jetzt zeigt nicht nur Halle, sondern auch die Orte in seiner Umgebung, welche vielfältigen Potenziale in dieser Region der Kontraste vereint sind, die selbst Einheimische bis vor kurzem hinter der „Patina“ aus Grau und Verfall kaum für möglich gehalten hätten. Gegenüber anderen Städten (auch in Sachsen-Anhalt) besitzt Halle aufgrund der relativ geringen Kriegszerstörungen und trotz der Hinterlassenschaften einer verfehlten Baupolitik der DDR-Zeit ein großes Sanierungspotenzial von hohem (kultur-)historischem Wert. Auch die meistens nur wenig beachtete landschaftliche Vielgestaltigkeit, die sich in einem großen Kontrast verschiedenster natürlicher Gegebenheiten auf relativ engem Raum verdeutlicht, zählt hierzu. Wer weiß schon, dass mehr als die Hälfte des Stadtgebietes von Wasser- und Grünflächen eingenommen wird - etwa ein Viertel davon stehen unter Natur- oder Landschaftsschutz und besitzen eindrucksvolle botanische Kostbarkeiten - und somit das „graue" Image ein kaum mehr zutreffendes Charakteristikum für Halle ist. Auch ist Halle heute nicht mehr die „Arbeiter- und Industriestadt" Mitteldeutschlands mit vielfältigen Problemen (Arbeitslosigkeit); wichtig ist ihre Funktion als Universitätsstadt und modernes Dienstleistungszentrum in einer zukunftsfähigen Metropolitanregion im Schnittpunkt zwischen Mittel- und Osteuropa. Damit deuten sich viele Wechselwirkungen zwischen der landschaftlichen Ausstattung, die vor allem durch die geologisch-geomorphologische Entwicklungsgeschichte und ihre Auswirkungen geprägt wurde, sowie der Siedlungs-, Wirtschafts- und Bevölkerungsentwicklung an.

Auf diese Querbezüge geht der Exkursionsführer ein. Es ist weniger als Lektüre für zu Haus gedacht, sondern soll insbesondere als Anreiz und Hilfe für das Kennenlernen der beschriebenen „Phänomene" in der (geographischen) Realität dienen. Hierfür wird einleitend eine Beschreibung ausgewählter geographischer Problemfelder vorangestellt, um dann durch vorgeschlagene Exkursionen die Stadt und ihr Umland kennen zu lernen. Dabei wurde zwangsläufig eine Auswahl vorgenommen, die durchaus nicht den Anspruch erhebt, dass es außerhalb dieser Routen keine weiteren geographisch interessanten „Phänomene" gibt. Zum einen bot hierfür der Umfang des Buches einen beschränkenden Rahmen, zum anderen erschien es den Herausgebern wichtiger, mit diesen Exkursionsrouten exemplarische Themen zu akzentuieren, die möglichst unterschiedliche Bereiche der Raumausstattung betreffen.

Wir hoffen, dass mit diesen einleitenden Bemerkungen der Leser Interesse an einem intensiveren Kennenlernen einer Stadt und ihres Umlandes aus geographischer Sicht bekommen hat. Dass dies sich lohnt, wusste im Übrigen schon Johann Wolfgang von Goethe, der in einem Brief vom 5. Juli 1803 an Friedrich von Schiller schrieb:

„Versäumen Sie nicht, sich in Halle umzusehen, wozu Sie so manchen Anlaß finden."

Folgen Sie dem Hinweis des großen Meisters!

Die Herausgeber

Klaus Friedrich

Die Stadt Halle und ihre Region

Wenn Geographen eine Stadt betrachten, richtet sich ihr Blick in der Regel über die kommunalen Grenzen hinaus. Sie begründen dies meist damit, dass Stadt und Region einander bedingen. Dieses Wechselverhältnis zwischen urbanem Kern und seinem Verflechtungsbereich intensivierte sich im deutschen Siedlungssystem, seit die Zentren ihre begrenzenden Mauern verloren und sich im Zeichen der Industrialisierung die räumliche Trennung zwischen Wohnen und Arbeiten manifestierte. Waren die Verflechtungen einst meist eindimensionaler Art - wobei die Stadt Machtzentrum und Absatzmarkt, das Umland hingegen agrarischer Produktionsstandort war - sind sie seitdem vielfältiger und intensiver geworden. Wir sprechen heute von einem Stadt-Land-Kontinuum, in dem sich Bauweise und Bevölkerung nach ihrer Herkunft weitgehend vermischen, so dass städtische Grenzen oft nicht mehr erkennbar sind.

Auch Halle hat in seiner geschichtlichen Entwicklung zunächst diese solitäre Position eingenommen. Dem entspricht die Funktion als östlicher Außenposten des Frankenreiches an der Elbe-Saale-Linie. Als eine der wichtigsten Grenzlinien der mittelalterlichen Raumentwicklung trennte sie das alte deutsche Reich im Westen von seinem lange slawisch geprägten Kolonialgebiet im Osten. Zu ihrer strategischen Bedeutung gesellte sich durch die zeitig erschlossenen Salzvorkommen ökonomischer Reichtum. Halle erhielt bereits im frühen Mittelalter (984) Markt-, Münz- sowie Zollrecht und zählte damit neben Erfurt und Magdeburg zur ersten Städtegeneration des mitteldeutschen Raumes (Abb. E1). Seine Handelsfunktion wurde während der frühen Neuzeit durch die Wahl der Stadt als Residenz der Erzbischöfe von Magdeburg wesentlich aufgewertet. Dadurch erlangte Halle für mehrere Jahrhunderte einen deutlichen Vorsprung vor Leipzig, was sich nach der Verleihung des Messeprivilegs an die sächsische Nachbarstadt umkehrte. Die Lage in der fruchtbaren Leipziger Tieflandsbucht brachte die ersten industriellen Ansätze auf der Basis der Verarbeitung der hier angebauten Agrargüter (z. B. Zuckerfabriken). Darauf baute der Maschinenbau auf, der bald zum führenden Wirtschaftszweig der Stadt werden sollte. Im Zuge der Innovationen der Gründerzeit entwickelte sich Halle zum bedeutenden mitteldeutschen Eisenbahnknoten.

Die Öffnung der Stadt in die Region erfolgte endgültig in der Zwischenkriegszeit Anfang des 20. Jh. durch die Verlagerung der chemischen Indust-

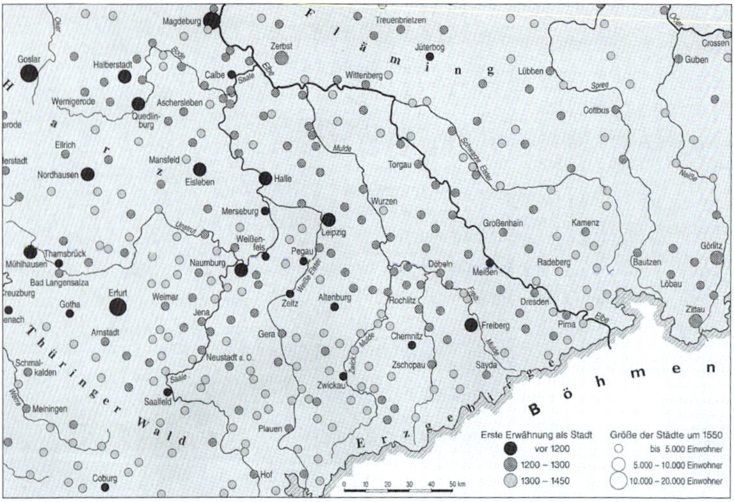

Abb. E1: Die mittelalterlichen Städtegenerationen Mitteldeutschlands (Quelle: Rother 1997, 74)

rie von Westdeutschland in die Gegend um Merseburg. Auf der Basis von Braunkohle und Salzvorkommen und unter Nutzung des Wasserangebots der Saale entstanden Buna und Leuna im südlichen Umland als dominierende Unternehmen. Eine ähnliche Entwicklung im Leipziger Raum führte zu der Konsequenz, dass die wesentlichen Wachstumsprozesse nun außerhalb der Kernstädte abliefen und zur Ausprägung des Ballungsgebiets Halle-Leipzig führten, das damit für viele Jahrzehnte zum wichtigsten Kernraum der mitteldeutschen Wirtschaft avancierte.

Stetigkeit und Beschleunigung als Grundprinzipien der jüngeren Stadtentwicklung

Als Folge der Industrialisierung wuchs die Saalestadt im Zuge ihres gründerzeitlichen Ausbaus weit über den mittelalterlichen Kern und die neuzeitlichen Stadterweiterungen hinaus. Arbeiterwohngebiete und Villen der gehobenen Sozialschichten vervielfachten die Stadtfläche. Folgerichtig kam es in der Zwischenkriegszeit zu Eingemeindungen, um die städtische Bevölkerung in den kommunalen Grenzen zu behalten.

Einen schwerwiegenden Einschnitt brachte die Teilung Deutschlands nach dem Zweiten Weltkrieg und der Wechsel des politischen Systems. Sozialistischer Städtebau trat nun an die Stelle kapitalistischer Kräfte.

Während dieser Phase - die bestimmt war durch die bewusste Abkehr vom bürgerlichen Erbe - bildete sich eine dualistische Stadtstruktur (Abb. E2) heraus: Im Kernbereich verfiel der Baubestand, an den Rändern entstanden in industrieller Bauweise mehrere Großwohngebiete. Das seit 1964 (Grundsteinlegung) entstehende Halle-Neustadt galt als Symbol der sozialistischen Stadt und als Gegenpol zum bürgerlichen Halle. Dies drückte sich auch in der administrativen Selbständigkeit während der DDR-Zeit aus. Die enge Verflechtung dieser „Neuen Chemiearbeiterstadt" mit den Kombinaten im Süden bündelte die Interaktionen zwischen Stadt und Region durch intensive Pendlerbeziehungen.

Abb. E2: Das alte und das neue Halle (Foto: Stadt Halle (Saale), Stadtvermessungsamt 2000)

Mit den Umbrüchen in Folge der Wiedervereinigung haben die Bezüge Halles zu seiner Region eine andere Qualität erhalten. Gravierend wirkten sich zunächst die tiefgreifende Deindustrialisierung und die Entscheidung, nicht die größte Stadt des Landes, sondern Magdeburg zur Landeshauptstadt Sachsen-Anhalts zu wählen, auf die Stadt und die hier lebenden Menschen aus. In den ersten Jahren nach der Wende schien die Entwicklung an Halle vorbeizugehen, was sich u. a. in nur zögernder Sanierung der Bausubstanz, Revitalisierung der Innenstadt und hoher Arbeitslosigkeit sowie starken Abwanderungen (auch in den Westen) niederschlug. Seit der Wende haben über 70.000, d. h. ca. 23 % der Bewohner der Saalestadt den Rücken gekehrt. Inzwischen lässt sich nicht nur am Erscheinungsbild der attraktiv sanierten Innenstadtbereiche, sondern auch an der Art des nachhaltig durch die Martin-Luther-Universität und zahlreiche Kultureinrichtungen geprägten städtischen Lebens ein positiver Wandel ablesen.

Seit Mitte der 1990er Jahre setzt ein Prozess ein, der in seiner Konsequenz zum einschneidenden Wandel der Stadtstruktur führt: Die bis dahin „kompakte Stadt“ fließt im Zuge der Suburbanisierung in das Umland. Im Saalkreis

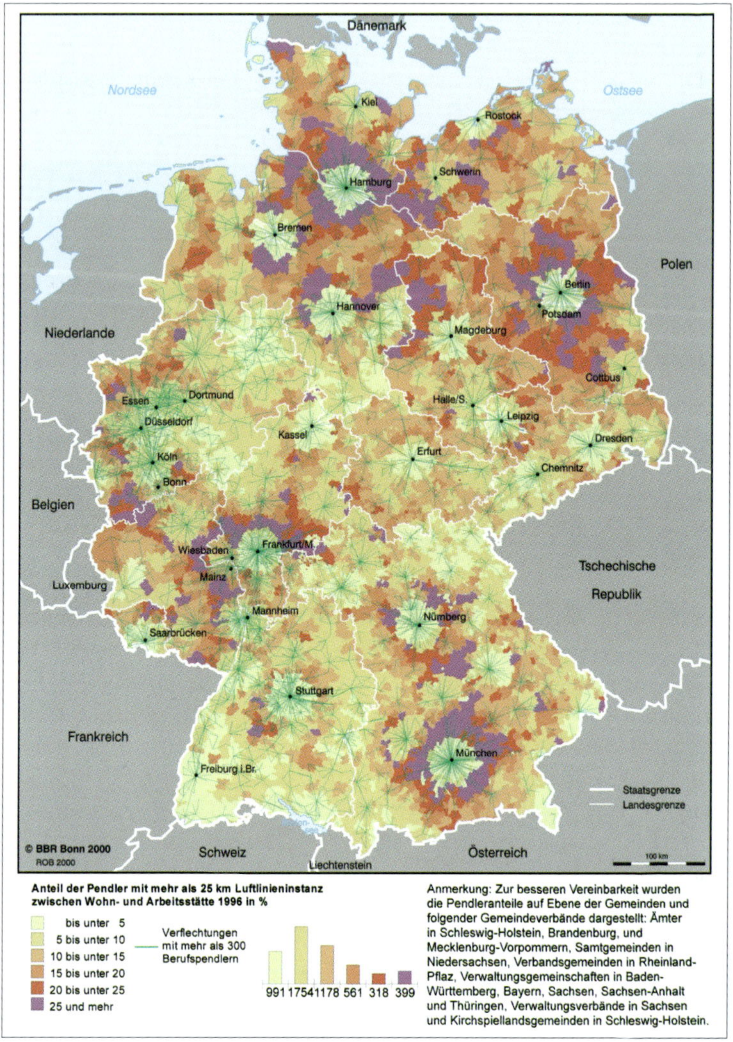

Abb. E3: Berufspendelverflechtungen (Bundesamt für Bauwesen und Raumordnung 2000, 78)

entstehen neue Wohnareale in bis dahin ländlich strukturierten Gemeinden. Zwischen 1993 bis 2000 sind per saldo ca. 20.000 Bewohner Halles allein in den Saalkreis gezogen. Diese Dekonzentrationstendenzen führen nicht nur zu beträchtlichen innerstädtischen Problemen wie z. B. hohen Leerstandsraten im Wohnungsbestand. Der Stadt entgehen ebenfalls Steuereinnahmen, die zur Aufrechterhaltung der urbanen Infrastruktur des Oberzentrums auch für die Bewohner der Umlandgemeinden unerlässlich sind. Noch bedeutender als diese Beeinträchtigung der oberzentralen Funktion der Stadt erscheint die Gefahr, dass derartige disfunktionale Entwicklungen die Konkurrenzfähigkeit der gesamten Region im europäischen und globalen Wettbewerb in Frage stellen. Inzwischen ist die seitens der Stadtverwaltung immer wieder betonte Notwendigkeit zur kommunalen Neugliederung Thema der politischen Auseinandersetzung. Die unlängst vom Landesparlament verabschiedete Kreisgebietsreform favorisiert die Abstimmung der Umlandgemeinden mit dem Oberzentrum, bevor Eingemeindungen als Lösungsansätze erwogen werden.

Diese Verflechtungsbeziehungen der Stadt mit ihrem Umland bestehen in wirtschaftlicher, kultureller und sozialer Hinsicht. Sie haben sich durch die massive Abwanderung der Stadtbevölkerung in die Randgemeinden weiter verstärkt. Dort haben günstige Bodenpreise und umfassende Baulanderschließungen diesen Prozess initiiert, die engen Beziehungen der ehemaligen Hallenser zu Halle jedoch kaum berührt. Die Mehrzahl behält ihren Arbeitsplatz im Oberzentrum bei und nutzt weiterhin dessen kulturelle und soziale Angebote (Abb. E3).

Betrachten wir noch einmal die Region, wie sie sich derzeit nach den Indikatoren der laufenden Raumbeobachtung des Bundesamtes für Bauwesen und Raumordnung (BBR) darstellt. Gemeinsam mit Leipzig bildet sie den zehntgrößten Verdichtungsraum Deutschlands mit einer Bevölkerungszahl von 962.626 und einer Einwohnerdichte von 1.124 Ew./km² (Abb. E4). Nach einer anderen Analyse der BBR und deren gemeindescharfen Abgrenzung steht die Stadtregion Halle bezüglich ihres Kompaktheitsgrades an sechster Position in ganz Deutschland (nur noch übertroffen von Berlin, Jena, Dessau, Brandenburg und Gera). Dieser Kennwert ergibt sich aus den Bevölkerungsanteilen, die in der Kernstadt wohnen. Er liegt in Halle bei 68,7 %, im Rhein-Main-Gebiet mit seinen immensen Suburbanisierungsraten hingegen bei nur 35 %.

Ausblick und Perspektiven

Bewerten wir diese Indikatoren unter dem Blickwinkel einer nachhaltigen Entwicklung, wird es sinnvoll sein, die vorhandenen Potenziale der

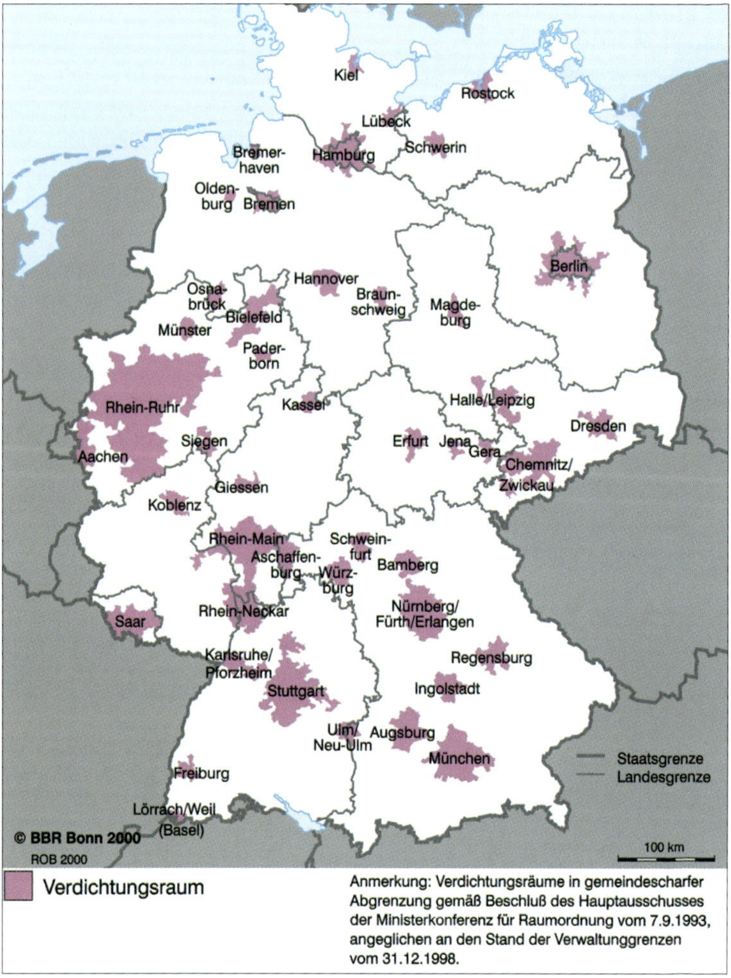

Abb. E4: Verdichtungsräume (Bundesamt für Bauwesen und Raumordnung 2000, 49)

kompakten Stadt möglichst zu bewahren. Die Daten der Stadt-Umland-Wanderung signalisieren für die letzten Jahre, dass der Exodus aus der Saalestadt inzwischen seinen Höhepunkt überschritten hat. Damit gewinnt Halle zumindest in diesem Bereich die notwendige Atempause zur Konsolidierung der inneren Strukturen. Bis dahin ist es jedoch noch ein weiter Weg, denn die überregionale Abwanderung nach Westdeutschland hat in den letzten Jahren wieder deutlich zugenommen. Hiervon sind vor allem junge und qualifizierte Arbeitskräfte betroffen, die einerseits der regionalen Wirtschaft entzogen werden, andererseits die Nachfrage am Wohnungsmarkt verringern. Heute stehen ca. 25.000 Wohnungen oder 17,2 % des Bestandes leer. Mit dem vor einigen Jahren ins Leben gerufenen Programm des Stadtumbaus Ost sollen durch Abriss und Rückbau vor allem in den großen Plattenbaugebieten Überkapazitäten verringert und städtebauliche Qualitätssteigerungen erreicht werden. 5.000 Wohneinheiten wurden bislang in Halle abgerissen.

Eine wichtige Größe für die Zukunftsperspektiven von Stadt und Region stellen die hier lebenden Menschen und deren Bewertung der Lebensqualität dar. Es wäre voreilig, aus den vorgelegten Daten abzuleiten, dass sie geringe Hoffnung in die Zukunft setzen und dem verbreiteten Außenimage der „schwindenden Stadt" und der „belasteten Region" durch weiteren Exodus folgen. Sie haben seit der Wiedervereinigung die Erfahrung von Entlastung (von politischem und ökologischem Druck) und Belastung (Arbeitslosigkeit und Zwang zur Neuorientierung) bewältigen müssen. Hoffnungsvoll stimmt, dass ihre Zufriedenheit mit den Lebensbedingungen und die regionale Identität zunehmen. Es sollte auch nicht vergessen werden, dass die derzeitigen demographischen Rahmenbedingungen des „Rückbaus Ost" künftig auch die westdeutschen Städte erreichen werden.

Es bleibt zu hoffen, dass mit der angestrebten Stabilisierung des Oberzentrums das Szenario der demographisch „schrumpfenden Stadt" gemildert und der weiteren Zersiedelung im Rahmen der Suburbanisierung begegnet werden kann. Diese Stärkung der urbanen Funktionen würde der nationalen und internationalen Leistungsfähigkeit der Region dienen und allen hier lebenden Menschen zugute kommen.

Konrad Schuberth

Der Raum Halle im Satellitenbild

Die Abbildung E5 gibt einen Eindruck vom Exkursionsgebiet aus 700 km Höhe. Sie basiert auf Daten des US-amerikanischen Satelliten Landsat-5-TM. Dessen optomechanischer Scanner (Zeilenabtaster) registriert neben dem von der Erdoberfläche reflektierten Licht auch die reflektierte und emittierte unsichtbare infrarote Strahlung. Die Aufzeichnung erfolgt selektiv in sieben verschiedenen Spektralbereichen. Deren Daten können beliebig kombiniert und willkürlich mit Farben kodiert werden.

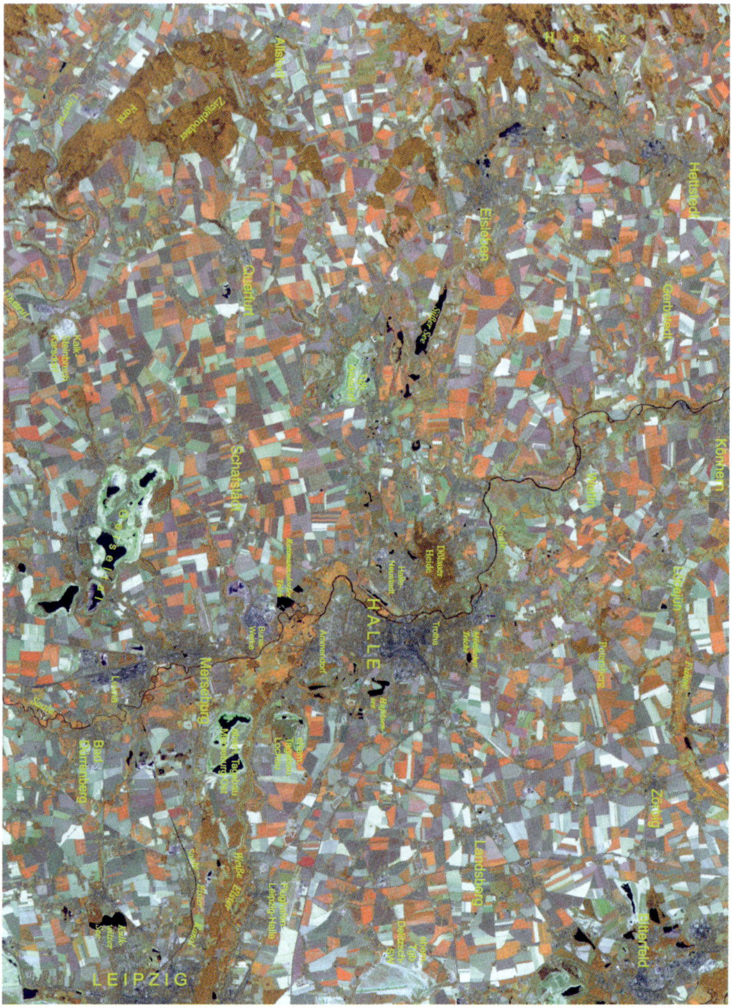

0 10 km

Bearbeiter: K. Schuberth & J. Birger

Abb. E5: Satellitenbild Raum Halle

Satellit: LANDSAT-5-TM; Datum: 21.07.1994; Kanalkombination: 4/5/3 in r/g/b;

Der geometrisch korrigierte Bildausschnitt wurde vom Umweltforschungszentrum Leipzig-Halle GmbH zur Verfügung gestellt. ©ESA/Eurimage

Da eine naturnahe Farbmischung wegen der zum sommerlichen Aufnahmezeitpunkt (Juli 1994) vorherrschenden Grüntöne kontrastarm und wenig aussagekräftig wirkt, wurde ein Falschfarbenbild erzeugt. Es entstand aus den Daten des Kanals 3 (rot-oranger Teil des Lichts, im Bild blau) sowie der Kanäle 4 und 5 (unsichtbare, nahe und mittlere infrarote Strahlung, im Bild rot bzw. grün). Hierbei heben sich vor allem die Wasserflächen mit einem satten Schwarz kontrastreich aus ihrer Umgebung heraus, da sie die infrarote Strahlung vollständig absorbieren. Auch unterschiedliche Vegetationstypen lassen sich gut erkennen. So erscheinen alle mit grünen, vitalen Feldfrüchten bestellten Ackerflächen leuchtend rot. Laubwälder können an orangebraunen Farbtönen erkannt werden (z. B. im Ziegelrodaer Forst), während Nadelwälder sich in einem tiefen Dunkelbraun (z. B. in Teilen der Dölauer Heide) abbilden.

Im Zentrum des Bildes liegt die Großstadt Halle, die sich, zwischen Ammendorf im Süden und Trotha im Norden, über 12 km entlang der Saale erstreckt. Die dunklen Farben im Stadtzentrum deuten auf eine kleinteilig-kompakte, mittelalterlich geprägte Bebauung hin, während in den peripheren Bereichen die großflächig-lockere Wohnblockbebauung der 1960er bis 1980er Jahre (u. a. Halle-Neustadt westlich der Saale) durch gröbere Strukturen mit eingesprenkelten rötlichen Farben (Grünflächen) auffällt.

Auch die vielfältige verkehrstechnische Anbindung der Stadt macht sich im Satellitenbild bemerkbar. Besonders deutlich ist dies östlich von Halle der Fall. Hier greifen bogenförmig Bundesstraßen (B 100, B 6) und Eisenbahntrassen in die Stadt hinein. Nordwestlich des Flughafens Leipzig-Halle verbindet das Schkeuditzer Kreuz die Autobahnen A 9 (Berlin–München) und A 14 (Halle–Dresden). Unvollendete Kanalbauten aus den 1930er Jahren zeugen südlich der Weißen Elster und westlich der Saale von dem Versuch, den Straßen-, Eisenbahn- und Luftfahrtknoten Halle-Leipzig auch zu einem Zentrum der Binnenschifffahrt (Großschifffahrtsweg) auszubauen.

Bereiche dichter Bebauung sind neben dem sächsischen Leipzig (rechter Bildrand) die Chemiebetriebe Buna und Leuna im Gebiet um Merseburg. Sie erreichen die Fläche von Kleinstädten und orientieren sich am Lauf der Saale, die als Brauchwasserspender und Abwassersammler genutzt wird. Rohstoffgrundlage war über Jahrzehnte die Braunkohle. Ihr Abbau hinterließ große Tagebaulandschaften. So lassen sich im Gebiet des Geiseltals zahlreiche in Flutung befindliche Restseen des Braunkohlenbergbaus erkennen, die von nur spärlich bewachsenen Kippen und Halden (weißlich grüne Farben) umsäumt werden. Ähnlich sind die Verhältnisse im Rekultivierungsraum Bitterfeld, südwestlich von Delitzsch und nordöstlich von Merseburg. Aktiver großflächiger Rohstoffabbau wird gegenwärtig nur noch im Tagebau Amsdorf (Bitumenkohlen) und an der Unstrut bei Karsdorf (Kalkstein) betrieben.

Auch die Entstehung der meisten kleinen Standgewässer ist mit dem Bergbau verknüpft, der die Region seit Alters her prägt. Wassergefüllte Porphyrsteinbrüche (nordwestlich von Halle und südwestlich von Löbejün), Restseen des Kiesabbaus (Rattmannsdorfer Teiche nördlich von Buna) und des historischen Braunkohlenbergbaus (Heidesee nordwestlich von Halle-Neustadt, Hufeisensee östlich und Bruchfeld der Mötzlicher Teiche nördlich von Halle) sowie versoffene Kalksteinbrüche (in Halle-Neustadt) haben der seenarmen Altmoränenlandschaft zu einem erstaunlichen Gewässerreichtum verholfen. Der in einer Auslaugungsniederung gelegene Süße See hingegen ist natürlich entstanden und bezeugt die große Verbreitung von löslichen Gesteinen (Kali- und Steinsalze) im Untergrund sowie ihren Einfluss auf die Reliefformung. Die unmittelbar östlich anschließenden Wasserflächen des Binder- und des Kernersees sind Überreste des im Zusammenhang mit der Wasserhaltung des Kupferschieferbergbaus in der Mansfelder Mulde 1892/94 trockengefallenen Salzigen Sees.

Dominiert wird die Flächennutzung der Region jedoch von landwirtschaftlichen Großschlägen. Die weiträumige Verbreitung fruchtbarer Lössböden hat im Laufe der Jahrhunderte zu einer nahezu vollständigen Ausräumung von Wäldern und Gehölzen aus der Landschaft geführt. Ausnahmen finden sich im Bereich der Flussauen (u. a. Elster-Luppe-Aue südlich von Halle, Fuhneaue nördlich von Zörbig), in den zahlreichen steilhängigen Seitentälchen der Saale sowie, größerflächig, im Harz, im Ziegelrodaer Forst und in der Dölauer Heide. Diese zumeist als Naturschutzflächen ausgewiesenen Gebiete sind vielfach Rückzugsräume für z. T. seltene Tier- und Pflanzenarten und zugleich bevorzugte Erholungsgebiete der großstädtischen Bevölkerung.

Während Luft- und Satellitenaufnahmen noch bis vor wenigen Jahren aus Geheimhaltungs- und Kostengründen nur Wissenschaftlern und Sicherheitsbehörden zur Verfügung standen, existiert heute ein breites Angebot analoger und digitaler Fernerkundungsdaten für jedermann.

Manfred Frühauf

Natürliche Gunstfaktoren für die (An-)Lage und Entwicklung von Halle im Spiegelbild erdgeschichtlicher Zeugen

Sicherlich haben viele Städte und Regionen wesentliche Entwicklungsimpulse durch ihre landschaftlichen Gegebenheiten erfahren. Dies kann die Lage an einem Fluss(übergang) sein, das Vorhandensein von Rohstoffen oder einfach die exponierte Lage auf einem Felssporn. Häufig wandelte sich im Laufe der Zeit diese Bedeutung; einige Ressourcen wurden erschöpft, andere natürliche Vorzüge gewannen an Wichtigkeit. Was unterscheidet aber nun Halle von dieser sicherlich mehr oder weniger allgemein gültigen Erkenntnis? Es ist vor allem die häufig verkannte landschaftliche Vielgestaltigkeit, die sich in einem großen Kontrast verschiedenster natürlicher Gegebenheiten auf relativ engem Raum verdeutlicht. Hierfür wiederum bildet die geologische Entwicklungsgeschichte einen entscheidenden „Rahmen".

Geologische Spuren aus 300 Millionen Jahren

Ein Gebirge entsteht und wird abgetragen

Die geologische Entwicklung unseres Raumes dokumentiert ein überaus differenziertes Bild, das sowohl durch gewaltige Vulkanausbrüche, Wüsten, subtropische Lagunen und Wälder als auch durch Bedeckung unter gewaltigen Gletschern gekennzeichnet ist (Tab. E1). Als die ältesten Zeugen dieser wechselvollen Geschichte gelten 300 Millionen Jahre alte Ablagerungen aus der Jüngeren Steinkohlenzeit (Oberkarbon). Geologisch betrachtet „kurz zuvor" war durch die Kollision eines Süd- und eines Nordkontinentes ein gewaltiges (variskisches) Hochgebirge entstanden. Dies durchzog damals große Teile des jetzigen Mittel- und Westeuropas. Es hat seine Spuren aber auch in dem heutigen Nordamerika hinterlassen, das zu dieser Zeit noch mit „uns" verbunden war.

Mit der Heraushebung dieses Gebirges begannen sofort durch Wind und Wasser sowie Verwitterung Abtragungsprozesse, die dazu beitrugen, dass selbiges allmählich wieder eingeebnet wurde. Die dabei anfallenden Gesteine in Form von Sandsteinen, Konglomeraten oder Schiefertonen widerspiegeln in ihrem Habitus und somit auch in der Farbe die damals herrschenden (paläogeographischen) Verhältnisse. Sie sind am Durchbruch der Saale durch den Felsriegel bei Rothenburg zu besichtigen. Zu dieser Zeit lag unser Raum nämlich nur ca. 30° nördlich des Äquators. Trocken warme bis heiße Klimabedingungen mit periodischen Starkniederschlägen prägten das Landschaftsbild. Aus dieser Zeit stammen auch die Steinkohlen, die ehemals in Dölau, im Wittekind oder in der Umgebung von Plötz gefördert wurden.

Aus dem nachfolgenden, noch trockeneren und heißeren Rotliegenden stammen ähnliche Gesteine. Die für die Namengebung prägende rote Färbung der Gesteine resultiert aus Verwitterungsprozessen unter diesen trocken-heißen Klimaten. Dabei bildeten sich, auch infolge der weitestgehend fehlenden Vegetationsdecke, intensiv rot gefärbte Eisenverbindungen (Häma-

Tab. E1: Vereinfachte Darstellung der erdgeschichtliche Entwicklung im halleschen Raum und ihre Zeugen

Geol. System (Beginn vor Mio. Jahren)	Abteilung	Vorherrschende Gesteine	Erdgeschichtliche Entwicklung	Zeugen
Quartär (1,75)	Holozän (0,01)	Auenlehm	Wiederbewaldung, Rodung, Kulturlandschaftsgenese	Auenablagerungen der Saale
	Pleistozän	Moränen, Löss	2fache Vergletscherung; Lößablagerung	Findlinge, Gletscherschrammen
Tertiär (65)	Pliozän Miozän Oligozän Eozän Paläozän	Braunkohlen, (Kaolin-)Ton	Tropisch/subtropische(s) Klima/Vegetation, Auslaugung/ Geländeeinsenkung	Braunkohlen, Kaolin
Kreide (135)				
Jura (200)				
Trias (251)	Keuper	Schichtlücke	beginnende alpidische/ saxonische Gebirgsbildung	
	Muschelkalk	Kalk, Anhydrit,	zeitweise marine Überflutung	Steinbruch Halle-Neustadt
	Buntsandstein	Sand-/ Schluffsteine	Trocken, warme terrestrische Bedingungen	Saalehänge, Halle-Beesen, Höhnstedt
Perm (296)	Zechstein	Salze, Gipse, Kupferschiefer	vordringendes Meer	Weiße Wand Dobis, Halde Teutschenthal
	Rotliegendes	Porphyre, Sandsteine	Vulkanismus und Abtragung	Petersberg, Porphyre
Karbon (355)	Oberkarbon	Konglomerate, Sandsteine	Abtragung des Variskischen Gebirges	Steinkohlen, Saalehänge Rothenburg

Verkürzt nach: Schwab 1984

tit - ein Eisenoxid). Diese häufig durch Starkregen und Hochflutereignisse umgelagerten Sedimentgesteine kommen zusammen mit den ebenfalls aus dieser erdgeschichtlichen Periode stammenden, überwiegend vulkanischen Gesteinen. Die insgesamt 25 Mio. Jahre währende Periode mit acht Hauptausbruchsphasen begann schon im ausklingenden Oberkarbon und produzierte in unserem Raum auf 360 km² überwiegend saure (kieselsäurereiche) Quarzporphyre (Ryolithe), die in zwei Grundvarietäten teilweise eine Mächtigkeit von 800 m erreichen. Der Untere Hallesche Porphyr ist dabei unterhalb der damaligen Erdoberfläche erstarrt. Infolge seiner langsameren Abkühlung entstanden in ihm bis 30 mm große (fleischfarbene) Feldspäte und bis 4 mm große (graue) Quarzkristalle. Am Galgenberg oder im Bereich des Riveufers kann man diese beobachten (Abb. E6). Die schnellere Abkühlung des an der Luft erstarrten Oberen Porphyrs ließ demgegenüber nur Zeit für wesentlich kleinere „Einsprenglinge". Die Felsen zwischen dem Giebichenstein und den Klausbergen, aber auch in Kröllwitz oder Lettin bestehen aus dieser Porphyrvarietät.

Abb. E6: Porphyrfelsen am Galgenberg (Foto: M. Frühauf, 2002)

Im Verbreitungsgebiet dieser Relikte aus der „feurigen Vergangenheit" unseres Raumes bereichern heute Kuppen sowie interessante Felsbildungen das Landschaftsbild. Das nördliche Stadtgebiet von Halle, die „Brachwitzer Alpen", aber auch der Petersberg oder die Porphyrkuppen zwischen Hohenturm und Landsberg belegen dies.

Der Boden senkt sich – Meeresüberdeckung

Mit der nachfolgenden Zechsteinzeit begann eine lange Periode, in der sich unser Raum absenkte. Die bis dahin dominanten terrestrisch geprägten Ablagerungsbedingungen wurden von dem von Norden vordringenden Meer abgelöst. Dieses warme Flachmeer bot vorzügliche Bedingungen für das Entstehen chemischer Ablagerungen. Als erste Schicht des neuen Milieus bildete sich unter faulschlammartigen (anaeroben) Bedingungen eine dünne bituminöse Mergelschicht. Aus ihr entstand Kupferschiefererz, das im Mansfelder Land bis in die Umgebung von Wettin jahrhundertelang Basis eines intensiven und kulturlandschaftprägenden Bergbaus war. Von den ebenfalls aus dieser Zeit stammenden Kalksteinen, Dolomiten, Anhydriten bzw. Gipsen sowie verschiedenartigsten Salzen findet man an der heutigen Erdoberfläche nur wenige Zeugen. Zu diesen zählt die „Weiße Wand" bei Dobis.

Land und Meer wechseln

Die anschließende Trias führte wiederum zu veränderten paläo-geographischen Verhältnissen und damit auch zu anderen Ablagerungen. Unsere Gegend lag zu dieser Zeit am Südrand des Germanischen Beckens. Abwechslungsreiche, aber überwiegend trockenwarme Landschaftsverhältnisse herrschten vor. Teilweise kam es auch zu Flachmeereinbrüchen. „Steinerne" Zeugen hiervon treffen wir im südwestlichen und westlichen Stadt- sowie Saalkreisgebiet mit (terrestrischen) Buntsandstein- und (marinen) Muschelkalksedimenten. Letztere sind am Graebsee in Neustadt (Abb. E7) oder an den Steinbrüchen bei Bennstedt zu besichtigen.

Abb. E7: Muschelkalk am Graebsee/Halle-Neustadt (Foto: M. Frühauf, 2002)

Die „Fernwirkungen" der Alpen

Ablagerungen aus der nachfolgenden jüngeren Trias bis hin ins ältere Tertiär fehlen bei uns. In diesen rund 150 Mio. Jahren dominierten überwiegend Abtragungsprozesse, so dass keine Sedimente (als Akkumulationszeugen) entstanden bzw. sind erhalten blieben.

Ursächlich spielten dabei einsetzende tektonische „Unruhen" weit südlich von uns eine Rolle. Dort kündigte sich die alpidische Gebirgsbildung an. Ihre Fernwirkung reichte auch bis in unser Gebiet und führte hier, wie überhaupt in großen Teilen Deutschlands, zu einer Mobilisierung der verfestigten Landoberfläche. Da es für eine „echte" Gebirgsbildung in diesem Raum keine entsprechenden geologisch-tektonischen Voraussetzungen gab, kam es zu einer Bruchschollentektonik. Dabei wurden an Störungen größere Schollen zerbrochen und untereinander durch verschiedenartige Hebungs-, aber auch Senkungs- oder Kippungsprozesse in neue Niveaus gebracht. Mit den Hebungsprozessen setzte auf und an diesen Schollen verstärkte Abtragung ein. Dadurch wurden nicht nur die damals an der Erdoberfläche befindlichen Schichten beseitigt, sondern gleichzeitig auch immer ältere Schichten durch Abtragung freigelegt (Abb. E8). Im Rahmen dieser oftmals als saxonisch bezeichneten Gebirgsbildung, die im späten Jura einsetzte und in der Kreide ihren Höhepunkt hatte, kam es im halleschen Raum zu einer geologisch-tektonischen Teilung: An einer unser Gebiet nahezu diagonal von Nordwest nach Südost durchziehenden Störung, die im innerstädtischen Bereich auch als Marktplatzverwerfung bezeichnet wird, wurde der Nordostflügel gegenüber dem südwestlichen Teil stark emporgehoben (Abb. E9). Durch die damit einhergehenden Abtragungsprozesse erfolgte im Laufe der Millionen Jahre bis zur Gegenwart wieder eine Freilegung der Molassesedimente und Porphyre aus dem Oberkarbon bzw. der Rotliegendzeit.

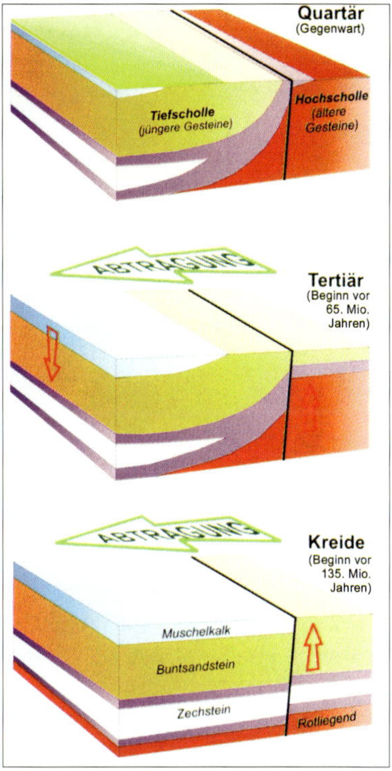

Abb. E 8: Entwicklung der geologisch-morphologischen Verhältnisse im Bereich der Halleschen Störung (Quelle: Stadt Halle (Saale), Umweltamt 2002)

Die südwestlich davon befindliche Scholle, zu der heute neben Halle-Neustadt, der Silberhöhe und Südstadt auch große Teile des westlichen Saalkreises gehören, blieb von diesen Hebungsprozessen weitgehend verschont.

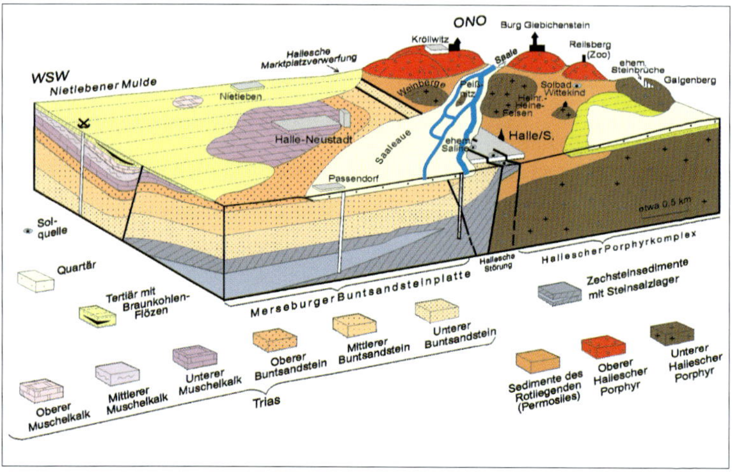

Abb. E9: Tektonik und Landschaftsform beiderseits der Halleschen Marktplatzverwerfung im Stadtgebiet von Halle (nach: Wagenbreth/Steiner 1982)

Dadurch treffen wir mit Buntsandstein- bzw. Muschelkalkablagerungen wesentlich jüngere Gesteine an.

Abb. E10: Die „Steinerne Jungfrau“, ein Tertärquarzit bei Dölau (Foto: M. Frühauf, 2001)

Zwischen subtropische Wäldern und Böden

Endgültig „landfest“ wurde unser Raum erst mit der älteren bzw. mittleren Braunkohlenzeit (Tertiär). Obwohl das von Nordwesten vordringende Meer unser Gebiet manchmal noch fast erreichte, dominieren ab dann überwiegend terrestrische Ablagerungen, die stark durch Fluss- und Seebildungen gegliedert werden. Senkungsprozesse und die subtropischen Klima- und Vegetationsbedingungen begünstigten das Einsetzen der Braunkohlebildung. Gleichzeitig kam es unter diesen Klimaverhältnissen zu intensiven Verwitterungs-, Bodenbildungs- und insbesondere Einebnungsprozessen.

Dies führte zur beträchtlichen Verminderung der bis dahin existierenden Reliefunterschiede und zur Bildung einer weiträumigen, flachwelligen tertiären Landoberfläche. Damit entstanden auch die Großformen unserer heutigen Landschaft. Dazu trugen die ebenfalls in dieser Zeit einsetzenden Auslaugungsprozesse bei, die insbesondere bei oberflächennah vorkommenden Zechsteinsedimenten zur Bildung von Auslaugungsniederungen bzw. Salzspiegeltälern führten. Das breite Saaletal zwischen Halle und Halle-Neustadt oder die Niederung der Mansfelder Seen sind Beispiele hierfür. Als weitere Zeugen dieser subtropischen Klimaperioden können wir Tertiärquarzite, wie z. B. die „Steinerne Jungfrau“ bei Dölau (Abb. E10), aber auch Relikte der damaligen Bodenbildung (Kaolinton) besichtigen, auf die an anderer Stelle noch eingegangen wird.

Vom Eise bedeckt und befreit ...

Mit der sich schon im jüngeren Tertiär vollziehenden Abkühlung des Klimas kündigte sich das nahende „Eiszeitalter“ an. In dieser knapp 2 Mio. Jahre dauernden jüngsten Erdperiode (Quartär) wurde das hallesche Gebiet mehrmals von den aus Skandinavien kommenden Gletschern überfahren. Als Indikatoren hierfür gelten zum einen nordische Findlinge, wie wir sie in der Dölauer Heide oder in Form des Teufelssteins bei Gütz/Landsberg vorfinden. Andererseits hinterließen diese Gletscher auch „Schürfwunden“, die man u. a. am Kleinen Galgenberg oder am Nordosthang des Petersberges beobachten kann. Als wesentlich bedeutsamere Relikte der Vergletscherungen müssen jedoch Moränen angesehen werden. Allerdings sind solche von der ältesten, der Elster-Eiszeit zurückgelassenen Ablagerungen heute nur noch lokal und dann im Untergrund (z. B. am Fuchsberg bei Morl) anzutreffen. Während dieser Zeit reichten die aus Skandinavien kommenden Gletscher bis an den Rand von Thüringer Wald und Erzgebirge (Abb. E11). Unser Gebiet lag damals unter einer 500 m mächtigen Eisdecke. Auch die nach einer zwischenzeitlichen Warmzeit (Holstein-Interglazial) erneut von Norden vordringenden Gletscher der (frühen) Saale-Eiszeit erreichten unser Gebiet wieder. Die ca. 200 m mächtigen Gletscher hinterließen neben 3 bis 10 m mächtigen Geschiebemergel- auch Schmelzwasserablagerungen.

Während des Abschmelzens dieser Eismassen kam es nochmals zu einer Aktivitäts-, d. h. Vorstoßphase. Diese schuf nördlich von Halle die so genannte Petersberger Randlage, die heute als Hügelzug über die Hammelberge bis zum Goldberg bei Halle verfolgbar ist. Das hierbei anfallende Schmelzwasser wurde vor allem über das Tal der heutigen Götsche der Saale zugeführt. Dieses derzeit 40 bis 60 m in den umgebenden Hochflächen eingeschnittene Tal des Flüsschens bezeugt die gewaltige Erosionskraft der damals anfallen-

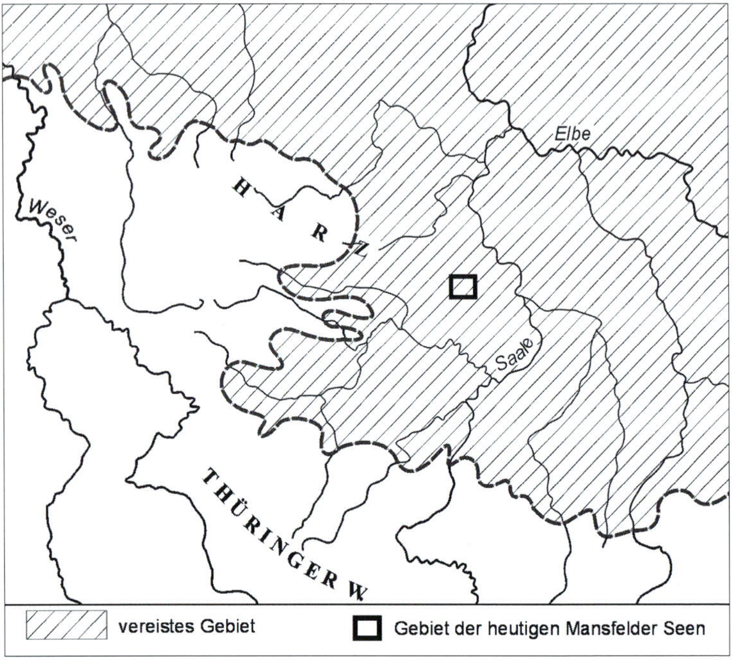

Abb. E11: Elster-eiszeitliche Gletscherüberdeckung in Mitteldeutschland (vereinfacht nach: Mania 1973)

den Wassermassen. Die Schmelzwässer führten darüber hinaus auch zu einer Abtragung außerhalb der Talbereiche. Dadurch wurde ein Großteil der zuvor abgelagerten Moränen und älteren Sedimente ausgeräumt. Damit erfolgten nach dem überwiegend durch tertiärzeitliche Prozesse bedingten Entstehen der Großlandschaftsformen für unser heutiges Landschaftsbild entscheidende kleinräumige Reliefdifferenzierungen. In diese Zeit fällt auch die endgültige Herausbildung des Gewässernetzes unseres Gebiets. So hatte die Saale bis zu dieser zweiten Vergletscherungsperiode einen völlig anderen Verlauf. Sie floss damals über (das heutige) Ammendorf und Bruckdorf/Landsberg nach Norden (eine Laufrichtung, die in Teilen heute durch die Reide „nachgezeichnet" wird). In der frühen Saale-Eiszeit drang sie erstmals in die durch Salzauslaugung entstandene Niederung zwischen Halle und Halle-Neustadt vor. Mit den dann reichlich anfallenden Schmelzwässern, unterstützt durch Stauseebildungen, gelang es ihr, den Porphyrriegel zwischen Kröllwitz und Brachwitz zu „knacken" und so ein landschaftlich überaus reizvolles Tal mit flankierenden Felshängen herauszumodellieren. Danach erreichte die Saale gewissermaßen wieder ihr altes Flussgebiet, nämlich den „historischen" Laufabschnitt der ursprünglich unseren Raum entwässernden Salza (oder Salzke).

In der späteren Saale-Eiszeit (Warthestadium), wie auch in der nach einer weiteren Warmzeit (Eem) folgenden dritten Vereisungsperiode (Weichsel-Eiszeit) erreichten die Gletscher unser Gebiet nicht mehr. Es lag südlich des Eisrandes, d. h. im Periglazial, und wies damals ein tundrenähnliches Landschaftsbild mit Dauerfrostbedingungen auf. Durch intensive Frostverwitterung bereitgestellt, erfolgten aus vegetationsfreien Gebieten Staubausblasungen, die sich an anderer Stelle (wo die Vegetation eine Weiterverblasung verhinderte) wieder ablagerten. Diese feinen, im Durchschnitt ein bis drei Meter mächtigen kalkreichen Lösssedimente überdeckten großflächig die saale-eiszeitlichen, aber auch noch ältere Ablagerungen und stellen damit in großen Teilen das Ausgangssubstrat der nacheiszeitlichen (holozänen) Bodenbildung im halleschen Raum dar.

Reichtum an Bodenschätzen und Lagegunst

In dieser Nacheiszeit betritt der Mensch zunehmend häufiger und dauerhafter unseren Raum. „Angelockt" wurde er dabei vor allem von den sich aus dieser erdgeschichtlichen Entwicklung und ihren „Hinterlassenschaften" ergebenden (günstigen) Landschaftsverhältnissen. So spielte für die (Aus-) Wahl des Siedlungsplatzes der „Ur-Hallenser" sowie die Entwicklung und das wirtschaftliche Wachstum Halles die Lage an der schon erwähnten Halleschen Störung eine ganz entscheidende Rolle.

Im Zuge der Hebung der Nordostscholle wurden die Zechsteinschichten der benachbarten Scholle mit „aufgeschleppt". Dadurch kam es zu einem Solauftrieb und dem Austritt von Solquellen. Dies wiederum gab den entscheidenden Impuls für die Lokalisation der Siedlung, aber auch ihre Namengebung (keltisch: hall = Salzwerk). Auch das Stadtwappen soll nach einer häufig genannten Interpretation Hinweise auf diesen geologischen Hintergrund liefern. Die darin sichtbar werdenden zwei Sterne sollen Salzkristalle, der rote Halbmond eine Salzpfanne symbolisieren. Die Salzgewinnung lässt sich im halleschen Raum sehr weit zurückverfolgen und hatte schon 700–400 v. Chr. einen ersten Höhepunkt. Sie war hauptsächlich an 4 Solbrunnen gebunden, die sich im Umfeld des heutigen Hallmarktes befanden. Hier kochten Salzwirker über Jahrhunderte in Siedekoten das Salz, das dann als beliebter „Exportschlager" in die Welt ging. Neben dieser pfännerschaftlichen Saline im „Thal zu Halle" entwickelte sich ab 1722 etwas westlich vor den Toren der mittelalterlichen Stadt ein weiteres Salzförderzentrum. Um für diese nicht mehr unmittelbar an der Störung gelegene Königliche Saline Sole bereitzustellen und später auch die dortige Badeanstalt zu versorgen, wurde eine mehrere hundert Meter tiefe Bohrung in den Untergrund getrieben. Auf dieser so genannten Saline erfolgte noch bis 1964 der Siedebetrieb, während er auf dem Gelände des Hallmarktes schon 1868 seine Pforten schloss. Gegenwärtig finden hier gelegentlich noch Schausieden statt (Abb. E12). Darüber hinaus bezeugen neben dem hoffentlich bald wieder der Öffentlichkeit zugänglichen Gutjahrbrunnen (Oleariusstr. 9) nur noch einige Namen im Straßenbild, wie z. B. die Hackebornstraße oder die Gutjahrschule (benannt nach dem gleichnamigen Brunnen), die einstmals immense Bedeutung des Salzes für das Werden und Wachsen der Stadt.

Abb. E12: Technisches Halloren- und Salinemuseum in Halle (Foto: M. Meise, 2001)

Dies zeigt sich auch auf einem anderen Sektor. So wurden durch die Solquellen, vor allem aber durch die an die Hallesche Marktplatzverwerfung gebundenen, (unterirdische) Lösungsprozesse initiiert. Diese führten zum einen zu Gebäudedeformationen. Diese kann man am Südflügel der Gutjahrschule, aber auch an Häusern der Steinbockgasse sowie an der leichten Schiefstellung des westlichen Turmpaares der Marktkirche feststellen. Als morphologisch noch bedeutsamer muss in diesem Zusammenhang jedoch die Bildung des heute die Alt- und Neustadt trennenden, 3-4 km breiten Salzspiegeltals bezeichnet werden. Diese Auslaugungsniederung bot wie erwähnt der im Laufe der jüngeren (eiszeitlichen) Flusslaufentwicklung in unserem Raum vordringenden Saale ein „willkommenes“ Terrain. Die Saale verzweigt sich in diesem breiten Tal in mehrere Flussarme, bevor sie dann in einem teilweise nur 80 m breiten, überaus reizvollen Engtal den Porphyrriegel bei Kröllwitz durchbricht.

Beide Talformen hatten positive Effekte für die Stadtentwicklung. So war die Talenge am Giebichenstein natürlich aus strategischer Sicht geradezu prädestiniert, um schon vor über 1.000 Jahren die gleichnamige Burg anzulegen. Aber auch das verzweigtere Flussnetz in der breiten Saaleaue stellte für unsere Vorfahren infolge flacherer Flussabschnitte und die hierdurch gegebene Möglichkeit einer leichteren „Überquerbarkeit“ einen Gunstfaktor dar.

Trotzdem war die Saale lange Zeit eine gewisse „Barriere“ für die Siedlungsausdehnung nach Westen. Halle entwickelte sich so vorrangig nur in den Talrandbereichen östlich des Flusses ohne sich nach Westen oder auch auf die Porphyrkuppen auszudehnen. Heute noch ist das Stadtbild deshalb durch eine stärkere Süd-Nord- als Ost-West-Ausdehnung gekennzeichnet.

Neben der skizzierten „Gunstwirkung“ bedingten die Talformen aber auch Probleme. So „schwappte“ bei Hochwasser der Fluss nicht nur leicht in die flache Talniederung über, sondern führte auch, hervorgerufen durch den „Rückstaueffekt“ am engen Porphyrriegel, zu Überflutungen im Stadtgebiet selbst. Wie historische Hochwassermarken (Abb. E13) dokumentieren, hatte dies insbesondere für die tiefer gelegenen Stadtteile verheerende Auswirkungen. Auch heute zeigt die Saale trotz vielfältiger Schutzmaßnahmen (Deiche, Talsperren im oberen Flussabschnitt) manchmal noch, was in ihr steckt. Dabei muss natürlich darauf verwiesen werden, dass diese Hochwasser als ganz natürliche Erscheinungen eine oftmals verkannte Gunstwirkung haben: Sie hinterlassen jedesmal – als Gratisleistung – „frische“ Bodensubstrate und Nährstoffe in den Auen. Dadurch entstanden hier im Laufe der nacheiszeitlichen Landschafts-

Abb. E13: Historische Hochwassermarken an der Mühlpforte (Foto: G. Zinke, 1997)

entwicklung sehr fruchtbare Böden. Diese waren, bevor der Mensch hier massiv eingriff, durch vielgestaltige Auenwälder bedeckt. Davon blieben allerdings nur noch Reste erhalten. Solche können wir allerdings sogar noch innerhalb des Stadtgebiets (!) in den Naturschutzgebieten auf der Raben- oder Peißnitzinsel bewundern.

An dieser Stelle soll nicht unerwähnt bleiben, obwohl dies sicherlich für alle Städte an größeren Flüssen zutrifft, dass die Saale auch ein exzellentes Transportmedium sowie, bis in die 20er Jahre unseres Jahrhunderts, gleichfalls eine bevorzugte Trinkwasser- und Nahrungsmittelquelle (Fische) war.

Zurück zu den für die Entwicklung von Halle so wichtigen Zechsteinablagerungen. Die Kalisalze wurden etwas westlich von Halle (bei Teutschenthal) bis in die jüngere Vergangenheit (1982) abgebaut und überwiegend für Düngemittel- und Vakuumspeisesalzproduktion genutzt. Davon zeugt nicht nur die riesige grau-weiße Halde südlich der B 80, sondern auch manchmal auftretende „Erdbeben", die auf den Einsturz der unterirdischen Hohlräume des Bergbaus zurückzuführen sind.

Zu den wirtschaftlich nutzbaren Ressourcen dieses westlichen Teils des Stadtregion gehört auch der Muschelkalk. Dieser wurde in großen Steinbrüchen, z. B. in Neustadt (Graebsee), bei Nietleben bzw. Bennstedt, abgebaut und für die Branntkalk- bzw. Zementherstellung genutzt. Auch der Buntsandstein fand in der Vergangenheit als Baustein oder Ziegelrohstoff Verwendung. Davon zeugen z. B. Steinbrüche nordwestlich von Nietleben, wo stark verwitterter und gebleichter Sand- und Schluffstein abgebaut wurden. Im gleichen Zusammenhang muss die Lokalität der heute als Bad genutzten „Angersdorfer Teiche" (Abb. E14) genannt werden. Da hier früher tonige Substrate aus dem Oberen Buntsandstein entnommen wurden und diese Schicht auch Gipse und Salze enthielt, hat das Wasser einen für jedermann „schmeckbaren" erhöhten Salzgehalt. Die bis 1926 abgebauten Tone fanden insbesondere beim Aufbau des Bahnhofsviertels Verwendung. Der kleine Teich fungiert heute als flächenhaftes Naturdenkmal. Neben seiner Bedeutung als Brut- und Rastplatz für 30 verschiedene Vogelarten muss erwähnt werden, dass hier 121 Pflanzenarten, von denen 3 auf der Roten Liste stehen, vorkommen.

Außer Salz spielte aber auch Kohle in und für Halles Entwicklung eine wichtige Rolle. Sowohl im Stadtgebiet als auch in seiner Umgebung traten dabei neben Braun- wie schon erwähnt auch Steinkohlen auf. Letztere wurden innerhalb des heutigen Stadtgebiets in der Umgebung von Dölau bzw. in der Nähe des Wittekindtales von 1732 bis Anfang des 19. Jahrhunderts im Tiefbau gewonnen. Nördlich von Halle, im Raum Löbejün-Plötz, erfolgte dieser Abbau sogar bis 1967. Diese geringmächtigen Steinkohlenflöze wiesen sogar eine besondere Qualität auf: Durch das Aufdringen der

Porphyre und dabei wirkende Druck- und Temperatureinflüsse wurden sie zu Anthrazitkohlen „aufgewertet".

Gegenüber diesen kleineren Steinkohlenvorkommen hatte der Braunkohlenbergbau natürlich eine viel größere Bedeutung. Die anfangs im Tage-, später auch im Tiefbau betriebene Braunkohlengewinnung lief, und das ist nicht allzu häufig anzutreffen, teilweise in Sichtweite des Steinkohlenabbaus ab. Erste Hinweise auf die Gewinnung der Braunkohle im halleschen Raum reichen bis in das Jahr 1382 zurück. Damals begann der Abbau im Umfeld der Dölauer Heide, später auch an anderen Standorten innerhalb des Stadtgebiets (Trotha, Hufeisensee, Frohe Zukunft). Die Braunkohle war für die industrielle und wirtschaftliche Entwicklung Halles überaus bedeutsam. Sie wurde in der Kaliindustrie (ab 1856), in den überregional bedeutsamen Zuckerfabriken (ab 1898) sowie in der ab dem Beginn des 20. Jh. sich im halleschen Umland entwickelnden Chemieindustrie als energetische Basis eingesetzt. 1958 endete mit Schließung der Grube „Carl Ernst" (später auch Grube der Deutsch-Sowjetischen Freundschaft genannt) der Braunkohlenabbau im Stadtgebiet.

Ein weiteres wirtschaftliches Relikt der Tertiärzeit (65-2 Mio. Jahre) ist Kaolinton. Er fand bis in die jüngste Vergangenheit in der Porzellanherstellung (Lettin, Salzmünde) Verwendung. Kaolin ist Zeuge einer unter den

Abb. E14: Angersdorfer Teiche - ehemalige Tongrube im (Oberen) Buntsandstein (Foto: M. Frühauf, 2002)

damals herrschenden subtropischen Klimaverhältnissen abgelaufenen Bodenbildung. Obwohl die tonigen Substrate überwiegend abgebaut wurden, sind auch gegenwärtig noch, z. B. an den Porphyrwänden der „Brachwitzer Alpen“, Spuren dieser Gesteinszersetzung und der damit einhergehenden Bleichung (bedingt durch Eisenabfuhr) erkennbar.

Natürlich wurde und wird auch der „normale“ Porphyr wirtschaftlich genutzt. So findet der großkristalline Untere Quarzporphyr als Werk- und Dekorationsstein, der kleinkristalline Obere Porphyr überwiegend als Rohmaterial für die Schotter- und Splittherstellung Verwendung.

Schließt man nun den erdgeschichtlichen Bogen, so kann man auch aus der jüngsten Erdgeschichte (Quartär) positive Aus- und Nachwirkungen für Halle entdecken. Dies betrifft in erster Linie die Bodenqualität, für die die genannte Lössakkumulation eine wichtige Voraussetzung bildete. Für die Entstehung der überaus fruchtbaren Böden bedurfte es allerdings noch klimatischer Gunstfaktoren. Diese waren und sind maßgeblich durch unsere Lage im Regenschatten (Lee) des Harzes bedingt. Im frühen und mittleren Holozän (10.000–5.000 v. Chr.) war das Klima verglichen mit heute sogar noch kontinentaler. Da damals auch die Niederschläge noch geringer waren, entwickelten sich in diesem Trockenraum Waldsteppen oder sogar „echte“ Steppen. Diese waren ebenfalls Voraussetzung für die Entstehung der fruchtbaren Schwarzerden. Diese weisen einen bis zu 80 cm mächtigen Humushorizont, eine sehr gute Humusqualität sowie günstige Nährstoff- und Bodenwasserspeichereigenschaften auf. Sie sind die natürliche Basis für eine bis in die Gegenwart reichende, überaus erfolg- und ertragreiche Landwirtschaft. Dies stimulierte ihrerseits wieder die industrielle Entwicklung, wenn man etwa an die Zuckerraffinerien denkt, die ohne den Anbau der Zuckerrüben auf diesen Böden natürlich kaum möglich gewesen wären.

Sachsen-Anhalt kann für sich in Anspruch nehmen, Deutschlands beste Böden aufzuweisen! Im Übrigen wurde dies schon während de in den 1930er Jahren im damaligen Deutschen Reich einsetzenden Bodenschätzung „honoriert“, indem alle anderen Standorte an dem 100er Boden der Magdeburger Börde „geeicht“ wurden. Da diese Schwarzerden heute nur in Gebieten mit Niederschlägen um oder unter 500 mm im Jahr vorkommen und östlich des Stadtgebiets die Niederschläge allmählich wieder über diesen Jahresdurchschnittswerten liegen, treten in Richtung Sachsen diese hochproduktiven Böden deutlich zurück.

Diese für unseren Raum charakteristischen geringen Niederschlagsmengen kommen erst wieder in den osteuropäischen Steppen vor. Aseleben am Süßen See hat dabei sogar das Prädikat, mit 429 mm durchschnittlicher Regenmenge pro Jahr (Reihe 1901–1950) als trockenster Ort Mitteleuropas zu gelten! In nur 60 km Luftlinie Entfernung, auf dem Brocken, wird demgegenüber mehr als die dreifache Niederschlagsmenge (1.648 mm) gemessen. Diese Niederschlagsarmut und Temperaturbegünstigung spiegelte sich auch in der natürlichen Vegetationszusammensetzung wider. Allerdings sind - analog den Verhältnissen bei den Auenwäldern - von den ehemals großflächig verbreiteten Traubeneichen-Hainbuchen-Mischwäldern bei uns nur noch Restbestände erhalten. Im Exkursionsgebiet sind diese unter Naturschutz stehenden Areale auf der Bischofswiese (54 ha) oder am Lintbusch (16 ha) zu besichtigen. Sie sind hier integriert in die „grüne Lunge“ Halles, die Dölauer Heide. Dieses rund 760 ha umfassende Waldgebiet stellt in dieser Größenordnung eine positive „Ausnahme“ in der ansonsten waldarmen Industrie- und Agrarlandschaft der halleschen Umgebung dar. Nicht nur hinsichtlich ihrer ökologischen Bedeutung, sondern auch mit ihrem Stellenwert als Naherholungsgebiet dokumentiert sie eindrucksvoll einen Ausschnitt Natur, von dem Halle eigentlich vielmehr zu bieten hat, als das häufig außer-, aber auch innerhalb der Stadtgrenzen bekannt ist.

Wolfgang Walossek

1200 Jahre Halle – Zur Grundrissentwicklung der Stadt

Der Raum um Halle war bereits in urgeschichtlicher Zeit besiedelt. Aus ergiebigen Solquellen wurde schon in der jüngeren Bronzezeit (13. Jh. v. Chr.) Salz gewonnen. Vom 7. bis zum 4. Jh. v. Chr. hatte diese Salzgewinnung einen ersten Höhepunkt. Diese Epoche wird auch als „Hallesche Kultur“ bezeichnet. Als im Jahr 806 ein fränkisches Heer in das Gebiet zwischen Elbe und Saale vordrang, wurden in diesem Raum zwei Kastelle angelegt. In den reichsgeschichtlichen Notizen wird der Name „Halle“, wo die Grenzfeste am östlichen Ufer der Saale lag, wie folgt beschrieben: „... in orientalem partem Sala, ad locum, qui vocatur Halla“ (... an der östlichen Seite der Saale, an dem Ort, der Halla genannt wird).

Die heutige gewachsene Großstadt entstand aus einzelnen, unterschiedlich alten Siedlungen, die sich - in Ausnutzung der geologisch-geomorphologisch bedingten Höhenlage - beiderseits des Saaleufers entwickelten. Neben dem mittelalterlichen Halle mit seinen Amtsstädten Neumarkt (seit Anfang 12. Jh.) und Glaucha (slawische Siedlung des 7./8. Jh.) sowie seinen fünf Vorstädten (Strohhof, Petersberg, Steintor, Klaustor, Galgtor) waren dies insbesondere Lettin, Trotha (vor 952 gegr.), Kröllwitz, Giebichenstein, Gimritz (vor 880 gegr.), Bellendorf (vor 1360 gegr.), Böllberg (vor 1012 gegr.), Klein-Wörmlitz (vor 1184 gegr.), Wörmlitz (vor 1174 gegr.) und Beesen. Klein-Wörmlitz fiel um das 14. Jh. wüst, die Fischersiedlung Bellendorf wurde nach ihrer Eingemeindung überformt. Nachfolgend seien die wichtigsten Etappen der halleschen Grundrissentwicklung bis zur Gegenwart grob skizziert.

Mittelalter

Als karolingische Grenzsiedlungen im Schutze des erwähnten fränkischen Kastells entstanden im 9. Jh. sowohl eine Siedlung von Handwerkern, Kaufleuten etc. als auch eine so genannte Salzsiedlung im Tal mit Salzbrunnen und -siedestätten.

Im frühen 10. Jh., in der Zeit Heinrichs I., wurde durch eben diesen auf einem Porphyrfelsen am östlichen Saaleufer (Flussübergang) die Burg Giebichenstein als Teil eines weit gestaffelten Grenzburgsystems ausgebaut. Seit 968 gehörte die Burg nebst der südlich davon gelegenen Siedlung (961: „civitas") mit ihren Markt-, Münz- und Zollrechten zum Erzbistum Magdeburg und besaß gegenüber der Siedlung „Halla" eine Vorrangstellung.

In der zweiten Hälfte des 11. Jh. gewann Halle - wiederum wirtschaftlich bedingt - an Bedeutung, denn es bildete sich an der Kreuzung bedeutender Handelsstraßen eine vorwiegend von Kaufleuten begründete Fernhandelssiedlung heraus. Sie bestand aus dem „Tal" (Salzgewinnung) und dem Markt (Handelstätigkeit).

Nach der Gründung des Klosters Neuwerk (1116) und der Anlage der Handwerker- und Kaufmannssiedlung Neumarkt erfuhr auch Halle im ersten Viertel des 12. Jh. eine wesentliche Erweiterung (Abb. E15/E16). Die Marktrechte gingen von Giebichenstein auf Halle über. Zum Schutze und zur Begrenzung der aufblühenden Stadt entstand ein Mauerring um das hochmittelalterliche Halle, dessen Reichtum auf die Ergiebigkeit der Solquellen zurückzuführen war.

Neuzeitliche Entwicklungsimpulse

Ihre wirtschaftliche Blüte erreichte die Salzstadt zwischen dem 14. und 16. Jh. In dieser Zeit wurde auch die Bebauung der ummauerten mittelalterlichen Stadt unter maßgebendem Einfluss von Kardinal Albrecht abgeschlossen. Halle war von 1503 bis 1680 erzbischöfliche Residenzstadt.

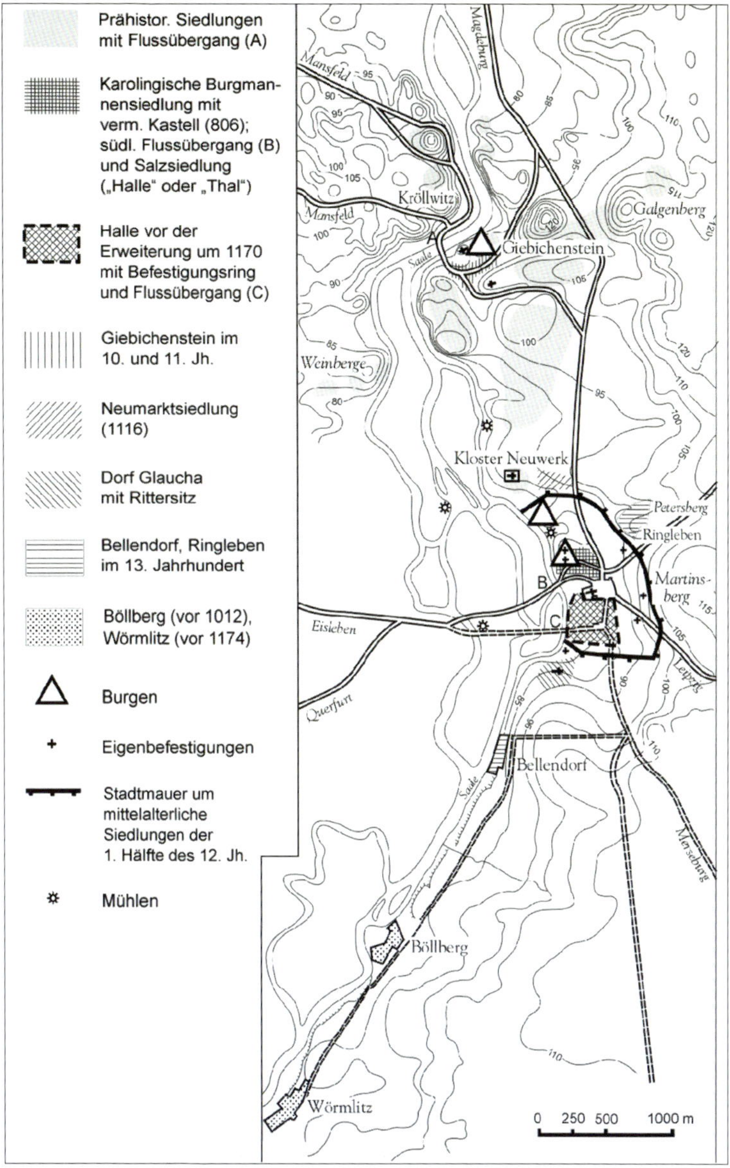

Abb. E15: Vorgeschichtliche und mitteralterliche Siedlungen im Stadtgebiet Halle (nach F. Schlüter 1940 und Mrusek 1964, verändert)

Nach dem wirtschaftlichen Rückschlag durch die Auswirkungen des Dreißigjährigen Krieges erhielt die Stadt - sie gehörte seit 1680 zu Preußen und verlor wegen ihre Randlage mit zunehmend verschärfter Zollpolitik ihr wirtschaftliches Hinterland - durch die Gründung der Universität (1694) und den Bau der Franckeschen Stiftungen (1698–1745) neue Entwicklungsimpulse auf breitester Ebene.

In den Jahren 1816 bis 1820 änderte sich das Siedlungsbild im engeren halleschen Raum nachhaltig, denn es kam zum Zusammenschluss der Stadt mit den zwei Amts- und fünf Vorstädten zu einer Gemeinde von mindestens 20.000 Einwohnern. Bis 1831 schleifte man die Stadtbefestigungsanlage. Damit entstand ein Hauptstraßenring, der die Altstadt von den Außenvierteln abgrenzte.

Das Industriezeitalter

Etwa ab 1830 begann die Industrialisierung überwiegend jenseits der Stadtgrenze, vor allem in Nachbarschaft zu dem sich entwickelnden Eisenbahnnetz. Spätestens 1872 war Halle ein bedeutender Eisenbahnknotenpunkt.

Die mit der Industrialisierung und dem Zuzug von Arbeitskräften verbundene enorme Nachfrage nach Wohnungen hatte weitreichende Konsequenzen für die Stadtgrundrissentwicklung. Es kam zur ersten umfangreichen Stadterweiterung. Von 1850 bis 1880 entstanden neue Wohngebiete, nach außen begrenzt durch Mühlweg, Wucherer-, Linden- und Torstraße. Etwa um 1890 überschritt die Stadt die Einwohnerzahl von 100.000. Nach 1870 entstanden im Süden und Osten der Stadt ebenso wie westlich der Merseburger Straße und des Bahnhofes Mietskasernen für die Arbeiter der sich in der Nachbarschaft entwickelnden gründerzeitlichen Industrie- und Gewerbegebiete. Im Norden der Stadt und parallel zur Saale entstanden zu dieser Zeit bürgerliche Villen. In der Gründerzeit wurden auch die wichtigsten Universitätsgebäude im Stadtzentrum und Klinikviertel errichtet, Letzteres an der Magdeburger Straße zwischen dem Stadtgottesacker und dem Steintor gelegen. Die städtische Gasanstalt (ab 1891) und die Straßenbahn (1882 noch Pferdebahn, ab 1891 elektrisch) nahmen ihren Betrieb auf. Bis 1900 entstanden 11 neue Stadtviertel, insbesondere so genannte Mietskasernenkomplexe für die Arbeiter der Industrie. Die Stadt besaß de facto eine geschlossene Bebauung von Giebichenstein bis fast nach Böllberg. Die Eingemeindung von Gimritz, Giebichenstein, Trotha und Kröllwitz zur Jahrhundertwende wurde erforderlich. Neben dem schon vorhandenen Straßenring um den mittelalterlichen Stadtkern entwickelte sich ein zweiter Au-

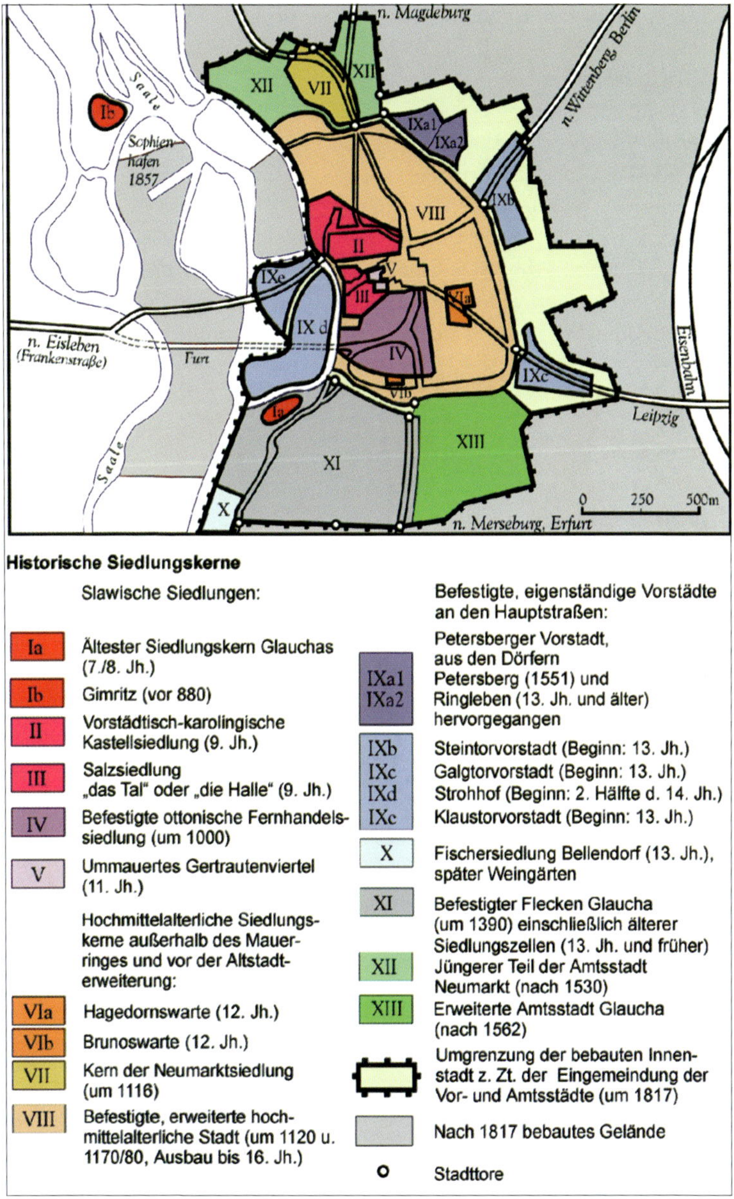

Abb. E16: Grundrissentwicklung der halleschen Innenstadt (nach Hertzberg, F. Schlüter, Mrusek und Schultze-Galéra)

ßenring mit Verkehrsknoten an den Stellen, wo dieser die alten städtischen Ausfallstraßen schnitt, z. B. Reileck, Steintor, Riebeckplatz, Rannischer Platz. Das Paulusviertel wurde konzentrisch rund um die 1900 bis 1903 auf dem Hasenberg aus Backstein errichtete Pauluskirche vom Süden her angelegt. Im Jahre 1914 besaß die Stadt bereits 170.000 Einwohner, damit rangierte sie an 19. Stelle im Deutschen Reich.

Die zweite jüngere Stadterweiterung vollzog sich zwischen den beiden Weltkriegen durch Ausweitung der Bebauung in der nördlichen und südlichen Randzone (Abb. E17). Hierbei entstanden vor allem locker bebaute und durchgrünte, oft genossenschaftliche Wohnsiedlungen, häufig für Arbeiter und Angestellte, z. B. in den Gebieten Gesundbrunnen und Vogelweide

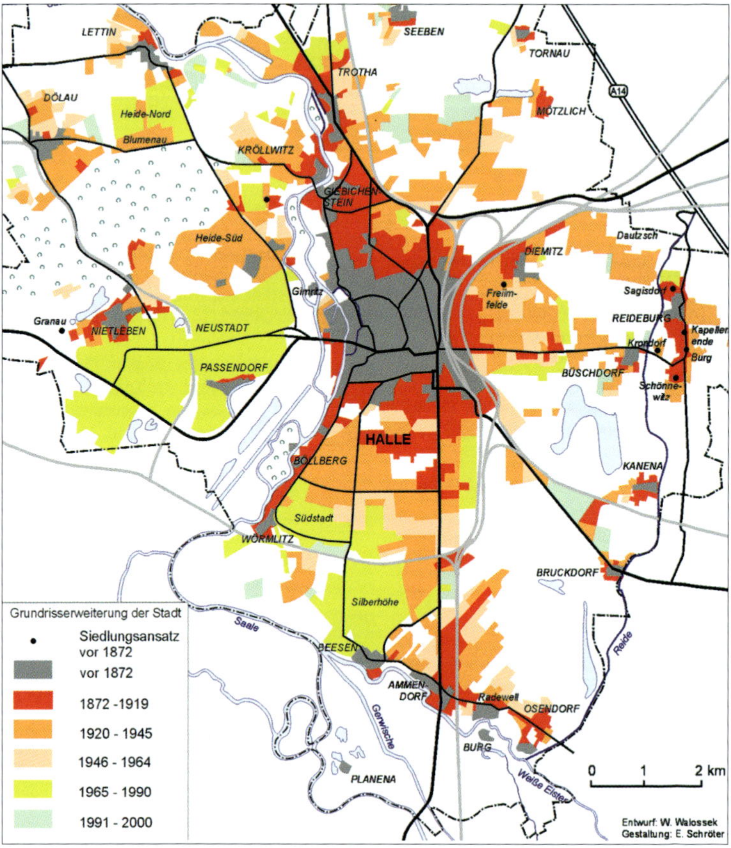

Abb. E17: Entwicklung der Stadt Halle nach Baualtersgruppen und Erstbebauung (generalisiert)

zwischen 1924 und 1930. Die Siedlungsflächen des genossenschaftlichen Wohnungsbaus charakterisieren wesentlich den Süden der Stadt. Um den neuen Wasserturm wurde die Siedlung Lutherplatz axial angelegt, die Bebauung des Paulusviertels nunmehr in aufgelockerter Form abgeschlossen. Generell waren die städtebaulichen Grundsätze darauf ausgerichtet, um den unsozial engen gründerzeitlichen Mietskasernengürtel eine aufgelockerte Bebauung mit breiteren, in der Regel nun mit Bäumen bestandenen Straßen anzulegen. Von Einfamilienhäusern (z. B. Heiderandsiedlung) bis zum privaten Villenbau (in Kröllwitz, der Frohen Zukunft, aber auch in Nietleben, Dölau und Blumenau, damals außerhalb der Stadt gelegen) reichte das Spektrum. Kasernen und andere militärische Anlagen prägten ferner die Bautätigkeit dieser Zeit, z. B. der Komplex der Heide-Kaserne (Heeresnachrichtenschule). Bereits 1926 bis 1928 wurde zur besseren Bewältigung des Großstadtverkehrs die neue Giebichensteinbrücke errichtet.

Nicht nur in baulicher Hinsicht setzte die Industrialisierung wichtige Akzente. Die Stadt profitierte auch mit Blick auf ihre Grünflächen von der Saaleaue und der Dölauer Heide sowie später von den nicht bebaubaren Bergbaufolgeflächen. Große Aufmerksamkeit wurde lange Zeit dem begrünten Promenadenring um die mittelalterliche Stadt gewidmet. Daneben entstanden bereits Parkfriedhöfe im Norden (1850) und Süden (1882). Die Käufe der Burgruine Giebichenstein und deren Unterburg, der Ziegelwiese und der Klausberge zwischen 1905 bis 1912 sowie des Bergzoos (1909) brachten wertvolle Ergänzungen für die städtischen Grünflächen.

Der Zweite Weltkrieg und der sozialistische Städtebau

Im Zweiten Weltkrieg kam es nur am Riebeckplatz zu flächenhaften Zerstörungen. Davon waren allerdings alle großen Hotels im Bahnhofsgebiet betroffen. Im Bereich des Marktes wurden z. B. Rathaus und Waage so stark beschädigt, dass sie nicht wieder aufgebaut wurden.

Im Jahre 1950 erfolgte die Eingemeindung von 14 Kommunen des Stadtrandes (historisch einst sogar 20 eigenständige Siedlungen). Neben der Stadt Ammendorf mit Beesen, Radewell, Osendorf, Planena und Burg waren dies Böllberg, Bruckdorf, Büschdorf, Diemitz, Dölau, Kanena, Lettin, Mötzlich, Nietleben, Passendorf, Reideburg, Seeben, Tornau und Wörmlitz (Abb. E17).

In der Periode des sozialistischen Aufbaus wurde die Stadt nach der Verwaltungsreform von 1950 wegen der chemischen Großindustrie in der umgebenden Region (Buna, Leuna, Bitterfeld) zum Zentrum der Chemie der DDR gekürt. Zwischen 1950 und 1970 entstanden die Wohnstädte Süd und Nord mit fast 15.000 Wohnungen. Halle-Süd (später Süd I) war das erste komplexe Baugebiet der Stadt in industrieller Großblockbauweise mit Hochhäusern als architektonischen Dominanten. In Trotha, wo östlich des Hafengeländes ein neues Industriegebiet zu wachsen begann, entstand (nunmehr in Plattenbauweise) die neue Wohnstadt Halle-Nord. Damit begann der extensive Wohnungsbau am Stadtrand bei gleichzeitiger Vernachlässigung der Wohnflächen in der historischen Innenstadt.

Das Politbüro der SED beschloss 1963 den Aufbau der Chemiearbeiterstadt Halle-West im Rahmen der Entwicklung der chemischen Industrie im Bezirk Halle. Die Grundsteinlegung für die ursprünglich mit ca. 70.000 Einwohnern geplante Randstadt erfolgte im Juli 1964. Später wurde das Wohnungsneubauvorhaben auf eine Stadtgröße von 115.000 Einwohnern erweitert.

1972 wurde der Grundstein für das Wohngebiet Böllberger Weg gelegt. Zwei Jahre später begann der Aufbau der Wohnstadt Halle-Süd II; mindestens 8.000 Wohnungen wurden östlich von Wörmlitz und nördlich der so genannten Kasseler Bahn errichtet.

Im Jahre 1979 begann man das Großwohngebiet Silberhöhe zwischen der Ortslage Beesen im Süden, der Siedlung Rosengarten im Osten, dem Kasernengelände der Sowjetarmee im Westen und der S-Bahn-Linie im Norden zu errichten. Auf einer Fläche von ca. 580 ha entstanden etwa 10.000 Wohnungseinheiten in mehrgeschossiger komplexer Plattenbauweise.

Ein Vorhaben der innerstädtischen Bebauung verdient hervorgehoben zu werden, obwohl es sich nicht um eine Ausweitung der städtischen Randbebauung handelt. Im Gebiet Moritzzwinger/Brunoswarte entstanden 1984 wieder Wohnblöcke in Plattenbauweise mit Geschäftsflächen im Erdgeschoss. Diese Integration von Ladenflächen in den Wohnhäusern fand ihre Fortsetzung in allen nachfolgenden Bauvorhaben, wie z. B. bei der dem Wohnumfeld erstmals günstig angepassten Bebauung des Gebietes zwischen Markt- und Domplatz und der Lückenbebauung in der Geiststraße vor der politischen Wende.

Halle seit der deutschen Wiedervereinigung

In jüngster Vergangenheit hat sich das Antlitz der Stadt Halle bereits spürbar durch die umfassenden Rekonstruktionen von Gebäuden gewandelt. Das betrifft nicht nur Wohn-, sondern auch Geschäftsgebäude der Innenstadt bis zur Gegenwart. Neben dem Strukturwandel bzw. Abriss ganzer Industriegebiete (z. B. des gründerzeitlichen Industriegebietes Zentrum-Süd) ab 1990 entstanden und entstehen (eigentumsbedingt leider relativ spät) neue Wohngebiete am Stadtrand von Halle. Hierbei handelt es sich um Einfamilien- und Reihenhaus-Wohnsiedlungen vor allem in Lettin, Seeben, Diemitz, Büschdorf (Abb. E18) und Dölau. Dies führte jedoch auch zu Abwanderungen der Bevölkerung aus erneuerungsbedürftigen innerstädtischen Wohngebäuden und sozialistischen Plattenbauten. Fast alle Kasernen erhielten eine neue Funktion. So entstehen auf dem Gelände der ehemaligen GUS-Garnisionen Heide-Süd und Wörmlitz-Kirschberg neue Wohngebiete mit hohem Eigenheimanteil. Im Stadtteil Heide-Süd werden außerdem in Nachbarschaft zum Universitätskomplex am Weinberg weitere Institute der Mathematisch-Naturwissenschaftlich-Technischen Fakultät der Martin-Luther-Universität in Nachnutzung der denkmalsgeschützten Bausubstanz der ehemaligen Heeresnachrichtenschule lokalisiert.

Abb. E18: Neue Wohngebiete am Stadtrand - das Beispiel Büschdorf (Foto: MZ, 2001)

Bestrebungen zu weiteren Eingemeindungen von Dörfern des Saalkreises in Nachbarschaft Halles verliefen - trotz intensiver Diskussionsprozesse - bisher nicht erfolgreich, was der Flächennutzungsplanung der Stadt wenig Spielraum lässt. So verlagern sich städtische Funktionen in das Umland und münden in den Prozess der Suburbanisierung.

Wolfgang Walossek

Am Anfang standen Salz und Kohle – Etappen der wirtschaftlichen Entwicklung des engeren halleschen Raumes

Die Anfänge der ökonomischen Inwertsetzung

Die wirtschaftliche Bedeutung der Stadt Halle wurde in vorindustrieller Zeit maßgeblich durch die Nutzung der vorhandenen Rohstoffe bestimmt. Dazu gehören die Solequellen, aus denen seit mehr als 4.000 Jahren Salz gewonnen wurde. Zwischen dem 11. und 13. Jh. hatte dieses wichtige Handelsgut einen entscheidenden Anteil am wirtschaftlichen Aufschwung der mittelalterlichen Stadt, denn mit der Salzproduktion (etwa 10.000 t jährlich im 13. Jh.) und dem Salzhandel war die Herausbildung weiterer städtischer Wirtschaftsfunktionen eng verbunden. Die Saale wurde für Salztransporte im Rahmen der Handelsschifffahrt bereits in dieser Zeit genutzt. 1280 trat die Stadt der Hanse bei. 1524 erfolgte die Gründung der „Salzwirkerbrüderschaft im Thale zu Halle". Die jährliche Salzproduktion dürfte im 16. Jh. fast 20.000 t betragen haben. 1719 bis 1721 ließ der preußische König Friedrich Wilhelm I. vor dem Klaustor eine neue Königliche Saline errichten, die inzwischen veraltete pfännerschaftliche Saline im Thale wurde zwar Ende des 18. Jh. teilweise erneuert, ihre Produktion endete aber 1868. Die Salzgewinnung verlor danach zunehmend an Bedeutung, 1964 endete sie mit der Schließung der Saline.

Hinsichtlich der Kohlegewinnung kann Halle auf eine Tradition des Braun- sowie des Steinkohlenbergbaus zurückblicken. Früheste Hinweise auf den Abbau von Braunkohle reichen im halleschen Raum bis in das Jahr 1382 zurück, als bei Lieskau eine kolgrube beschrieben wird. Erst um 1800 wurde der Braunkohlenabbau allmählich bedeutsamer. Zu dieser Zeit wurde in primitiven Kleinstbetrieben (sog. Bauerngruben) nördlich von Halle bei Seeben Braunkohle gewonnen, ihre Zeit endete etwa ab 1850.

Seit 1840 kann man endgültig vom rasanten Aufschwung des halleschen Braunkohlenbergbaus im Gefolge der Industrialisierung sprechen. 1903 wurde mit den Kohlelieferungen an das hallesche Elektrizitätswerk begonnen, ebenfalls beliefert wurden u. a. die Gasanstalt und die Zuckerfabriken. Insgesamt weist die heutige administrative Stadtfläche etwa 30 ehemalige Braunkohlenabbaufelder auf, was die Bauflächenentwicklung der Stadt maßgeblich beeinträchtigte und noch gegenwärtig bei der Flächennutzungsplanung zu berücksichtigen ist.

Zahlreiche topographische Bezeichnungen, wie z. B. „Frohe Zukunft" oder „Bergmannstrost" künden heutzutage ebenso vom ehemaligen Bergbau wie die Tagebaurestlöcher des Heide-, des Hufeisen- oder des Osendorfer Sees bzw. die Tiefbaubruchfelder der Mötzlicher Seen.

Der Steinkohlenabbau begann um 1735 nördlich von Dölau im Tiefbau (Steinkohle) und endete in diesem Raum nach 70 Jahren. Steinkohlenfunde waren sonst nur noch im Wittekindtal zu verzeichnen.

Die Karte zur wirtschaftlichen Entwicklung der Stadt (Abb. E19) veranschaulicht auch die Lage der wichtigsten Gruben im Stadtgebiet sowie die Bergbaufolgeflächen.

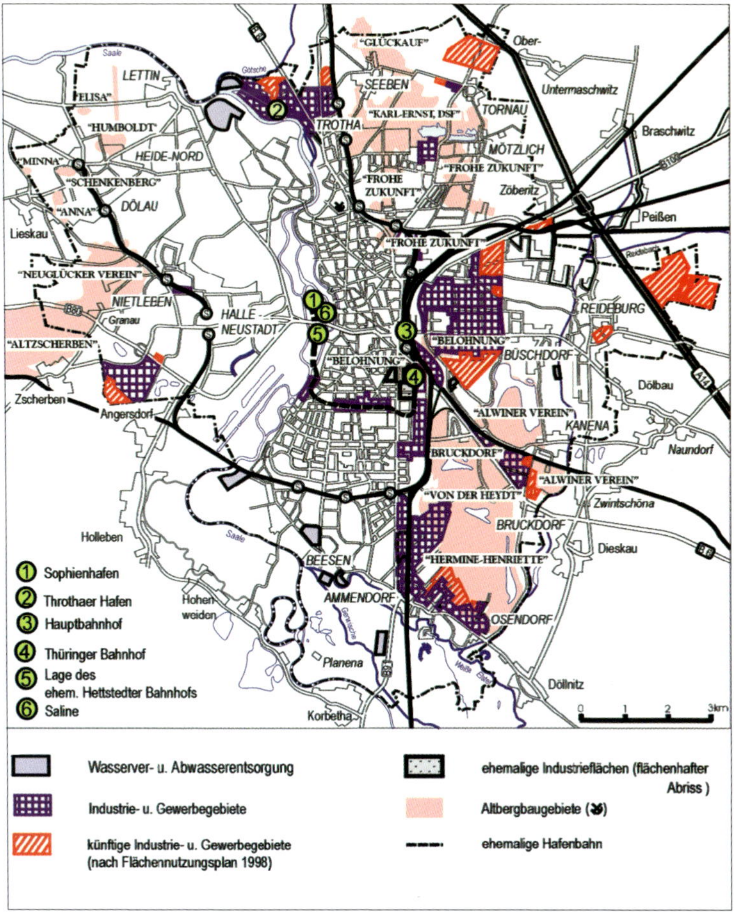

Abb. E19: Wirtschaftliche Entwicklung von Halle (Saale) (ausgewählte Aspekte)

Die Industrialisierung

Wichtige Voraussetzungen für die Herausbildung und rasche Entwicklung der Wirtschaft des halleschen Raumes im 19. und zu Beginn des 20. Jahrhunderts war das Zusammentreffen mehrerer Gunstfaktoren:

1. Auf Grundlage der hochwertigen Böden um Halle und der daraus resultierenden landwirtschaftlichen Erträge entstand eine moderne Nahrungs- und Genussmittelindustrie. Die dafür benötigten Maschinen markierten die Anfänge für die Entwicklung Halles zur Stadt des Maschinen- und auch Fahrzeugbaus.
2. Die Erschließung von Braunkohlenrevieren zur Brennstoffgewinnung war entscheidend für diese Industriezweige und die nachfolgende Entwicklung der chemischen Großbetriebe von Bitterfeld, Schkopau (Buna) und Leuna. Das Wasserdargebot der Flüsse und die Salzlagerstätten vervollständigten die Standortgunst für die chemische Industrie in der Region.
3. Die gute verkehrsmäßige Anbindung der Stadt und der Region wirkte sehr positiv auf Standortgründungen für die unterschiedlichsten Wirtschaftsbereiche und Verwaltungen.
4. Die durch die Industrialisierung angezogenen Arbeitskräfte erhöhten die Konsumnachfrage, wodurch der Dienstleistungssektor an Bedeutung gewann. Neueröffnungen von Geschäften waren an der Tagesordnung. Bank-, Verwaltungs- und Kulturgebäude entstanden, das Baugewerbe erhielt neue weitreichende Entwicklungsimpulse.

Das Anfangsstadium der Industrialisierung zwischen 1830 und 1860 war eng verbunden mit dem Übergang von der Einzelfertigung des Handwerks zur mechanischen Massenproduktion. Gefördert wurde diese Entwicklung Halles auch durch die politischen und wirtschaftlichen Verhältnisse Preußens seit dem beginnenden 19. Jh. Die Bildung der preußischen Provinz Sachsen mit ihrer Südausdehnung in den Thüringer Raum schuf ein breites Umfeld einschließlich der späteren Funktion eines Verkehrs- und Handelszentrums. Finanziell gefördert wurde der industrielle Aufschwung von den Banken. In der zweiten Hälfte des 19. Jh. war die Industrialisierung der Stadt im wesentlichen vollzogen.

1840 wurde Halle an die Bahnlinie Leipzig-Magdeburg angeschlossen. Weitere sechs Eisenbahnhauptlinien verbanden in der Folgezeit die Saalestadt mit wichtigen Wirtschaftsregionen und Städten. So entwickelte sich Halle zum bedeutendsten Eisenbahnknotenpunkt Mitteldeutschlands. Der Beginn des Ausbaus der Saaleschifffahrt bis Halle für 400-t-Schiffe und die Saaleregulierung ab 1871 (vgl. Exkursion Saaleaue) waren weitere wichtige verkehrstechnische Voraussetzungen für den schnellen wirtschaftlichen Aufschwung der Stadt.

Die Lage im mitteldeutschen Trockengebiet erforderte - trotz des Vorhandenseins der Saale - die Lösung des Problems der Trinkwasserversorgung. 1868 begann man mit der Gewinnung von oberflächennahem Grundwasser in der Elster-Saale-Aue von Beesen. Im gleichen Maße wie die Wasserversorgung Halles verbessert wurde, fielen mehr Abwässer an, die lange Zeit ungereinigt der Saale zugeführt wurden. Erst seit etwa 1890 besaßen fast alle gepflasterten Straßen unterirdische Abwasserkanäle. Die Verschmutzung des Flusses nahm entsprechend dem Wachstum der Stadt Halle, ihrer Wirtschaft und der benachbarten Gemeinden zu. 1905 erfolgte der Bau eines Hauptsammelkanals, der bereits 1915 an eine moderne Kläranlage angeschlossen wurde.

Abb. E 20: Halle-Trotha - Ansicht des Hafens (Foto: MZ, 2001)

1880 bis 1890 erfolgte die Ausweitung des Stadtgebietes nach Osten. Durch den Bau zweier Brücken war es möglich, jenseits der Bahngleise vorzugsweise Industrie und Gewerbe anzusiedeln. Hier wurde unter anderem 1893 der moderne städtische Schlacht- und Viehhof nach nur zweijähriger Bauzeit in Betrieb genommen.

Bis zum Ersten Weltkrieg entstanden fast 60 Maschinenfabriken. Die älteste (MÖVES & LEUTERT), eine Eisengießerei, wurde bereits 1856 nördlich der Stadt errichtet. LINDNER's Wagenfabrik in der Großen Steinstraße war die Keimzelle des späteren Waggonbaus Ammendorf, um nur zwei Beispiele zu nennen. Die Industrie- und Gewerbeausstellung von 1881 führte rund 500.000 Besucher nach Halle. Die beschriebene günstige Verkehrssituation (Eisenbahnknoten, Sophienhafen, regulierte Saale, Hauptverkehrsstraßenanbindung) förderte die Industrialisierung gravierend. Eine Hafenbahn, in deren südlichen Einzugsbereich sich weitere Industriebetriebe niederließen, verband seit 1895 den Hauptbahnhof, den Thüringer Bahnhof und den Hettstedter Bahnhof mit dem Sophienhafen.

Die zunehmende Trennung der Funktionen Arbeiten und Wohnen im Zuge der rasanten Industrialisierung führte zu verstärkten Neugründungen von Industrievierteln in Stadtrandlage. Bereits vor 1900 ließen sich Firmen in den Vororten Diemitz und Ammendorf nieder. 1928 erfolgte dann im Zusammenhang mit der Erschließung eines nördlichen Industriegeländes (einschließlich Bau eines modernen Kraftwerkes) die Inbetriebnahme des Trothaer Hafens (Abb. E20). Sein Umschlag erreichte bereits zwei Jahre danach die 100.000-t-Grenze, da die Nachfrage seitens der Wirtschaft nach billigen Transporten bis zum Hamburger Hafen immer größer wurde.

Die sozialistische Zeit

Nach Beendigung des Zweiten Weltkriegs begann die Demontage von Industrie- und Infrastruktureinrichtungen für Reparationsleistungen an die Siegermacht UdSSR. Daneben erfolgte die Umstellung der Kriegswirtschaft auf den Neuaufbau des Landes und die Versorgung der Bevölkerung. Die traditionellen Wirtschaftsbereiche wurden wieder belebt. Im Jahre 1948 gab es in der Stadt ca. 90.000 Erwerbstätige, darunter fast 42 % in Industrie und Handwerk. Der traditionelle Maschinenbau beschäftigte damals 5.835 Arbeitskräfte in 68 Betrieben. Damit blieb seine hervorragende Stellung in der relativ gering zerstörten Stadt erhalten, Nahrungs- und Genussmittel- sowie Bekleidungsindustrie verstärkten noch ihre Position. Der Prozess der Vergesellschaftung und Konzentration der Wirtschaft schritt in der Folgezeit rasch voran. Zahlreiche Klein- und Mittelbetriebe wurden zu sozialistischen Großbetrieben, in der Regel bei Verbleib an den alten Standorten, zusammengeschlossen. Private Handwerksbetriebe wurden in Produktionsgenossenschaften des Handwerks (PGH) umgewandelt. Reparaturdienstleistungen des Baugewerbes wurden immer stärker eingeschränkt und zentral gelenkt, was sich vor allem auf die Werterhaltung der Wohnbauten katastrophal auswirkte.

Die Industrieflächen im Osten und Süden hatten teilweise bereits die administrative Stadtgrenze überschritten. Die 1950 erfolgte Eingemeindung benachbarter Siedlungen, insbesondere von Diemitz, Büschdorf und Ammendorf, erweiterte die Industriegebiete der Stadt. Folgende Industriegebiete wurden ausgewiesen:

Das Industriegebiet Zentrum-Süd (1970: 230 ha, 161 Betriebe, ca. 12.500 Beschäftigte, Anteil der Industrieflächen im Gebiet ca. 50 %) wurde vor allem durch den Maschinenbau und die Lebensmittelerzeugung geprägt. Nach der politischen Wende 1989 erfolgte weitgehend ein flächenhafter Abriss.

Im Industriegebiet Halle-Nord (1970: 220 ha, 75 Betriebe, ca. 5.400 Beschäftigte, Anteil der Industrieflächen im Gebiet ca. 16 %) waren insbesondere der Großhandel, die Energie-, die Lager- und die Getreidewirtschaft angesiedelt. Betriebe wie z. B. Kraftverkehr, Baumechanik, Feinmechanik,

Ziegelwerke, Kühlbetrieb, Fleischwirtschaft und Speisenproduktion vervollständigten die breite Branchenpalette.

Das größte der Industriegebiete - Halle-Ost (1970: 460 ha, 213 Betriebe, ca. 14.300 Beschäftigte, Anteil der Industrieflächen 32 %) - war, abgesehen von der Abwasserentsorgung, infrastrukturell sehr gut erschlossen. Neben der Bau- und Mechanikbranche, Handels- und Verkehrsbetrieben waren hier der Maschinenbau, der Schlachthof sowie eine Vielzahl von Mittelbetrieben verschiedener Industriezweige und Gewerbebranchen lokalisiert.

Im Industriegebiet Halle-Süd (1970: 420 ha, 62 Betriebe, ca. 10.500 Beschäftigte, Anteil der Industrieflächen 22 %) rangierte schon immer der Waggonbau an erster Stelle als Arbeitgeber. Chemische Industrie, Möbelbau, Dampferzeugerbau, Baustoffversorgung und Bauvorfertigung sowie die Metallaufbereitung waren neben Dienstleistungseinrichtungen von Bedeutung.

Das Versorgungsgebiet Halle-Neustadt (1989: etwa 160 ha, 22 Betriebe, ca. 4.000 Beschäftigte) entwickelte sich im Zusammenhang mit dem Aufbau der sozialistischen Wohnstadt. Hier entfielen etwa 37 % der Beschäftigten auf das Baugewerbe, es folgten Industrie (25 %), Großhandel (16 %) und Verkehrswesen (13 %).

Neben diesen Industriegebieten häuften sich kleinere Standorte auch in zentralen Bereichen der Stadt. Mit dem zunehmenden Verfall der Innenstadt in der sozialistischen Periode wurden oft leerstehende Wohnungen nach grober Instandsetzung von Gewerbebetrieben genutzt.

Auch am Ende der sozialistischen Epoche (1989) besaß die Stadt immer noch eine Struktur und Standortverteilung der Produktionsstätten, die sich im Grundprinzip bereits vor dem Zweiten Weltkrieg herausgebildet hatten. Industrie und produzierendes Gewerbe konnten 1989 auf knapp 70.000 Beschäftigte in insgesamt 1.574 Arbeitsstätten verweisen.

Wenden wir den Blick von der Stadt selbst auf den ehemaligen Bezirk Halle, der geprägt war durch Landwirtschaft, Bergbau, Industrie, Handel und Gewerbe. Die chemische Großindustrie stellte als strukturbestimmender Wirtschaftszweig 39 % der DDR-Chemieprodukte her. Leuna (30.000 Beschäftigte), Bitterfeld (22.000 Beschäftigte) und Buna (20.000) waren bedeutende Unternehmen im so genannten Chemiedreieck. Der Bezirk Halle war mit etwa 14 % am nationalen Exportvolumen beteiligt.

Der Übergang in die Marktwirtschaft und künftige Perspektiven

Die politische und ökonomische Wende ab 1989 brachte der besonders stark industrialisierten Region Halle einen grundlegenden Strukturwandel.

Es galt, die im Rahmen der Zentralverwaltungswirtschaft der DDR ohne Rücksicht auf die Entwicklungen am Weltmarkt konservierten Strukturen dem allgemeinen Wandel von der Industrie- zur Dienstleistungsgesellschaft anzupassen. Wegen der Schnelligkeit dieses Prozesses kam es zu tiefgreifenden Veränderungen, die für die betroffenen Menschen teilweise sehr schmerzlich waren. Er trug unter anderem wesentlich dazu bei, dass Sachsen-Anhalt mit seinen großen Industriekombinaten die höchste Arbeitslosenquote aller Bundesländer seit der Wende bis zur Gegenwart aufzuweisen hat. Veraltete Technik und personelle Überbesetzung ermöglichten nur in wenigen Fällen eine wettbewerbsfähige Produktion unter den neuen marktwirtschaftlichen Bedingungen. Hinzu kommt, dass nicht nur der überwiegend auf Osteuropa orientierte Absatzmarkt verloren ging, sondern oft auch der einheimische an die Konkurrenz aus den alten Bundesländern. Die De-Industrialisierung der Stadt wird auch für den Besucher sichtbar durch den flächenhaften Abriss umfangreicher Industrieanlagen.

Ziehen wir den Industriebesatz (in der Industrie Beschäftigte je 1.000 Einwohner, Stand 1998) als Indikator für industrielle Aktivitäten heran, ergibt sich für Halle ein Wert von 50, für die Region Halle (Stadt und Umlandkreise) von 70 und für die Region Halle-Leipzig (beide Städte plus jeweilige Umlandkreise) von 68. Die Vergleichswerte für alle ostdeutschen Länder betragen 73, für die westdeutschen Flächenstaaten 114. Dieser niedrige Industriebesatz hat sich 2005 nicht nennesnwert verändert. Er kann entweder als beispielhaft für die Transformation der Industrie- in die Dienstleistungsgesellschaft interpretiert werden oder als Kennzeichen dafür, dass das Ausmaß der De-Industrialisierung die Grenze der Zuträglichkeit für Stadt und Region überschritten hat. Wenn auch weitgehender Konsens darüber besteht, dass die zukunftsfähigen Beschäftigungsperspektiven im Dienstleistungssektor liegen, ist dennoch ein Mindestmaß

Abb. E21: Gewerbegebiet Queis (Foto: MZ, 2001)

industrieller Aktivitäten als Basis für eine regionale Wirtschaft unabdingbar: Moderne Dienstleistungen sind in der Regel unternehmensbezogene Dienstleistungen, die zu einem Großteil auf der Industrieproduktion aufbauen. Dies spricht für die Notwendigkeit, das Augenmerk auch auf die Erhöhung des Industriebesatzes in der Region (z. B. Gewerbegebiete, Abb. E21) zu richten. Deshalb ist z. B. die Ansiedlung des BMW-Werkes (auch wenn die Standortentscheidung zugunsten von Leipzig ausfiel) zweifellos ein positiver Impuls.

Betrachten wir die sozialversicherungspflichtig Beschäftigten, zeichnet sich im industriellen Sektor weder für Halle noch für das Umland mit Anteilen von 11 % bzw. 27 % (Vergleichswert alte Bundesländer 34 %) eine Rückkehr zu den Werten vor der Wende ab. Überdurchschnittlich war demgegenüber lange Zeit das Baugewerbe besetzt (Halle 9 %, Umland 15,3 %), was allerdings auf die „Überkonjunktur" dieser Branche nach der Wende zurückzuführen ist. Zusammengenommen sind nahezu drei Viertel der Beschäftigten im Dienstleistungssektor tätig, wobei die zukunftsfähigen produktionsorientierten Dienstleistungen, wie z. B. Ingenieurbüros, Architekten, Kreditinstitute und Werbeagenturen, in Leipzig stärker repräsentiert sind als in Halle. Einen innovativen Weg geht die Saalestadt, indem sie darauf setzt, künftig die Fühlungsvorteile der zahlreichen universitären und außeruniversitären Forschungsinstitute stärker zu nutzen. Die Ausrichtung auf Technologie- und Gründerzentren spielt dabei ebenso eine Rolle wie die Anlage des „Wissenschafts- und Innovationsparks" (WIP) im Stadtteil Heide-Süd, in dem zwei Technologie- und Gründerzentren und ein Bio-Innovationszentrum miteinander kombiniert sind. Hier siedelten sich bereits innovative Unternehmen an. Im Jahr 2004 waren es insgesamt 47 Unternehmen, darunter 13 der Biotechnologie, je vier der Chemie/Pharmazie, Umwelttechnologie/Verfahrenstechnik, IT und neue Medien, Nano- und Mikrotechnologie sowie Dienstleistungen. Die Erschließung und Renaturierung der neuen Wissenschafts- und Innovationsregion auf den ehemaligen Militärflächen erfolgte im Rahmen des EU-Förderprogrammes „Konver". Ergänzt wird dieses Konzept durch die gezielte Förderung der IT- und Multimediabranche (Initiative Halle digital) seitens der Stadt.

Bei allen vergleichenden Betrachtungen sollte nicht verkannt werden, dass das Oberzentrum Halle für etwa 110.000 Menschen in über 15.000 Unternehmen Arbeitsort ist. Über 44.000 Pendler kommen täglich in die Saalestadt (positiver Saldo 19.340). Diesen Bestand gilt es zu sichern. Dazu gehört u. a. auch die Martin-Luther-Universität, deren wichtige wirtschaftliche Bedeutung in der Öffentlichkeit häufig unterschätzt wird.

Wolfgang Raschke/Andrea Schultz

Stadtbevölkerung im Wandel – Die Bevölkerungsentwicklung und -struktur von Halle

Während der Übergangsphase von der zentralistischen zur marktwirtschaftlich geprägten Gesellschaft hat die Bevölkerung in den neuen Ländern zwischen 1990 und 2000 um mehr als 1,5 Mio. Menschen abgenommen. Hierzu haben Abwanderung und natürliche Bevölkerungsverluste etwa im gleichen Maße beigetragen. Dies hat in den Städten Ostdeutschlands tiefe Spuren hinterlassen. Dazu gehören die einschneidende Verringerung der Einwohnerzahl und der Haushalte ebenso wie der Wandel des soziodemographischen und räumlichen Gefüges. Prozesse, die in Westdeutschland über mehrere Jahrzehnte abliefen, erfolgen hier gleichsam im „Zeitraffertempo“. Diese „nachholende Entwicklung“ vollzieht sich in altindustrialisierten Verdichtungsräumen wie der Region Halle-Leipzig mit besonderer Dynamik und weitreichenden Folgen für die Lebensverhältnisse der hier wohnenden Menschen.

Im Jahr 2000 fiel die Bevölkerung der Stadt Halle erstmalig seit Eingemeindung der Plattensiedlung Halle-Neustadt (1990) auf unter 250.000 (Abb. E22). Dementsprechend vielschichtig ging diese Problematik auch durch die Presse. Der bereits vor 1990 einsetzende Bevölkerungsschwund der Stadt erhielt nach der Wiedervereinigung eine neue Dimension. Nachdem in den kommunalen Grenzen 1990 noch fast 310.000 Einwohner lebten, waren es im Jahr 2004 nur noch 237.093. Gemessen an diesem Verlust von über 70.000 bzw. über 22 % liegt Halle an zweiter Stelle der ostdeutschen

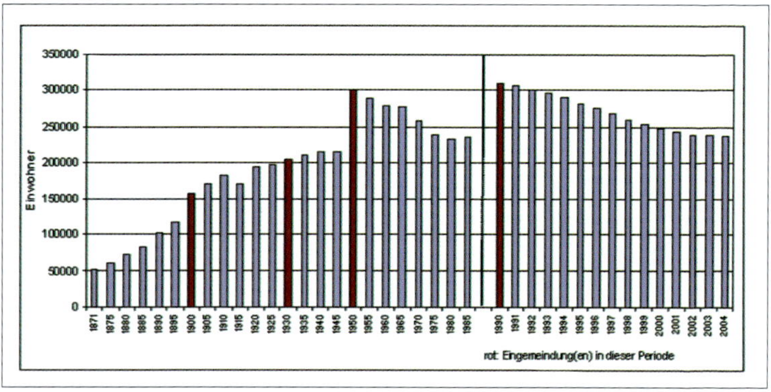

Abb. E22: Bevölkerungsentwicklung der Stadt Halle (Quelle: Statistisches Jahrbuch der Stadt Halle, 2005)

Großstädte. In Bezug auf die Einwohnerzahl ist die 1990 noch drittgrößte ostdeutsche Stadt (ohne Berlin) hierdurch an die vierte Stelle verdrängt worden (Tab. E2). Zu berücksichtigen ist bei diesen Vergleichen allerdings, dass die geringen Veränderungen der sächsischen und thüringischen Großstädte nur eine scheinbare Stabilität der Kernbevölkerung widerspiegeln, da sie auf umfangreiche Eingemeindungen zurückzuführen sind, die für Sachsen-Anhalt noch ausstehen.

Tabelle E2: Bevölkerungsentwicklung ostdeutscher Großstädte

	1990*	**2003***	**Veränderung in %**
Leipzig	511.079	497.591	jeweils −2,7
Dresden	490.571	483.632	−1,4
Chemnitz	294.244	249.922	−15,1
Halle	310.234	240.119	−22,6
Magdeburg	278.807	227.535	−18,4
Erfurt	208.989	201.645	−3,5
Rostock	248.088	198.303	−20,1
Potsdam	139.794	144.979	+3,7
Gera	129.037	106.365	−17,6
Schwerin	127.447	97.694	−23,3
Durchschnitt	273.829	244.773	−10,6

* im Jahresdurchschnitt

(Quelle: nach Auskunft des Statistischen Bundesamtes Wiesbaden 2004)

Das aktuelle Problem – Abwanderung

Die Bevölkerungsverluste Halles sind zu über 80 % durch Abwanderung zu erklären. Hierbei sind - in zeitlich unterschiedlicher Intensität - Fortzüge in andere Bundesländer und in die beiden Randkreise der Saalestadt wirksam. Betrug der negative Migrationssaldo im Extremjahr 1990 noch 11.718 Menschen, hat er sich bis zum Jahr 2002 auf 2.919 reduziert. Die Abwanderung zu Beginn der 1990er Jahre war zunächst auf die alten Bundesländer mit ihren wesentlich günstigeren Arbeitsplatzperspektiven gerichtet. In der Folgezeit pendelte sich der durch die Ost-West-Wanderung bedingte jährliche Einwohnerverlust auf Werte zwischen 1.100 und 1.900 ein. Seit 1999 allerdings steigen diese Werte wieder deutlich und gipfelten im Jahr 2004 bei 3.160 Personen. Bekanntermaßen sind von diesen Fernwanderungen jüngere und gut ausgebildete Personengruppen überdurchschnittlich häufig betroffen, wodurch die Diskussion über „soziale Erosion" und den sog. „Brain-Drain" (Fortzug der hochqualifizierten Bevölkerung) im Hinblick auf die zukünftige Entwicklung wieder angeregt wird.

Zwischenzeitlich - vor allem seit 1993 - wird ein Abwanderungsprozess wirksam, der als innerregionale Migration bezeichnet wird. Besonders die neu errichteten Wohngebiete in den Umlandgemeinden der Stadt sind die Zielgebiete der Fortzügler aus Halle. Die hier nach der Wende von den Gemeinden in großer Zahl ausgewiesenen Wohnareale und der seitdem verstärkte Wohnungsneubau, vor allem in Form von Einfamilienhäusern, waren Voraussetzungen für diesen Prozess der Wohnsuburbanisierung. In Westdeutschland diffundierte bereits seit den beginnenden 1970er Jahren die städtische Bevölkerung in die zuvor ländlichen Umlandgemeinden. Für Halle betrug der Verlust per saldo zwischen 1993 und 2004 gegenüber dem Saalkreis und dem Landkreis Merseburg-Querfurt 28.592 Einwohner. Genauere Analysen zeigen, dass die Fortzügler überdurchschnittlich häufig aus den großen randstädtischen Plattenbaugebieten kommen und es sich dabei um „konsolidierte Familien" (mittlere Altersgruppen, meist Doppelverdiener, größere Kinder) handelt. Da sie weiterhin ihren Arbeitsort in der Saalestadt beibehalten und auch deren Infrastruktureinrichtungen nutzen, treffen die Steuerausfälle das Oberzentrum sehr hart. Gegenüber dem jährlichen Höchstwert im Jahre 1998, als 4.613 Personen Halle den Rücken kehrten und in die Umlandgemeinden zogen, ist der Rückgang auf nur noch 358 Personen im Jahre 2004 aus Sicht der Stadt erfreulich.

Der Geburtenknick oder Die Stadt wird immer älter

Neben den dominierenden wanderungsbedingten Bevölkerungsverlusten traten seit den 1960er Jahren in der Stadt Halle mit wechselnder Intensität auch zunehmende Geburtendefizite auf. Zwar induzierten familienpolitische Maßnahmen während der DDR-Zeit ab Ende der 1970er Jahre temporär steigende Geburtenzahlen, die allerdings mit der politischen Wende einen Einbruch um fast 60 % erfuhren (Abb. E23). Der Wegfall der zentralen Steuerungsmaßnahmen auf dem Wohnungs- und Arbeitsmarkt zugunsten von Familien mit Kindern in Verbindung mit den Ungewissheiten der künftigen Lebensgestaltung ließen nach der Wiedervereinigung die Geburtenziffer bis 1995 drastisch zurückgehen. Seitdem setzte ein moderater Erholungsprozess auf noch geringem Niveau ein. Diese Entwicklungen führten bei insgesamt stabilen Sterbezahlen zu einem Sterbefallüberschuss. Von 1990

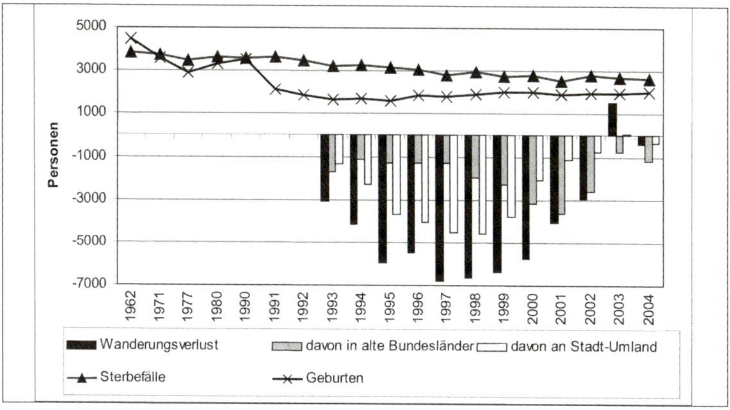

Abb. E23: Kennziffern zur natürlichen und räumlichen Bevölkerungsentwicklung (Quelle: Stadt Halle, Stadtplanungsamt (Hrsg.), 2006)

bis 2004 hatte die natürliche Bevölkerungsentwicklung an der negativen Gesamtentwicklung (-72.313 Ew.) einen Anteil von 22 %.

Beide Prozesse, Abwanderung und negative natürliche Bevölkerungsentwicklung, haben schwerwiegende Konsequenzen für den Altersaufbau der Stadt. Die Zahl der Kinder und Jugendlichen nahm seit 1993 um mehr als 50 % ab, während diejenige der Senioren im gleichen Zeitraum um fast 20 % stieg (bei einem Bevölkerungsverlust von insgesamt ca. 18 % im Bezugszeitraum). Diese sehr schwachen Geburtenjahrgänge sind auch in der Alterspyramide der Stadt Halle deutlich zu erkennen. Insbesondere die Jahrgänge zwischen 1991 bis 1994 bilden den schmalen Sockel (Abb. E24). Halle vollzieht damit die typische Entwicklung zur alternden Gesellschaft.

Die räumliche Ausdifferenzierung der ehemals homogenen Gesellschaft

Innerhalb der Stadtgrenzen von Halle ging diese zuvor beschriebene Bevölkerungsentwicklung seit der Wiedervereinigung durchaus unterschiedlich vonstatten (Abb. E25). So erwiesen sich während der letzten Dekade nicht alle Stadtviertel als Verlustgebiete, stattdessen wuchs die Bevölkerung in einigen sogar um ein Mehrfaches ihres Ausgangsniveaus. Ganz offensichtlich differenziert sich die im Sozialismus staatlich verordnete homogene Gesellschaft zunehmend auch räumlich aus.

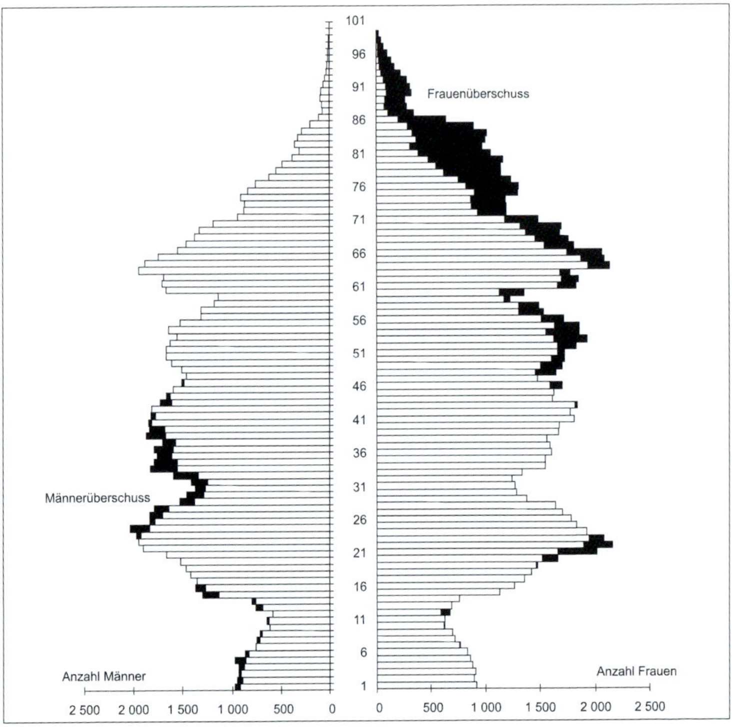

Abb. E24: Bevölkerungspyramide der Stadt Halle 2004 (Quelle: Statistisches Jahrbuch der Stadt Halle, 2005)

Auffallend ist, dass die starken Verlustgebiete häufig jene Stadtviertel sind, in denen die Großwohngebiete liegen, z. B. Silberhöhe (Exkursion Breuste), Halle-Neustadt (Exkursion Fliegner) und Heide-Nord. Hier schrumpfte die Bevölkerung in den letzten 7 Jahren um mehr als ein Drittel. Andererseits treten einige Stadtviertel mit deutlichen Einwohnergewinnen heraus. Schließlich stieg die Bevölkerung in den letzten 7 Jahren durch den Bau neuer, attraktiver Wohnparks auf einem ehemaligen Garnisonsgelände in Heide-Süd um über das 3,5-fache und um das 1,5-fache in Büschdorf. Entgegen früheren Trends gewinnt die Innenstadt aufgrund weitreichender Sanierungen vor allem der gründerzeitlichen Bausubstanz während der letzen Jahre an Bevölkerung. Ebenso verzeichnen ehemalige, aber schon seit 1952 eingemeindete Dörfer, wie Dölau, Seeben und Dautsch, durch den Wohnungsneubau Bevölkerungsgewinne. Der Stadtteil Giebichenstein - mit den hochwertigen gründerzeitlichen Villen im

Mühlwegviertel - nahm ebenfalls eine positive Einwohnerentwicklung. Das Viertel lässt sich neben dem Paulusviertel als ein gutes Beispiel für den Prozess der baulichen und sozialen Aufwertung (Gentrifizierung) in Halle ausmachen (Exkursion Glorius).

Diese Strukturen, die sich in der Betrachtung der Bevölkerungsentwicklung ergeben, lassen sich auch anhand von sozioökonomischen Indikatoren nachzeichnen. Als Beispiel soll an dieser Stelle die Arbeitslosenziffer (Anteil der Arbeitslosen an der erwerbsfähiger Bevölkerung) herangezogen werden (vgl. Abb. E26). Auch hier treten die gleichen Brennpunkte wie in Abb. E25 hervor. Die Abwanderungsgebiete zeigen den höchsten Anteil an arbeitsloser Bevölkerung. Es spricht daher viel dafür, dass in

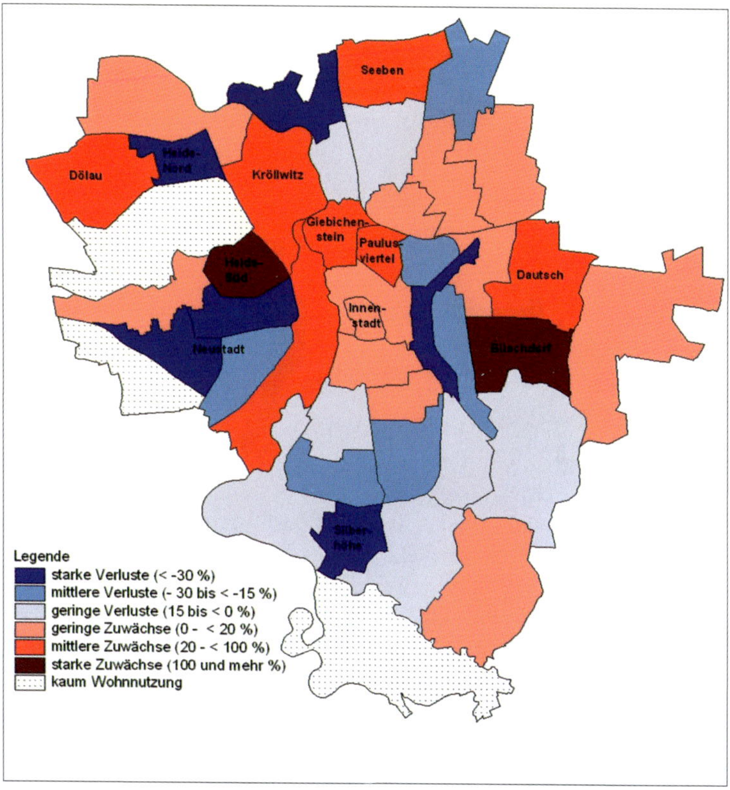

Abb. E25: Bevölkerungsentwicklung zwischen 1995 und 2005 auf Stadtviertelebene (Quelle: Statistisches Jahrbuch der Stadt Halle, 1995, 2004)

den Bevölkerungsverlustgebieten eine statusniedere, von Arbeitslosigkeit stark betroffene Bevölkerung verbleibt. Es ist zu erwarten, dass dies bei der Bevölkerung, die sich zukünftig einen Wegzug leisten kann, weitere Abwanderungsimpulse freisetzt. Auf der anderen Seite zeigt sich ebenso, dass die Stadtviertel mit einer durchaus positiven Bevölkerungsentwicklung auch bei diesem sozioökonomischen Faktor überdurchschnittlich gut abschneiden.

Die Bevölkerungsentwicklung kann so einen Hinweis auf die allgemeinen wirtschaftlichen und strukturellen Gegebenheiten der Stadt und ihrer Teilräume liefern.

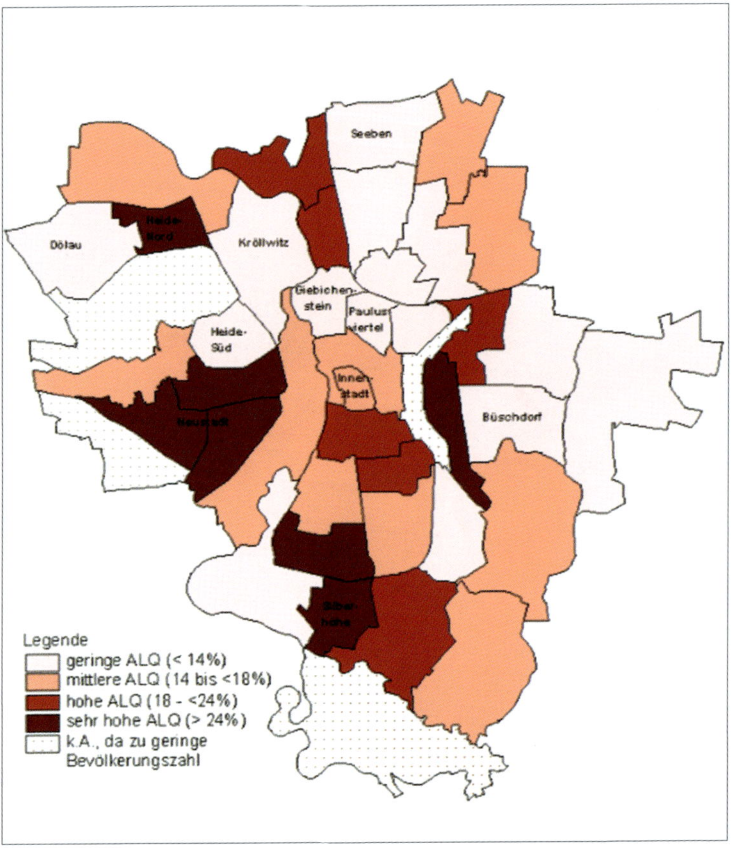

Abb. E26: Arbeitslosenziffer (Anteil der Arbeitslosen an der erwerbsfähigen Bevölkerung) auf Stadtviertelebene 2005 (Quelle: Statistisches Jahrbuch der Stadt Halle, 1995, 2004)

Friedrich Busmann/Heinz Sahner

Die Wende und wie weiter? Probleme und Perspektiven des Übergangs

Stadtentwicklung unter sozialistischen Bedingungen

Die Stadt und die Stadtentwicklung sind immer auch ein Ergebnis der gesellschaftlichen Rahmenbedingungen. Für ein von den Zielen des Humanismus getragenes Stadtentwicklungsprogramm waren sie nach Meinung vieler Architekten und Planer vor 1989 in Ostdeutschland wesentlich günstiger als in Westdeutschland. Schon lange hatten sie für die mit der Industrialisierung spürbar sich ausbreitenden Übel der Stadt (z. B. menschenunwürdige Wohnverhältnisse) die private Verfügung über Grund und Boden verantwortlich gemacht. Dies sollte nach dem Zweiten Weltkrieg unter sozialistischen Bedingungen nicht mehr möglich sein.

Während im Westen trotz aller Rahmenplanung letztlich viele Akteure bei der Autonomie der Gemeinden unter Marktprinzipien konkurrierten, waren die Voraussetzungen in Ostdeutschland für die Durchsetzung als sinnvoll erachteter Leitlinien weit vorteilhafter. Frei von kapitalistischen Profitinteressen konnten in dieser Gesellschaftsordnung, die nach dem Verständnis der Herrschenden auf das Gemeinwohl des Volkes gerichtet war, Ziele hinsichtlich der Nutzung des Stadtraumes nach zentraler Festlegung, langfristig und begleitet von streng hierarchischen Kontrollprozessen verfolgt werden. Stadtgestaltung aus einem Guss konnte nun als massenhaft sich verwirklichender Humanismus verstanden werden.

Nicht nur gemessen an den hehren Zielen der Leitbilder präsentierten sich die Städte jedoch nach fast vierzig Jahren Sozialismus in einem so beklagenswerten Zustand, dass dies von manchem Stadtplaner, Architekten oder Sozialforscher - die dieses Politikfeld lange wohlwollend und fördernd begleitet hatten - als eine der Ursachen des Zusammenbruchs der DDR gedeutet wurde.

Die Situation zum Zeitpunkt der Wende

Diese alles andere als positive Bilanz muss als relevante Ausgangsbedingung für die Stadtentwicklung nach der Wende wenigstens kurz umrissen werden. So waren die Gebäudeschäden beträchtlich. Obwohl z. B. Halle im Vergleich zur übrigen DDR eine vergleichsweise junge Bausubstanz hat, waren 44 %

der Bürger 1993 der Meinung, ihr Haus bedürfe der Rekonstruktion oder sei abbruchreif (1,3 %). Der Bauzustand der in der DDR vor 1945 errichteten Mehrfamilienhäuser wies 1990 zu 40 % schwerwiegende Schäden auf oder war in der Funktion unbrauchbar (11 %). Die Altbauviertel verfielen und die Innenstädte waren als Aufmarschplätze häufig ausgeräumt, leer und windig.

Besonders bezüglich der Infrastruktur hat die DDR überwiegend von der Substanz gelebt. Das Niveau lag weit unter dem, was in Westeuropa üblich war. Für den Bereich Verkehr lag es im Vergleich bei 18 %, der Telekommunikation bei 40 % und bei der Energieversorgung bei 16 %. In Halles Innenstadt war das Abwasserkanalnetz älter als sechzig Jahre. 77 % davon galten als sanierungs- und erneuerungsbedürftig. Hierfür musste man allein in der Stadt Halle etwa 270 Mio. DM veranschlagen.

Selbst die Wohnungsfrage, die lange Zeit in der DDR oberste Priorität hatte, konnte nur statistisch gelöst werden und zum Zeitpunkt der Wende war die Wohnungsversorgung in der DDR, verglichen mit der Bundesrepublik, immer noch wesentlich ungünstiger. Wohnungsnot, nach Engels das notwendige Ergebnis der bürgerlichen Gesellschaftsform, gab es eher in Ostdeutschland als in Westdeutschland. Allerdings war man vor Kündigungen sicherer und die Wohnquartiere waren - vor allen Dingen in den Großwohngebieten (Plattensiedlungen) - sozial durchmischter als in Westdeutschland.

Die Umweltprobleme waren beträchtlich. Schon allein die verbreiteten Ofenheizungen beeinträchtigten im Winter die Luftqualität nachhaltig. Verschlechtert wurde sie noch durch die im Raum Halle massiert angesiedelte Chemieindustrie. Die Saale war durch Industrieabwässer hoch belastet. Die Stadt Halle und ihr Umland galten verbreitet als die durch Umweltbelastungen am stärksten devastierte Region Deutschlands.

Die Entwicklung nach der Wende

Mit der Wende kamen neue Probleme. Zwischen 1990 und 1997 haben die ostdeutschen Großstädte fast 11,8 % (bereinigt um Eingemeindungen) ihrer Einwohner verloren, während der Bevölkerungsrückgang in Ostdeutschland insgesamt nur 4,6 % betrug. Das hat letztendlich ökonomische Gründe: sei es, dass durch wirtschaftliche Unsicherheit die Geburtenquote sank, sei es, dass aufgrund der nunmehr möglichen Mobilität ein Arbeitsplatz in Westdeutschland gesucht wurde, sei es, dass aufgrund des steigenden Wohlstandes und wachsender Wahlmöglichkeiten eine Stadt-Land-Wanderung einsetzte.

Halle hatte 1990 durch die Integration von Halle-Neustadt 309.451 Einwohner. Im Jahr 2004 waren es nur noch 237.093. Das entspricht einem

Bevölkerungsverlust von 22,4 %. Die Stadt hat allein zwischen 1992 und 1996 11.906 Bürger an den Saalkreis verloren. Auf das Konto des Geburtendefizits geht in dieser Zeitspanne lediglich ein Bevölkerungsverlust von 6.247. Dagegen ist die Einwohnerzahl des Saalkreises von 64.000 im Jahre 1990 auf 82.012 im Jahre 2000 gestiegen. Hier wird das nachgeholt, was sich in Westdeutschland schon lange vollzieht, nämlich ein deutlicher Suburbanisierungsprozess, das breiige Zerfließen der Städte in das Umland.

Für die Städte bedeutet dieser Bevölkerungsverlust in schwieriger Zeit ein zusätzliches Handicap angesichts ihrer ohnehin prekären finanziellen Situation. Sie verschärft sich in Ostdeutschland noch durch den hohen Investitionsbedarf und die immer noch geringe Steuerkraft der meisten Kommunen. Zur Charakterisierung der Situation: In Halle war das Gewerbesteueraufkommen insgesamt im Jahre 1997 so hoch wie in Sindelfingen - bei Bevölkerungsrelationen von etwa 4:1. Wurde in Westdeutschland ein Gewerbesteuerbetrag pro Einwohner von 996 DM erwirtschaftet, waren es in Ostdeutschland lediglich 243 DM. In Ostdeutschland wird augenblicklich noch mehr als jeder zweiter Euro, der ausgegeben wird, durch Transferzahlungen finanziert.

Die notwendige Revitalisierung der Innenstadt gestaltet sich unter diesen Umständen in Halle besonders schwierig. So absorbieren die im Umland etablierten Einkaufszentren (im Westen befinden sich 25-30 % der Verkaufsfläche im Außenbereich der Städte, in Ostdeutschland aber etwa 55 %) die ohnehin im Vergleich zum Westen schwächere Kaufkraft.

Trotz dieser Probleme dürfen die positiven Entwicklungen nicht übersehen werden (Abb. E27). Schließlich sind die ostdeutschen Städte mit der Wende, wie es ein Vertreter des Amtes für Wirtschaftsförderung so treffend formulierte, dem Tod noch einmal von der Schippe gesprungen.

Die Umweltsituation hat sich in der Saalestadt seit der Wende grundlegend verbessert. Der für Ostdeutschland lange typische Braunkohlengeruch in der Heizperiode ist verschwunden. Die Schwefeldioxidbelastung sank zwischen 1991 und 1996 um etwa den Faktor 3 und hat sich damit den Werten vergleichbarer westdeutscher Regionen angepasst. In der Saale kann wieder geangelt und das Trinkwasser wieder ohne Bedenken genutzt werden. Mittlerweile nimmt Halle unter den ostdeutschen Großstädten hinsichtlich verschiedener Umweltfaktoren einen deutlich besseren Platz ein als der Durchschnitt.

Der Lebensstandard ist seit der Wende fühlbar gestiegen. Nicht nur das Durchschnittseinkommen, sondern auch das Realeinkommen ist angewachsen. Die Kfz-Dichte hat westdeutsches Niveau erreicht, ebenso die Ausstattung mit vielen anderen Produktgruppen. Die Versorgung mit

Abb. E27: Bauliche Erneuerung in der Innenstadt von Halle (Zeichnung: Ludley, 2000)

einem Telefon, zur DDR-Zeit eine Rarität und nur bestimmten Bevölkerungsgruppen leicht zugänglich, stieg von 11 Anschlüssen je 100 Einwohner nicht nur fast auf die in Westdeutschland übliche Dichte pro Haushalt (West: 97 %; Ost 94 %) an, sondern das gesamte Telekommunikationssystem ist moderner (Glasfaser) als im Westen, ein Beispiel für überholende Modernisierung.

Die Wohnungssituation hat sich merklich gebessert. Musste man in der DDR jahrelang auf eine Zuweisung warten (günstige Voraussetzung: jung, verheiratet/Kinder), so können heute bei wachsendem Wohnraumüberhang und steigendem Wohnkomfort die Wohnwünsche schnell - allerdings bei steigendem Anteil an den Lebenshaltungskosten - befriedigt werden. Die Wohnzufriedenheit ist überdurchschnittlich angestiegen. Waren in Halle 1993 24 % mit ihrer Wohnung zufrieden, betrug dieser Wert 2003 schon 64 %. Ähnliches gilt für das Wohnumfeld (Abb. E28).

Überhaupt erreicht die subjektive Zufriedenheit auf verschiedenen Dimensionen Werte, die überraschen und dem Vorurteil vom „Jammer-Ossi" hohnsprechen. So beurteilen zwar 56 % der befragten Hallenser die wirtschaftliche Situation in den ostdeutschen Bundesländern als schlecht und die der Stadt Halle zu 50 %; die eigene wirtschaftliche Situation kennzeichnen aber nur 20 % als schlecht, eine Einschätzung, die denen der westdeutschen Bürger vergleichbar ist. Hier dokumentiert sich ein unter den empirischen Sozialforschern bekannter Sachverhalt. Für den weiteren Kontext übernimmt

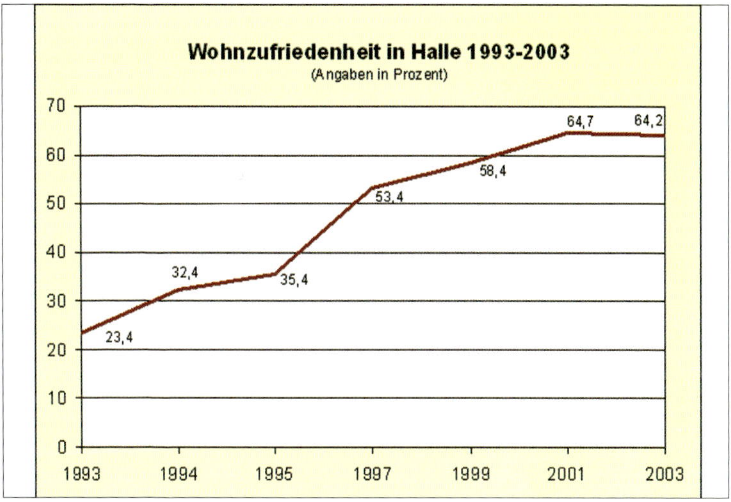

Abb. E28: Wohnzufriedenheit in Halle 1993-2003 (Quelle: Bürgerumfragen Halle)

man die in der veröffentlichten Meinung verbreitete Einschätzung und stellt aber für sich fest, dass es einem relativ gut geht.

Zukunftsperspektiven

Das Motto für die 300-Jahr-Feier der berühmten Franckeschen Stiftungen in Halle gilt im Osten Deutschlands übergreifend: „Mitten im Aufbruch". Halle zählt zu den Städten, für die die Spannung des Übergangs vor und nach der Wende, aber auch innerhalb der Stadt selbst besonders ausgeprägt ist. Halle ist überhaupt eine spannende Stadt!

Die Frage ist, wie wir mit diesen Spannungen umgehen. Für Menschen wie für Städte gilt: Man kann Spannungen aushalten und das Kreative in den Gegensätzen als Quelle origineller Selbstentfaltung entdecken. Die weniger hoffnungsvolle Perspektive: Nicht das Produktive, sondern das Belastende wird mit diesen Spannungen verbunden. Der Blick vieler Hallenser geht dann weiter nach unten und nicht nach oben. Für uns liegt hier der Schlüssel für die Zukunft der Stadt nach einer tiefen und langen depressiven Krise.

Ricarda Huch, eine frühere Hallenserin, hat in ihren „Lebensbildern einer deutschen Großstadt" Halle als „Stadt der Arbeit" eindringlich beschrieben, und zwar als „Gegensatz zum Prunk der Höfe, der sich in Halle nicht hielt". Sie schreibt: „Das eigentliche Schicksal Halles, das ihm scheint's bei seiner

Gründung als Patengeschenk in die Wiege gelegt wurde, dass es alle 100 oder 200 Jahre an den entscheidenden Punkten kurz vor der Vollendung bis zur Hoffnungslosigkeit vernichtet wird, um sich darauf überraschend und schnell von neuem zu erheben ...!"

Mit „Stadt der Arbeit" ist ein inneres Vorzeichen gemeint, nicht allein die Industriestadt. Es schließt die Kulturstadt und die Universitätsstadt ein, die Stadt der Aufklärung und der Frömmigkeit, die des Handels ebenso wie die Bürgerstadt. Aber als Bischofsstadt ist Halle nicht so dominant geprägt worden wie Hildesheim oder Bamberg. Als Hansestadt nicht so wie Stralsund oder Lübeck. Auch war es nie im gleichen Ausmaß Residenzstadt wie Würzburg oder Dresden, Potsdam oder Karlsruhe. Und auch jetzt wurde es nach der Wende, enttäuschend für viele, nicht Landeshauptstadt.

Das Innenbild, das die Bewohner von ihrer Stadt haben, die „unsichtbare Stadt" in den Köpfen der Bürger, muss uns mindestens ebenso beschäftigen wie das Außenbild der zu erneuernden Stadt, wenn wir eine Antwort finden wollen auf die Frage, wie es weitergehen soll. Es könnte passieren, dass die äußere Erneuerung dieser hart mitgenommenen Stadt abgeschlossen wird, aber die Bürger nicht mitgekommen sind.

In Wendezeiten entsinnt man sich den Perioden, in denen wirtschaftliche und kulturelle Entwicklung in dieser Stadt auf hohem Niveau einhergingen und das Stadtbild bis ins Detail Spiegelbild eines kräftigen und stolzen Bürgersinns war. Dies waren etwa vier Jahrzehnte von der Gründerzeit bis in die Mitte der 1920er Jahre. Halle wurde Großstadt, Eisenbahnknotenpunkt, einer der bedeutendsten Industrieschwerpunkte Deutschlands. Gleichzeitig entfaltete sich die Stadt der Künste, die „Burg", die Stadt der vielen schönen öffentlichen und privaten Bauten und Parkanlagen.

Das Ergebnis von 40 Jahren DDR-Prägung lässt sich unter der Überschrift: „Zwei Städte in einer Stadt" zusammenfassen. Dieses ist ebenso städtebaulich wie soziologisch gemeint, es meint das Innenbild wie das Außenbild dieser Stadt. Die Ergebnisse der Vorkriegsstadt und der sozialistischen Entwicklung stehen sich in Form zweier nahezu selbständiger Stadtstrukturen und Stadtgesellschaften gegenüber. Zusammen bilden sie etwas Neues, das nun seinerseits in Bewegung geraten ist. Wohin? Ein Nebeneinander, womöglich ein Gegeneinander, oder vielleicht doch die Chance zu einer neuen, spannungsvollen Stadtpersönlichkeit?

Die eine Stadtgesellschaft: Entfremdung von den kulturellen Wurzeln und dem kulturellen Reichtum unserer Stadt. Beschränkung auf das praktisch Machbare. Festhalten an dem Vorgefundenen. Tendenz zum Groben und Schweren. Frei nach Hans-Dietrich Genscher, ebenfalls ein Ex-Hallenser: Die hier gemeinten Hallenser sind aufgeschlossen und freundlich, sie zeigen es allerdings nicht so. Zum Image der Stadt tragen sie allerdings erheblich bei.

Die andere Stadtgesellschaft: Originalität, interessante Biographien, Überlebenskunst, Wunsch nach Eigenständigkeit, Vielfalt und Farbigkeit von Künstlern. Kulturelles Selbstbewusstsein, Identifikation mit dem kulturellen Erbe diese Stadt - bescheiden, noch nicht stolz. Die Stadt der Kulturträger im weitesten Sinne mit zahlreichen farbigen „Nischen", den vielen Einrichtungen des städtischen und staatlichen Kulturbetriebes. Die Außenwirkung der „Kulturhauptstadt" Sachsen-Anhalts entspricht allerdings diesem reichen Potenzial noch nicht.

Das Gleiche gilt für das städtebauliche Potenzial der alten Stadt. Oft drücken Gäste ihre Verwunderung über diesen Reichtum Halles aus, und man spricht von der unterschätzten Stadt. Sie unterschätzt sich selbst und überlässt den Glauben an ihre Zukunft lieber den von außen Kommenden. So erklärt sich der Widerspruch zwischen dem, was in dieser Stadt äußerlich bewegt wird und ihrem Image. In wenigen Jahren wurde die Hälfte aller Wohnungen modernisiert (70.000!), desgleichen die halbe Altstadt, dazu Kraftwerke, Wasserversorgung, Nahverkehr. Die ganze Stadt ist in Bewegung, von der Beseitigung der Altlasten im Boden über die völlig neue „Grundbuchordnung" bis zur sauberen Luft. Stadtmarketing bleibt eben trotz vieler Bemühungen wenig fruchtbar, wenn es nur im Außenmarketing verharrt und nicht zum „Innenmarketing" der Hallenser selbst wird.

Halle hat Schönes und Unverwechselbares zu bieten. Ohne hier auf Einzelaspekte eingehen zu können, soll nur das Phänomen der flächenhaft erhaltenen Vorkriegsstadt mit ihrer eigentümlichen Atmosphäre hervorgehoben werden. Es gibt „sozialistische Einbrüche", aber sie zerstören nicht den Zusammenhang. Der Saalestrom mit der naturwüchsigen Auenlandschaft mitten in der Stadt. Die vom Krieg wie durch ein Wunder weitgehend verschonte große Altstadt auf mittelalterlichem Grundriss mit ihren zahlreichen schönen Denkmalen. Mit einer City-Universität mittendrin und einer Mischung aus Wohnen, Handel und Kultur, die sich trotz der enormen ökonomischen Konkurrenz der grünen Wiese und vieler weiterer Schwierigkeiten beharrlich entfaltet.

Dagegen steht nun das andere Halle im spannungsvollen Kontrast. Wenn es zutrifft, dass eine schöne und lebendige Stadt möglichst viele Sinne ansprechen soll, und wenn es stimmt, dass zu den Voraussetzungen erfolgreicher Stadtentwicklung „Vitalität, Erlebbarkeit und Aneignungsmöglichkeit" gehören, dann wirft das ein Licht auf die andere Stadt. Sie steht symbolhaft und nachhaltig für die Starrheit eines letztlich nicht lebensfähigen Systems. Es ist buchstäblich die halbe Stadt: 70.000 Wohnungen „in Platte" für ursprünglich 150.000 Menschen. Fast die gleiche Stadtfläche beanspruchend wie die über eintausend Jahre gewachsene alte Stadt. Gewaltig und im wahrsten Sinne rücksichtslos hingestellt. Dieser Teil der Stadt war ein gewollter Bruch zur bürgerlichen Stadt ebenso wie zur Landschaft ringsum. Er sollte nach dem Willen seiner Erbauer eines Tages die alte Stadt ersetzen. In ihr wohnte die „neue sozialistische Gesellschaft", darunter das für sich genommen größte, wenn auch nicht absolut dominierende Kontingent der rasch importierten Chemiearbeiter.

Die damit verbundene soziale Problematik wiegt letztlich schwerer als die städtebauliche. Von den 30.000 Menschen, die zur Zeit im Raum Halle ohne Arbeit sind, wohnen sehr viele in diesem Teil der Stadt. Der dramatische Bevölkerungsrückgang nach der Wende fand vor allem hier statt. Die erste Schlafstadtwelle der Plattensiedlungen wird heute durch die zweite Schlafstadtwelle des Einfamilienhausbaus in der Region abgelöst. Die neue Stadt ist die Region. Geblieben ist das Pendeln, heute zwischen den Schlafdörfern des Umlandes und dem Oberzentrum: etwa 40.000 pro Tag mit steigender Tendenz. Zurück bleibt eine zunehmend ältere Stadt, in der inzwischen jeder sechste über 65 Jahre alt ist. Auch dies ein Kennzeichen der Plattensiedlungen, dazu Familien mit niedrigem Einkommen, größere Haushalte, Sozialhilfeabhängigkeit, Alleinerziehende.

Wenn in einer „Stadt der Arbeit", die einmal Zentrum der wachstumsstärksten Region der DDR war, Arbeitslosigkeit herrscht, verwundert es nicht, dass der Blick vieler Menschen weiterhin nach unten gerichtet bleibt und auch das wirtschaftliche Potenzial dieser Stadt unterschätzt wird. Im früheren Bezirk Halle verschwanden innerhalb von 5 Jahren nach der Wende rund 150.000 Industriearbeitsplätze.

Verstellt das alte Bild der Industrie- und Chemiearbeiterstadt den Blick auf die neue Wirklichkeit? Auf die grundlegende technische und ökonomische Erneuerung der gigantischen Industriestandorte Buna und Leuna mit zukünftig immerhin wieder 10.000 Arbeitsplätzen. Auf die Entwicklung Halles zu einem Forschungsschwerpunkt für Biowissenschaften innerhalb und im Umfeld der Martin-Luther-Universität (Abb. E29). Auf die langsame, aber beharrliche Ausbreitung kleiner und mittelständischer Wirtschaftsbetriebe, von denen nach der Wende etwa 10.000 neu gegründet wurden (schon jetzt ist der IHK-Bezirk Halle-Dessau der Bezirk mit den meisten Investitionen in Ostdeutschland). Auf die stetige Entwicklung Halles zum Oberzentrum innerhalb der Stadtregion.

Zunehmend wird sich positiv bemerkbar machen, dass man im Modernisierungsprozess nicht alle Fehler der westdeutschen Stadtentwicklung nachvollzogen hat. So wird positiv zu Buche schlagen, dass man in der

Abb. E29: Der Forschungsstandort Biowissenschaften am Weinbergweg (Foto: MZ, 2001)

Nachwendezeit die Innenstädte nicht bedingungslos den Großkaufhäusern und dem Auto öffnen konnte und auch nicht wollte und dass in der DDR manches städtebaulich wertvolle Ensemble überdauert hat, das nun restauriert wird. Ostdeutsche und westdeutsche Städte werden so aufgrund ungleicher Geschichte noch lange zu unterscheiden sein. Die Stadt ist eben immer ein Ergebnis ihrer gesellschaftlichen Rahmenbedingungen.

Zeit des Übergangs, Zeit des Zweifelns. Ist es denn nicht wahr, dass unsere kommunale Steuerkraft nur halb so groß ist wie die der Weststädte, unsere kommunale Verschuldung aber schon fast deren Niveau erreicht? Und dass die freie Spitze für dringende Investitionen zunehmend aufgefressen wird durch Sozialausgaben und ständig steigende Aufgabenlasten? Ist Stadtentwicklung bei niedriger Prosperität überhaupt sinnvoll steuerbar? Sind unsere Großprojekte, wie der Neubau ganzer Stadtteile und einer großen Straßenbahnverbindung, angesichts unzähliger kleiner Nöte zu rechtfertigen; liegt es nicht nahe, sich nur auf das Allernotwendigste zu konzentrieren, auf die Schaffung von Arbeitsplätzen und die Stadtreparatur?

Wir kommen an dieser Stelle zum Ausgangspunkt zurück und fragen nach der möglichen Zukunft dieser Stadt. Sie hat nach unserer Überzeugung eine spezifische Chance, sich von ihrer Lähmung zu befreien. Der Schlüssel liegt im Brückenschlag zwischen der Stadt der Arbeit und der Stadt der Kunst. Mit Gegensätzen schöpferisch umgehen, in ihnen das Produktive entdecken; das Grobe unserer Stadtgesellschaft nicht verdrängen, sondern ästhetisch einbinden, sich dazu bekennen und es von innen her zu durchbrechen. Dann, nur dann ist innerer Aufbruch, neuer Stolz und neues Image möglich!

Wolfgang Walossek/Frank Winde/Günter Zinke

„An der Saale hellem Strande?“ – ein Flussschicksal in Vergangenheit und Gegenwart

Das ironisch gemeinte Fragezeichen in der Kapitelüberschrift führt genau genommen auf die falsche Spur. Der „helle Strand“ der Saale war vom Dichter Franz Kugler (1826) nämlich nicht etwa als Hinweis auf die bessere Wassergüte des Flusses vor 170 Jahren gemeint, sondern symbolisierte vielmehr die weißen Muschelkalkhänge des mittleren Saaletales (Unterer Muschelkalk, vor ca. 220 Mio. Jahren entstanden) mit den darauf befindlichen Burgen, wie Rudelsburg (Abb. E30) und Saaleck. Jedoch wurde die erste Textzeile dieses berühmten Liedes später häufig mit Fragezeichen zitiert, da während der Zeit der DDR die Saale zu einem schwarzen, übelriechenden und biologisch toten „Chemie“-Fluss mit hohen, weißen Schaumbergen verkommen war. Wie fragwürdig musste da die DDR-offizielle Losung „Chemie gibt Brot, Wohlstand und Schönheit“ anmuten! Das war umso schlimmer, als die Saale gerade in Halle eine reizvolle Aue ausgebildet und ein malerisches Engtal in die roten und harten Porphyre, Konglomerate und Sandsteine des Rotliegenden eingeschnitten hat.

Abb. E30: Blick vom „Himmelreich“ auf die Saale und ihre Prallhänge im unteren Muschelkalk bei Bad Kösen sowie die Burgruine Rudelsburg (Foto: G. Zinke, 1998)

Halle an der Saale

Wenn wir uns heute zu unserer Stadt wieder bewusster mit dem Zusatz „an der Saale“ bekennen, so erfolgt dies nicht nur mit dem Ziel, eine Unterscheidung von dem gleichnamigen Ort in Westfalen zu erreichen. „Unser“ Halle ist ohne die Saale in vielerlei Hinsicht kaum vorstellbar. Dies gilt nicht nur für die unmittelbare Lage der Stadt am Fluss sowie die dadurch bedingte Gunstwirkung, z. B. hinsichtlich der Versorgung (mit Fisch bzw. Trink-/Brauchwasser) oder des Transports. Zwischen der Entwicklung der Stadt und dem Fluss gab und gibt es vielfältige wechselseitige Beziehungen. Zu diesen zählen Hochwässer und ihre Schadwirkungen genauso wie Flusslaufveränderungen oder Wasserbelastungen. Diese wechselvolle Geschichte ist wert, etwas näher betrachtet zu werden.

Wie in dem einleitenden Kapitel „Natürliche Gunstfaktoren“ näher erläutert, nimmt die Saale erst seit etwa 200.000 Jahren den gegenwärtigen Lauf. Damit in Verbindung stehen auch die unterschiedlichen Talformen, die sie heute durchfließt. Diese lassen sich in die Teilbereiche Hallesche Saaleniederung, Giebichenstein-Kröllwitzer Saaledurchbruchstal und Trothaer Saaleniederung (im Norden) gliedern.

Für das Entstehen der bis zu 4 km breiten Auslaugungsniederung im südlichen Stadtgebiet war wiederum versinkendes Saalewasser bedeutsam. Dieses forcierte die Lösungsprozesse der an der Halleschen Markplatzverwerfung im Untergrund befindlichen Salze. Hiermit wird eine unmittelbare Beziehung des Flusses zum Salz erkennbar, die auch in machen Begründungen für seinen Namen (Salaha = Salzfluss) ihren Niederschlag findet.

Da in dem breiten, kaum geneigten Tal der Fluss nur sehr langsam fließt, entstanden hier ein Vielzahl von Nebenarmen und Flussschlingen. Dies wird als Verwildern bzw. Mäandrieren bezeichnet und erklärt auch die Bezeichnung Wilde Saale, die sowohl für den Nebenarm westlich der Rabeninsel, als auch für den westlich der Peißnitzinsel gilt.

Im starken morphologischen Kontrast steht dazu das enge Durchbruchstal des Flusses durch den (harten) Festgesteinsriegel zwischen Giebichenstein und Kröllwitz. Hier verengt sich das Tal auf 80 m. Die begleitenden Porphyrfelsen bilden nicht nur die Kulisse für eine überaus reizvolle Landschaft, sondern auch eine ausgezeichnete strategische Lagegunst. Es verwundert deshalb nicht, dass gerade hier unsere Vorfahren auf dem Giebichensteinfelsen eine für Halles Entwicklung so bedeutsame Burganlage errichteten.

Jenseits dieses Durchbruchstals tritt die Saale wieder in ein breiteres Tal ein. Erst in der Franzigmark und in den „Brachwitzer Alpen“ begleiten ihren Lauf wieder Felswände aus Porphyr. Allerdings trifft dies nur noch teilweise für beide Flussseiten zu. Oftmals treten hier gegenüber der durch Porphyrwände geprägten Flussseite größere Verebnungen auf, die morphologisch als Terrassen (mit Auenlehmbedeckung) anzusprechen sind. Sie rufen dann (z. B. nördlich der Lunzberge bei Lettin) Talweitungen hervor.

Der Flussverlauf, seine Veränderung sowie die Nutzung seiner Aue

Die Saale erreicht 308 km nach ihrer Quelle im Fichtelgebirge das hallesche Stadtgebiet. Wie einleitend erwähnt, durchfließt sie unterschiedliche Talformen. Der Verlauf der Saale selbst wurde allerdings seit und mit der Gründung von Halle mehrfach verändert. Dazu trug die Anlage von Mühlgräben, Durchstichen, Wehren und Schleusengräben ebenso wie der Bau von Deichen und Dämmen bei. Dies wiederum hat auch Auswirkungen auf die den Fluss begleitende Aue.

Heute durchfließt der Hauptarm der Saale, die so genannte Stromsaale, auf einer Länge von 27 km das Stadtgebiet (Abb. E31). Zusammen mit den Nebenarmen, Schleusen, Mühlgräben, Hochwasserentlastern und Hafenbecken ergibt sich jedoch eine Gesamtlänge von 49 km Wasserläufen in der Stadt. Dazu kommen 16 andere Bäche und Gräben (z. B. Reidebach, Gerwische, Roßgraben, Hechtgraben, Götsche) mit insgesamt 45 km Länge.

Das hydrographische Netz vervollständigen noch ca. 100 ausschließlich anthropogen entstandene (durch den Menschen geschaffene) stehende Gewässer, die zusammen mit erst noch entstehenden Tagebaurestlochseen außerhalb der Stadt zu einer Halle-Geiseltal-„Seenplatte“ führen werden.

Die Stromsaale überwindet auf ihrem Weg durch das Stadtgebiet einen Höhenunterschied von insgesamt 9 m. Um größere Eintiefungen durch Erosion zu vermeiden und gleichzeitig die für die Saaleschifffahrt (schon 981 erwähnt) notwendige Wassertiefe zu erreichen, wurden im Stadtgebiet insgesamt fünf Wehre mit den dazugehörigen Schleusen angelegt (Abb. E32).

Neben der Schifffahrt und dem Mühlengewerbe führten auch die Überbauung und Einbindung einer Vielzahl zulaufender Bäche und Gräben in die städtische Kanalisation sowie Eindeichungen (Gimritzer und Passendorfer Damm seit 1935) und der Bau von Halle-Neustadt (1964–1980), das sich mit einem Drittel seiner Fläche in der Saaleaue befindet, zu einschneidenden Veränderungen des hydrographischen Netzes. Hohe Grundwasserstände, permanente Überschwemmungsgefahr und unsicherer Baugrund hielten aber weite Teile der Aue von Bebauung frei, so dass sie heute – inmitten der hochverdichteten Stadt – einen wichtigen Rückzugsraum für Flora und Fau-

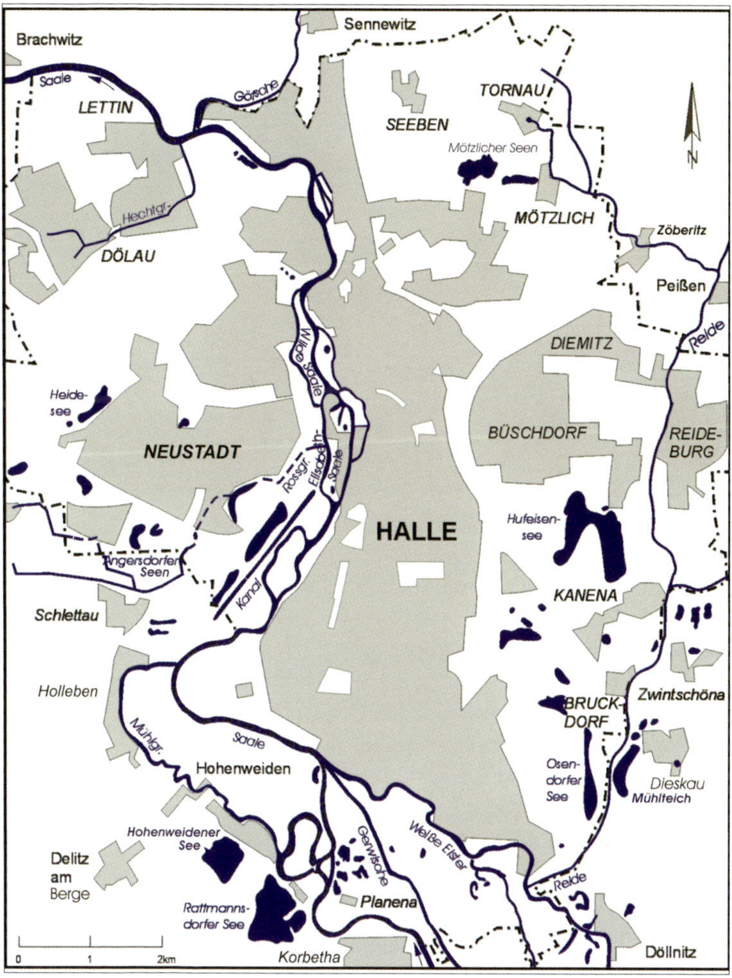

Abb. E31: Hydrographische Überblickskarte Halle (Entwurf: G. Zinke)

na darstellt. So liegen sieben Naturschutzgebiete in der etwa 15 km² großen Saaleaue. Neben Restbeständen von Wäldern der Weich- und Hartholzaue bietet sie auch einer Vielzahl von Amphibien und vor allem Vögeln Schutz. Wegen des Vorkommens von über 130 brütenden und ca. 120 rastenden Vogelarten wurde das Gebiet der Elster-Saaleaue im Süden der Stadt der Organisation Birdlife International als International Bird Area (IBA) zur Unterschutzstellung vorgeschlagen.

Abb. E32: Stadtschleuse unweit der Saline (Foto: M. Frühauf, 2002)

Aber nicht nur für bedrohte Tier- und Pflanzenarten, sondern auch für die nicht naturverwöhnten Stadtbewohner stellt die Saaleaue ein wichtiges Rückzugsgebiet dar. Die Konzentration von Erholungs- und Sportanlagen auf der Rennbahn, der Peißnitzinsel, der Würfelwiese und der Ziegelwiese sowie die bereits seit 1900 florierende Ausflugsschifffahrt zeigen die Bedeutung der Saale und ihrer Aue als Naherholungsgebiet. Auch das alljährlich seit 1926 in der Saaleaue stattfindende Laternenfest mit dem nächtlichen Corso lampiongeschmückter Boote auf der Saale und dem Höhenfeuerwerk zeigt die emotionale Verbundenheit der Bürger mit ihrem Fluss. Darüber hinaus besitzt die Aue in klimatischer Hinsicht wichtige Ausgleichsfunktionen. Aufgrund des hohen Vegetationsanteils und Wasserangebotes kann in der Aue die vor allem im Sommer vom dichtbebauten Stadtzentrum dringend benötigte Frisch- und Kaltluft entstehen. Zusätzlich bietet die Saale eine geeignete Ventilationsbahn für den Luftaustausch zwischen Stadt und Umland.

Hydrologie

Auf ihrem über 400 km langen Lauf aus dem Fichtelgebirge bei Hof bis hin zur Mündung in die Elbe bei Barby entwässert die Saale ein über 24.000 km² großes Gebiet. Unser Raum wird als Teileinzugsgebiet Mittlere Saale bezeichnet. Rund ein Drittel des Saaledurchflusses bei Halle (durchschnittlich

100 m³/s) fließt ihr über die Unstrut zu. Ein Viertel entstammt dem Einzugsgebiet der Weißen Elster.

Im Raum Halle fließen der Saale durch die Nebenbäche nur sehr unbedeutende Wassermengen zu. Dies liegt vor allem an den geringen Niederschlägen, die mit weniger als 500 l/m² und Jahr (= 500 mm/a) nur etwa 60 % des bundesdeutschen Durchschnitts erreichen. Ursache ist vor allem die Lage Halles im Regenschatten des Harzes (Leelage = „Mitteldeutsches Trockengebiet"). Dessen bis 1.142 m hohe Gipfel (Brocken) zwingen einen Großteil der von Westen heranziehenden Regenwolken zum Aufsteigen und Abkühlen und bringen sie so zum Abregnen (so genannter Luv-Lee-Effekt).

Hochwässer treten an der Saale vor allem im Frühjahr auf, wenn die als Schnee in den Gebirgslagen gespeicherten Winterniederschläge bei Erwärmung plötzlich freigegeben werden und auf dem zum Teil noch gefrorenen Boden oberflächlich abfließen. Aber auch längere Regenperioden, die den Boden so mit Wasser sättigen, dass nichts mehr versickern kann, kommen als Ursache in Frage. Die dabei vor allem im niederschlagsreichen Thüringer Schiefergebirge entstehenden Abflussspitzen können von dem Talsperrensystem der Saalekaskade überwiegend zurückgehalten werden. Durch dieses Talsperrensystem (7 Talsperren mit einem Gesamtvolumen - Stauraum - von über 400 Mio. m³) sowie die Talsperren im Unstrutgebiet (5 Talsperren mit einem Gesamtstauraum von 75 Mio. m³) und im Weiße-Elster-Pleiße-Gebiet (Gesamtstauraum von 90 Mio. m³) werden die jahreszeitlich stark schwankenden Abflüsse zunehmend ausgeglichen.

Dem Hochwasserrückhalt, und damit der Senkung der Scheitel der Hochwasserwellen besonders im Spätwinter/Frühjahr, steht der sommerliche bzw. herbstliche Aufhöhungseffekt zu Niedrigwasserzeiträumen gegenüber. Dabei ist jedoch zu berücksichtigen, dass die Saalekaskade heutzutage vorrangig energiewirtschaftlichen Zwecken dient (450 MW installierte Leistung). Im Spätsommer/Frühherbst tritt der geringste Abfluss in der Saale auf (Niedrigwasser). Er beträgt im Mittel mit rund 40 m³/s nur ca. 25 % des langjährigen April-Maximums von 155 m³/s.

Ab einem Durchfluss von ca. 320 m³/s tritt die Saale im Auenbereich von Halle über die Ufer (Abb. E33). Dies geschah von 1961 bis 1994 insgesamt 29 Mal. Die mittlere Dauer der Ausuferung lag bei rund 8 Tagen, erstreckte sich bei Extremhochwasser (z. B. 1970, 1988, 1994 und 2003) aber auch bis auf einen Monat. Die maximale Hochwasserführung wurde 1947 mit ca. 1.000 m³ pro Sekunde (= ein Wasserstand von 7 m) erreicht.

Ohne die Hochwässer wäre die Existenz der flussbegleitenden Aue mit ihren typischen Auenwäldern nicht denkbar, da nur so der dafür erforderliche Boden entsteht und eine episodische Überflutung garantiert wird.

Abb. E33: Das breite Salzspiegeltal der Weißen Elster und Saale südlich von Halle (Schafsbrücke) bei Hochwasser (Foto: G. Zinke)

Abgespültes Material aus den Hanglagen der Gebirge wird so lange im Fluss transportiert, bis dessen Fließgeschwindigkeit dazu nicht mehr ausreicht. Dies ist vor allem an den Unterläufen der Flüsse der Fall, wo das ausufernde Wasser im Überflutungsbereich stark abgebremst wird und sich die mitgeführten Schwebstoffe als fruchtbare Hochflut-/Auelehme absetzen können. Die Bildung der heute 1,5-3 m mächtigen Auelehmschicht in der Saaleaue dauerte mit wechselnden Intensitäten etwa 6.000 Jahre. Sie erreichte ihren Höhepunkt nach den mittelalterlichen Rodungen, in deren Gefolge die Böden der Mittelgebirge von den Niederschlägen abgespült und in die Flüsse verfrachtet wurden. Die Auelehmbildung setzt sich mit den gegenwärtigen und künftigen Hochwässern fort.

Wasserversorgung

Aufgrund der geringen Niederschläge im „Mitteldeutschen Trockengebiet" erfolgt seit 1965 eine Zuführung von Wasser aus den Regenüberschussgebieten des Harzes. Kernbereich des hierfür gebauten Talsperrensystems ist die Rappbodetalsperre (108 Mio. m^3 Stauinhalt). Über eine Fernwasserleitung gelangt das Wasser nach Halle. Es dient hier vor allem der Trinkwasserversorgung. Das weiche Harzwasser und Wasser aus der Elbaue bei Torgau ergänzen heute das in Halle und Umgebung benötigte Trinkwasser, das zum überwiegenden Teil dem hochmodernen, 1993 in Betrieb genommenen Wasserwerk Halle-Beesen (Kapazität 60.000 m³/Tag), entstammt. Ausschlaggebend für den aufwändigen Bau der Fernwasserleitungen aus dem Harz und der Elbaue war, neben der Versorgung der Bevölkerung mit Trinkwasser (deren pro Kopf-Verbrauch zu DDR-Zeiten mit 185 l/Tag deutlich über dem jetzigen von 95 l/Tag lag), der ehemals enorme Wasserverbrauch der Industrie im Chemiebezirk Halle (1990 noch 2,2 Mrd. m³/Jahr). Ein empfehlenswerter Trinkwasserlehrpfad beginnt an der Schafbrücke zwischen Beesen und Ammendorf.

Abwasserentsorgung und Wassergüte

Obwohl die Saale in unserem Ballungsraum wenig verdünnenden Zufluss durch unbelastetes Oberflächenwasser erhält, wurde sie auf dem Höhepunkt ihrer Belastung um 1970 allein auf der Fließstrecke zwischen Leuna und Halle-Trotha täglich mit Einleitungen aus der Industrie, dem Bergbau und den städtischen Kläranlagen pro Tag verunreinigt, die den gleichen Sauerstoffbedarf im Gewässer erzeugten wie das ungeklärte Abwasser von 7 Mio. Menschen (Abb. E34). Der Saale gelang es auf dieser kurzen und langsamen Fließstrecke nicht, den durch die Einleitungen erzeugten riesigen Sauerstoffbedarf zu kompensieren. Zusätzlich zum fehlenden Sauerstoff und der durch die Kaliwerke bedingten Salzlast verschlechterten die miteingeleiteten, z. T. hochgiftigen Substanzen wie Phenole, Cyanide und Schwermetalle (allein die Chemischen Werke Buna leiteten von 1936 bis 1990 etwa 520 t Quecksilber mit dem Abwasser in die Saale) die Lebensbedingungen im Fluss, der schließlich biologisch verödete.

Abb. E34: Schadstoffeinleitung der ehemaligen Bunawerke (Foto: G. Zinke, 1974)

Insbesondere aufgrund von eingeleiteten Endlaugen der Kaliindustrie aus dem Südharzer Revier über die Unstrut war die Saale zeitweise nicht einmal mehr als Kühlwasser zu gebrauchen. Ab 1963 wurde deshalb eigens zum Verdünnen der Salzlast ein Steuerungssystem installiert, welches durch Zugaben von weichem Wasser aus den Saaletalsperren des Thüringer Schiefergebirges eine Wasserhärte von unter 40° dH (deutscher Härte) in der Saale sicherstellte.

Mit der Wende ergab sich eine deutliche Verbessung der Wassergütesituation von Saale (Abb. E35) und Weißer Elster. Durch Stilllegung von Anlagen der Karbonchemie (insbesondere Böhlen, Espenhain und Rositz), der Karbidproduktion (Buna) und Stilllegungen der Petrolchemie (Leuna, Böhlen, Zeitz-Tröglitz), der Papier- und Zellstoffproduktion (Merseburg) sowie das Rückfahren der Braunkohlenförderung bzw. die Aufgabe der Kaliproduktion konnte die Belastung der Hauptwasserläufe im Untersuchungsgebiet drastisch gesenkt werden. Hierzu trägt speziell die hochmoderne, zwischen 1996 und 1998 für 120 Mio. DM errichtete Kläranlage Halle-Nord bei.

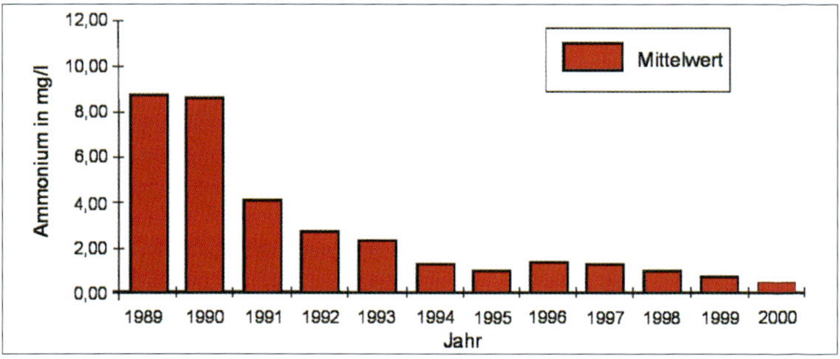

Abb. E35: Entwicklung der Gewässerqualität der Saale am Beispiel des Ammoniumgehaltes (1989-2000) (Quelle: Gewässergütebericht Sachsen-Anhalt, Landesamt für Umweltschutz)

Die Wassergüte der Saale konnte bis heute um zwei Wassergüteklassen in die Klasse II (mäßig belastet) oberhalb bzw. II-III (kritisch belastet) unterhalb der Luppemündung angehoben werden. Vor allem die Sauerstoffverhältnisse und die Salzbelastung besserten sich so, dass heute bereits wieder mindestens 24 Fischarten und 30 andere Makroorganismen die Saale und deren Nebenarme beleben. Die Wassergüte der Weißen Elster entspricht leider noch der Klasse III (stark verschmutzt). Sauberer wurden auch die Saale- bzw. Weiße-Elster-Zuflüsse Geisel, Reide, Roßgraben, Brandberggraben und Hechtgraben. Stärker belastet sind dagegen gegenwärtig noch die Saalezuflüsse Rippach, Laucha und Salza.

Ein besonderes Problem stellen darüber hinaus die Schlammablagerungen dar. Diese sind vor allem in den Betten des Mühlgrabens, der Wilden Saale (Peißnitzinsel) und der Schleusengräben häufig über einen Meter mächtig. Hinsichtlich ihrer Bildung müssen sie als überwiegend „hausgemacht" bezeichnet werden. Sie entstanden vor allem durch die Einleitungen von ungeklärten Abwässern aus der Mischkanalisation, die bei stärkeren Niederschlägen über eingebaute Regenüberläufe erfolgen. Neben den Haushaltsabwässern werden dabei mit dem abfließenden Regenwasser auch erhebliche Mengen an Staub, Erdaushub und Bauschutt von den Dächern, Straßen und Plätzen der Stadt in die Vorfluter eingespült und lagern sich dort als Schlamm ab. Erschwerend kam in der Vergangenheit auch die hohe Staubbelastung von Halle durch alte Heizungsanlagen und Industriestäube (Buna) hinzu. Damit wurden teilweise über 10 t Staub pro Hektar und Jahr abgelagert und vom Regen in die Kanalisation gespült.

In der Zwischenzeit hat sich zwar die Menge der auf diesem Weg in die Saale eingetragenen „stadtbürtigen" Stäube reduziert; als „Erbe" der Vergangenheit blieben die Schlämme und die in ihnen vorzufindenden Schadstoffe jedoch weitestgehend erhalten. Ob die Saale dieses Problem von selbst löst (z. B. durch allmähliche Verfrachtung der Schlämme), wird die Zukunft zeigen.

Inge Ammon/Sabine Mücke/Martin Sauerwein

Zwischen Agrarlandschaft und Vegetationskostbarkeiten – Natur- und Landschaftsschutz versus Großstadtentwicklung?

Die Stadt Halle und ihre Umgebung weisen, in Abhängigkeit von der naturräumlichen Ausstattung und geprägt durch eine differenzierte, historisch gewachsene Nutzung, eine, artenreiche Flora und Fauna auf.

Obwohl der größte Teil der Umgebung durch intensiv agrarisch genutzte und strukturarme Flächen bestimmt wird, existiert hier wie im innerstädtischen Gebiet ein Nebeneinander und Miteinander verschiedenster Landschafts- und Nutzungstypen. Stadtentwicklung und mehr oder weniger intensive Landnutzung wechseln auf engstem Raum mit den Ansprüchen von Natur- bzw. Landschaftsschutz (Abb. E36).

Ohne Zweifel handelt es sich dabei um eine sehr alte Kulturlandschaft, die, begünstigt durch ihre natürlichen Bedingungen, zu denen vor allem die sehr guten Böden gezählt werden müssen, heute als Ackerlandschaft bekannt ist. Von Fremden oftmals kaum vermutet, existieren jedoch in der Stadt, aber auch in ihrer Umgebung zahlreiche und in der Flächenerstreckung nicht unbedeutende Waldflächen. In diesem Zusammenhang stellt die Dölauer Heide, als vorwiegend nicht naturnah bestocktes, größtes Waldgebiet in der Umgebung der Großstadt, eine Besonderheit dar. Darüber hinaus existieren naturnahe Restwälder. Diese sind am Petersberg und im Lintbusch, dem westlichen Ausläufer der Dölauer Heide, zu finden. Kleinere Bestände findet man in Stengels Holz und der Kühlbachschlucht bei Zörnitz bzw. Kloschwitz.

Auch Erlenbruchwälder, u. a. in Parkanlagen wie dem Dieskauer Park in der Reideaue, kommen im Umfeld Halles vor. In den großen Flussauen sind sogar noch größere Areale mit Hartholzwäldern anzutreffen. Diese Relikte

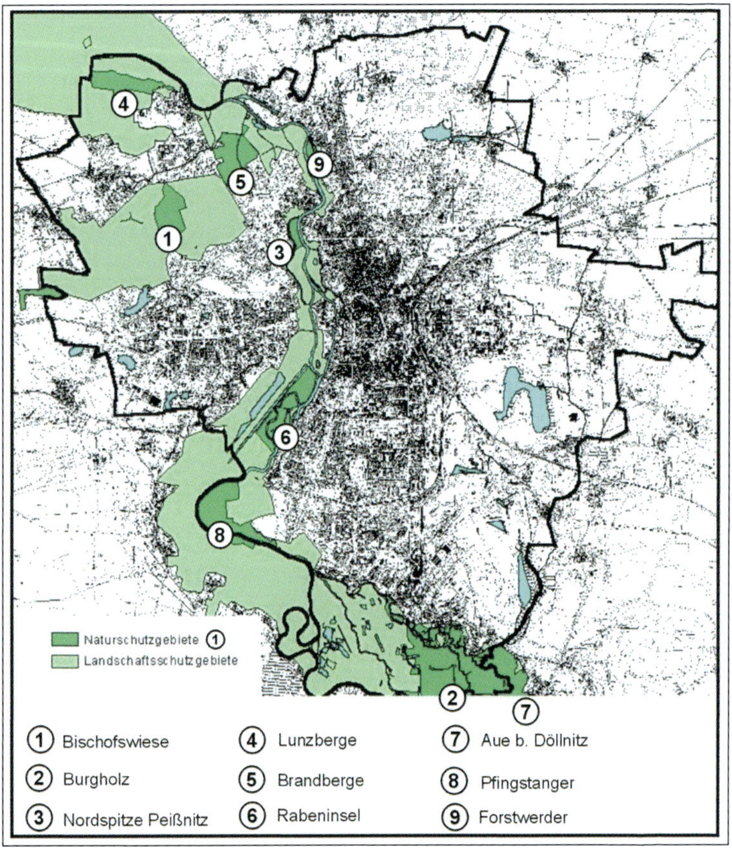

Abb. E36: Schutzgebiete in der Stadt Halle (Quelle: Regierungspräsidium Halle)

der ehemals viel weiter verbreiteten Auenwälder stehen heute fast immer unter Naturschutz und sind so im Burgholz in der Elster-Luppe-Aue sowie auf den Saaleinseln innerhalb des Stadtgebietes - Rabeninsel (Abb. E37), Peißnitz, Forstwerder - verbreitet.

Daneben existieren andere, ökologisch überaus wertvolle Standorte, die eine hohe Bedeutung als Lebensraum und Refugium haben. Dies trifft insbesondere für die flachgründigen, häufig stärker geneigten Areale mit besonders artenreichen Trocken- und Magerrasen, Felsfluren oder Heidebeständen zu. Ihre Vorkommen erstrecken sich über die Hangkomplexe des Saaletales und die Muschelkalkschichtstufe westlich von Halle sowie die Kuppen der Porphyrhügellandschaft im Norden der Stadt (Ochsenberg bzw. die Lunzberge), die bis in das Stadtgebiet hineinreichen. Besonders bemerkenswert aus morphologisch wie botanischer Sicht ist dabei das Naturschutzgebiet der Lunzberge am nordwestlichen Stadtrand.

Abb. E37: Naturschutzgebiet Rabeninsel (Foto: M. Frühauf)

Als ebenso für unsere Kulturlandschaft bedeutsam müssen die Streuobstwiesen, die sich vor allen Dingen entlang des unteren Saaletales zwischen Rumpin und Salzmünde befinden, bezeichnet werden. Gleiches triff auch für die artenreiche Frischwiesen in den Bachauen der Saale-Nebentäler zu. Die für unseren Raum relativ seltenen Feuchtwiesen beschränken sich demgegenüber lediglich auf wenige Standorte (z.B. in Bereichen der Reide-Niederung oder den Mötzlicher Teichen). Diese gilt es deshalb besonders zu schützen.

Tab. E3: Naturschutzgebiete im Stadtgebiet von Halle

Bezeichnung	**Größe**	**Schutzziel**
Bischofswiese	61,1 ha	Erhaltung eines z. T. über 200-jährigen Eichenmischwaldes, der ein Refugium für zahlreiche seltene und gefährdete Tier- und Pflanzenarten bildet
Burgholz	24,7 ha	Erhaltung eines Hartholzauenwaldrestes und eines Weichholzauengürtels am Ufer der Stillen Elster, wo gesetzlich geschützte Pflanzenarten und eine artenreiche Kleinsäuger- und Amphibienfauna vorkommen, weiterhin bedeutsames Horstgebiet für Greifvögel und bedeutsames Brutvogelgebiet
Nordspitze Peißnitz	11,6 ha	Erhaltung eines Auenwaldrestes in seiner naturnahen Ausprägung und der an diesen alteichenreichen Biotoptyp angepassten Tier- und Pflanzengesellschaften
Lunzberge	64,0 ha	Erhaltung der offenen Trocken- und Halbtrockenrasen mit biotoptypischen Gehölzgruppen; Entwicklung einzelner verbuschter Bereiche zu Trockenwäldchen
Brandberge	92,0 ha	Erhaltung eines reich strukturierten Gebietes mit Xerothermrasen auf Porphyrkuppen, Kleingewässern, Röhrichten, Feuchtwiesen und Bruchwald mit Vorkommen von 6 besonders geschützten Pflanzenarten und besonders wertvoller Fauna
Rabeninsel und Saaleaue bei Böllberg	90,7 ha	Erhaltung und Entwicklung des naturnahen Flussabschnittes der Wilden Saale mit wertvollen natürlichen Überschwemmungsflächen; Erhaltung des wertvollsten Auenwaldes der Stadt Halle (Saale) als wichtigen Bestandteil des Biotopverbundes entlang der Saale bei Halle
Auelandschaft bei Döllnitz	222,2 ha	Erhaltung eines repräsentativen Teils der in Mitteleuropa ehemals weit verbreiteten typischen, abwechslungsreichen Auenlandschaft, die Lebensraum von vom Aussterben bedrohten Tier- und Pflanzenarten ist
Pfingstanger bei Wörmlitz	121,0 ha	Erhaltung und Entwicklung wertvoller Biotoptypen, u. a. Auenwald, auentypische Kleingewässer, Feuchtwiesen, Röhrichte und Trocken- und Halbtrockenrasen; Lebensraum einer Vielzahl gefährdeter und vom Aussterben bedrohter Pflanzen- und Tierarten
Forstwerder	9,0 ha	Erhaltung eines wertvollen Auenwaldrestes an der Saale im Stadtgebiet von Halle als wichtiges Bindeglied im Biotopverbund entlang der Saaleaue

Bei der Erarbeitung des Landschaftsrahmenplans der Stadt Halle (Stadt Halle 1998) wurden für die einzelnen Stadtplanungseinheiten Leitbilder entwickelt, die den Zustand von Natur und Landschaft beschreiben. Dort ist auch kartographisch dargestellt, in welchen Räumen es aufgrund vorhandener und geplanter Nutzungen aus naturschutzfachlicher Sicht Konflikte gibt. Außerdem werden Vorrang- und Vorsorgegebiete für Natur und Landschaft vorgeschlagen, die sich wegen ihrer natürlichen Ausstattung eignen. Diese Gebiete zeichnen sich durch ihr reichhaltiges Inventar an besonders geschützten Biotopen aus. Im Bereich der Stadt Halle sind z. Zt. 9 Naturschutzgebiete (NSG), 2 Landschaftsschutzgebiete (LSG), 17 Flächenhafte Naturdenkmale (NDF), 11 Geschützte Landschaftsbestandteile (GLB) sowie 2 Geschützte Parks (GP) ausgewiesen (Dritter Umweltbericht Stadt Halle (Saale) 2000). Damit steht ohne Doppelungen eine Fläche von 3.153,8 ha des Stadtgebietes unter Schutz. Im Rahmen der Flora-Fauna-Habitat-Richtlinie (FFH-RL) und der Vogelschutz-Richtlinie der Europäischen Union soll bis 2004 ein europaweites Biotopnetz geschaffen werden, wobei durch die Landesregierung Sachsen-Anhalts auch im halleschen Stadtgebiet u. a. Teile der Saale- bzw. Saale-Elster-Aue und der Dölauer Heide im Februar 2000 als Vorschlagsgebiete festgelegt wurden. Somit sind die wichtigsten Refugialflächen naturschutzrechtlich gesichert. Im Vergleich mit umgebenden Landkreisen ist dabei der Anteil von Schutzgebietsflächen aufgrund der intensiveren wissenschaftlichen Bearbeitung des Gebiets deutlich erhöht. Das Schutzgebietssystem umfasst Standorte des gesamten Standortspektrums, so dass ein hoher Grad an Repräsentativität erreicht wird.

Die naturnahen und naturschutzfachlich wertvollen Landschaftsstrukturen sind in der Großstadt und in deren Umgebung allerdings häufig vielfältigen Einflüssen durch den Menschen ausgesetzt. Die Tendenz einer zunehmenden Ausbreitung der Bebauung ist dabei besonders charakteristisch. Halle und dessen Umland bilden hier keine Ausnahme. So entstanden besonders am Stadtrand und in den umliegenden Saalkreisgemeinden zahlreiche Wohnbaugebiete, Gewerbe- und Einzelhandelsflächen.

Auch unbebaute Freiflächen verlieren durch Zerschneidung mit Straßen u. a. Infrastrukturmaßnahmen sowie infolge Verinselung bzw. Abriegelung an Lebensraumqualität für Tiere und Pflanzen. Die trifft auf die innerhalb des Stadtgebiets liegenden und nahezu vollständig umbauten Porphyrkuppen (z. B. Fuchsberg, Brandberge) zu.

Besonders stark ist der als LSG und teilweise als NSG geschützte Erholungswald der Stadt Halle, die Dölauer Heide, durch zunehmende Umbauung und Verinselung gefährdet. Die wenigen verbliebenen Übergänge zur freien Landschaft haben deshalb eine herausgehobene Bedeutung, da nur hier ein Wechsel von Tieren in die umgebenden Ackerfluren möglich ist. Im Südwesten und Norden sind jedoch große Teile der Dölauer Heide durch die fortschreitende Randbebauung bereits völlig isoliert, im Südwesten und Osten wirken Straßen als Barriere. Einzig im Westteil gibt es noch einen funktionsfähigen Verbund zum Umland. Für viele waldbewohnende Tierarten muss dieser Lebensraum als weitgehend isoliertes Habitat betrachtet werden. Hochmobile Arten, wie besonders Insekten, überwinden über Trittsteine, wie sie u. a. im NSG Brandberge bestehen, die Zwischenräume zu geeigneten Habitaten in der Saale- und Salza-Aue. Für sich langsam bodengebunden fortbewegende Arten, wie wandernde Kröten, sind dagegen die traditionellen Wanderrouten vielfach unterbrochen oder durch hohe Mortalitätsraten gekennzeichnet.

Auch im Randbereich des Saaletales konzentrieren sich in zunehmendem Maße Baugebiete. Das LSG Saale ist dabei die wichtigste Grünverbindung unseres Raumes. Sie durchzieht das gesamte Stadtgebiet und schließt verschiedenartige Biotopkomplexe ein. Hier ist nicht nur von jeglicher Bebauung abzusehen, sondern bei Neugestaltung z. B. der Bereiche Sandanger oder Peißnitz sollte die typische Vegetation der Aue wiederhergestellt werden.

Die Saaleaue ist dabei einem besonderen Nutzungsdruck durch die Stadtbevölkerung ausgesetzt. Hierbei handelt es sich oft um sportliche Aktivitäten, aber auch um illegale Betätigungen bis hin zum Vandalismus.

Im Rahmen der Flächennutzungsplanungen und durch die Aufstellung des Arten- und Biotopschutzprogrammes (Landesamt für Umweltschutz Sachsen-Anhalt 1998) versucht die Stadt Halle ein gesamtstädtisches Freiraumsystem zu konzipieren, welches bisher isolierte Freiflächen zu einem vernetzten Grünsystem mit differenziertem Übergang zur freien Landschaft zusammenfügt und besonders den gefährdeten Tier- und Pflanzenarten ausreichende Lebensräume sichert. Im Landschaftsrahmenplan werden dazu so genannte Vorrangflächen für Naturschutz ausgewiesen, deren Bedeutung vorrangig im Artenschutz und im Schutz bedrohter Lebensgemeinschaften liegt. Diese Empfehlungen stellen somit Flächenvorschläge dar, die in das Regionale Entwicklungsprogramm des Regierungsbezirkes übernommen und als Vorranggebiete für Naturschutz und Landschaftspflege ausgewiesen werden sollen. Als Vorrangflächen für den Naturschutz werden in diesem Zusammenhang folgende Standorte vorgeschlagen:

- Saalehänge bei Lettin,
- Teile der mittleren und südlichen Saaleaue im Bereich Forstwerder, Peißnitz, Rabeninsel, Hohenweidener Holz, Planena,
- Elster-Saale-Aue,
- Reideniederung bei Dieskau und Kanena,
- Porphyrkuppen im nördlichen Teil der Stadt sowie im Bereich der Brandberge,
- naturnahe Waldbereiche der Dölauer Heide (Bischofswiese),
- Feuchtbiotope im Bereich der Mötzlicher Teiche (Abb. E38).

In diesen Bereichen besteht die vordringliche Aufgabe in der Sicherung der vorhandenen Biotopausstattung sowie in der Abwehr von Gefährdungen. Wesentlich ist dabei die Vermeidung einer weiteren Zerschneidung von bis-

Abb. E38: Feuchtbiotop der Mötzlicher Teiche (Foto: M. Frühauf)

her zusammenhängenden Biotopkomplexen im Bereich des Saaletales und der angrenzenden Hänge.

Darüber hinaus lassen sich so genannte Biotopverbundachsen ausweisen, die wegen ihrer Konfiguration und Lage sowie ihres Naturraumpotenzials eine hervorzuhebende Bedeutung für die räumliche und funktionale Verknüpfung von Schutzgebieten oder Biotopkomplexen im regionalen und überregionalen Schutzgebietssystem haben. Eine Verbundachse mit überregionaler Bedeutung stellt dabei das Saaletal und seine angrenzenden Hangbereiche dar. Aufgrund der extremen Standortbedingungen, wie hoher Grundwasserstand und regelmäßige Überflutungen, handelt es sich hierbei um einen Naturraum mit hohem Ausstattungsgrad an wertvollen Lebensräumen und Verbundstrukturen. Regionale Verbundachsen bestehen außerdem vorrangig entlang von kleinen Fließgewässern. Sie stellen in der ausgeräumten Agrarlandschaft die wichtigsten gliedernden Strukturelemente dar. Hierzu zählen insbesondere das Götschetal und die Reideniederung.

Neben diesen Bachauen bilden linear zusammenhängende Komplexe von Trockenrasen und Halbtrockenrasen, aber auch Gebüsche trockenwarmer Standorte faunistisch bedeutsame Leitstrukturen. Sie stellen somit auch Verbundstrukturen zwischen dem durch Siedlungen weitgehend eingeschlossenen Waldgebiet der Dölauer Heide mit den Naturschutzgebieten Bischofswiese und Lindbusch und dem Salzatal im westlichen Saalkreis dar. Die sich westlich an das Waldgebiet anschließenden Ackerflächen weisen hingegen größere Verbunddefizite auf. Durch Einbringen von Hecken, Ackerrainen, Baumreihen und Alleen ist hierbei eine Aufwertung der Verbundqualität zu erzielen.

Unter dem Aspekt der Aufwertung des lokalen Biotopinventars und zur Entwicklung des lokalen Biotopverbundes sind deshalb folgende Bereiche zukünftig weiterzuentwickeln:

- Seebener Berge,
- Flächen südlich der Dölauer Heide am Heidesee,
- Flächen zwischen dem Nordrand der Dölauer Heide und dem Saaletal (Hechtgraben, Haßgraben),
- Verbindung Heide-Ostrand-Brandberge-Kreuzer Teiche-Saaleaue.

Steffen Fliegner

Halle-Neustadt – Quo vadis sozialistische Modellstadt?

Halle-Neustadt - das heute nach der Wohnungszahl drittgrößte Großwohngebiet Deutschlands und der zweitgrößte Stadtteil Halles mit 50.730 Einwohnern (30.06.2005) - ist keine normale Großwohnsiedlung. Es ist die sozialistische Modellstadt der 60er/70er Jahre. In ihr sind die städtebaulichen Visionen der DDR zu Stein geworden. Nachdem Halle-Neustadt als letzte DDR-Stadtgründung seit 1967 eigenes Stadtrecht besaß, schloss es sich nach der Wende im Wettstreit um die Landeshauptstadt im Juni 1990 Halle wieder an. Heute ist die Zukunftsperspektive des Wohnstandortes im Rahmen der „schwindenden Stadt“ Halle kritisch zu hinterfragen.

Konzept und Realisierung der sozialistischen Modellstadt

Großwohngebiete als Ausdruck städtebaulicher Moderne werden in der öffentlichen Meinung seit den 70er Jahren als „Betonburgen“ und wegen ihrer „Unwirtlichkeit“ kritisiert. Während im Westen in dieser Zeit die Abkehr vom Leitbild der isoliert vom übrigen Stadtgefüge auf der grünen Wiese nach einheitlichen Planungsvorstellungen errichteten Großwohngebiete (2.500 und mehr Wohnungen) einsetzte, war der Wohnungsbau in der DDR bis zum Schluss von dieser monotonen Form geprägt. Hier lebte jeder vierte Einwohner in einem Großwohngebiet, gegenüber jedem 60. in der Bundesrepublik. In Halle wohnte sogar jeder Zweite in einer „Plattenbauwohnung". In den 50er/60er Jahren baute die DDR ihre Industrie stark aus, wobei sich die Chemie, historisch vorgezeichnet, in der Region südlich von Halle konzentrierte. Sie galt damals als „Hightech-Industrie". Steigender Arbeitskräftebedarf ließ Beschäftigtenmangel zum Wachstumshemmnis werden. Zugleich herrschte wegen der Zerstörungen im Zweiten Weltkrieg akute Wohnungsnot in der DDR. Folglich wollten die Menschen zuallererst eine Wohnung und nahmen vor Ort Arbeit an. Deswegen wurde seit Ende der 50er Jahre ein Wohnungsbaustandort gesucht, der entsprechend der damals dominierenden städtebaulich-ökonomischen Auffassung sehr groß und in der Nähe der alten Stadt Halle gelegen sein sollte. Letzteres, weil man zuvor schlechte Erfahrungen mit isolierten Stadtneugründungen - wie z. B. Eisenhüttenstadt und Hoyerswerda - gemacht hatte. 1960 wurde aus 19 Standorten einer ausgewählt, der den seit den 1920er Jahren diskutierten „Sprung" Halles über die Saaleaue nach Westen vollzog. Er bot genügend Fläche und lag sowohl lufthygienisch als auch verkehrstechnisch günstig.

Am 17.9.1963 fällte das Politbüro der SED den Beschluss über den Bau der „sozialistischen Stadt der Chemiearbeiter Halle-West". Schon am 15. Juli 1964 war Grundsteinlegung und am 9.8.1965 erfolgte der Bezug der ersten Wohnungen. Es brachte mehr Prestige und mehr Geld für das Vorhaben, wenn die DDR eine neue Stadt errichtete, statt Halle einen neuen Stadtbezirk, so dass „Halle-West" 1967 als „Halle-Neustadt" selbständig wurde. Nebenbei wurden mit dieser Namensgebung unangenehme Assoziationen („Berlin-West") vermieden.

Die funktionale und architektonische Grundstruktur bilden acht Wohnkomplexe (WK) und ein Wohngebiet (Abb. E39), aufgefädelt entlang einer zentralen Straßenachse, der „Magistrale". In jeden dieser Wohnkomplexe war neben dem Wohnungsbestand ein auf die Versorgung der dort lebenden Bevölkerung ausgerichtetes Infrastrukturangebot integriert. Ein ambitioniertes Zentrum für administrative, kommunikative und versorgungsorientierte Funktionen sollte die sozialistische Großstadt krönen. Die Arbeiter fuhren mit einer neu gebauten S-Bahn in die 10-20 km südlich gelegenen Chemiekombinate Buna und Leuna. Die Stadt wuchs mehrfach über das geplante Areal hinaus. So sah die Planung Anfang der 60er Jahre nur vier Wohnkomplexe bei einer Endgröße von 70.000 Einwohnern vor. Im Osten und Westen wurden Reserveflächen vorgehalten. Doch auch der Bau von weiteren vier Wohnkomplexen und die Anhebung der Soll-Einwohnerzahl auf 115.000 in den 70er Jahren reichte nicht aus. In den 80er Jahren wurde ein weiteres Wohngebiet errichtet. Das Dilemma: Die „Chemiearbeiterstadt"

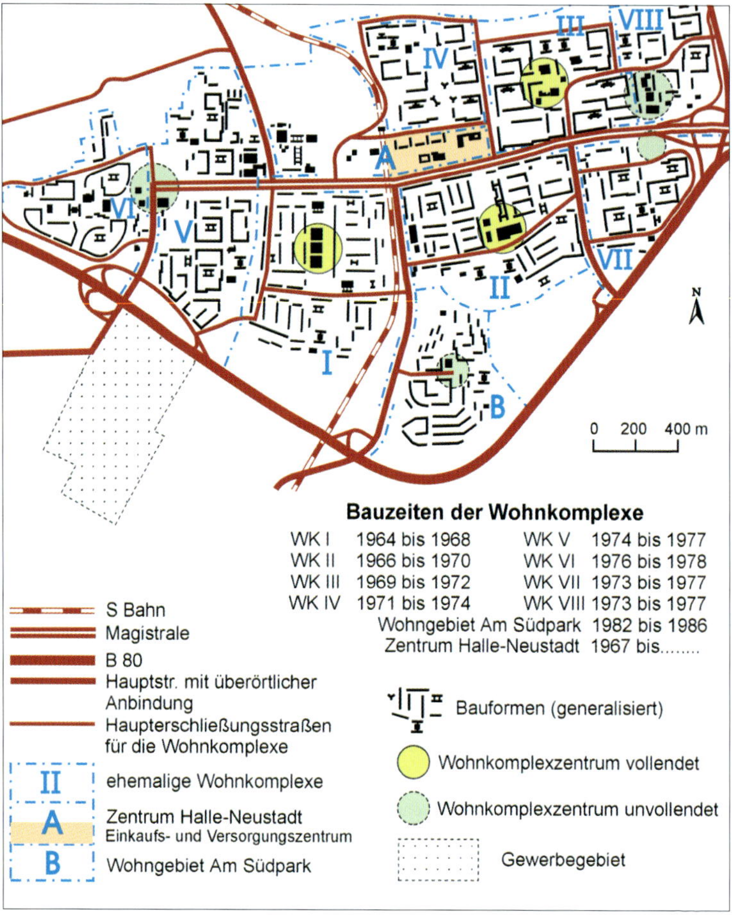

Abb. E39: Baualter und Wohngebietsstrukturen Halle-Neustadts zum Ende der DDR (Entwurf: St. Fliegner, Gestaltung: J. Kellermann)

erreichte nur die Hälfte der vorgesehenen 50%-Quote an Chemiearbeitern, denn viele der frisch Eingezogenen wechselten nach Erhalt der Wohnung in bessere Arbeitsverhältnisse. Die einziehenden Bewohner waren jung (Durchschnittsalter Erwachsene: 24 Jahre) und hatten ein bis zwei kleine Kinder. In der Regel wohnten drei bis vier Personen in einer Dreiraumwohnung mit ca. 55 m². Die zunächst gebauten Kindereinrichtungen reichten bei weitem nicht, da es eine hohe Geburtenzunahme gab. Man hat sich offensichtlich wohlgefühlt in Neustadt (Abb. E40) in seiner zentralbeheizten Neubauwohnung mit Warmwasser, Bad und Innen-WC, während der Baubestand in Alt-Halle zusehends verfiel. Die Neustädter hatten durchschnittlich ein geringeres Alter, ein höheres Bildungsniveau und höhere Einkommen als die Bewohner Alt-Halles.

Die Gegenwart im Zeichen des Stadtumbaus

Heute werden bange Fragen nach der Zukunft gestellt. Die Einwohnerzahl ist seit dem Bevölkerungsmaximum 1987 (93.931) um fast 46 % zurückgegangen. Damit übersteigt der Verlust um 18 Prozentpunkte denjenigen der Gesamtstadt. Heute leben in Neustadt noch 50.730 Einwohner, nach Prognosen werden es im Jahre 2015 nur noch etwa 40.000 sein. Diese dramatischen Rückgänge resultieren aus dem Zusammentreffen mehrerer Prozesse: so sind aufgrund der unsicheren Zukunftsperspektiven nach der Wende die Geburtenraten drastisch gesunken und die Abwanderung in die alten Bundesländer stark angestiegen. Hinzu kommt die Orientierung der Fortzügler auf Wohneigentum im suburbanen Umland einerseits und in die durch die Sanierung erheblich aufgewertete hallesche Innenstadt mit ihren großen Gründerzeitvierteln andererseits. Der seit 1997 verstärkt einsetzende Exodus mit maximalen Bevölkerungsverlusten von 6 bis 8 % jährlich wird vor allem von konsolidierten Familien mittlerer Altersjahrgänge mit Doppelverdienern und erwachsenen Kindern getragen. Seit 2001 sind die Verluste rückläufig.

Abb. E40: Blick von Norden auf das Zentrum von Halle-Neustadt (Foto: MZ, 2002)

Unter den Zuzüglern nach Neustadt finden sich überproportional häufig statusniedere Haushalte mit jungen Haushaltsgründern, Einkommensschwache, Sanierungsverdrängte und soziale Problemgruppen. Der Ruf der Neustadt ist heute deutlich schlechter als früher. Obwohl etwa eine Milliarde DM allein in die fast abgeschlossene Wohnungssanierung (nur 18 % der Wohneinheiten sind nicht saniert) investiert wurden und darüber hinaus enorme Investitionen in die Komplettierung der Neustadt mit Einkaufszentren und in den Neubau der Straßenbahn erfolgten, steigen die Leerstände. Die Verwahrlosung des Wohnumfeldes und soziale Probleme wachsen. Die in Ansätzen erkennbare soziale und demographische Segregation (Entmischung) nach Einkommen und Alter begünstigt die Konzentration von statusniederen Bewohnern in den Großwohnsiedlungen. Die Probleme beschränken sich in Neustadt vorwiegend auf einzelne (Hoch)Häuser (meist 10/11-Geschosser), baulich bedingt anonymer als die zahlenmäßig überwiegenden 5/6-Geschosser, so dass man von einer „Ghettoisierung" des gesamten Stadtteils zum Glück noch nicht sprechen kann.

Nachdem das Thema jahrelang tabu war, wird seit 1999 wieder über den teilweisen Rückbau der Plattenbausiedlungen in Ostdeutschland gesprochen. Die drastischen Einwohnerrückgänge in den ersten Jahren nach der Wende haben insbesondere in den großen Plattenbausiedlungen wie Halle-Neustadt einen großen Wohnungsüberhang entstehen lassen. 2004 standen hier ca. 6.700 der insgesamt 34.800 Wohnungen leer. Angesichts dieser Leerstandsquote von knapp 20 % und angesichts der Situation, dass in manchen Wohnungsunternehmen von drei frei werdenden Wohnungen nur zwei wieder vermietet werden können, hat inzwischen auch in Halle-Neustadt der Abriss einzelner Hochhäuser begonnen. Rund 1.000 Wohnungen wurden 2003/04 abgerissen. Dies bietet sowohl die Chance, konzeptionelle Fehler wie zu große Bauhöhen und Baudichten zu beseitigen als auch aussichtsreiche Bestände baulich deutlich aufzuwerten. Das setzt freilich voraus, dass Abriss und Aufwertung im Zusammenhang gesehen und für beides finanzielle Mittel bereitgestellt werden. Die Bewilligung von nahezu 12 Mio. Euro aus dem URBAN-21-Programm für Halle-Neustadt dient diesem Ziel. Derzeit ist nach dem vom Stadtparlament beschlossenen Neuordnungskonzept hier ein Abriss in der Größenordnung von 4.500 Wohneinheiten vorgesehen. Damit soll das Angebot dem Bedarf angepasst werden, die Zahlungsunfähigkeit der meist kommunalen und städtischen Wohnungsunternehmen verhindert und die Attraktivität des Stadtteils nachhaltig erhöht werden.

Im Vergleich der DDR-Neubaugebiete wird deutlich, dass Halle-Neustadt relativ gut dasteht und gute Chancen hat, denn es ist ein zur damaligen Zeit

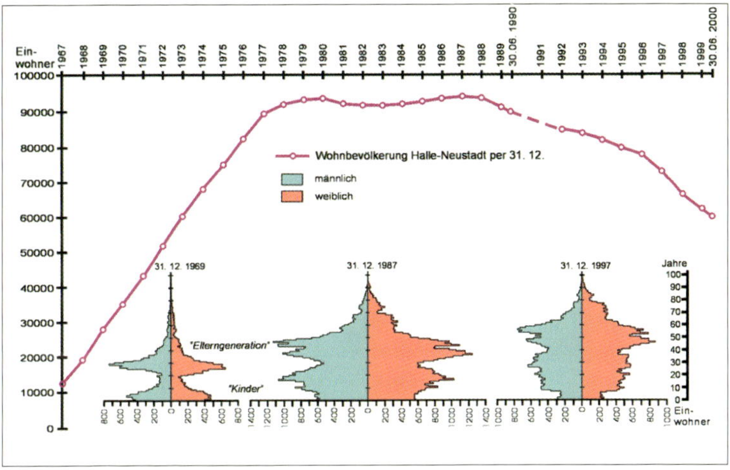

Abb. E41: Bevölkerungsentwicklung und Altersstruktur von Halle-Neustadt (Entwurf: St. Fliegner nach Statistischen Jahrbüchern der Stadt Halle)

beeindruckender Entwurf, der Maßstäbe gesetzt hat, die durch die zunehmende ökonomische Schwäche der DDR in den späteren Siedlungen nicht mehr eingelöst werden konnten. Vieles wird davon abhängen, inwieweit man die noch im Stadtteil lebenden Erstbezieher und Stammmieter halten kann, die Heimatgefühl und ein funktionierendes soziales Milieu aufgebaut haben und nun mit „ihrer" Siedlung altern (Abb. E41).

Michael Zierdt

Das graue Halle wird wieder bunt oder Warum die Flechten nicht mehr sterben

Von der Natur hat das Gebiet, in dem die Stadt Halle liegt, ein für Deutschland sehr gutes Klima geschenkt bekommen, nicht umsonst hat sich in dieser Gegend der nördlichste Weinbau in Deutschland gehalten. Das Dörfchen Aseleben, unweit westlich von Halle am Süßen See gelegen, weist mit 429 mm Jahresniederschlag den geringsten Wert für unser Land auf.

Wenig Niederschlag bedeutet auch, dass weniger Energie für die Verdunstung umgewandelt werden muss, die Lufttemperatur ist also ein klein wenig höher als sie „normalerweise" sein dürfte. Deshalb der Wein und die vorzüglichen Aprikosen rund um den Süßen See und in den halleschen Kleingärten. Zu verdanken hat die Region um Halle ihr besonderes Klima dem westwärts gelegenen Harz. Halle, in der Westwindzone gelegen, erhält seine Niederschläge zumeist aus westlicher Richtung. Dabei müssen die Luftmassen den Harz überwinden und regnen sich ab, bevor sie das Gebiet um Halle erreichen. Zusätzlich wird die Luft, analog den Fönwetterlagen der Alpen, dabei wärmer, ohne dass Halle von Fön belästigt wird.

Der Mensch liebt trockenes und warmes Wetter, es ist angenehmer als feuchtwarmes. Schwüles Wetter ist deshalb so unangenehm, weil die hohe Luftfeuchte eine Verdunstung des Schweißes verhindert, man sich daher nicht auf natürliche Weise abkühlen kann. Das hallesche Klima ist also eigentlich ein richtiges „Wohlfühlklima", ein bisschen wärmer und ein bisschen trockener als „normalerweise", dank des Harzes.

Ein Vergleich der Klimadiagramme von Halle und Braunschweig (etwa auf geographisch gleicher Breite und sogar westlicher als Halle gelegen) macht diese Wirkung des Harzes sichtbar (Abb. E42). Die Kurven zeigen den Jahresverlauf von Temperatur (unschraffierte Fläche) und Niederschlag (schraffierte Fläche) - beginnend mit dem Januar - an. In der Mitte der Diagramme sind also die Daten für den Sommer zu finden. In der kalten Jahreszeit, wo Feuchte und Nässe als besonders unangenehm empfunden werden, fällt in Braunschweig gut ein Drittel mehr Niederschläge als in Halle. Da die mittlere „Wintertemperatur" über null Grad liegt, fallen diese Niederschläge zumeist als unangenehmer Regen und nicht als erwarteter Schnee. Niederschläge von über 40 mm je Monat fallen in Braunschweig das ganze Jahr, in Halle nur in den Sommermonaten, so dass Frühjahr und Herbst hier zwar warm, aber angenehm trocken sind. Die Sommermonate sind in Halle ebenfalls vergleichsweise trocken.

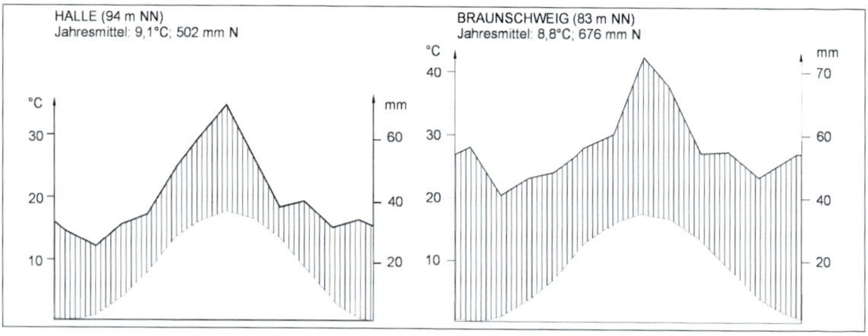

Abb. E42: Klimadiagramme von Halle und Braunschweig (M. Zierdt)

In der Stadt selber differenziert sich dieses Bild außerdem noch in Abhängigkeit von der Raumausstattung der einzelnen Stadtgebiete. Eine Befragung der Bewohner des gründerzeitlichen Paulusviertels und des Neubaugebietes Halle-Neustadt hinsichtlich solcher Klimaparameter wie Temperatur und Feuchte ergab im Vergleich mit Klimamessungen, dass die Hallenser diese Differenzierung der Klimaparameter richtig empfinden. Hinsichtlich der Frage „Wie sieht es im Sommer mit der Luftfeuchtigkeit Ihres Wohnviertels im Vergleich zur Innenstadt aus?" meinen die Bewohner des Paulusviertels, dass es in ihrem Quartier eher feuchter ist. Dagegen befinden die Neustädter ihr Wohngebiet trockener als die Innenstadt. Tatsächlich ist die Luftfeuchte im Paulusviertel um 2 % höher, die Feuchte in Neustadt dagegen um 4 % niedriger als die der Innenstadt.

Die Frage „Empfinden Sie Ihr Wohnviertel in den Sommermonaten wärmer, gleichwarm oder kühler als Halles Innenstadt?" beantworteten knapp 25 % der Neustädter mit „wärmer" wohingegen etwa 28 % der Paulusviertler „kühler" angaben. Ein Vergleich der Monatsmitteltemperaturen über die drei Sommermonate ergibt jedoch keine nennenswerte Differenz der Temperatur in Paulusviertel und Neustadt. Anders jedoch die Maxima und Minima: Neustadt weist an sonnigen Tagen höhere Temperaturen auf und kühlt nachts stärker aus. So sind die Monats-Maximumtemperaturen in Neustadt um rund 1° C höher als die im Paulusviertel und so wird die Luft in Neustadt zu recht öfter als warm oder heiß empfunden als im Paulusviertel.

Die Hallenser kennen sich also mit der Luft aus und sie hatten in der jüngeren Vergangenheit auch allen Grund dazu, Wetter und Luft gut zu beobachten, denn auch die meisten Fremden denken an etwas Unangenehmes, vor allem im Winter nach Kohlengasen und Schwefeldioxid Riechendes, wenn von der Luft in Halle gesprochen wird. Und sie haben recht. Zumindest, wenn sie seit langer Zeit nicht mehr in Halle gewesen sind. Ein neuer Besuch lohnt sich, um die wirkliche, die natürliche Luft in Halle kennen zu lernen. Noch vor fünfzehn Jahren war vieles ganz anders: Am Rande der Stadt befanden sich moderne Neubaugebiete wie Halle-Neustadt, Silberhöhe und Heide-Nord, in den Gründerzeitvierteln um die Pauluskirche oder um das Paul-Riebeck-Stift und in der historischen Altstadt hingegen hatte sich so gut wie nichts getan; es wurde bestenfalls etwas abgerissen, eine Sanierung hat es nicht gegeben. Und dementsprechend sah der „Komfort" in den Altbauwohnungen auch aus: Ofenheizung mit Holz und Kohle, Toilette oft eine Treppe tiefer, die Fenster schlecht schließend. Bei der Verbrennung von Kohle und Holz entstehen Ruß, Asche, Kohlendioxid und leider auch Schwefeldioxid, neben der generellen Wärme. Die Wärme blieb in den Häusern, sofern sie nicht durch die zugigen Fenster entwich; Ruß, Ascheteilchen

Abb. E43: Flechten im „normalen“ und im abgestorbenen Zustand (Foto: M. Zierdt)

und Schwefeldioxid gelangten aber ins Freie, in die eigentlich so gute Luft von Halle.

Ruß und Asche ließen den seltenen Schnee im Winter rasch unansehnlich grau werden, ebenso grau wurden die Fassaden der Häuser. Aber dies war eigentlich mehr ein ästhetisches, weniger ein gesundheitliches Problem. Viel schwerwiegender war die Wirkung des Schwefeldioxids; über eine Reaktionskette mit dem Wasserdampf in der Luft verbindet sich Schwefeldioxid zu Schwefelsäure, bekannt auch unter dem Namen Vitriol. Diese Schwefelsäure greift über einen komplizierten chemischen Mechanismus kalkhaltiges Gestein an, also Kalksteine oder durch Kalk verbackenen Sandstein, aber auch einfachen Putz oder Ziegel aus Beton. Leider wirkt die Säure nicht nur auf unbelebte Kalksteine, sondern auch auf Pflanzen und Tiere, somit auch auf den Menschen. Dabei muss die Umwandlung des Schwefeldioxids in Schwefelsäure gar nicht an der Luft erfolgen, sondern kann an den feuchten Schleimhäuten oder im Inneren der Pflanzenzelle vonstatten gehen. Flechten sind dabei besonders empfindlich, da sie sich ausschließlich aus der Luft ernähren. „Irrtümlich“ nehmen sie statt Kohlendioxid das Schwefeldioxid auf, wandeln es mit Wasser zu Schwefelsäure um und vergiften sich selber (Abb. E43). Auf diese Weise sind so gut wie alle Flechten in Halle ausgestorben und nur auf sehr kalkhaltigen Steinen, die eine Pufferwirkung auf die Säure ausüben, sind noch einige sehr resistente (unempfindliche) Flechtenarten vorhanden.

Diese Empfindlichkeit der Flechten macht sich die Wissenschaft zunutze, um regionale Unterschiede in der Belastung der Luft mit Schwefeldioxid zu messen. Flechten werden aus Reinluftgebieten geholt und im Untersuchungsgebiet „ausgesetzt“. An dem Ort, wo sie absterben, ist die Luft stärker mit SO_2 belastet als an Orten, an denen sie überleben können. Eine Art, die in Deutschland recht weit verbreitet ist und eine mittlere Empfindlichkeit gegenüber Schwefeldioxid aufweist, ist das Eichenmoos (der deutsche Name führt hier in die Irre, ähnlich wie bei der Bezeichnung Rentiermoos, auch eine Flechte, Cladonia rangiferina) auf lateinisch Evernia prunastri. Die ersten Flechten dieser Art wurden in einer Art Pilotstudie im Winter 1990 in Halle ausgebracht - die in der Altstadt waren nach fünf Wochen tot. Evernia prunastri überlebte nur in Halle-Neustadt den Winter 1990/91, an den anderen Standorten war die Säurebelastung zu hoch. In den Wintern 1991 bis 1995 wurden Flechten dann an über 70 Standorten ausgebracht, um ein Bild der räumlichen Verteilung des Schwefeldioxids in Halle zu erhalten. Die Resultate vom Winter 92/93 und 94/95 sind der Abbildung E44 zu entnehmen. Die Ziffern bedeuten:

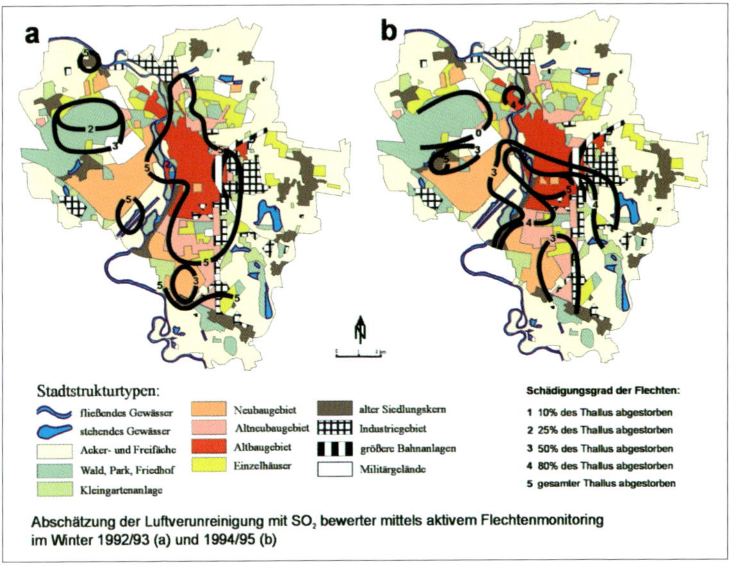

Abb. E44: Karte der Luftqualität basierend auf dem Flechtenmonitoring (M. Zierdt)

0 = Gebiet, in denen die Flechten keine Schädigung aufweisen 5 = Gebiete, in denen die Flechten abgestorben sind.

Die dazwischen liegenden Ziffern charakterisieren entsprechend ihrer Wertigkeit Zwischenstadien (wenig geschädigt, stark geschädigt). Auf den ersten Blick ist sichtbar, dass sich die Situation in diesen zwei Jahren deutlich gebessert hat. Das betrifft vor allem die Dölauer Heide und Halle-Neustadt, wohin das Schadgas aus der Innenstadt oder angrenzenden alten Siedlungskernen verbracht wurde. Aber auch in der nördlichen Altstadt, etwa im Paulusviertel und im Mühlwegviertel, sind positive Veränderungen in Richtung saubere Luft nicht zu übersehen. Die Ursache liegt darin begründet, dass mit der Sanierung der alten Villen und Gründerzeithäuser natürlich auch die Heizungsanlagen dem Stand der modernen Technik angepasst wurden, die Kohleöfen wichen Öl- und Gasheizungen. Leider mussten die flächendeckenden Untersuchungen im Winter 1995/96 eingestellt werden, da niemand diese Art der Dokumentation der Luftverbesserung mehr finanzieren wollte.

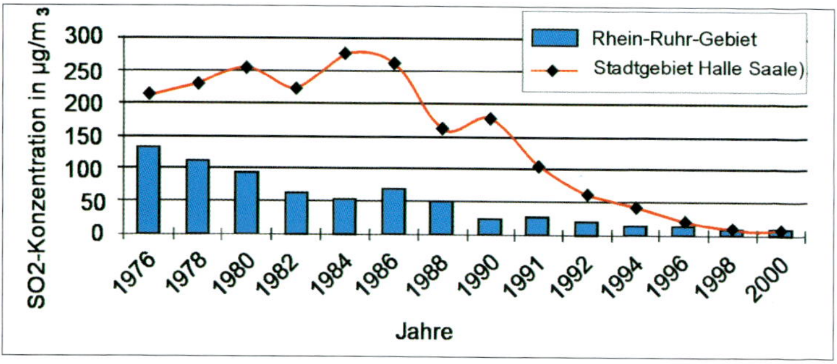

Abb. E45: Veränderung der Luftqualität in Halle (M. Zierdt)

Doch die Stadtklimaforschung hat damit nicht ihr Ende gefunden. An ausgewählten Standorten überwintern weiterhin Jahr für Jahr Flechten der Art Evernia prunastri. Nur stirbt jetzt keine von ihnen mehr, da sich die Luftqualität in den zurückliegenden Jahren entscheidend verbessert hat (Abb. E45).

Klaus Friedrich

Das Stadtzentrum zwischen Tradition, Funktionsverlust und Revitalisierung

Exkursionsroute: Domplatz, Hallmarkt, Marktplatz, Schmeerstraße, Alter Markt, Große Märkerstraße, Leipziger Straße, Große Ulrichstraße, Kleine Ulrichstraße, Moritzburg (3-4 Std.)

Ziel: Innenstädte prägen entscheidend das unverwechselbare Profil mitteleuropäischer Städte. Innerhalb der ehemals meist durch Stadtmauern markierten historischen Kerne dokumentiert das Erscheinungsbild der Gebäude und Plätze das Auf und Ab der kommunalen Gemeinwesen im geschichtlichen Verlauf. Heute bündeln die Zentren als Standorte bester Erreichbarkeit vielfältige Funktionen und sind durch eine hochgradige Nutzungsmischung geprägt. Aus diesen Gründen und wegen ihrer identitätsstiftenden Bedeutung sind sie bevorzugtes Ziel sowohl für Einheimische als auch für Besucher.

Im Rahmen dieser Exkursion rücken die historischen, funktionalen und stadtbildprägenden Eigenschaften des Statdtzentrums nach dem Konzept der „Spurensuche" in den Mittelpunkt. Dabei geht es nicht um die enzy-

Abb. S1: Schrägluftbild der halleschen Innenstadt mit der gut erkennbaren Ringstraße (Blick von Südosten; Foto: Stadt Halle (Saale), Presseamt, G. Hensling)

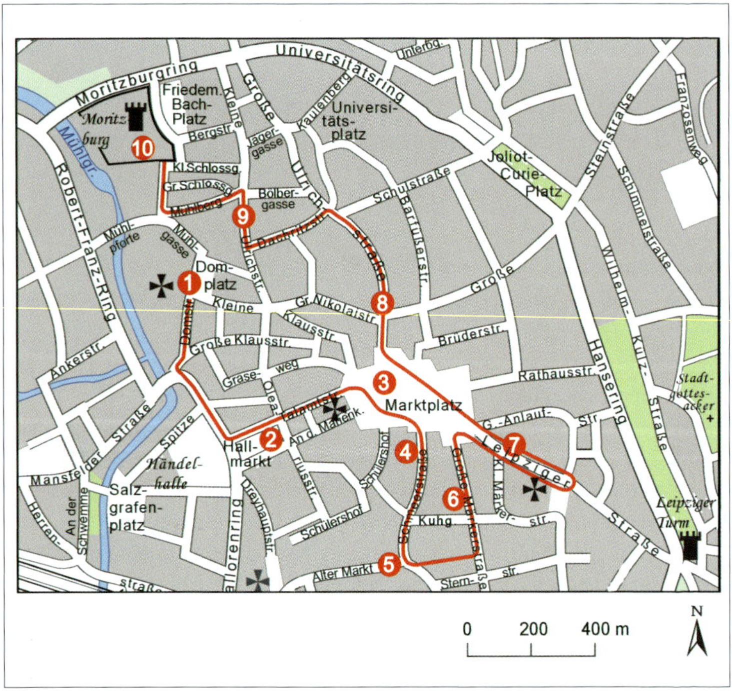

Exkursionsroute (© MLU Halle-Wittenberg)

klopädische Gesamtschau, sondern um das Auffinden exemplarischer Standorte, an denen sich wichtige Stationen der Innenstadtentwicklung aufzeigen lassen. Thematisiert werden u. a. die Altstadtsanierung, die Revitalisierung als Einzelhandels- und Dienstleistungszentrum und die Frage, ob es gelang, Fehlentwicklungen zu korrigieren und zukunftsfähige Wege einzuschlagen.

Zusatzinformation: Der historische Altstadtkern von Halle „innerhalb der Ringstraßen" umfasst eine Fläche von mehr als 80 ha (Abb. S1). Stadtbildprägende Spuren hinterließen zunächst die Salzvorkommen als namengebende und Wirtschaftskraft verleihende Ressource, die Märkte als Orte des Handels eines selbstbewussten Bürgertums sowie die Residenzfunktion für die Magdeburger Erzbischöfe. Für den Übergang in die Neuzeit und Gegenwart wurden die Universität sowie die starke gewerbliche Orientierung bedeutsam, in deren Folge Halle zu einem Zentrum mitteldeutscher Industriekultur avancierte.

Während der deutschen Teilung entstanden Stadterweiterungsgebiete an den urbanen Rändern und gleichzeitig verfiel das im Sozialismus abgeschriebene bauliche Erbe des Bürgertums in der Innenstadt. Auch die Wiedervereinigung hinterließ deutliche Spuren. Seitdem hat die Innenstadt einen unverkennbaren baulichen und funktionellen Aufschwung erfahren. Sie soll sich nach dem Willen der Planungsverantwortlichen und der Bürger wieder zum urbanen Mittelpunkt der Region entwickeln.

Exkursion: Nach den Aufzeichnungen Einhards - des Geschichtsschreibers Karls des Großen - aus dem Jahre 806 stieß ein fränkisches Heer über die Saale vor und errichtete vermutlich auf dem Hügel des **Domplatzes (1)** ein Grenzkastell. Aus dieser strategischen und Schutzlage an der Ostgrenze des Frankenreiches heraus entstand einer der frühen Siedlungskerne der Stadt. Die unregelmäßigen Verläufe der auf den Domplatz mündenden Straßen sowie das Grundrissbild der Altstadt belegen, dass Halle nicht durch einen planvollen Gründungsakt entstanden, sondern aus unterschiedlich alten Siedlungsansätzen zusammengewachsen ist.

Das denkmalgeschützte Ensemble von Dom und Neuer Residenz (sowie in deren Fortsetzung der Moritzburg) auf der Westseite des Platzes ist baulicher Zeuge der Macht des Magdeburger Erzbistums, welches die Residenzfunktion der Stadt über fünf Jahrhunderte hinweg nachhaltig prägte. Das Äußere des Doms weicht deutlich von den Erwartungen ab, die man mit einem derartigen Sakralbau verbindet: Es fehlen die üblicherweise dominierenden hoch aufragenden Türme. Bis zu den Umbauten durch Kardinal Albrecht zur Kathedralkirche ab 1520 war der Baukörper der frühgotischen Hallenkirche Teil eines Dominikanerklosters. Als Folge der Umgestaltung verleiht ein Rundgiebelkranz (als Träger der neuen Dach- und Kreuzgewölbekonstruktion) dem Gebäude den ungewöhnlichen Renaissancecharakter.

Die zwischen 1531 und 1537 im Stil der Renaissance errichtete Neue Residenz sollte ursprünglich als katholische Universität ein Gegengewicht zur reformatorisch geprägten Wittenberger Universität bilden. Nachdem sich diese Pläne zerschlagen hatten, diente sie Kardinal Albrecht einige wenige Jahre bis zu seiner Vertreibung 1541 als Stadtpalast. Seit 1791 beherbergt sie geowissenschaftliche Sammlungen, die 1934 zum Geiseltalmuseum zusammengefasst wurden. Über 40.000 Exponate aus der Region (z. B. das hundgroße Altpferd und andere Funde vom Braunkohlenabbau) empfehlen sich nachhaltig für einen Besuch. Daneben war die Residenz Standort der Universitätsinstitute für Geographie, Geologie und Mineralogie bis zu deren Umzug in das neue Gebäude in Heide-Süd im Jahr 2003.

Die Lagegunst Halles am Saaleübergang und die schon früh entdeckten Salzvorkommen waren wichtige Voraussetzungen für die Blüte der Stadt im Mittelalter. Die Existenz von Hallmarkt, Altem Markt und Marktplatz zeigt, dass die Handelsfunktion immer über die Selbstversorgung der Bewohner hinausging und der Stadt als Mitglied der Hanse (Beitritt 1280) überregionale Bedeutung verlieh.

Unsere Exkursionsroute führt uns zunächst „hinunter" zum **Hallmarkt (2)**. Die vermutlich bereits keltische Namengebung „Hall" weist auf die Salzvorkommen, die an der sog. „Halleschen Marktplatzverwerfung" seit Jahrhunderten in Salzgewinnungsstätten erschlossen wurden. Zunächst wurde die Sole unter der Regie des Erzbistums und der Verwaltung sog. Salzgrafen, seit dem 13. Jh. im „Thal" auch unter Beteiligung bürgerlicher Unternehmer gefördert. 1868 wurden die Salinen hier stillgelegt und die Salzgewinnung bis 1964 ausschließlich auf der ehem. Königlich-Preußischen Saline an der Schiffersaale betrieben (heute Technisches Halloren- und Salinemuseum). Im Zuge der Umgestaltung des Talbezirkes zum Hallmarkt im Gefolge der Industrialisierung wich die als ungesund und dunkel empfundene, ehemals enge Platzbebauung einer überwiegend gründerzeitlichen Randbebauung. An der Westseite, der sog. „Spitze" entstanden mit einem Gesamtinvestitionsvolumen von ca. 165 Mio. Euro u. a. ein Konzertsaal mit 1.500 Plätzen, das MDR-Funkhaus, Wohn- und Verwaltungsgebäude (z. B. Stadtwerke) und Tiefgaragen.

Nach wenigen Schritten „bergauf" erreichen wir den **Marktplatz (3)** (Obermarkt). Als Halle seit dem 12. Jh. durch den Salzhandel prosperierte, mündeten auf diesen zentralen Umschlagplatz wichtige Fernverkehrsstraßen nach und von Leipzig, Wittenberg, Magdeburg, Eisleben und Naumburg.

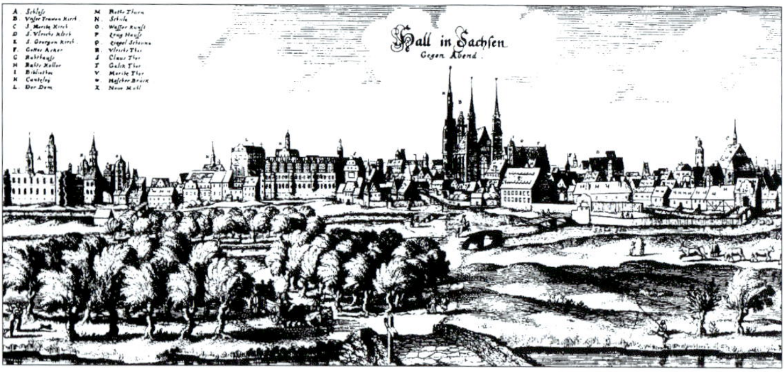

Abb. S2: Silhouette von Halle aus dem Jahre 1635 (Blick v. Westen; Quelle: M. Merian, Topographia Saxoniae Inferioris, Neuausgabe Kassel/Basel 1962)

Gleichzeitig kam es zu umfangreichen Stadterweiterungen unter Einbeziehung des Marktplatzes sowie zur Anlage von Befestigungen im Bereich der heutigen Ringstraßen.

Das zunehmende Selbstbewusstsein des sich von der kirchlichen Bevormundung emanzipierenden Stadtbürgertums manifestierte sich in der Errichtung des 1418 erstmals erwähnten frei stehenden, 84 m hohen „Roten Turms". Namengebend war vermutlich das Blutgericht, das hier am Fuße des Rolands vollzogen wurde. Die nahe gelegene Marienkirche (auch Marktkirche genannt) wurde zwischen 1529 und 1539 aus zwei älteren Vorgängern als spätgotische Hallenkirche zusammengefügt und weist seitdem vier Türme auf. Luther predigte in diesem Gotteshaus und wurde hier nach seinem Tod 1546 während der Überführung nach Wittenberg aufgebahrt. Die fünftürmige Silhouette von Marienkirche und Rotem Turm prägt - ebenso wie das 1859 errichtete Händeldenkmal, das an den weltberühmten Komponisten und größten Sohn der Stadt erinnert - das Bild des Marktes.

Der Marktplatz dient heute Einheimischen und Besuchern als beliebter Treffpunkt. Ebenso bietet er Umsteigemöglichkeiten für zahlreiche hier zusammenführende Straßenbahnlinien. Die unsymmetrische Platzgestalt mit einer Längserstreckung in Ost-West-Richtung und die oft als unharmonisch empfundene Randbebauung stören die Raumwirkung. Indes sind beide Rahmenbedingungen Ergebnis der jüngeren Stadtgeschichte. Den wenigen Bombardements des Zweiten Weltkriegs fiel das alte Rathaus an der Ostseite zum Opfer. Nach seinem Abriss erweiterte sich die ursprüngliche Platzdimension und gibt seitdem den Blick auf den 1927–1930 im Stil des Bauhauses errichteten Ratshof, das heutige Rathaus, frei. Das an der Südseite des Marktplatzes durch seine reiche Fassade im Stil der Neugotik und Neurenaissance auffallende Stadthaus wurde erst Ausgang des 19. Jh. errichtet und dient heute vornehmlich repräsentativen Anlässen.

Die vom Marktplatz nach Süden führende **Schmeerstraße (4)** ist eine der ältesten Straßen Halles (980 erwähnt). Sie erhielt ihren Namen von den Schlachtern (Schmeerschneidern), die hier bereits im 11. Jh. ihren Geschäften nachgingen. Später kamen andere Gewerbe hinzu wie Krämer, Tuch- und Stoffhändler oder Gastwirte. Die Gebäude dokumentieren, dass sich der geistige und kulturelle Aufschwung im Übergang vom Mittelalter zur Neuzeit auch in reger kommunaler und privater Bautätigkeit niederschlug und wichtige Akzente im Stadtbild setzte. Dazu gehören stattliche Bürgerhäuser der Renaissance, wie z. B. die Goldene Rose und das „Goldene Schlösschen" aus dem Jahre 1471 (Haus Nr. 2, Luthers Herberge). Am Beispiel (Abb. S3) des schmalen, traufseitigen, durch Schiffskehlbalken und nasenbesetzte Andreaskreuze geprägten Fachwerkgebäudes (Haus Nr. 25) von 1548 lassen sich

Abb. S3: Das Fachwerkgebäude Schmeerstr. 25 (Foto: M. Meise, 2002)

ca. 450 Jahre Sozialgeschichte nachvollziehen. Nach dem Erstbesitzer ging das Gebäude 1634 an einen Drechsler aus Aschersleben über; zwischen 1684 und 1754 wirkten hier Barbiere (u. a. auch durch chirurgische Anwendungen). Seit 1758 zogen verschiedene Familien ein, darunter ein Schuhmacher aus Nordhausen. Von 1890 bis in die 1940er Jahre beherbergte das Gebäude eine Zigarrenfirma; bis Mitte der 1970er Jahre diente es dann dem Fahrscheinverkauf und stand danach leer. Seit 1983 befassen sich Mitarbeiter des Arbeitskreises Innenstadt mit der Sanierung, die aufgrund zuvor durchgeführter unsachgemäßer baulicher Eingriffe 1990 erneut grundlegend vorgenommen werden musste.

Der **Alte Markt (5)** gilt als der älteste Platzraum Halles. Im Mittelalter bildete er das Zentrum der Stadt, hier standen das älteste Rathaus und die älteste Pfarrkirche. Seine Dreiecksanlage resultiert aus der Verbreiterung vorbeiführender Handelsstraßen. Die Südseite begrenzen repräsentative Patrizierhäuser mit bemerkenswerten Renaissancegiebeln. Sie zeugen vom ehemaligen Reichtum derjenigen, die das begehrte Handelsgut Salz förderten oder vertrieben. Die Nordseite wird von Fachwerkhäusern der Handwerker (Untergeschosse mit Läden) gesäumt. Zahlreiche dieser im Verlauf der Geschichte immer wieder umgestalteten Gebäude sind mittlerweile saniert und bilden mit der Neubauzeile zur Schmeerstraße eine harmonische Platzanlage. Der Eselsbrunnen in deren Mitte stellt die alte hallesche Sage vom Esel, der auf Rosen geht, dar. Eine aktuelle - und in Deutschland einmalige - Einrichtung ist das hier seit 2000 befindliche Beatles-Museum.

Die Entwicklung der **Großen Märkerstraße (6)** zwischen Großem Berlin und Marktplatz begann um 1200, als sich hier die durch das Salz wohlhabend gewordenen Patrizier niederließen. Dann wurde sie Wohn- und

Arbeitsstätte berühmter Gelehrter der 1694 gegründeten Universität, die hier in bemerkenswerter Symbiose unter einem Dach lebten und lehrten. Vom Zweiten Weltkrieg blieb die Große Märkerstraße zwar weitgehend verschont, weniger indes von der nachfolgenden Vernachlässigung der bestehenden Bausubstanz. Nach der Wende wurde die Große Märkerstraße und das gesamte historische Altstadtensemble unter Denkmalschutz gestellt. Mit ca. 80 ha ist es eines der größten Stadterneuerungsvorhaben in Deutschland. Neben der Bewahrung des mittelalterlichen Stadtgrundrisses geht es um den Erhalt der wertvollen Gebäudesubstanz. Von den insgesamt 778 Gebäuden wurden 21 % vor 1871, 58 % zwischen 1871 und 1918, 2 % zwischen 1919 und 1945 sowie 19 % nach dem Zweiten Weltkrieg errichtet. Das Sanierungsvorhaben erstreckt sich auf einen Gesamtzeitraum von 20 Jahren (1991-2010). Der Bedarf an Fördermitteln hierfür wird auf etwa 250 Mio. Euro geschätzt. Bis zum Jahr 2000 wurden ca. 60 Mio. Euro investiert und fast zwei Drittel der ursprünglich 650 sanierungsbedürftigen Gebäude gefördert. Lag der Schwerpunkt bis 1997 vorrangig auf der Sicherung, Instandsetzung und Modernisierung der Bausubstanz, wird er seitdem um das Anliegen der Erneuerung und Umgestaltung des öffentlichen Raumes erweitert. Ziel ist es, damit die Attraktivität der historischen Altstadt zu erhöhen. Diesem Zweck und der Förderung der Ortsidentität der Bürger von Halle dient auch die informative Beschilderung der sanierten Gebäude.

Das beeindruckende Ensemble dieser ehemaligen Patrizier- und Gelehrtenstraße wurde zum Schwerpunkt für das Förderprogramm Städtebaulicher Denkmalschutz bestimmt (Abb. S4). Auf zwei Gebäude soll hier etwas näher eingegangen werden: Das Doppelgebäude Nr. 21/22 wurde 1561-1563 errichtet. Sehenswert sind das Renaissanceportal des Hauses 21 und das Barockportal des Hauses 22. Einzigartig ist der 1993 völlig restaurierte Wendelstein auf der Hofseite. Zwischen 1680 und 1693 befand sich hier die Ritterakademie als Vorläuferin der Universität Halle. Das Haus 21 trägt seinen Namen nach dem Theologen und Religionsphilosophen Friedrich Daniel Ernst Schleiermacher, der hier 1804-1807 lehrte und wohnte.

Das Gebäude Nr. 5 ist Beispiel für eine misslungene Sanierung. Es wurde bereits 1330 erwähnt und erhielt im 16. Jh. seine reiche Rokoko-Stuckfassade. Bemerkenswert sind das Portal und der Hofflügel im Barockstil. Hier wohnten vornehmlich bedeutende Professoren der Medizin. Die im Jahre 1993 begonnene Sanierung wurde auf Veranlassung des Eigentümers jäh abgebrochen. Seitdem ist das Gebäude der Verwahrlosung preisgegeben.

Am Beispiel der unteren Leipziger Straße und der Großen Ulrichstraße lassen sich die Möglichkeiten und Grenzen der Cityentwicklung Halles gleichsam prototypisch für ostdeutsche Innenstädte nachvollziehen.

Abb. S4: Der Kleine Berlin mit dem Christian-Wolff-Haus (Foto: Stadt Halle (Saale), Presseamt, G. Hensling)

Die **Leipziger Straße (7)** verbindet den Hauptbahnhof über eine Entfernung von etwa einem Kilometer mit dem Marktplatz. Sie wurde bereits vor ca. 30 Jahren als Fußgängerzone umgestaltet und galt während der DDR-Zeit als Flaniermeile (Boulevard) der Stadt. Hier konzentrieren sich heute Geschäfte und Kaufhäuser in vorwiegend gründerzeitlich überformten, meist ansprechend sanierten oder neu errichteten Gebäuden. Die Leipziger Straße ist – gefolgt von der Großen Ulrichstraße – die von Passanten am stärksten frequentierte innerstädtische Einkaufsstraße (Abb. S5).

Auf den ersten Blick vermag der Besucher deshalb nicht zu erkennen, weshalb die Einzelhändler hier – wie übrigens in den meisten ostdeutschen Innenstädten – nur bedingt mit der bisherigen wirtschaftlichen Entwicklung seit der Wende zufrieden sind. Ein gutes Jahrzehnt nach der Vereinigung zeichnet sich unter marktwirtschaftlichen Bedingungen statt der erwarteten Binnenentwicklung durch Stärkung der Leitfunktion des Handels die Dominanz der „grünen Wiese“ ab. Im Umland entwickelten sich die Einkaufszentren aufgrund struktureller Vorteile zügiger und verhinderten für lange Zeit innerstädtische Investitionen. So sind in Ostdeutschland – umgekehrt wie im Westen – zwei Drittel der Verkaufsflächen außerhalb der urbanen Zentren errichtet worden. Dies steht der angestrebten Balance zwischen großflächigem Einzelhandel am Stadtrand und mittelständischem und citytypischem Facheinzelhandel in der Innenstadt im Wege.

In den letzten Jahren haben sich indes einige wichtige Veränderungen ergeben, die für den Erhalt der Innenstadt als Zentrum der Region sprechen. Dazu zählen die deutlich gestiegenen Investitionen in Dienstleistungs-, Einzelhandels- und Wohngebäude. So hat sich der Verkaufsflächenbestand der Gesamtstadt zwischen 1989 und 1999 auf ca. 331.000 m² mehr als verdreifacht; in der Altstadt stieg er von 57.000 m² (1991) auf 86.000 m² (1999).

Mitverantwortlich hierfür ist die Inangriffnahme mehrerer Großprojekte (in der Leipziger Str. mit 15.000 m² Verkaufsflächenzuwachs und 150 Mio. Euro Investitionen; im Bereich der Großen Ulrichstr. mit 20.000 m² und 115 Mio. Euro). In der Stadtmitte dominieren inzwischen die Einzelhandelsflächen des mittelfristigen Bedarfs mit weitem Abstand vor allen anderen Vierteln. Dies und die deutlich gestiegene Kaufkraft der Einwohner der Region sind mit dafür verantwortlich, dass die Marktposition der Innenstadt von Halle mittlerweile – trotz deutlichem Rückstand gegenüber westdeutschen Citys – durchaus positiv gesehen wird.

Abb. S5: Die untere Leipziger Straße (Foto: K. Fricke, 2005)

Im Erscheinungsbild der **Großen Ulrichstraße (8)** spiegelt sich die Dynamik des Baugeschehens während der letzten Jahre wider. Wurden 1996 im Rahmen einer Kartierung der Erdgeschossnutzung innerhalb der Ringstraßen 434 Handels- und Dienstleistungseinrichtungen erfasst, waren es 2005 bereits 620; allerdings hat sich auch die Zahl der Leerstände von 80 auf 195 drastisch erhöht (Abb. S6). Neben Kaufhäusern werden Passagen (Händelgalerie) sowie Großprojekte (Händel-Karree; Stadtgalerie) in der Großen Ulrichstraße mit einem differenzierten und hochwertigen Geschäftsangebot und Parkhäusern errichtet (Abb. S7). Beim Weitergehen wird aber ebenso deutlich, dass die angestrebte Revitalisierung der Innenstadt Halles nicht allein durch Komplettierung der sanierten Gebäude und die Ausweitung der Leitfunktion des Handels erreicht werden kann. Interviews des Instituts für Geographie mit über 600 Passanten ergaben ein Stärken-Schwächen-Profil aus der Sicht der Nutzer: Deutlich wird die besondere Wertschätzung des architektonischen Ensembles und der Sanierungserfolge während der letzten Jahre; die Einkaufsmöglichkeiten werden ambivalent beurteilt, Kritik erfahren der Schmutz und der schlechte Zustand von Wegen und Gebäuden sowie deren soziales Umfeld. Diese Urteile zugunsten der

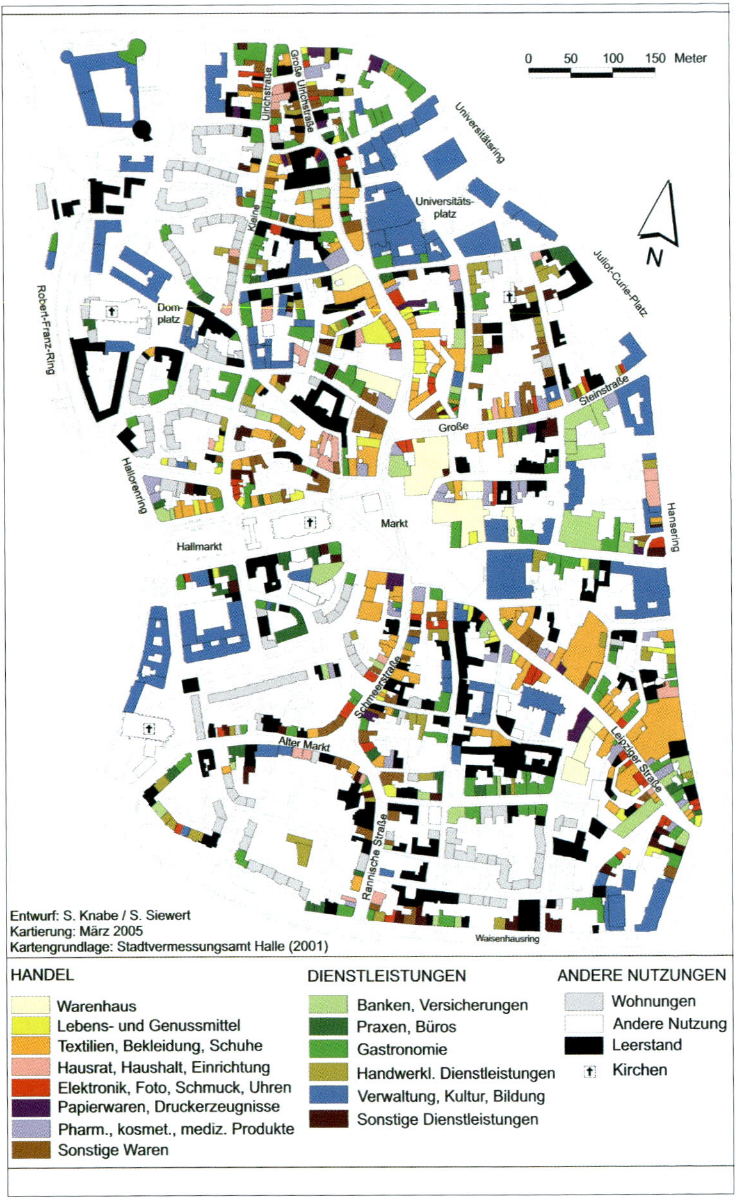

Abb. S6: Erdgeschossnutzung in der Innenstadt von Halle (Saale) 2005 (Quelle: eigene Erhebung des Instituts für Geographie)

Verbesserung der Erlebnis- und Aufenthaltsqualität zeigen mögliche Wege auf, die Attraktivität und Funktionalität der Innenstadt Halles nachhaltig zu steigern.

Im Vorbeigehen durch die **Kleine Ulrichstraße (9)** fällt - ebenso wie im gesamten Bereich des angrenzenden Domplatzviertels - das Nebeneinander von Geschäftshäusern, sanierten gründerzeitlichen Gebäuden und Neubauten aus der ausgehenden DDR-Epoche ins Auge. Die Straße hat sich in den letzten Jahren zu einer der lebendigsten Straßen der halleschen Altstadt entwickelt: Hier finden sich Boutiquen, Galerien und Gaststätten mit unverwechselbarem Charakter. Letztere werden auch am Abend von einem jungen Publikum (zahlreiche Studenten) besucht (Abb. S8). Bemerkenswert ist auch die erkennbar hohe Bedeutung der Wohnfunktion im Innenstadtbereich Halles. Im Unterschied zu Westdeutschland ist das Wohnen nach wie vor ein Wesensmerkmal der meisten ostdeutschen Innenstädte. Gegen den Entwicklungstrend der Gesamtstadt zeigt hier die Einwohnerzahl seit 1996 eine deutlich steigende Tendenz. 2004 wohnten im Altstadtbezirk 4.698 Personen. Dabei weist der hohe Anteil junger Menschen auf die Attraktivität der sanierten Altbauten für Studierende und junge Berufstätige hin. Damit bleibt Halle bislang von westdeutschen Entwicklungen verschont, die seit den 1970er Jahren als Verödung der Innenstädte oder Citybildung beklagt werden.

Abb. S7: Die Große Ulrichstraße ist eine der inzwischen sanierten Hauptgeschäftsstraßen (Foto: MZ, 2002)

Die **Moritzburg (10)** bildet den Abschluss der Exkursion. Zunächst wurde sie als Zwingburg zwischen 1484 und 1503 errichtet und diente später als Sitz der Erzbischöfe von Magdeburg. In ihr spiegelt sich das wechselvolle und meist stark belastete Verhältnis

Abb. S8: Die Kleine Ulrichstraße besitzt eine unverwechselbare Kneipen- und Cafészene (Foto: K. Fricke, 2005)

zwischen kirchlichem und bürgerlichem Behauptungswillen wider. Die unregelmäßige Vierflügelanlage der Spätgotik war während des Dreißigjährigen Krieges abgebrannt. Im 19. Jh. begann die Nutzung durch die Universität sowie die Stadt Halle, die hier Museumspläne verwirklichte. Die Galerie Moritzburg ist seit Anfang des 20. Jh. hier beheimatet. In der DDR-Zeit kamen u. a. ein Kabarett (seit 1971) und ein Studentenklub (seit 1973, später Kulturverein Turm e. V., heute Turm Event GmbH) hinzu. Im Sommer werden auf dem Gelände der Moritzburg verschiedene Freilicht-Veranstaltungen aufgeführt.

Manfred Frühauf

Zwischen Porphyrkuppen und engem Saaletal – eine Wanderung durch Halles „gebirgigen" Norden

Exkursionsroute: Kröllwitz/Ochsenberg, Kefersteinscher Garten, Bergschenke, Giebichenstein, Klausberge, Wittekind, Reichhardts Garten, Galgenberg (3 Std.)

Ziel: Die Exkursion führt entlang des landschaftlich und kulturhistorisch reizvollen Durchbruchtals der Saale. Sie berührt darüber hinaus weitere Teile des nördlichen Stadtgebiets.

Exkursion: Unsere Wanderung beginnt an der Straßenbahnhaltestelle „Talstraße" und führt uns über die Stufen zum Kröllwitzer Schulberg. Das ehemalige Fischerdorf hatte, wie der Name unschwer erkennen lässt, einen slawischen Ursprung. Später verdienten sich die Einwohner auch im Fähr- und Kahnbetrieb ihr Geld. Die neugotische Petruskirche wurde erst 1900/01 erbaut. Vom **Aussichtsrondell (1)** blicken wir in das hier nur 80 m breite Durchbruchstal der Saale auf überwiegend rötliche Gesteine. Sie stammen aus der heißtrockenen Zeit des Rotliegenden. Die gegenüber sichtbaren Talhänge bestehen aus Porphyr, einem vulkanischen Gestein aus dem niedergehenden Variskischen Gebirge. Eine zu dieser Zeit ca. 25 Mio. Jahre währende Periode mit Vulkanismus hinterließ nördlich von Halle bis zu 500 m mächtige Ablagerungen. In unserem Exkursionsraum erreichten die überwiegend sauren Laven immerhin noch 20-70 m Mächtigkeit. Das gegenüber Verwitterungs- und Abtragungsprozessen relativ widerständige Porphyrgestein bildet in diesem Engtal steile und bizarre Geländeformen.

Links neben dem Felsklotz des Giebichensteins befindet sich ein flacherer Geländeabschnitt, der durch Schwemmkegelbildung bedingt ist. Hieran schließen sich die Klausberge an. Sie bilden den Prallhang der Saale. Obwohl diese heute an vielen Stellen „gebändigt" ist, hat man zumindest hier noch einen Eindruck davon, dass die Saale schnell bzw. springend ist. Und das genau entspricht, trotz anderweitiger Deutungen, dem (namengebenden?) lateinischen Wort „salire".

Zu unserem nächsten Standort passieren wir die Petruskirche und erklimmen kurz danach den sich 45 m über das Saaleniveau erhebenden **Ochsenberg (2)**. Er besteht aus Oberem Halleschem Porphyr. Von hier haben wir einen schönen Blick über Halle und sein nördliches Vorland (Abb. S9). So erkennen wir in nördlicher Richtung eine Hochfläche, die am

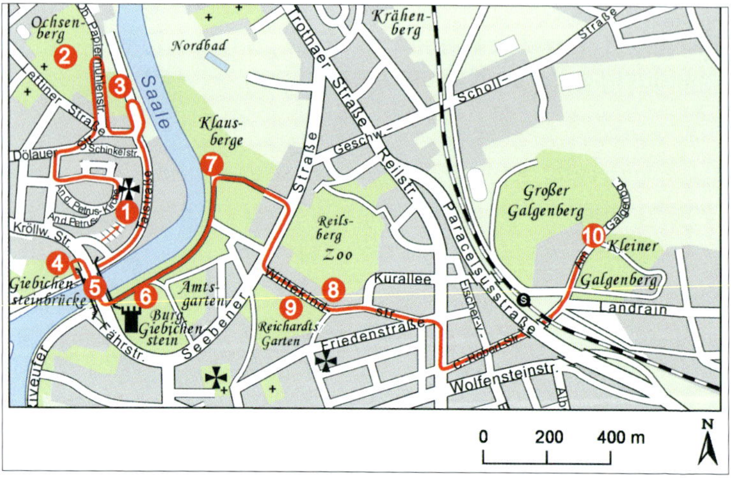

Exkursionsroute (© MLU Halle-Wittenberg)

Abb. S9: Blick vom Ochsenberg durch das Saaletal nach Norden zum Petersberg (Foto: M. Frühauf, 2002)

Horizont vom höchsten Punkt unseres Raumes überhaupt, dem Petersberg (250 m NN), überragt wird. Nordöstlich davon sieht man einige über das Hochflächenniveau hinausreichende Hügel (Seebener Berge, Hoppberg). Dabei handelt es sich um Endmoränenzüge der Petersberger Eisrandlandlage der (späten) Saale-Eiszeit. In Verlängerung des Schornsteins des neuen Heizwerkes in Trotha entdeckt man den Einschnitt des Götschetales.

Unser Blick schweift über die weite (Trothaer) Talniederung, die Bogenbrücke am Forstwerder hin zu den Klausbergen. Sie tragen, ebenso wie unser Standort, eine Trockenrasenvegetation. Die Klausberge wie auch der Reilsberg (130 m NN) bestehen wie der Petersberg ebenfalls aus Oberem Halleschem Porphyr. Auf dem Reilsberg erkennt man den Aussichtsturm und die Kuppel des Vogelzwingers des 1901 eröffneten Zoos. Dieser wurde auf einem ehemalig als Wein- und Weideberg genutzten Areal errichtet, das dem halleschen Arzt Johann C. Reil vom preußischen König 1803 geschenkt worden war.

Wir verlassen unseren Aussichtpunkt und erreichen über die obere Papiermühlenstraße den **Kefersteinschen Garten (3)**. Er entstand um 1850 und ist nach dem halleschen Fabrikantensohn und Juristen Christian Keferstein benannt, der durch zahlreiche geologische Arbeiten (u. a. erste geologische Übersichtskarte von Deutschland 1821) bekannt wurde. Der Garten wird auch als Park an der Kröllwitzer Papierfabrik bezeichnet, dessen Anfang bis ins Jahr 1715 zurückreicht. Früher befanden sich hier ein Gewächs-, Orchideen- und Ananashaus. Den Park zierten seltene Bäume wie Gingko oder Taxodium. Heute macht das knapp 3 ha große Gelände einen etwas verwilderten Eindruck. Neue Bänke bezeugen jedoch, dass man diese bei den meisten Hallensern unbekannte Parkanlage, die zudem laut Brutvogelatlas 25 Vogelarten beheimatet, wieder stärker der Öffentlichkeit erschließen möchte. Zudem handelt es sich hierbei zwischen Giebichensteinbrücke und der Öffnung des Saaletales bei Trotha um den einzigen direkten öffentlichen

Abb. S10: Saalewehr und ehemalige Kröllwitzer Papierfabrik (Foto: M. Frühauf, 2002)

Zugang zum Flussufer. Die erwähnte Kröllwitzer Papiermühle (Abb. S10), deren Überreste man flussabwärts erkennt, hat neben ihrer industriegeschichtlichen auch eine interessante umwelthistorische Bedeutung: Mit der Herstellung von Strohzellstoff nach dem so genannten Sulfatverfahren am Beginn des 20.Jh. kam es hier zu beträchtlichen Luftbelastungen, die die Bevölkerung mit den Worten „es cröllwitzt" umschrieb. Mit der 1924 begonnenen Soda- und Zellulose-Herstellung trug die Kröllwitzer Einrichtung maßgeblich dazu bei, dass Deutschland damals an der 2. Stelle der Weltpapierproduktion lag. 1940 wurde die Papierproduktion dann aufgrund von Bürgerprotesten eingestellt.

Über die Talstraße und die Treppe an der Giebichensteinbrücke gelangen wir zur **Bergschenke (4)**, und damit zu einem der schönsten Aussichtspunkte Halles! Besonders beeindruckend ist im Sommer das Panorama über die Saale zum Giebichenstein (Abb. S11). Der farbliche Kontrast zwischen rötlichen Porphyrfelsen, dem Grün der Vegetation und dem Glitzern des Saalewassers lässt kaum vermuten, dass wir uns hier in der (einstigen?) „Diva in Grau" befinden.

Abb. S11: Blick von der Bergschenke auf die Burg Giebichenstein und die Giebichensteinbrücke (Foto: M. Frühauf, 2002)

Nachdem wir diesen Blick und eventuell auch eine Erfrischung genossen haben, gehen wir zur **Giebichensteinbrücke (5)** zurück. Vor deren Überquerung sei folgender Hinweis erlaubt: Obwohl an dieser Stelle schon für das Jahr 1363 der Bau einer ersten Holzbrücke zwischen Kröllwitz und Giebichenstein belegbar ist, erfolgte die Verbindung zwischen diesen ehemals eigenständigen Siedlungen lange Zeit nur über eine Fähre. Ab 1870 wurde dann hier eine Pontonbrücke errichtet. Diese fand allerdings bei der Bevölkerung kaum großen Zuspruch, weil ihre Benutzung - wie übrigens auch die der 1892 erbauten Eisenbogenbrücke - drei Pfennig Brückenzoll kostete. Erst 1905 und damit 5 Jahre nach der Eingemeindung von Kröllwitz nach Halle entfiel der Brückenzoll. Da auch dieser Brücke seitens der Bewohner aufgrund ihrer geschmacklosen Konstruktion wenig Sympathie entgegengebracht wurde, entschloss man sich zu einem Neubau aus Stein. Die Eröffnung der Kröllwitzer bzw. Giebichensteinbrücke erfolgte 1928. In den letzten Kriegstagen wurde sie allerdings durch Wehrmachtsangehörige gesprengt. Erst 1949 konnte sie wieder in Betrieb genommen werden. Die die Brücke flankierenden „Haustiere" symbolisieren mit dem Pferd die Kraft der Stadt und mit der Kuh das Landleben und somit die dörfliche Gemeinschaft des ehemaligen Kröllwitz.

Unser Weg führt nun zur Ruine der **Burg Giebichenstein (6)**, die auf tektonisch stark gestörtem Porphyr errichtet wurde. Vermutlich haben schon Germanen in vorchristlicher Zeit auf diesem exponierten Felsen ihrem Gott Givich („der Gebende") gehuldigt. Heinrich I. ließ dann um 930 hier eine Wehranlage errichten, die insbesondere gegen Übergriffe östlicher Völkerschaften gedacht war. 961 schenkte Otto I. die Burg samt Grundbesitz dem Magdeburger Moritzkloster. Der Sage nach war hier einst der thüringische Landgraf Ludwig II. (1042-1123) gefangen. Seine Flucht gelang ihm durch einen kühnen Sprung von dem Felsen in die Saale (daher wurde er auch Ludwig der Springer genannt). Dabei bremsten die kunstvoll angelegten Kleidungsstücke seinen wagemutigen Sprung wie bei einem Fallschirm, so dass er unbeschadet dem Fluss entsteigen und mit einem bereitgestellten Pferd fliehen konnte. Da die nachfolgende Geschichte der Burg einschlägigen Stadtführern entnommen werden kann, soll an dieser Stelle nur noch der Hinweis erfolgen, dass sich nach den Zerstörungen des Dreißigjährigen Krieges hier wiederholt Dichter der Romantik (u. a. Eichendorff) inspirieren ließen, aber auch andere Besucher von Halle ins „Schwärmen" kamen („Ganz oben, wo man Halle sieht, die Felsen und die Saale, da ist es himmlisch ...", Christiane von Vulpius, 1803). 1917 hielt in die Unterburg die städtische Kunstgewerbeschule Einzug. Aus ihr entwickelte sich im Laufe der Zeit die heutige renommierte Hochschule für Kunst und Design. Die Oberburg ist nach umfangreichen Ausgrabungs- und Sanierungsarbeiten seit 1966 Freiluftmuseum (Öffnungszeiten: April-Oktober Di.-Fr. 9-18 Uhr; Sa./So. 9-18.30 Uhr). Die Burganlage ist Standort der Straße der Romanik.

Unser Weg führt an der Schiffsanlegestelle vorbei in Richtung Klausberge. Informationsschilder geben Hinweise auf die Besonderheiten von Flora und

Fauna, aber auch einige geologische Aussagen zu dieser vor allem im Sommer überaus stark frequentierten „Flaniermeile“ von Halle. Die **Klausberge (7)** liegen mit ihren höchsten Teilen 15 bis 20 m über dem Niveau des Flusses. Sie erhielten ihren Namen von Einsiedlern, den so genannten Klausnern, die hier in „grauer“ Vorzeit ein kleines Kloster betrieben. Der unterhalb der Klausberge an einigen Stellen erkennbare Weg diente noch bis zur Jahrhundertwende als Treidelpfad, auf dem Lastkähne flussaufwärts gezogen wurden.

Vom „Halsbrecherfelsen“ führt ein Abstecher zur Jahnhöhle. Sie entstand durch Verwitterungsprozesse und Sickerwasserwirkung entlang von Gesteinsklüften. Der spätere „Turnvater“ Friedrich Ludwig Jahn hielt sich hier zwischen 1796 und 1799 versteckt, um dem Zorn einiger konservativer Studentencorps zu entgehen. Eine 1878 angebrachte schlichte Gedenkplatte erinnert daran. Wieder auf den Hauptwanderweg zurückgekehrt, entdeckt man an einem Aussichtspunkt die einst viel gelobte „Eichendorf-Bank“. Sie erinnert nicht nur an die mehrmaligen Aufenthalte (1805, 1840/41, 1855) des Dichters in Halle, sondern vor allem an seine Empfindungen, die er an dieser Stelle beim Blick über die Saale hatte. In einem 1897 errichteten Obelisk werden diese mit folgenden Worten wiedergegeben:

„Da steht eine Burg überm Tale
und schaut in den Strom hinein
Das ist die fröhliche Saale
das ist der Giebichenstein.

Da hab ich oft gestanden
Es blühten Täler und Höh’n
Und seit dem ich in allen Landen
sah ich nimmer die Welt so schön!“

Der weitere Weg quert die Klausberge und führt zur Seebener Straße. Wie Abb. S12 verdeutlicht, verlassen wir damit kurzzeitig das Verbreitungsgebiet der Porphyre und gelangen in die weicheren, zur Eintalung neigenden Molassesedimente. Die Straße verläuft genau zwischen den Porphyrhärtlingen der Klausberge und des Reilsberges. An der **Wittekindstraße (8)** biegen wir „bergwärts“ ab und erreichen damit ein Gebiet, das durch geologische Besonderheiten gekennzeichnet ist, die für die Entwicklung der Stadt von größerer Bedeutung waren. Wir kommen in das neben Halle-Dölau bedeutsamste innerstädtische Steinkohlenrevier. Die Kohle war in den Abtragungsschutt (Molasseablagerungen) aus dem Oberkarbon integriert. Sie wurde hier von der Mitte des 18. bis in die ersten Jahre des 19. Jh.

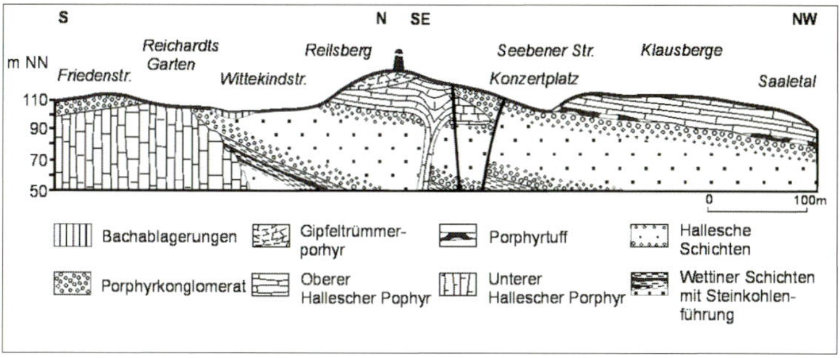

Abb. S12: Geologischer Schnitt vom Saaletal zum Reichardts Garten (nach: Krumbiegel/Schwab 1974)

abgebaut. Im Grundstück Wittekindstraße 27 befindet sich das Mundloch eines 1815 angelegten Stollens. Die Relikte der Bergbautätigkeit sind auch im benachbarten Reichardts Garten in Form von heute allerdings überwiegend bewachsenen Halden beobachtbar. Bevor wir den Weg in den genannten Garten wählen, gehen wir noch etwas die Wittekindstraße, die ein ehemaliges Tal „nachzeichnet", aufwärts, um uns eine zweite Sehenswürdigkeit dieser Straße anzusehen. Gemeint ist die Anlage des ehemaligen Wittekindbades. Die Grundlage für die Errichtung dieses Bades war eine salzhaltige Quelle. Obwohl diese sicherlich schon seit „Urzeiten" floss, war sie jedoch lange verschüttet. Erst das Vorkommen von Salzpflanzen (Halophythen) ermöglichte 1702 ihre Wiederentdeckung. Das Vorhandensein dieser Salzquelle inmitten von Melassegesteinen war an eine von der Halleschen Marktplatzverwerfung abzweigende Querstörung gebunden. Aufgrund ihres relativ niedrigen Salzgehaltes (3,5 %) war sie zwar für den Bade- bzw. Kurbetrieb, jedoch nicht für eine Salzgewinnung geeignet. Bis in die jüngere Vergangenheit fand die Sole bei der Bekämpfung von Erkrankungen der oberen Atemwege Verwendung. Leider ging diese Funktion schon zu DDR-Zeiten verlustig. Der einst so imposante Bau des Bades fristet gegenwärtig ein kümmerliches Dasein, das der geowissenschaftlichen und kulturhistorischen Bedeutung dieses Standortes keineswegs gerecht wird.

Nach ein paar Schritten vom Wittekindtal in Richtung Stadtzentrum erreicht man die „grüne Oase" von **Reichardts Garten (9)**. Seine Entstehung geht in die Zeit um die Wende vom 18. zum 19. Jh. zurück. Damals zog es die Bewohner Halles, unter denen sich besonders zahlreich die Studenten- und Professorenschaft befunden haben soll, zu Spaziergängen mit mehr oder weniger feuchtfröhlichem Ausgang in die grüne Umgebung der Stadt. Dazu zählte auch diese Gegend. Wie andere begüterte Hallenser erwarb auch der ehemalige Hofkapellmeister Friedrichs II., Johann Friedrich Reichardt, 1794 hier ein Besitztum. Beeindruckt von Rousseaus Idee des „Zurück zur Natur“ ließ er hier ein Gartenhaus errichten, das in die hallesche Stadtgeschichte unter dem Namen „Herberge der Romantik“ eingegangen ist. Dabei griff er auf Anregungen der englischen Gartenbauarchitektur zurück, wie sie u. a. im Wörlitzer Park verwirklicht wurden. Auch Goethe weilte zwischen 1802 und 1804 mehrfach hier. Seinem Andenken sind die „Goethe-Bank“ und der „Nachtigallenstein“ gewidmet. Der namengebende Schöpfer dieses Gartens, der 1814 starb, ist durch eine Büste verewigt. Neben der kulturhistorischen Bedeutung hat diese Gegend wiederum auch eine geologische Kostbarkeit aufzuweisen. Und zwar kann man hier eine besondere Auswirkung des „Höllenszenarios“ im Rotliegenden beobachten: In der damaligen Periode intensivsten vulkanischen Geschehens kamen die aufsteigenden porphyrischen Schmelzen zwangsläufig auch in Kontakt mit dem schon vorhandenen Gestein. Am Felsen unmittelbar hinter dem Denkmal Reichardts sieht man durch die Temperaturwirkung umgeschmolzene, genauer gesagt gefrittete Sedimentgesteine. Die hier vorkommenden Sand- und Tonsteine haben dadurch ihr ursprüngliches Gefüge verloren und sind durch Kieselsäure „verkittet“. Diese kontaktmetamorph veränderten Gesteine werden auch als „Giebichensteiner Marmor“ bezeichnet (Abb. S13). Durch ihre wirtschaft-

Abb. S13: Reichhardts Garten mit „Giebichensteiner Marmor“ (Foto: M. Frühauf, 2002)

liche Nutzung im 18. Jh. gibt es heute leider nur noch wenige Stellen, wo man diese Umwandlungsgesteine vorfindet. Neben der Felswand an den gemauerten Wänden des Kellergebäudes ist diese Besonderheit auch noch an einem im Park liegenden, größeren „Marmorblock“ – dem schon erwähnten „Nachtigallenstein“ – zu besichtigen. Auf dessen glatt polierter Seite ist ein Goethe-Zitat verewigt, das mit den Worten beginnt: „Dich hat Amor, gewiss, o Sängerin fütternd erzogen ...“

Unser letztes Exkursionsziel liegt am (Großen) **Galgenberg (10)**. Dieser stellt den nordöstlichen Randbereich des halleschen „Gebirgsgürtels“ und auch den höchsten Teil (136,4 m NN) des Stadtgebietes dar. Funde belegen, dass diese exponierte Gegend schon in der jüngeren Stein- und Bronzezeit ein beliebter Siedlungsplatz war. Infolge Wasserreichtums wurde am westlichen Rand dieses Höhenzuges, im so genannten „Breiten Pfuhl“ (Gebiet zwischen Galgenberg und Kurallee) in historischer Zeit der Fuchsbrunnen gefasst. Er versorgte über Holzleitungen Burg und Dorf Giebichenstein. Der 1893 hier errichtete Wasserturm speiste bis in die jüngste Vergangenheit Wasser in das hallesche Stadtnetz.

Der Kleine Galgenberg (129,6 m NN), den wir als Erstes vom Landrain aus erreichen, hieß eigentlich bis ins Mittelalter „Wartberg“. Auf ihm befand sich lange Zeit eine Warte zum Schutz der Burg Giebichenstein. Die heutige Namengebung geht auf die Lokalisation des Galgens des Amtsbezirkes Giebichenstein zurück. Dieser stand bis 1798 auf dem Großen Galgenberg.

Sowohl der Große als auch der Kleine Galgenberg wurden am Beginn unseres Jahrhunderts durch intensiven Steinbruchbetrieb „angenagt“. Dadurch erkennt man sehr deutlich zum einen die Struktur des hier anstehenden Unteren, d. h. großkristallinen (Feldspäte bis 3 cm) Porphyrs, aber auch seine Bleichung im oberen Profilteil. Ab 1950 begann man die Galgenberge für die Naherholung zu erschließen. Bei den Hallensern und ihren Gästen sind in diesem Zusammenhang die hier stattfindenden Abschlusskonzerte der Händelfestspiele besonders beliebt. Am Eingang zum Kleinen Galgenberg erkennt man am rechten Felshang über dem Porphyr eine ca. 2 m mächtige Porphyrtuffschicht. Diese ist durch intensive (tertiäre) Verwitterung und Bleichung überprägt.

Von hier aus nehmen wir den Weg, der uns am linken Hang bergan führt. Im höchsten Teil entdeckt man auf einer vegetationsfreien Stelle einen Hinweis auf unsere eiszeitliche Vergangenheit.

Durch Farbstriche besonders markiert sieht man im harten Porphyrgestein in Nord-Süd-Richtung deutliche Schrammen (Abb. S14). Sie wurden durch die Gletscher der Saaleeiszeit hervorgerufen, die aus Skandinavien kommend über unser Gebiet hinwegzogen. Diese Gletscherschliffe zeugen somit nicht

Abb. S14: Gletscherschliffe der Saale-Eiszeit am Kleinen Galgenberg (Foto: M. Frühauf, 2002)

nur von der schürfenden Kraft dieser mächtigen Eismassen, sondern lassen auch deutlich werden, dass selbige natürlich für die Aus- und Überformung der Landschaft in unserem Raum von großer Bedeutung waren.

Auch am Großen Galgenberg befindet sich eine geologische Besonderheit. Etwa 2–3 m oberhalb des von Westen her erfolgenden Zuweges sieht man einen vom Porphyr der Umgebung völlig abweichenden Gesteinsabschnitt. Diese nach dem halleschen Geologen Weigel benannte Scholle besteht aus Sandstein, Schieferton und Tuffmaterial. Die „Fremdgesteinsscholle" wurde vom aufsteigenden Porphyr aus benachbarten Gesteinen ab- und mitgerissen. Durch die Berührung mit dem glutflüssigen Porphyr erfolgte an der unteren Zone der Sedimentscholle eine (kontaktmetamorphe) Veränderung durch Gesteinsumschmelzung.

Bevor wir den Galgenberg wieder verlassen, fällt unser Blick an der Bühne auf eine Gedenktafel, die an die 20 hier während des Kapp-Putsches (1920) getöteten Arbeiter erinnert.

Birgit Glorius

Gründerzeitliche Mietskasernen und Nobelviertel – baulicher Verfall, Restaurierung und Gentrifizierung

Exkursionsroute: Paulusviertel: Ludwig-Wucherer-Str., Lessingstr., Carl-von-Ossietzky-Str., Schillerstr., Herderstr., Goethestr., Pauluskirche. Mühlwegviertel: Mühlweg, Lafontainestr., Advokatenweg, Senefelderstr. (2 Std.)

Ziel: Im weitgehend von kriegsbedingten Zerstörungen verschont gebliebenen Halle findet man noch ein nahezu intaktes und geschlossenes Bild des gründerzeitlichen Stadtausbaus. Neben den geometrischen Straßengrundrissen, den Merkmalen der Gründerzeitarchitektur und des spekulativen Massenwohnungsbaus werden hier auch die nachfolgenden Prozesse der Stadtentwicklung deutlich: Die Vernachlässigung der historischen Bausubstanz zugunsten sozialistischer Stadtentwicklungsprojekte und die Bevölkerungsabwanderung aus den verfallenden Vierteln zu DDR-Zeiten, Phasen der Stagnation nach der politischen Wende und zögerlicher Beginn der Restaurierung, schließlich eine Neubewertung der sanierten Stadtviertel mit den daraus folgenden baulichen und sozialen Aufwertungen, der so genannten Gentrifizierung. Die zwischen 1880 und dem Anfang des 20. Jh. planmäßig angelegten Stadterweiterungsgebiete reflektieren die damaligen sozialen Unterschiede ihrer Bewohner anhand der Bebauung: Während das Mühlwegviertel luxuriöse Stadthäuser und Villen für das gehobene Bürgertum und das Großbürgertum bereithielt, sollte im Paulusviertel ein gemischtes Milieu angesiedelt werden; die Wohnbebauung ist entsprechend differenziert.

Exkursion: Im Jahr 1880 verlief entlang der **Ludwig-Wucherer-Straße (1)** noch der nördliche Stadtrand. Die Industrialisierung, die der Stadt Halle zwischen 1871 und 1890 eine Verdoppelung der Einwohnerschaft brachte, machte eine planvolle Stadterweiterung und den Bau von neuen Wohnquartieren notwendig. Die Begrenzung durch die Saale im Westen und die Bahnlinie im Osten erlaubte eine Ausdehnung der Siedlungsfläche nur in südlicher und nördlicher Richtung. Während zunächst im Süden, nahe der neu entstehenden Fabrikationsanlagen, einfache Arbeiterwohnquartiere erbaut wurden, erfolgte die nördliche Stadterweiterung erst ab 1880. Zwischen 1880 und 1900 entstand im Wesentlichen das damalige „Nordostviertel" jenseits der Ludwig-Wucherer-Straße, das seit Erbauung der namengebenden Kirche im Jahre 1903 Paulusviertel genannt wird. Heute (2004) wohnen hier 10.460 Menschen.

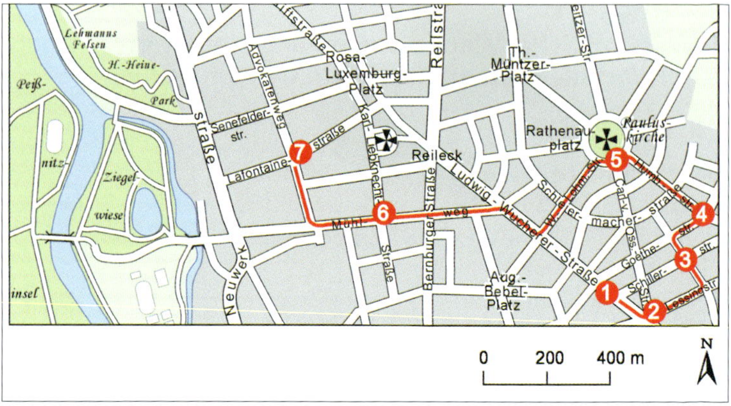

Exkursionsroute (© MLU Halle-Wittenberg)

Abb. S15: Schrägluftbild des Paulusviertels, Blick von Südost (Foto: Stadt Halle (Saale), Stadtvermessungsamt)

Der Bereich um die **Carl-von-Ossietzky-Straße/Lessingstraße (2)** ist ein gutes Beispiel für die im Zuge der Industrialisierung recht gleichförmig verwirklichte Wohnbebauung. Das Paulusviertel zeigt dabei mit seinem sternförmig angelegten Straßennetz Reminiszenzen an frühere stadtplanerische Idealvorstellungen, in denen Wert auf eine klare geometrische Gestaltung sowie Sicht- und Verkehrsachsen gelegt wurde (Abb. S15). Beim weiteren Rundgang durch das Stadtviertel erschließt sich vor allem die auf einer zentralen Anhöhe errichtete Pauluskirche aus einer immer wieder neuen Perspektive (Abb. S16). Einen weiteren optischen Orientierungspunkt stellt der Wasserturm Nord dar, welcher ein schönes Beispiel für die Funktionsbauten der Gründerzeit ist. Er entstand im Jahre 1898, um die rasch wachsende Einwohnerzahl der nördlichen Stadterweiterungsgebiete zu versorgen. Mit seinem geschweiften Helm, der farbenprächtigen Verklinkerung und den Verzierungen mit Pflanzenmotiven und Meeresungeheuern bietet er einen unverwechselbaren Anblick.

Abb. S16: Die Pauluskirche als zentraler Orientierungspunkt (Foto: B. Glorius, 2002)

Am Standort **Schillerstraße/Ecke Herderstraße (3)** lässt sich das ehemalige soziale Gefüge des Paulusviertels nachvollziehen. Damals strebte man die Ansiedlung unterschiedlicher sozialer Schichten an. Damit sollte Segregation (= räumliche Trennung, Ausgrenzung, Abkapselung) vermieden und der politischen Radikalisierung einzelner sozialer Schichten entgegengewirkt werden. Noch heute ist die innere Differenzierung des Viertels anhand der Gebäude- und Straßengestaltung nachzuvollziehen: Es herrscht eine soziale

Staffelung der Wohnbebauung von den Rändern zur Mitte hin, mit einfachen Mietskasernen in dichter Blockrandbebauung in den Außenzonen, bürgerlichen Geschosswohnungen mit Vorgärten in baumbestandenen Straßen im Mittel- und Innenbereich, sowie großbürgerlichen Villen um den inneren Ring am Fuße des Kirchhügels.

Der untere Bereich der Schillerstraße ist ein Beispiel der bürgerlichen Wohnstraße, mit Vorgärten, Gebäuden mit kurzen Seitenflügeln und Fassaden, die durch Giebel, Loggien und Erker gegliedert sind. Der obere Bereich der Schillerstraße sowie die Herderstraße zeigen typische Mietskasernen ohne Balkone und Erker, in dichter, grünloser Blockrandbebauung. Die soziale Staffelung, die anhand der Bebauung quasi vorgegeben wurde, wirkt bis heute fort: Untersuchungen aus dem Jahr 1992 weisen deutliche Unterschiede in Bildung, beruflicher Qualifikation und Einkommen zwischen den Bewohnern der drei genannten Gebäudetypen auf.

Neuere Untersuchungen belegen den enormen Fortschritt in der Sanierung, der nach der Wende zu einer raschen Aufwertung der Bausubstanz führte. Im Bereich dreier kartierter Baublöcke (Abb. S17) hat sich in nur knapp vier Jahren zwischen 1996 und 2000 die Quote abgeschlossener Gebäudesanierungen von damals 24 % auf 71 % nahezu verdreifacht. Neben der baulichen Aufwertung zeigen sich ein zunehmender Statusanstieg der hier lebenden Menschen, aber auch Merkmale wie starke Fluktuation der Bewohnerschaft und eine überproportionale Zunahme „neuer Haushaltstypen“ (z. B. Nichtverheiratete in Wohn- und Lebensgemeinschaften), die auf rege Austauschprozesse hindeuten. In deren Folge werden die ehemaligen Bewohner durch sog. „Pioniere“ und „Gentrifier“ allmählich verdrängt. Die Pioniere werden als Wegbereiter der später in das Quartier eindringenden Gentrifier angesehen und sind oft Studenten, die häufig in Wohngemeinschaften leben und geringe Wohnflächenansprüche haben. Demgegenüber sind die wohlhabenderen Gentrifier etablierte Berufstätige mit höheren Wohnansprüchen.

Goethestraße/Ecke Humboldtstraße (4). Die relativ einheitliche Gestalt ganzer Straßenzüge im Paulusviertel und insbesondere das Erscheinungsbild der Mietskasernen, mit oftmals reich dekorierten Fassaden (ganz im Gegensatz zu den eher schlicht gestalteten Villen), ist zurückzuführen auf den spekulativen Wohnungsbau, der in der Gründerzeit vielfach vorherrschte: Das Paulusviertel gehörte zu großen Teilen einem einzigen Grundbesitzer, der – je nach Bedarfslage – ganze Parzellenblöcke auf einmal bebauen ließ und die Mietshäuser nach der Fertigstellung verkaufte. Die Gebäude variieren deshalb lediglich nach dem Parzellenzuschnitt und der Zahl der Neben- und Hintergebäude. Um den größtmöglichen Profit zu erzielen, wurden die Grundstücke so kompakt wie möglich überbaut. Die prachtvolle

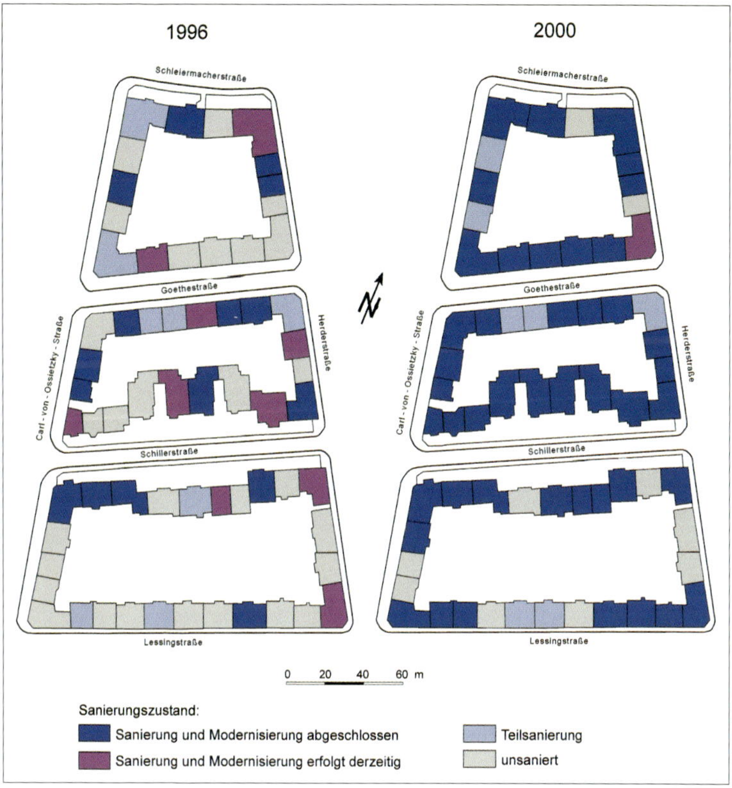

Abb. S17: Sanierungsverlauf im Paulusviertel 1996-2000 (Quelle: Friedrich 2000, 37)

Fassadengestaltung erfolgte lediglich, um einen höheren potenziellen Mietzins vorzuspiegeln und dadurch Käufer anzulocken.

Das Äußere der gründerzeitlichen Bauten ist der Stilrichtung des Historismus zuzuordnen (Abb. S18 a-e). Er ist charakterisiert durch die Wiederaufnahme historischer Stilrichtungen (darum: Neugotik, Neurenaissance, Neubarock). Der Historismus versteht die Gegenwart als Schnittpunkt zwischen Vergangenheit und Zukunft; er möchte keinen eigenen Stil kreieren, sondern sich in der Rückbesinnung auf Vergangenes Anregungen für die Gestaltung der Zukunft holen. Vielfach werden allerdings die historischen Stilelemente nur zu Dekorationszwecken aufgegriffen - manchmal werden sogar verschiedene historische Stilelemente an einem einzigen Gebäude verarbeitet. Diese unreflektierte, „ahistorische“ Gestaltung wird als „Eklektizismus“ bezeichnet. Gegen Ende des 19. Jh. entstand als neue Stilrichtung der Jugendstil, der

Abb. S18 a: Spätklassizismus

Abb. S18 b: Neugotik

Abb. S18 c: Neurenaissance

Abb. S18 d: Neubarock

durch die Verwendung von Ornamenten und floralen Symbolen gekennzeichnet ist.

An den Mietshausfassaden des Paulusviertels lassen sich neben Jugendstildetails vor allem Elemente des Historismus studieren: die strenge Geometrie der Neugotik, die vornehme Schlichtheit und die gleichmäßige Fassadengliederung der Neurenaissance (Goethestraße 19, Humboldtstraße 10, 11) und die reichhaltigen Stuckdekorationen des Neubarock (Goethestraße 27, 30, 32, 33).

Vom erhöhten Standort des **Hügels der Pauluskirche (5)** aus erschließt sich nochmals die planmäßige Straßenanlage und die Staffelung der Bebauung, von der grünlosen Blockrandbebauung im Außenbereich hin zur aufgelockerten, durchgrünten Bebauung am Fuß des Hügels. Augenfällig werden ebenso die Unterschiede in Gebäudezustand und Sanierungsgeschwindigkeit zwischen den Villen im Kernbereich und den Mietskasernen im Außenbereich.

Die gründerzeitlichen Stadtviertel Halles, nach dem Zweiten Weltkrieg noch weitgehend intakt, waren zum Ende der DDR völlig verkommen und teilweise nicht mehr bewohnbar. Den privaten Hausbesitzern war es nicht möglich, für die Instandhaltung der Gebäude zu sorgen, da die auf dem Stand von 1944 eingefrorenen Mieten nicht das zur Renovierung notwendige Kapital erbrachten. Und auch der Staat – als Eigentümer der übertragenen und enteigneten Gebäude – kümmerte sich nicht um die Erhaltung der alten Bausubstanz. Die vorhandenen Finanzmittel und Arbeitskräfte wurden stattdessen auf Neubaugebiete wie Halle-Neustadt konzentriert, mit denen politische Ziele im Städtebau verwirklicht werden sollten. Eine im Jahr 1992 erfolgte Bestandsaufnahme ergab für 75 % der Gebäude des Paulusviertels, vornehmlich im Randbereich, erhebliche und schwere Mängel. Dazu zählen Risse im Mauerwerk, erneuerungsbedürftige Fassaden und Installationen sowie undichte Dächer. 43 Gebäude waren dem Verfall preisgegeben und standen bereits leer.

Nach der Wende verzögerte sich die dringend notwendige Sanierung um weitere Jahre wegen der zeitaufwendigen Klärung der Besitz- und Restitutionsansprüche. Während dieser Zeit wurden viele Grundstücke von kommunalen Wohnungsgesellschaften verwaltet, jedoch nicht saniert. Erst 1993 setzte die Sanierung des Paulusviertels ein, die überwiegend von Privateigentümern getragen wird.

Abb. S18 e: Jugendstil

Die Stile der Gründerzeit (Quelle: Denkmaltopographie Bundesrepublik Deutschland, Stadt Darmstadt)

Nach einem kurzen Spazierweg über die Willy-Lohmann- und die Ludwig-Wucherer-Straße erreichen wir als nächsten Exkursionsschwerpunkt das Mühlwegviertel. Es wurde als großbürgerliches Wohnviertel konzipiert und in einem rasterartigen Straßennetz angelegt. Ab den 1860er Jahren bis zur Jahrhundertwende wurde es mit freistehenden „Stadtvillen" und villenartigen Stadthäusern bebaut. Teilweise wurden hochrepräsentative, burgartige „Fabrikantenschlösser" in Anlehnung an die Baukunst der Gotik und Renaissance errichtet, wie z. B. die Villa Kaehne auf dem Eckgrundstück am **Mühlweg 15 (6)**. Der namengebende wohlhabende und einflussreiche Rechtsanwalt, Notar und Justizrat gab hier 1902 ein Gebäude von ca. 470 m^2 Nutzfläche in Auftrag, das als Meisterstück „malerischer Baumassenkomposition" gilt und seinen damaligen großbürgerlichen Repräsentationsverpflichtungen entsprach. Heute wird es von der Martin-Luther-Universität genutzt.

Die **Lafontainestraße (7)** entstand als repräsentative Wohnstraße zwischen 1880 und 1895. In der Bebauung dominieren zweieinhalbgeschossige gehobene Bürgerhäuser mit teils reichhaltiger Fassadendekoration mit Stilelementen der Neurenaissance und des Neubarock. Die eingefriedeten Vorgärten sind prägend für das Straßenbild (Abb. S19).

Die z. T. aufwändig sanierten Gebäude lassen schon von außen erkennen, dass hier eine gehobene Bewohnerschicht lebt. So ist ein Großteil des Mühlwegviertels - das im Jahr 2000 bereits einen Sanierungsgrad von 80 % aufwies - einem Wandel der Bewohnerstruktur unterworfen, der, wie auch im Paulusviertel, unter dem Begriff „Gentrifizierung" zusammengefasst werden kann: Die nach der Sanierung stark erhöhten Mietpreise sind von einem Teil der ursprünglichen Bewohnerschaft nicht mehr zu tragen. Es kommt zu einer Verdrängung der Alteingesessenen durch einkommensstärkere Bewohnergruppen der Mittel- und Oberschicht. So sind 50 % der derzeitigen Be-

Abb. S19: Repräsentative Bürgerhäuser im Mühlwegviertel (Foto: B. Glorius, 2002)

wohner aus anderen Teilen der Stadt zugezogen, etwa ein Viertel lebte schon vorher im Quartier. Inzwischen ist mit knapp 20 % ein nahezu doppelt so hoher Bevölkerungsanteil als im Paulusviertel der Schicht der „Gentrifier" zuzurechnen, während die Phase des Einzugs der „Pioniere" entweder übersprungen wurde oder bereits wieder vorüber ist, was sich an deren vergleichsweise niedriger Repräsentanz im Quartier ablesen lässt (ca. 12 %).

Zusätzlich vollzieht sich in den betrachteten Vierteln eine Verdrängung der Wohnfunktion durch hochrangige Gewerbe- und Dienstleistungsbetriebe sowie freie Berufe. Untersuchungen aus dem Jahr 2000 zeigen, dass lediglich zwei Drittel der Gebäude des Mühlwegviertels ausschließlich eine Wohnfunktion besaßen. Die übrigen Gebäude wurden teilweise oder vollständig durch (meist hochrangige) Dienstleister oder öffentliche Einrichtungen genutzt. Besonders im Advokatenweg offenbart ein Blick auf die Türschilder die deutliche Präsenz von Arztpraxen, Notaren, Planungs- und Immobilienbüros, Steuerberatern etc., die der Wohnfunktion zunehmend Konkurrenz machen.

Vorbei an den frei stehenden großbürgerlichen Stadthäusern und Villen der Senefelderstraße endet der Rundgang durch das Mühlwegviertel.

Wolfgang Walossek/Sigrid Lange/Alexander Hermes

Die Dölauer Heide – wichtiger Bestandteil des städtischen Grünverbundes

Exkursionsroute: Hubertusplatz (Gaststätte „Zum Waldkater“), Naturlehrpfad, Heidefriedhof, Schwedenschanze, Kuhberg, Wolfsschlucht, Bischofswiese, Kolkturmberg, Langer Berg, Kellerberg, Heidebahnhof, Naturschutzgebiet Lintbusch, Heidesee, Forsthaus Habichtsfang, Schwarzer Berg, Hertha-Teich, Heilige Hallen, Hubertusplatz (Tagesexkursion)

Ziel: Die Dölauer Heide, im Volksmund einfach „die Heide“ genannt, ist das letzte größere Wald- und mit ca. 740 ha größte Landschaftsschutzgebiet in der näheren Umgebung von Halle. In ihr befinden sich zwei Naturschutzgebiete: die Bischofswiese (ca. 62 ha) und der Lintbusch (ca. 16 ha). Zusammen mit der Saaleaue stellt die Dölauer Heide ein wichtiges Vernetzungselement für die Entwicklung von Biotopverbundsystemen dar. Neben vielfältigen ökologischen Funktionen (z. B. Lufthygiene, Lebensräume von Arten) hat sie eine besondere Bedeutung für die Naherholung der städtischen Bevölkerung.

Zusatzinformation: Der geologische Untergrund der Heide besteht aus durchlässigen tertiären und pleistozänen Lockergesteinen, was dazu führt, dass in den Tälern und Mulden Gewässer fehlen. Nur an wenigen Stellen mit tonigen (wasserundurchlässigen) Substraten bilden sich temporär kleine Tümpel (z. B. Reh- und Hertha-Teich). Für die Oberflächengestalt bedeutsam sind zum einen Reste der ehemals das Gebiet großflächig bedeckenden (saaleeiszeitlichen) Grundmoräne. Diese überragen die durch Abtragungsprozesse „erniedrigten“ Geländeteile um 20–30 m und bilden damit einen Höhenzug, der sich vom Langen Berg im Nordosten bis zum Lintbusch im Südwesten hinzieht. Daneben wird das Relief durch Porphyrkuppen, wie die des Kuh- oder des Krankenberges bestimmt (Abb. S20). Als Böden dominieren Sandpodsole, Salm-Braunerden, Stau- und Schwarzgleyböden sowie Ranker.

Vor dem Eingriff des Menschen war für dieses Gebiet ein winterlindenreicher Traubeneichen-Hainbuchenwald charakteristisch. Die Heide zeigt heute davon nur noch Restbestandteile. Sie setzt sich wie folgt zusammen: Kiefer 60 %, Eiche 28 %, Buche 4 %, Weichlaubhölzer (Birke, Linde) 5 %, Hartlaubhölzer (Ahorn, Esche) 2 % und sonstige 1 %. Etwa zwei Drittel des Baumoberstandes sind mindestens 80 Jahre alt. Aus Abb. S20 sind die seit 1967 erfolgten Verjüngungsmaßnahmen erkennbar.

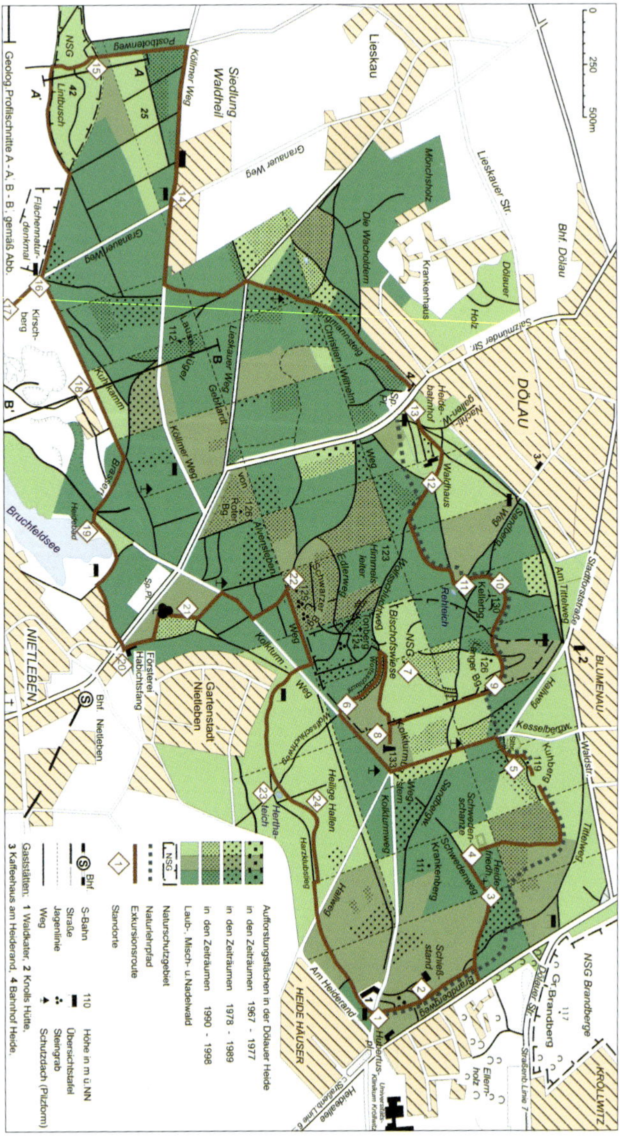

Abb. S20 und Exkursionsroute: Die Dölauer Heide nebst Randgebieten in stilisierter Darstellung nach Dominanzprinzip der Waldareale und Aufforstungszeiträumen (Quellen gemäß Literaturverzeichnis und nach unveröffentlichten Unterlagen des Grünflächenamtes der Stadt Halle) (© MLU Halle-Wittenberg)

Die Veränderungen der Heide durch den Menschen reichen weit zurück. Schon in der Jungsteinzeit befand sich auf der heutigen Bischofswiese die größte befestigte Siedlung Mitteldeutschlands. In der Bronzezeit verließen die Menschen das Gebiet und der Wald eroberte sich sein Terrain zurück. Im Mittelalter wuchs mit zunehmender Bevölkerung der Holzbedarf für Heizzwecke (Wohnungen und Salzgewerbe) und den Häuserbau. Eine rege Rode- und Siedlungstätigkeit brachte eine Reduzierung der Waldfläche mit sich, hinzu kamen Schädigungen der Heide durch Beweidung. Erst etwa seit Ende des 16. Jh., als die meisten Flächen in Staatseigentum übergingen, begann eine Bewirtschaftung und z. T. Pflege als Hute-, Nieder- und Mittelwald. Allmählich wurde die Bedeutung der Heide als fürstliches Jagdrevier erkannt. In dieser Zeit wurde die Bischofswiese mit Eichen bepflanzt. Schon damals bestanden spezielle Gesetze zur Schonung des Waldes. In der Heide waren in dieser Zeit überwiegend Eichen, Buchen und Birken anzutreffen, in feuchteren Regionen auch Eschen, Erlen und Weiden, auf Sandflächen die Kiefer. Aber noch Anfang des 19. Jh. waren Raubbau und Rodungen zur Gewinnung von Ackerland zu verzeichnen. Ab 1826 setzte die Braunkohlengewinnung im Tagebau am Südrand der Heide ein, was ebenfalls zur Reduzierung der Waldfläche und später zu Grundwasserabsenkungen führte. Als um 1850 eine intensive Forstwirtschaft betrieben wurde, kam es zu Aufforstungen degradierter Laubwälder und teilweise auch von Äckern vorzugsweise mit der schnellwüchsigen heimischen Waldkiefer als Monokultur. Bereits am Ausgang des 18. Jh. dominierte die Kiefer, da in der Forstwirtschaft das praktische Nützlichkeits- und Gewinndenken die Oberhand gewann. Rodungen, Waldweide u. a. Nutzungen führten in der Vergangenheit oft zur Devastierung von Böden und Vegetation. In der Folgezeit entwickelte sich die Heide mit der wachsenden Bevölkerung der Stadt immer stärker zum Ausflugs- und Erholungswald. 1929 erreichte der hallesche Oberbürgermeister Rive, dass der zuvor preußische Domänenbesitz in städtisches Eigentum überging.

Exkursion: Die Exkursion beginnt und endet an der **Gaststätte „Zum Waldkater" (1)**, einer der ältesten, einst (1848) als „Schurigs Schenkbude" eröffneten Gaststätte, die später des Öfteren umgebaut wurde und auch Sitz des Heidemuseums war. Die Schautafel des Naturlehrpfades in unmittelbarer Nähe bildet den Ausgangspunkt der Wanderroute. Stadtbaurat Heilmann und Oberforstmeister Wurster gelten als Begründer dieses Weges, der 1932 angelegt wurde. Rote Markierungen an den Bäumen zeigen seinen Verlauf. Nummerierte Steine kennzeichnen 66 Standorte. Wichtige im Lehrpfadverzeichnis aufgeführte Bäume sind durch einen weißen Punkt kenntlich gemacht. Der Pfad endet in der Nähe des Heidebahnhofes bei Stein 66 an einer Schautafel über einem Hügel der Roten Waldameise.

Der Weg verläuft anfangs etwa parallel der Straße (Brandbergweg) östlich des **Schießhauses (2)**, das 1925 von der Glauchaer Schützengilde als moderne Schießanlage eröffnet wurde. 1939 wurde die aus 7 Schießbahnen bestehende Anlage im Jagen 13 mit Winterlinden und Traubeneichen aufgeforstet. Verlässt man den Lehrpfad und folgt dem Schwedenweg hinein in die Heide, so gelangt man zum **Heidefriedhof (3)**. Aus einer Hinweistafel wird ersichtlich, dass er seit Mitte des 19. Jh. als letzte Ruhestätte für Verstorbene diente, für die der geweihte Boden kirchlicher Friedhöfe nicht zur Verfügung stand (z. B. in der Heide aufgefundene Selbstmörder). Als ab 1926 die Heide zur Stadt Halle gehörte, war nun die Beisetzung auf städtischen Friedhöfen möglich. Die letzte Beerdigung auf dem Heidefriedhof soll 1920 stattgefunden haben. Die Stadt pflegt seit 1926 die insgesamt 52 Grabstätten.

Am Christian-Wilhelm-Weg (nach dem Administrator des Erzstiftes Magdeburg und Urheber planmäßiger Heidepflege benannt) biegt der Lehrpfad in nördliche Richtung ab. Würde man geradeaus weiterwandern, so gelangte man (50 m südlich des Weges) zur **Schwedenschanze (4)**, ein von Wallensteins Truppen im Dreißigjährigen Krieg 1636 errichtetes fast quadratisches Schanzwerk mit vier Bastionen.

Weiter geht es in nördliche Richtung zurück zum Naturlehrpfad. Das nächste Ziel ist der **Kuhberg (5)** (119 m NN, Stein Nr. 32 des Lehrpfades), eine aus der Sedimentschicht herausragende Porphyrkuppe. Von hier bietet sich ein Blick bis zum Petersberg (250 m NN). Aus Wassermangel ist die Vitalität des Kuhberges sehr begrenzt. Dadurch ist er auch bevorzugter Aufenthaltsort von Forstschadinsekten. Noch erhaltene Traubeneichen wurden mit Hainbuchen „unterbaut", um wieder zu einem geschlossenen Bestand zu kommen. Am Fuße des Berges befindet sich ein ehemaliger Steinbruch, wo einst der Porphyr als Werkstein sowie Schottermaterial abgebaut wurde.

Hinter dem Steinbruch besteht die Möglichkeit (über den Hallweg) in Knolls Hütte einzukehren oder die Wanderung über den Hall- und Kolkturmweg in südlicher Richtung zum nächsten Standort, der **Wolfsschlucht (6)**, fortzusetzen. Sie ist eines der steilen Erosionskerbtälchen, die von dem Plateau zwischen Langem Berg im Norden und Kuhkamm im Südwesten herunterkommen. Stärkere Niederschläge im Zusammenhang mit massiven Ausspülungen des Eiszeitalters bewirkten, dass die sandigen Schichten an den Abhängen der Tertiär- und Pleistozänsedimente erodiert wurden.

Bergan erreicht man bald das Naturschutzgebiet der **Bischofswiese (7)**. Ihr Name resultiert aus der Tatsache, dass sie sich einst im Besitz der Magdeburger Erzbischöfe befand. Als wertvoller Altbaumbestand eines überwiegend naturnahen Traubeneichen-Winterlinden-Mischwaldes ist hier neben dem NSG Lintbusch die ursprüngliche Waldgesellschaft noch am besten ausgeprägt. Da bis 1960 weitgehend Unterwuchs fehlte, war der Begriff „Wiese“ noch anteilig zutreffend (Abb. S21), ein parkartiger Charakter der Landschaft dominierte. Mit dem Gelände ist auch eine Steinzeitsiedlung verbunden. 35 Hügelgräber aus der Jungsteinzeit vor ca. 4.000 Jahren am Rande des beschriebenen Hochplateaus inmitten der Heide zeugen von der urgeschichtlichen Besiedelung. Im Bereich der Bischofswiese befand sich einst eine befestigte Siedlung, die neben Palisaden und Wällen zusätzlich durch bis zu 6 Gräben an flacheren Geländeabschnitten gesichert war, also ein größeres Festungssystem (ca. 25 ha) mit Toranlagen (Abb. S22). Grabhügel sind nicht nur auf das Hochplateau beschränkt. Die Befestigungsgräben wurden bereits vor ca. 2.000 Jahren während der jüngeren Bronzezeit eingeebnet. Um größere Eingriffe in das seit 1961 unter Naturschutz gestellte Gebiet zu vermeiden, können keine wesentlichen Ausgrabungen auf der Innenfläche der Bischofswiese durchgeführt werden.

Abb. S21: Naturschutzgebiet Bischofswiese (Foto: W. Walossek, 1998)

Einmal hier oben angelangt, ist der Weg zum **Kolkturmberg (8)** nicht weit. Diese Erhebung von 133 m wird auch Bischofsberg genannt. Hier fragt der interessierte Wanderer erst einmal nach der Genese des Namens. 1860 bildete sich die Kolkgesellschaft, die sich anfangs aus Wissenschaftlern, Schriftstellern und Komponisten zusammensetzte, später kamen auch bürgerliche Berufe hinzu. Kolken bedeutet ulken, man traf sich unter Ausschluss der Damen in Gaststätten und auch zu Picknicks und anderen Geselligkeiten am Bischofsberg. Der Bau des Turmes wurde durch Privatspenden realisiert, der Grundstein am 15.5.1880 gelegt und am 2.7.1880 als Holzturm an die Stadt übergeben. Die Kolkturmgesellschaft betreute ihn bis 1898, später der Heideverein. Durch Vandalismus wurde der Turm 1921 zerstört. Erst 1976 wurde die heutige Stahlkonstruktion (Abb. S23) vom Reichsbahnausbesserungswerk Halle errichtet.

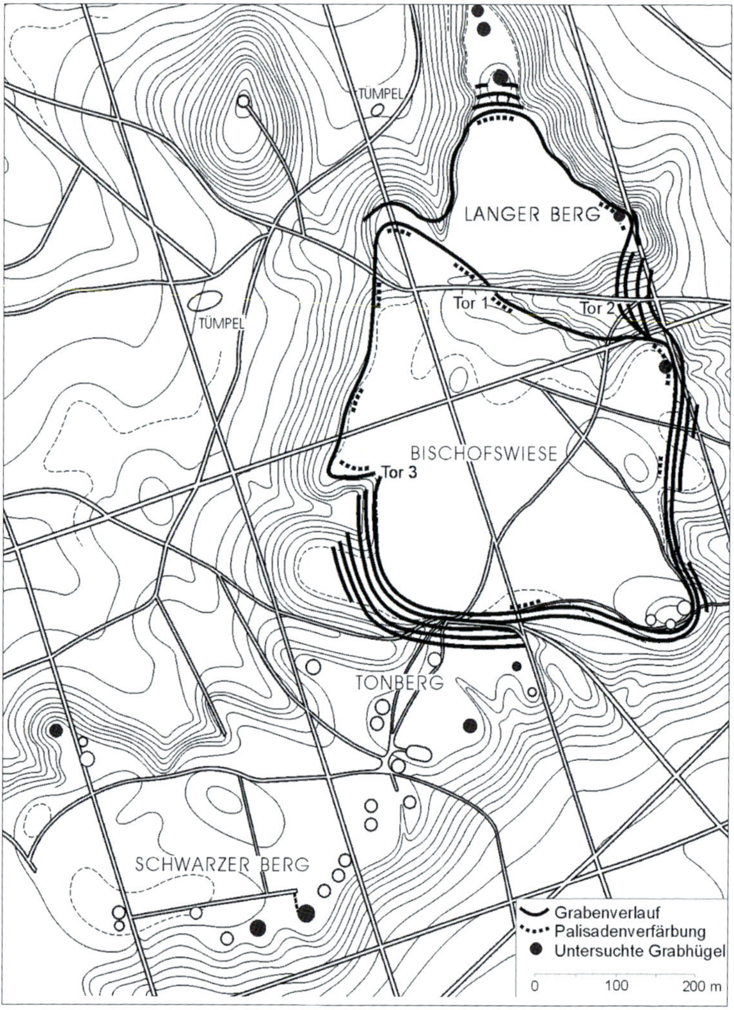

Abb. S22: Plan der befestigten Siedlung der mittleren Jungsteinzeit und der Grabhügel (nach Behrens u. Schröter 1980)

Vom Aussichtsturm des Bischofsberges ist die morphologische Grobstruktur des Gebietes trotz Vegetationsbestand gut erkennbar. Ferner bietet sich ein phantastischer Blick in die Umgebung der Heide.

Nun führt die Route nördlich in Richtung **Langer Berg (9)**. Die Erhebung (126 m NN) ist ein Erosionsrelikt der saale-eiszeitlichen Grundmoräne.

Auf dem Plateau befand sich ein Teil der befestigten Siedlung (Abb. S22) der mittleren Jungsteinzeit (um 2500 v. Chr.). Geöffnete Grabhügel bezeugen dies. Drei wurden nach der Ausgrabung rekonstruiert. Auch spätjungsteinzeitliche Schnurkeramik (2200-2000 v. Chr.) wurde hier gefunden. Die Anlage des Kiefern-Eichen-Mischwaldes reicht in die Zeit 1830-1880 zurück. Die Kiefern sind 50 Jahre jünger.

Abb. S23: Der Kolkturm auf dem Bischofsberg (Foto: W. Walossek, 1998)

Die Wanderroute verläuft von hier an nördlich des **Kellerberges (10)** (130 m NN), der seinen Namen nach dem Keller einer Försterei erhielt, die um 1615 hier existierte. Deren Reste sind noch zu erkennen. Ein Hinweisschild erläutert den historischen Hintergrund. Ab 1655 verfiel die Försterei als Wüstung, nachdem sie 1636 von den Schweden zerstört wurde. Der Sitz des Heideförsters wurde im 18. Jh. in die 1697 begründete Fasanerie des Kurfürsten Friedrich III. an den Heiderand nach Nietleben verlagert, in ein noch erhaltenes Gehöft nahe der heutigen Försterei Habichtsfang.

Am Fuße des westlichen Hanges vom Langen Berg und südlichen Hanges des Kellerberges befindet sich eine dauerfeuchte Stelle, die von Sickerwässern beider Berge gespeist wird, der **Rehteich (11)**. Undurchlässige Schichten ermöglichten eine künstliche Stauanlage bereits in urgeschichtlicher Zeit.

Im Bereich der Kreuzung des Wolfsschluchtweges mit dem Naturlehrpfad ist eine Wiederaufforstung mit Eichen festzustellen, da die 160-jährigen Kiefern schwammbefallen waren. Der Weg zum Heidebahnhof führt östlich am **Waldhaus (12)** vorbei, das 1897 als „Leistners Waldhaus" und exklusives Luftkurhotel eröffnet wurde.

Der **Heidebahnhof (13)** war einst Station der im Mai 1896 in Betrieb genommenen Nebenbahn Halle-Hettstedt. Sie verband am Bahnhof Klaustor (auch Hettstedter Bahnhof genannt, Lage einst an der Kreuzung Mansfelder Str./Hafenstr. östlich der Elisabethsaale) beginnend über Nietleben und Dölau die Saalestadt mit dem südöstlichen Ausläufern des Harzes.

Nach dem Queren der Gleise beginnt nordwestlich des Sportplatzes der Bergmannssteig. Dieser Weg wurde von 1865 bis 1936 von Dölauer Bergleuten genommen, um in die Zscherbener Braunkohlengruben zu gelangen. Bald bemerkt man südlich des Weges ein Voranbau mit Rotbuche, darüber etwa 180-jährige Kiefern und vereinzelt über 70-jährige Traubeneichen, die z.T. mit Birken durchsetzt sind. Rechts des Weges erkennt man einen Mischbestand von 1935 aus Kiefer, Rotbuche, Robinie und Hainbuche. Man kann leicht die unterschiedlichen Wuchsleistungen der einzelnen gleichaltrigen Baumarten studieren. Die Rotbuche wird sich im Laufe der Zeit durchsetzen und andere Arten unterdrücken, was zuerst die Kiefer betreffen wird, denn diese kann als Lichtholzart im Schatten nicht gedeihen. Einen ernsthaften Konkurrenten für die Rotbuchen bilden die Roteichen, die im gleichen Alter bereits die doppelte Stammdicke aufweisen. Ohne forstliche Eingriffe würde diese aus Nordamerika stammende Art sich bald selbst zur Monokultur entwickeln.

Westlich des Schutzdaches in Pilzform erstreckt sich ein Kiefern- und ein Lärchen-Stangenholz, das 1975 begründet wurde. Bis zum Lieskauer Weg schließen sich dann 80-jährige Traubeneichen an, unterstanden von 40-jährigen Hainbuchen als „dienende“ Baumart. Als dienend bezeichnet der Forstwirt in diesem Fall die Hainbuche, da sie z.B. die Aufgabe hat, die Stämme der Eiche im unteren Teil auszuschatten, damit sich dort keine Wasserreiser und Äste bilden. Zwischen Lieskauer und Köllmer Weg führt der Bergmannssteig dann vorwiegend an Kiefernwäldern vorbei, z.T. gemischt mit anderen Baumarten. Die Kiefern sind ca. 130 Jahre alt, in der Strauchschicht fällt die stark wuchernde Mahonie auf, sie stammt aus Nordamerika und verdrängt ohne natürlichen Konkurrenten die einheimische Flora. An der Kreuzung Bergmannssteig/Köllmer Weg verläuft die Wanderung dann in westliche Richtung südlich der bereits zum Saalkreis gehörenden Siedlung **Waldheil (14)** (hier befindet sich auch eine Übersichtstafel zur Dölauer Heide) bis zum Postbotenweg. Entlang dieses Weges erkennt man einen geradschaftig gezogenen Rotbuchen-Reihenbestand, gepflanzt um 1910.

Am **Naturschutzgebiet Lintbusch (15)** (alte Namen: Littelineholt, Schlangenbusch) angelangt, fällt auf, dass der ihn umgebende, in die Ackerlandschaft hereinragende Steilhang von ca. 134 auf 104 m NN abfällt. Dabei ist auf kurzer Distanz die Vegetation sowohl des trockenen Oberhanges als auch die des kontinuierlich relativ gut durchfeuchteten Unterhanges stark differenziert. Tertiäre Tone bilden am Rande der westlichen Dölauer Heide morphologisch deutlich erkennbare Steilstufen im Gelände, der Wanderer spürt dies am Anstieg des Postbotenweges. Auf der Höhe des Lintbusches bietet sich bei günstigen Witterungslagen ein ausgezeichneter Blick in das Mansfelder Land. Die saale-eiszeitlichen Geschiebemergelschichten über hangendem Ton des Tertiärs bilden am Lintbusch ein kleines Plateau (Abb. S24).

Der Lintbusch ist als südwestlicher Ausläufer der Hochfläche der Dölauer Heide charakterisiert durch heimische Holzarten und besonders

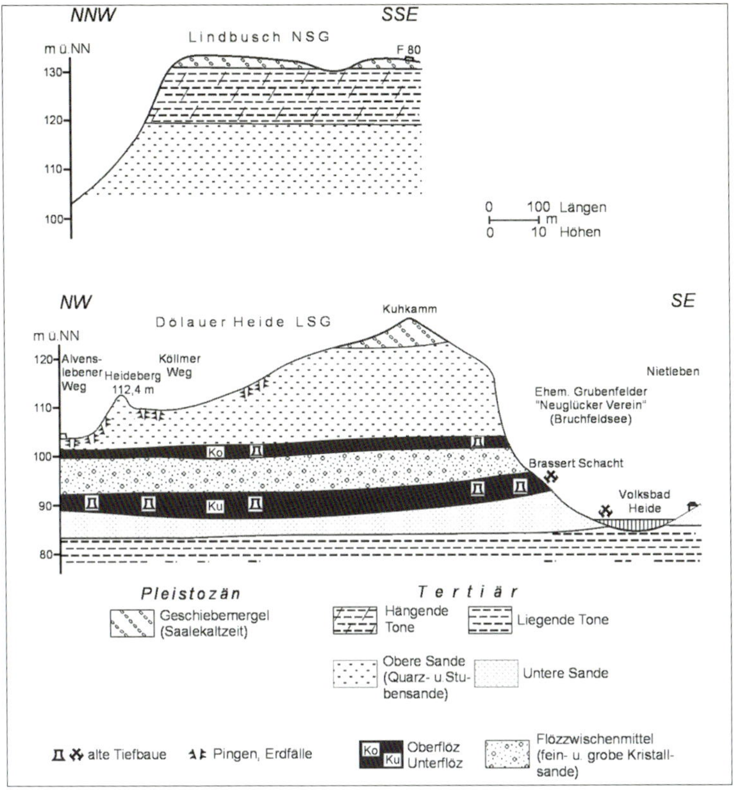

Abb. S24: Geologische Profile am Lintbusch und südlichen Heiderand (nach Krumbiegel 1974)

schützenswert als naturnaher Laubwald. Stiel- und Traubeneichen reagieren deutlich auf die unterschiedlichen Standortbedingungen. Am Mittelhang des Lintbusches ist der winterlindenreiche Traubeneichen-Hainbuchenwald dominant. Die Strauchschicht ist artenreich ausgebildet, gleiches gilt für die Krautschicht. Der Hangfuß des Lintbusches mit seinen nährstoffarmen, aber besser durchfeuchteten Sanden ist geprägt durch das Zurückweichen typischer Waldpflanzen bei gleichzeitiger Häufung der Arten der Waldränder und Waldsteppe. Abgestorbene Eichen trüben etwas das Bild des vitalen Naturschutzgebietes. Der Lintbusch gehört übrigens nicht mehr zur Dölauer Heide, auch wenn er anscheinend deren südwestlichsten „Zipfel“ bildet. Im Unterschied zu vielen anderen Teilen der Dölauer Heide bildet der Lintbusch noch einen kleinen Teil der Waldrandzone, die nicht umbaut ist.

Die Wanderung geht weiter in östliche Richtung am südlichsten Rand der Heide entlang. Rechts des Weges befindet sich in einer Entfernung von ca. 150 m das Flächennaturdenkmal (FND) **Trockenhänge südlich des Lindbusches (16)** mit knapp 3 ha. Glatthaferwiesen und Halbtrockenrasen mit wenigen Obstbäumen und Gebüschen prägen das Landschaftsbild.

Verlässt man die Heide am Granauer Weg in südliche Richtung, gelangt man schon nach etwa 100 m in einen **Lösshohlweg (17)**, ein Flächennaturdenkmal von 400 m Länge und einer Fläche von ca. 1,5 ha. Dieser einzigartige Lösshohlweg im Stadtgebiet von Halle mit Trocken- und Halbtrockenrasen sowie Gebüschen führt in Richtung Nietleben. Granau ist heute nur noch eine im Stadtviertel Nietleben liegende Wüstung mit Vorwerk, Kirchenruine und einem bemerkenswerten Friedhof.

Vom Abstecher Lösshohlweg geht es zurück zum Kuhkamm und weiter in östliche Richtung entlang des Waldrandes bis zu einer kleinen Siedlung rechts des Weges inmitten von Kleingärten. Südlich davon befindet sich der geschützte Landschaftsbestandteil (GLB) **Streuobsthänge Nietleben (18)** mit alten Kirschbäumen und Gebüschen am Nietlebener Kirschberg. Hier handelt es sich um das letzte großflächige, extensiv genutzte Altobstgebiet der Stadt mit typischer Vegetation. Seine Fläche beträgt ca. 20 ha. Ein reicher Blütenflor und eine vielfältige Tierwelt erwartet den Wanderer besonders im Juni. Von den Streuobsthängen bietet sich

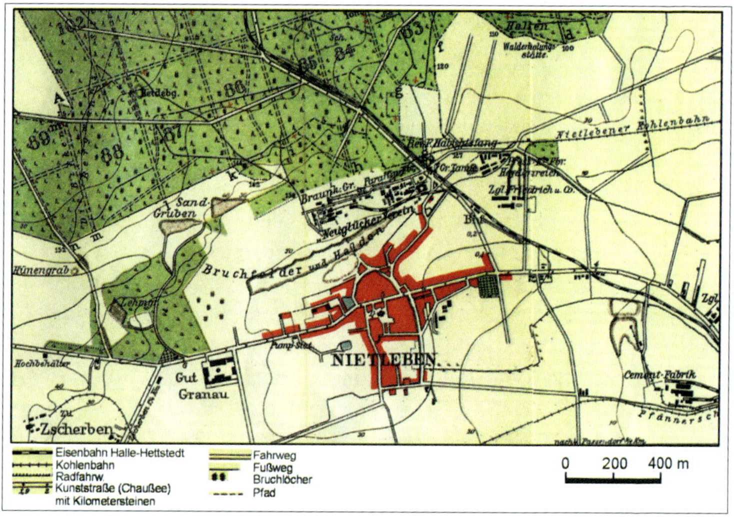

Abb. S25: Braunkohlenbergbau Nietleben 1908 (Quelle: Die Dölauer Heide v. Prof. Dr. Edler, Karte des Heidevereins zu Halle a. S. (Ausschnitt), Halle 1908/M: 1:15.000)

ein ausgezeichneter Blick auf den Heidesee, Nietleben und auf Neustadt. Zurück in die Region des Kuhkammes. Hier begünstigt der Nährstoffeintrag eine Strauchschicht aus Brombeere und Schneebeere, diese lassen keine ausreichende Verjüngung der einzelnen Baumarten zu. In Höhe des Unterstellpilzes stockt auf 0,6 ha der einzige Robinienreinbestand in der Dölauer Heide. Er wurde um 1950 evtl. zur Bodenverbesserung (Stickstoffanreicherung) des trockenen Hanges gepflanzt. Ein Blick zum Heidesee ist von hier nur möglich, wenn die Robinien unbelaubt sind. Vorbei an einem Kiefernstangenholz erreicht man den **Bruchfeldsee**, auch **Heidesee (19)** genannt. Er bildet mit 1km Länge und durchschnittlich 300 m Breite das Zentrum des ehemaligen Grubenfeldes bei Nietleben. Seit dem 18. Jh. wurde hier Braunkohle zuerst im Tage-, dann im Tiefbau gewonnen. Die historischen Nutzungsverhältnisse zu Beginn des 20. Jh. zeigt in einem Ausschnitt die Karte des Heidevereins von 1908 (Abb. S25). Als Folge des relativ oberflächennah abgelaufenen Braunkohlentiefbaus entstanden durch Geländeeinbrüche eine Vielzahl von pingenartigen Einsturztrichtern (Abb. S26).

Abb. S26: Tagesbrüche über dem ehemaligen Braunkohlentiefbaugelände (Foto: M. Frühauf, 2002)

Obstbauflächen und Gartenanlagen bilden heute neben dem Wald die Oberflächennutzung über dem Tiefbau- bzw. Bruchfeldgebiet. Die mineralischen Rohstoffe, d. h. sämtliche Gesteine des Untergrundes der Heide, waren für die Baumaterialindustrie von Bedeutung, das betrifft vor allem die teilweise mächtigen Sande (partiell fast völlig reiner Quarzsand).

Durch Grundwasseranstieg und Flutung das Tagebaurestloches der ehemaligen Grube Neuglück entstand 1955 das so genannte Volksbad Heide. Von hier aus führt die Wanderung in östliche Richtung zur Gartenstadt Nietleben die Salzmünder Straße über- und die S-Bahntrasse unterquerend.

Hinter dem **Forsthaus Habichtsfang (20)**, in dem sich seit 1857 der Dienstsitz des Revierförsters der Dölauer Heide befindet, erreicht man den sog. **Pflanzgarten (21)**. Die Bezeichnung verweist auf die Zeit, als die 1,6 ha große Fläche zur Pflanzenanzucht diente. Sie wurde später mit Pappeln aufgeforstet, die jedoch 1989 gerodet wurden. Um die Fläche wieder ihrer ursprünglichen Funktion zuzuführen, wurde sie zunächst eingezäunt. 1991 erfolgte dann jedoch die Aufforstung mit europäischer Lärche und Winterlinde. Am südwestlichen Rand des Areals steht noch eine inzwischen über 300 Jahre alte Eiche, vom Habitus her eine der schönsten in der Heide. Vom Pflanzgarten geht es weiter über den Kolkturm- zum Gebhard-von-Alvensleben-Weg, in deren unmittelbarer Nähe sich der **Schwarze Berg (22)** befindet. Hier fallen Kleinkuppen auf, die z. T. mächtigen Steinkistengräbern jungsteinzeitlicher Siedler zuzuordnen sind. Außer in der Heide sind diese auch im Landesmuseum für Vorgeschichte in Halle zu besichtigen.

Unser Weg führt nun zunächst in östliche Richtung und später zum Nordrand der Gartenstadt Nietleben (vgl. Abb. S20), von hier aus ostwärts zum **Hertha-Teich (23)**. Seine Entstehung verdankt dieser der Einlagerung der bereits erwähnten linsenartigen Tone, so dass sich zu niederschlagsreichen Zeiten das Wasser stauen kann. Westlich von Nietleben und Lettin sowie in der Ortslage Lieskau wurden diese Tone zur Porzellanproduktion genutzt, hier am Hertha-Teich finden sich für diese natürliche Gegebenheit andere „Liebhaber". An vielen weiß „bestrumpften" Bäumen, den so genannten „Malbäumen" ist zu erkennen, dass Wildschweine nach der Suhle im Feuchtgebiet anschließend ihre Körperpflege an den Stämmen fortsetzen.

Nördlich dieses Feuchtgebietes und des Harzklubstieges, dem wir nun folgen, befinden sich die **Heiligen Hallen (24)**. Deutet man den Begriff nach der am Ort vorhandenen Erläuterungstafel, so soll dies eine im Zeitalter der Empfindsamkeit (Ende 18./Anfang 19. Jh.) entstandene Bezeichnung für diesen Teil des Eichenwaldes sein. Da der Name in Deutschland relativ häufig vorkommt, lässt sich auch eine andere Deutung vornehmen. Sehr alte Rotbuchenbestände mit nur noch wenigen Exemplaren je ha und demzufolge riesigen Kronen vermitteln den Eindruck des Inneren einer Halle oder eines Kirchenschiffes. Als Ausflugsort der Studenten waren sie bis Anfang des 20. Jh. Austragungsort von Duellen, ggf. ist die Bezeichnung studentischen Ursprungs. Der Harzklubstieg endet in der Nähe des Waldkaters mit einer hölzernen Stele, die auf den Namengeber dieses Weges hinweist.

Claudia Kaiser

Vom kulturellen Erbe zur Kulturhauptstadt Sachsen-Anhalts: Reformation, Aufklärung, Universität und Theaterlandschaft

Exkursionsroute: Moritzburg, Händel-Haus, Marktplatz, Franckesche Stiftungen, Märkerstraße, Universitätsplatz, Opernhaus (2 Std.)

Ziel: Als das Land Sachsen-Anhalt 1990 wieder entstand, setzte ein Streit zwischen Halle, Magdeburg und Dessau darüber ein, welche der drei Städte die zukünftige Landeshauptstadt sein sollte. Von 1947 bis zur Bildung von Bezirken 1952 hatte der Landtag von Sachsen-Anhalt in Halle getagt. Der neu gewählte Landtag entschied sich auf seiner ersten Sitzung am 28.10.90 mehrheitlich für Magdeburg. Seitdem macht Halle jedoch aufgrund seiner bedeutenden kulturellen Vergangenheit und Gegenwart die Bezeichnung „Kulturhauptstadt" Sachsen-Anhalts für sich geltend.

Dieses Motto wird an ausgewählten kulturhistorisch und kulturell bedeutsamen Orten der Innenstadt Halles aufgegriffen. Insbesondere werden die Einflüsse der Erzbischöfe von Magdeburg, der Reformation, später des Pietismus und der Aufklärung auf die städtische Entwicklung erörtert. Mit diesen Einflüssen verbinden sich Namen wie Kardinal Albrecht, Martin Luther, Georg Friedrich Händel, August Hermann Francke und Christian Wolff. Besondere Bedeutung für die kulturelle Entwicklung der Stadt hatte die Universität, deren Geschichte anhand städtebaulicher Zeugnisse bis in die Gegenwart hinein verfolgt wird. Den inhaltlichen Abschluss der Exkursion bildet das derzeitige kulturelle Leben der Stadt Halle.

Exkursion: An der **Moritzburg (1)** lassen sich die Geschicke der Stadt im Spannungsfeld zwischen den Ansprüchen des Erzbistums Magdeburg und der Einführung der Reformation in Halle gut nachvollziehen. Nach langjährigen Streitigkeiten mit den halleschen Bürgern und schließlich internen Auseinandersetzungen zwischen den Bürgern und dem patrizischen Rat der Stadt errichtete der Magdeburger Erzbischof Ernst von Wettin ab 1484 mit der Moritzburg eine Zwingburg zum Zeichen seiner Macht und wählte Halle als Residenz (Abb. S27). Sein Nachfolger, Albrecht von Brandenburg, später zusätzlich Erzbischof von Mainz und Kardinal und damit einer der einflussreichsten Kirchenfürsten des Heiligen Römischen Reiches Deutscher Nation, gestaltete Halle zu seiner prunkvollen Residenz um. Unter anderem ließ er die damalige Klosterkirche der Dominikaner zu seiner Kathedral- und Gra-

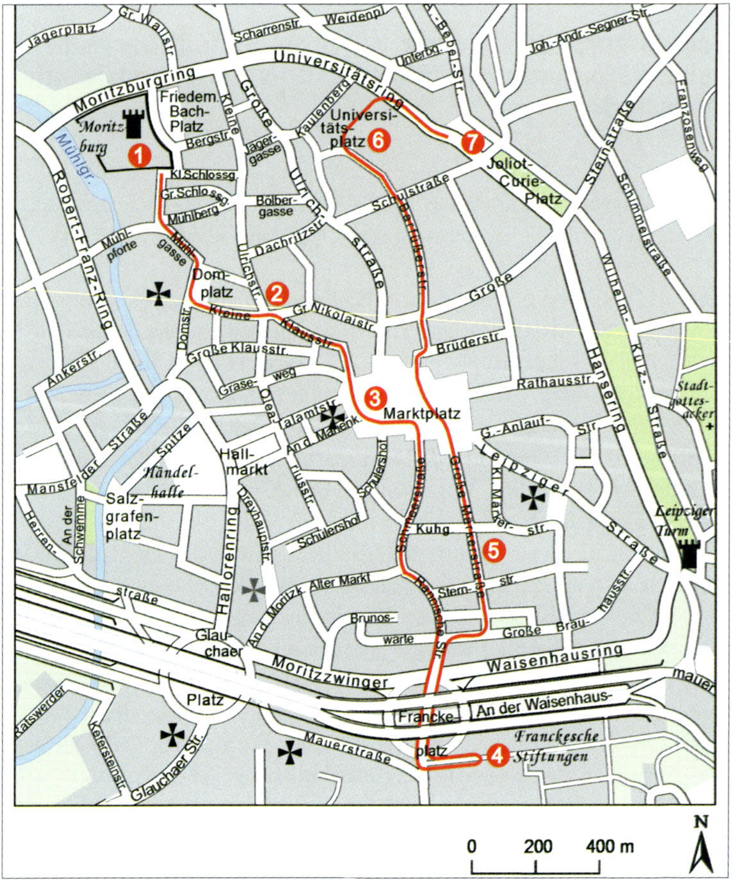

Exkursionsroute (© MLU Halle-Wittenberg)

beskirche umbauen und diesen Dom 1523 weihen. An dem Umbau waren namhafte Künstler der damaligen Zeit beteiligt, u. a. Lucas Cranach d. Ä., Albrecht Dürer und Matthias Grünewald. Kardinal Albrecht sammelte reiche Kunstschätze an, darunter einen umfangreichen Reliquienschatz, das so genannte „Hallesche Heiltum".

Gegen Reliquien- und Heiligenverehrung und insbesondere gegen die Praxis des Ablasshandels wandten sich die Reformatoren Martin Luther und Philipp Melanchthon. Für Luther war Kardinal Albrecht der „Abgott von Halle", der mit Hilfe der Ablässe seine prunkvollen Kirchenbauten und seine luxuriöse Hofhaltung finanzierte. Luther veröffentlichte 1517 einen Brief

Abb. S27: Die Moritzburg - Blick von Südosten (Foto: MZ, 2002)

an Erzbischof Albrecht mit den 95 Thesen wider den Ablasshandel. Dieser machte jedoch keine Zugeständnisse. Im Gegenteil: Ab 1531 ließ Albrecht, seit 1518 Kardinal, die „Neue Residenz" neben dem Dom errichten. Hier sollte die katholische Lehranstalt „Neues Stift" als Gegenbild zu der 1502 im kursächsischen Wittenberg gegründeten reformatorischen Universität untergebracht werden. Noch heute ist das Wappen Albrechts über der Fußgängerpforte zur Neuen Residenz in der Domstraße sichtbar. Erst 1541, als Albrecht aufgrund zunehmender Verschuldung seine Finanzen vor dem Landtag in Calbe offen legen musste, endete seine Regierung. Die Stände übernahmen eine Schuldensumme von 400.000 Talern. Als Gegenleistung hatte Albrecht das Neue Stift aufzulösen und die Reformation in Halle anzuerkennen.

Tab. S1: Kulturhistorische Daten der Stadt Halle (Stadt Halle, Einwohner- und Statistikamt 2001)

1514	Machtübernahme durch Erzbischof Albrecht von Magdeburg
1523	Weihe des Doms
1529	Beginn des Baus der Neuen Residenz
1541	Kardinal Albrecht muss Halle verlassen

1545/46	Martin Luther predigt in der Marktkirche
1685	Am 23. Februar wird G. F. Händel in Halle geboren
1694	Einweihung der Friedrichs-Universität
1698	Grundsteinlegung der Franckeschen Stiftungen
1817	Vereinigung der Universitäten Wittenberg und Halle
1832	Erster Spatenstich für das Universitätshauptgebäude
1948	Halle wird Hauptstadt des Landes Sachsen-Anhalt
1952	Erste Händelfestspiele; Halle wird Bezirkshauptstadt
1990	Konstituierung des Landtags von Sachsen-Anhalt und Entscheidung der Hauptstadtfrage zugunsten von Magdeburg
1990	Eröffnung des Bio-Zentrums im Wissenschafts- und Innovationspark
1995	Wiedereröffnung des restaurierten Haupthauses der Franckeschen Stiftungen
2006	Stadtjubiläum 1200 Jahre Halle

Das **Händel-Haus (2)** (Ecke Große Nikolaistraße/Kleine Ulrichstraße) erinnert an Halles berühmten Sohn Georg Friedrich Händel. Er wurde am 23. Februar 1685 im Haus „Zum gelben Hirsch" als Kind eines Leibchirurgen geboren. Er verbrachte jedoch nur die ersten 18 Jahre seines Lebens in Halle. Von seinem siebten Lebensjahr an besuchte Händel das Stadtgymnasium (auf dem Gelände des heutigen Universitätsplatzes), nahm später Orgelunterricht und schrieb sich 1702 an der nur wenige Jahre zuvor gegründeten halleschen Universität für ein Jurastudium ein. Von 1702 bis 1703 war er Organist und Kantor an der Domkirche. Danach verließ er seine Geburtsstadt zunächst in Richtung Hamburg, reiste dann über Italien und Hannover schließlich nach London, wo bis zu seinem Tod 1759 der Großteil seiner Kompositionen entstand.

Das Geburtshaus Händels wurde 1985 rekonstruiert und beherbergt seitdem das Musikmuseum der Stadt Halle. 1955 wurde hier die Händelgesellschaft gegründet, die mittlerweile über 1.000 Mitglieder aus mehr als 16 Ländern zählt. Seit 1952 finden jedes Jahr im Juni die Händel-Festspiele in Halle statt, bei denen Werke von Händel sowie Kompositionen seiner Zeitgenossen aufgeführt werden. Inzwischen besitzen diese Festspiele weltweit hohe Beachtung.

Die unter Kardinal Albrecht umgebaute **Marktkirche (3)** befindet sich auf der Westseite des Marktplatzes. An ihrer Stelle standen ursprünglich zwei kleine romanische Kirchen: westlich die 1121 für die Salinenvorstadt errichtete Kirche St. Gertrauden und östlich die zwanzig Jahre später für die Bergstadt errichtete Kirche St. Marien. 1529 wurde zwischen die jeweiligen Turmpaare der kleineren Kirchen eine spätgotische Halle eingespannt. Noch in der Bauphase des Gotteshauses hielt Justus Jonas, ein enger Vertrauter Luthers, hier 1541 die erste lutherische Predigt in der Stadt Halle. Vier Jahre später predigte dann Luther selbst von der Kanzel der Marktkirche und erneut am 25. Januar 1546, kurz bevor er in Eisleben am 18.2.1546 verstarb.

Abb. S28: Das Händeldenkmal (Foto: C. Kaiser)

Fast 140 Jahre nachdem Luthers Leichnam auf dem Weg nach Wittenberg in der Marktkirche aufgebahrt lag, wurde Georg Friedrich Händel in der Marktkirche getauft und erhielt dort später Orgelunterricht. Auf dem Marktplatz wurde Händel 1859 anlässlich seines 100. Todestages ein Denkmal aus Bronze gesetzt (Abb. S28). In dieser Darstellung blickt er nach Westen in Richtung seines Lebensweges, vor ihm ein Notenpult mit der Partitur des Messias.

Der Begründer der **Franckeschen Stiftungen (4)** (Franckeplatz 1), der Pietist, Philologe und Pädagoge August Hermann Francke (1663–1727), folgte 1692 einem Ruf als Professor für griechische und orientalische Sprachen und später Theologie an die soeben gegründete Universität in Halle. Gleichzeitig nahm er eine Stelle als Pfarrer der Kirchengemeinde Glaucha vor den Toren der Stadt an, wo er mit Armut, Sittenverfall, Kriminalität und Verwahrlosung konfrontiert wurde. Als Vertreter des Pietismus, einer religiösen Bewegung innerhalb des Protestantismus, wollte er mit der Rückbesinnung auf Werte der Frömmigkeit, Ehrfurcht, Selbstdisziplin und Nächstenliebe die Missstände in seiner Gemeinde beheben. Besonders nahm er sich dabei der Bildung und Erziehung der Waisen an.

Den Grundstein für das Hauptgebäude der Waisen- und Armenanstalt legte Francke im Juli 1698 (Abb. S29). Bald kamen auch höhere Schulen für Kinder des Bürgertums und des Adels, eine Naturalienkammer für den Anschauungsunterricht, Bibliotheken und eine Krankenanstalt, die als erste Universitätspoliklinik Deutschlands gilt, hinzu. Die Stiftungen verfügten

Abb. S29: Hauptgebäude - Franckesche Stiftungen (Foto: T. Skupien, 2005)

rasch über einen solch guten Ruf, dass auch aus dem Ausland Pensionsschüler nach Halle kamen, um ihre Ausbildung zu erhalten. Begabte Kinder aus den unteren Volksschichten erhielten gebührenfrei die Möglichkeit, ebenfalls die höhere Schule besuchen zu können. Zur Finanzierung dieser „Schulstadt" errichtete Francke auf dem Gelände eine Buchdruckerei, eine Buchhandlung, die Cansteinsche Bibelanstalt, eine Apotheke mit weltweitem Medikamentenverkauf sowie ein Back- und Brauhaus und erwarb zusätzliche Güter, Gärten und Felder vor den Toren der Stadt.

Wurden die pädagogischen Anstalten Franckes zunächst vor allem vom preußischen König Friedrich WilhelmI. aufgrund der dort herrschenden Disziplin und Strenge geschätzt, erfuhr die pietistische Erziehung jedoch vor allem aus den Reihen der zeitgenössischen Frühaufklärer der halleschen Universität zunehmend Kritik. Als Francke am 8. Juni 1727 starb, lernten bereits 2.215 Schüler in den Stiftungen.

1946 wurde die bis dahin weitergeführte selbständige und gemeinnützige Einrichtung der Martin-Luther-Universität eingegliedert und weitgehend dem Verfall preisgegeben. Zudem mussten einige Gebäude seit 1970 dem Bau einer das gesamte Ensemble brutal einengenden Hochstraße weichen. Seit 1992 existieren die Franckeschen Stiftungen wieder. Inzwischen konnte ein beachtlicher Teil der Gebäude mit Fördermitteln vor allem des Kultusministeriums Sachsen-Anhalt, der Stadt Halle, der Deutschen Stiftung Denkmalschutz, der Deutschen Bundesstiftung Umwelt sowie der Volkswagenstiftung saniert werden (gesamter Finanzbedarf von 125 Mio. Euro). In der Zwischenzeit wurde ein Nutzungskonzept für etwa zwanzig pädagogische, soziale, wissenschaftliche und kulturelle Einrichtungen auf dem Gelände erarbeitet und zum größten Teil bereits umgesetzt. Im März 2002 konstituierte sich die neu ins Leben gerufene Bundeskulturstiftung mit Sitz in den Franckeschen Stiftungen. Damit findet die traditionsreiche Institution eine neue Bestimmung und die Stadt Halle eine unschätzbare Aufwertung im kulturellen Sektor.

Aufklärungsgedanke und Gründung der Universität waren eng miteinander verknüpft. Nachdem Kardinal Albrecht Mitte des 16. Jh. seine katholische Lehranstalt schließen musste, verfügte Halle lange Zeit über keine herausragende Hochschule. Erst als die Stadt 1680 Sitz der Landesregierung des Kurfürstentums Brandenburg wurde, wurde der Ruf nach einer eigenen Universität laut. 1690 hatte der in Leipzig geborene Jurist Christian Thomasius (1655–1728) ein privates Kolleg in Halle eröffnet. Er gilt als der Führer der deutschen Frühaufklärung, lehrte und publizierte als erster überwiegend nicht in lateinischer, sondern in deutscher Sprache und säkularisierte das Strafrecht. Seine Vorlesungen hielt er zunächst in seiner Wohnung, bis der Rat der Stadt ihm hierfür einen Raum im Waagehaus am Markt zur Verfügung stellte. 1691 lernte Kurfürst Friedrich III. Thomasius kennen und stimmte der Bildung einer staatlichen Universität zu. Der Kurfürst sah die Notwendigkeit, Akademiker vor Ort für den preußischen Staat und Verwaltungsapparat auszubilden und die Abwanderung von begabten jungen Bürgern an die benachbarten Universitäten in Leipzig oder Jena zu verhindern. 1694 erfolgte die feierliche Eröffnung der Universität Friedericiana. Als Hauptgebäude der Universität (Bibliothek und Auditorium maximum) diente die Waage neben dem alten Rathaus. Ein Großteil der Lehrveranstaltungen fand jedoch weiterhin in den Privaträumen der Professoren statt. Deren zum Teil sehr repräsentative Wohnhäuser befinden sich hauptsächlich im Viertel um den Großen Berlin und die **Große Märkerstraße (5)**. Als einer der führenden Vertreter der deutschen Aufklärung kam 1707 Christian Wolff (1679 bis 1754) als Professor nach Halle und lehrte dort reine und angewandte Mathematik sowie Philosophie. Zum „Religionsfeind“ erklärt, musste er 1723 Halle verlassen und ging als Professor nach Marburg, wurde aber 1740 von Friedrich dem Großen zurückgeholt. Das Christian-Wolff-Haus (Haus Nr. 10) beherbergt seit 1954 einen Teil des Stadtgeschichtlichen Museums.

Die hallesche Universität erlangte sehr schnell überregionale Bedeutung. Um 1800 war sie als Zentrum der Aufklärung die bestbesuchte und bedeutendste Bildungseinrichtung Deutschlands. Während der Blütezeit der

Universität wurde Dorothea Christiane Erxleben hier 1754 als erste Frau an einer deutschen Universität zum Doktor der Medizin promoviert, und von 1727 bis 1739 studierte hier mit Anton Wilhelm Amo aus Ghana der erste Afrikaner an einer europäischen Hochschule.

Am **Universitätsplatz (6)** lässt sich der Übergang von den Anfängen bis zur heutigen Martin-Luther-Universität Halle-Wittenberg nachvollziehen. Nach der napoleonischen Besetzung gelangte Halle 1815 zur Provinz Sachsen des Königreiches Preußen. Die Universität in Wittenberg gehörte nun zur gleichen Verwaltungseinheit, war jedoch inzwischen längst nicht mehr so bedeutend wie Halle. Um Kosten zu sparen, fiel der Entschluss, beide Universitäten am Standort Halle zu vereinen. Dies erfolgte 1817 unter dem Namen „Vereinigte Friedrichs-Universität Halle-Wittenberg". Für die expandierende Universität wurde 1832 bis 1834 auf dem Gelände des früheren Franziskanerklosters und Stadtgymnasiums ein spätklassizistisches Auditoriengebäude (das heutige Löwengebäude) neu errichtet. Schon bald reichten jedoch auch diese Räumlichkeiten nicht mehr aus, so dass bereits 1872 ein neues Rektoratsgebäude („Uhrengebäude") und weitere Seminargebäude (Robertinum 1889, Melanchthonianum 1900/02, Thomasianum 1910) am Universitätsplatz hinzukamen. Im Oktober 1998 wurden der Neubau des Juridicums und im Frühjahr 2002 - als die Universität ihr 500-jähriges Jubiläum feierte - des modernen Auditorium maximum auf dem Gelände eingeweiht (Abb. S30).

Abb. S30: Das moderne Audimax der Universität wurde 2002 eingeweiht (Foto: Kaltwaßer, 2002)

Bereits während des 18., aber vor allem während des 19. Jahrhunderts dehnten sich die Fakultäten und Institute über weite Teile der Stadt aus. Die Universitätsbibliothek zog ab 1878 in die Gebäude an der August-Bebel-Straße um. Die Universitätskliniken expandierten ab 1884 auf das Klinikgelände an der Magdeburger Straße. Heute befinden sich universitäre Einrichtungen auch in Kröllwitz, am Gimritzer Damm und am Weinbergweg.

Den Namen des Reformators Martin Luther erhielt die Universität 1933 anlässlich dessen 450. Geburtstages. Nach kriegsbedingter Schließung wurde die Universität Anfang 1946 wieder eröffnet. Durch die Integration der Pädagogischen Hochschule Halle-Köthen und von Teilen der Technischen Hochschule Leuna-Merseburg erfuhr die Universität 1993 eine erhebliche Erweiterung. Die Studierendenzahlen stiegen seitdem kontinuierlich an. Waren im Wintersemester 2000/2001 bereits 13.841 Studierende an der Martin-Luther-Universität eingeschrieben, waren es im Wintersemester 2004/2005 bereits 19.306. Die Zahl der ausländischen Studenten stieg auf 1.569. Außer der Martin-Luther-Universität existieren in Halle mit der Burg Giebichenstein - Hochschule für Kunst und Design, an der knapp 1.000 Studierende eingeschrieben sind, und mit der Evangelischen Hochschule für Kirchenmusik zwei weitere bedeutende Hochschulen.

Am letzten Exkursionsstandort **Opernhaus (7)** (Universitätsring 24) soll auf diese Einrichtung eingegangen werden und ein kurzer Überblick über die weiteren kulturellen Angebote der Stadt erfolgen (Abb. S31). Bis ins 19. Jh. hinein war Theaterspielen im pietistischen Halle eher verpönt. Von August Hermann Francke stammt der Satz: „Ein Theater in der Nähe einer

Abb. S31: Das klassizistische Ensemble des Universitätsplatzes (mit dem neuen Juridicum im Vordergrund) sowie die Oper (oben rechts) (Foto: MLU, Abt. Öffentlichkeitsarbeit, 1998)

Universität ist so gut als ein Bordell." Die erste feste Spielstätte Halles, die so genannte „Kunstscheune", wurde erst 1837 errichtet, nachdem hier die Stadtmauern geschliffen und die Porphyrkuppe des Kleinen Petersberges zum Teil abgetragen wurde. Als sich die Anforderungen der Bühnentechnik gegen Ende des 19. Jh. rasch wandelten, wurde das heutige Opernhaus - den ästhetischen Bedürfnissen des Bildungsbürgertums entsprechend - im wilhelminischen Stil an der gleichen Stelle errichtet. Zur damaligen Zeit war es mit seiner Elektrifizierung das technisch modernste Theater Deutschlands und bot 1.000 Zuschauern Platz. Bei einem Bombenangriff 1945 wurde das Theater schwer beschädigt, so dass Aufführungen erst wieder 1951 stattfanden. Ein besonderer Schwerpunkt liegt auf der Inszenierung der Opern Händels.

Wichtigste Schauspielstätten in Halle sind zum einen das Große Thalia-Theater (Kardinal-Albrecht-Straße), das 1952 unter dem Namen „Theater der Jungen Garde" als Jugendtheater vor allem mit dem Ziel der politischen Erziehung gegründet wurde, jedoch auch jugendgemäße Theaterinszenierungen auf die Bühne brachte. Seit 1987 gibt es zudem das „Kleine Thalia" (Thaliapassage) als Bühne für zeitgenössische Dramatik. Beide Bühnen spielen seit der „Wende" mit verändertem Profil erfolgreich weiter. Zum anderen besteht seit 1981 das „neue theater" (nt) in der Großen Ulrichstraße, das bereits zu DDR-Zeiten durch seine kritischen Inszenierungen klassischer wie zeitgenössischer Dramen einen sehr guten Ruf weit über Halle hinaus erlangte. Von 1980 bis 2005 leitete der auch als Tatort-Kommissar bekannte Schauspieler und Regisseur Peter Sodann die Geschicke des neuen theaters, das heute Teil der „Kulturinsel Halle" ist.

Zu den bedeutenden Museen Halles gehören die Staatliche Galerie Moritzburg (größtes Kunstmuseum Sachsen-Anhalts, v. a. Sammlungen zur deutschen Malerei im 19. und 20. Jahrhundert), das Händel-Haus (Musikmuseum), die Franckeschen Stiftungen, das Stadtmuseum Halle (u. a. im Christian-Wolff-Haus), das Geiseltalmuseum in der Neuen Residenz (Domstraße), das Landesmuseum für Vorgeschichte (Richard-Wagner-Straße) und das Technische Halloren- und Salinemuseum (Mansfelder Straße). Im Jahr 2000 zog das „Beatles-Museum" von Köln nach Halle, wo seit dem die Erfolgsgeschichte der legendären Band dokumentiert wird.

Seit Oktober 1998 hat das 1946 gegründete Philharmonische Staatsorchester mit der Georg-Friedrich-Händel-Halle auf dem Gelände der „Spitze" am Hallorenring zum ersten Mal eine eigene Spielstätte, deren Errichtung etwa 63 Mio. DM kostete und mit ihrer guten Akustik Platz für 1.500 Besucher bietet. Geboten werden neben Konzerten des Philharmonischen Staatsorchesters auch Musicals und andere Großveranstaltungen.

Wolfgang Walossek/Frank Winde/Günter Zinke

Die Saaleaue – Nutzungskonflikte und -möglichkeiten zwischen Naturraum, Naherholung und Umweltproblemen

Exkursionsroute: Halle, Döllnitz, Planena, Rattmannsdorf, Halle-Silberhöhe, Halle-Neustadt, Halle-Zentrum, Giebichenstein, Kröllwitz/Trotha (Tagesexkursion)

Ziel: Die Exkursion soll veranschaulichen, dass die Saaleaue ein hydrologisch-wasserwirtschaftlich und ökologisch besonders beanspruchtes und anthropogen stark verändertes Gebiet ist. Folgende Merkmale seien hierfür genannt: Geringstes Wasserdargebot (Lage im „Mitteldeutschen Trockengebiet"); vor der Wende höchster Wasserbedarf und Abwasserkonzentration innerhalb Ostdeutschlands (Bevölkerungs-, Bergbau- und Industrieballungsgebiet) und seit der Wiedervereinigung tiefgreifende Veränderungen hin zu innovativer Industrie im Chemiedreieck. Auf der anderen Seite folgten in den 1990er Jahren die Inbetriebnahme eines der modernsten Wasserwerke Deutschlands in Beesen, der Groß-Kläranlage Halle-Nord, die derzeitige Entstehung einer „Seenplatte" im Bereich zahlreicher ehemaliger Braunkohlentagebaue, die Aufwertung der Saaleaue und der Stadt Halle durch die Verbesserung der Luft- und Gewässergüte, die Ausweitung der Erholungsmöglichkeiten, des Hochwasserschutzes und der Renaturierungsmaßnahmen sowie die Unterschutzstellung zahlreicher neuer Naturschutzgebiete.

Exkursion: Die 27 km lange Weiße-Elster-Luppe-Niederung zwischen Leipzig und Halle ist an der **Weißen Elster bei Döllnitz/Hubschütz (1)** (500 m südöstlich von Döllnitz) ca. 4 km breit und anthropogen stark verändert. Dies geht auf die Regulierungs- und Hochwasserschutzmaßnahmen sowie die bergbauliche Tätigkeit im 20. Jh. zurück. Markante Beispiele sind der Bau des 35 km langen Neue-Luppe-Bettes (1933/34) bzw. der 11 km langen Elsterflutrinne (1958–1971) oder die zur Sicherung des ehemaligen Braunkohlentagebaus Merseburg-Ost (Abbau 1971–1991) errichteten Schöpfwerke in Oberthau, Raßnitz und Lochau. Gegenwärtig entstehen hier als Teil einer „Seenplatte" durch Grundwasserwiederanstieg (seit 1991) bzw. durch Flutung mit Weiße-Elster-Wasser (1998–2000) die Tagebaurestlochseen Wallendorf (390 ha Wasserfläche, ca. 41 Mio. m^3 Wasserinhalt, Erholungssee mit Naturschutz) und Raßnitz (314 ha, 47 Mio. m^3, Landschaftssee).

Das Hubschütz Döllnitz verteilt das Hochwasser auf den alten Lauf der Weißen Elster und die Steinlache. Unterhalb hiervon kann es zur Überlage-

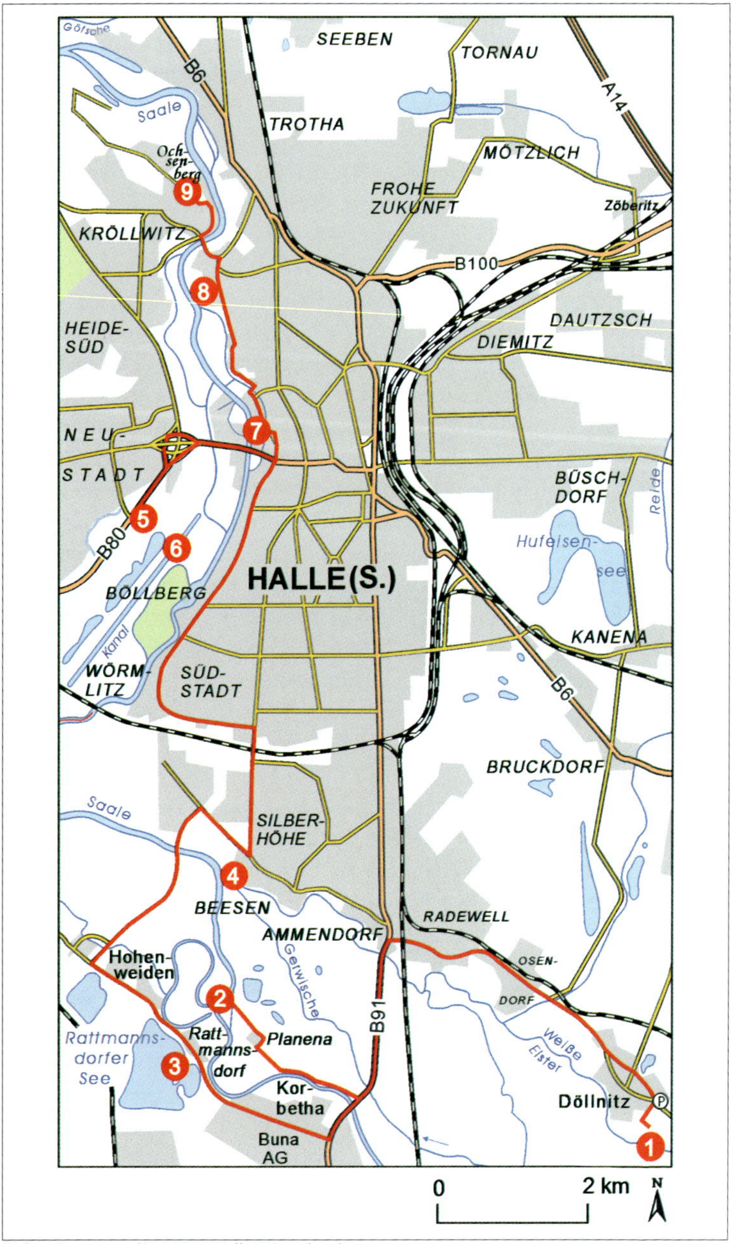

Exkursionsroute (© MLU Halle-Wittenberg)

rung der Hochwasserwellen von Weißer Elster und Saale kommen, so dass dann nahezu die gesamte Aue unter Wasser steht. Solche Überflutungen sind jedoch wichtig für die Existenz der Auenwälder, den Hochwasser-Rückhalt, die Grundwasser-Neubildung und die Filterung des Oberflächenwassers.

Bei der kurzen Wanderung von Döllnitz zum Hubschütz wird die Auenlandschaft erlebbar. Das Gebiet, das sich östlich an das Landschaftsschutzgebiet Saale bis zur Landesgrenze zu Sachsen anschließt, wurde als Landschaftsschutzgebiet Elster-Luppe-Aue 1993 ebenfalls unter Schutz gestellt. Östlich der Bahnlinie Halle-Erfurt befinden sich mehrer Naturschutzgebiete (Auenlandschaft Döllnitz, Burgholz und Kollenbeyer Holz), die seit 1998 zum großen Naturschutzgebiet „Saale-Elster-Aue bei Halle“ (915 ha) zusammengefasst wurden. Es ist mit seinen Gehölz-, Schilf- und Wiesenflächen neben seiner Funktion als Aufenthaltsraum für Winter- und Durchzugsgäste botanisch und zoologisch durch einen außerordentlichen Reichtum von seltenen Arten gekennzeichnet. Mit der geplanten ICE-Trassenführung durch die Elster-Saale-Aue und den in Diskussion befindlichen Saaleausbau ergeben sich jedoch beträchtliche Nutzungskonflikte.

Die **Schleuse Planena (2)** (200 m westl. der Ortslage) wurde im Zuge der Regulierung der Saale von Halle bis Weißenfels (insgesamt 10 Schleusen) 1817–1820 für 240-t-Schiffe errichtet und dient heute fast ausschließlich dem Tourismus auf der Saale (Abb. S32).

Abb. S32: Schleuse Planena mit Blick auf das neue Kraftwerk (Foto: G. Zinke, 1995)

Das Wehr Planena wurde 1973/74 zu Zwecken der Hochwasserableitung, Brauchwasserversorgung für die Buna-Werke sowie zur Grundwasseraufhöhung des Wasserwerkes Beesen erbaut. Oberhalb des Wehres befinden sich der Pegel und eine automatische Wassergütemessstation. Gleichzeitig wurde der 3,4 km lange Mäander (Flussschlinge) durchstochen. Der über 6 km lange Hollebener Mühlengraben erhält seitdem nur über ein Zulaufrohr von der Saale zum Hohenweidener Altarm (der seitdem bereits stark verlandet ist) Zufluss. Das Gebiet umfasst mehrere Auenwaldreste, die unter Naturschutz stehen. 8 kleinere Seen, die auf den Abbau von Ziegelton (1870 bis 1920) im Umfeld von Planena zurückgehen, beleben die Aue und stellen wertvolle Habitate dar. Durch Grundwasserabsenkung sind sie in ihrem Bestand leider gefährdet.

Die **Rattmannsdorfer Kiesgrube (3)** wurde zwischen 1965 und 1975 zu Zwecken der Kiesgewinnung überwiegend für den Aufbau des Chemiewerkes Buna II geschaffen. Der See stellt heute das zweitgrößte Standgewässer (76 ha, 5–10 m tief) der halleschen Umgebung dar. Er wird zu Erholungszwecken und als Angelsee (DAV) genutzt. Gleichzeitig stellt er einen wertvollen Lebensraum für Wasservögel dar. Die Wasserqualität hat sich seit Aufgabe der Bunawerke (Luftverunreinigung) und Verbesserung der Saalewassergüte wesentlich verbessert. Beliebt bei Badenden ist auch der benachbarte 12,8 ha große Kiesgrubensee Hohenweiden. Über den See wird der Blick auf das neue Eon-Braunkohlengroßkraftwerk (900 MW) in Schkopau frei.

Vom Buntsandsteinhang (Halle-Silberhöhe in Höhe der Mündung der Weißen Elster in die Saale) hat man einen guten Überblick über die hier 3 km breite **Saale-Weiße-Elster-Aue (4)**. Geomorphologisch handelt es sich hierbei um eine Salzauslaugungsniederung. Bei Hochwasser ist die Aue nahezu komplett überflutet. Die Ortslagen Planena, Röpzig und Burg sind dann häufig vom Hochwasser eingeschlossen.

Nördlich der Weißen Elster befindet sich das alte Wasserwerk Beesen. Dieses wurde 1868 in Betrieb genommen und ständig erweitert (max. 70.000 m^3/Tag). Die denkmalgeschützten Gebäude sind noch vorhanden und werden z. T. durch das Erlebnisbad „Maya Mare“ genutzt (Abb. S33). Bereits 1955 begann man mit der künstlichen Anreicherung des Grundwassers durch Zuführung von Oberflächenwasser der Saale. 1993 wurde hier, südlich der Weißen Elster, mit einem Investionsvolumen von über 70 Mio. DM ein neues Wasserwerk errichtet. Dieses hat Demonstrationscharakter für schwer aufzubereitende Wässer (u. a. Sauerstoffanreicherung/Ozonierung/Aktivkohlefilterung). Das neue Werk hat eine Kapazität von 60.000 m^3 pro Tag.

Der technologische Weg der Wasseraufbereitung führt über verschiedene Etappen. Dazu gehört eine Vorreinigung des Saalewassers durch Intensivbelüftung, Flockung und Sedimentation. Danach gelangt das Wasser in die Infiltrationsbecken. In diesen versickert es durch filternde Feinsandschichten zum Grundwasser. Danach erfolgt die wichtige Bodenpassage zu den Heberbrunnen. Das gewonnene Trinkwasser besteht somit zu 10 % aus natürlichem Grundwasser, Infiltrat (65 %) und Uferfiltrat (25 %). Die Feinaufbereitung, Chlorung, Mischung mit Fernwasser und Speicherung in

Abb. S33: Altes Wasserwerk Beesen (heute Erlebnisbad „Maya Mare"); südlich der Weißen Elster: das neue Wasserwerk (Foto: G. Zinke, 2001)

der Erdbehälteranlage Silberhöhe (50.000 m³) stellen die technologischen Endstufen dar. Seit dem Jahr 2000 erschließt ein 7 km langer Trinkwasserlehrpfad mit 11 Schautafeln den Trinkwassererfassungsbereich der Aue für die Bevölkerung.

Das Hochwassergebiet der Saaleaue ist bereits 1935 durch Errichtung des **Passendorfer Hochwasserdeiches (5)** (östl. der B 80) um 1 km eingeschränkt worden. Auch die Trasse der von Halle nach Neustadt führenden Magistrale trennt die Aue, so dass sich bei Hochwasser besonders die Rennbahn und die südlich davon gelegenen Auenbereiche durch Wasserrückstau sehr schnell und weiträumig (über 3 km Länge bis zur Kasseler Bahn) mit Wasser füllen (Abb. S35).

Abb. S34: Brunnengalerie am südöstlichen Stadtrand von Halle-Neustadt zur Absenkung des Grundwasserspiegels (Foto: G. Zinke, 2001)

Mit dem Beschluss zur Erbauung der Chemiearbeiterstadt

Abb. S35: Hochwasser in der Saaleaue zwischen Halle und Halle-Neustadt (Foto: G. Zinke, 1979)

Halle-West/-Neustadt in der durch Grundwassereinfluss geprägten Saaleaue ergab sich aus hydrologisch-ingenieurgeologischer Sicht ein weiteres Problem: Um den östlichen Teilen der (zukünftigen) Stadt einen sicheren Baugrund zu gewähren, musste hier zwischen 1965 und 1967 eine 3 km lange, aus 140 Brunnen bestehende Grundwasserabsenkungsgalerie errichtet werden. Die zum Betrieb notwendigen Einzelbrunnen sind am östlichen Stadtrand von Halle-Neustadt überall erkennbar (Abb. S34). Mit ihnen wird der Grundwasserstand bis auf 3–6 m unter Flur abgesenkt. Das geförderte Grundwasser wird seitdem ungenutzt über den Roßgraben bzw. direkt zur Saale abgeleitet. Im Zuge der Entwicklung von Halle-Neustadt mussten auch die vorher diesen Raum entwässernden Bäche technisch „gefasst" werden. So wurde der 8,2 km lange Zscherbener Bach/Roßgraben teilweise verrohrt, durch den Kirch- und den Dreiecksteich geleitet und durch ein Siel unter dem Hochwasserschutzdeich hindurch über die Rennbahn zur Elisabethsaale geführt. Bei Hochwasser wird das Siel geschlossen, ein Schöpfwerk hebt dann das anfallende Wasser über den Deich in die Aue.

Am nächsten Standort, der **Brücke an der Regattastrecke (6)** (500 m weiter östl. von Standort 5), führt der Fußweg durch die Aue vorbei an zwei als Badegewässer genutzten Kiesgrubenseen. Die 19 (Nordtrog) bzw. 5,5 ha (Südtrog) großen Gewässer entstanden im Zuge des Aufbaus von Halle-Neustadt. Beide fungieren als (wilde) Bade- und Angelgewässer sowie als Habitat.

Gegenüber verläuft der zweigeteilte Kanal; er entstand als Südflügel des (geplanten) Mittellandkanals in den Jahren 1937/38. Der nördliche Teil dient als Trainings- und Regattastrecke des Rudersports; der südliche Teil als Angelstätte und Habitat. Beide Gewässer sollten Bestandteil eines geplanten Großschifffahrtsweges für 1000-t-Schiffe werden, der den Mittellandkanal-Nordflügel und Magdeburg mit Halle und Leipzig-Lindenau (Kanalhafen) verbinden sollte. Mit Ausbruch des Zweiten Weltkrieges wurden weitere Baumaßnahmen eingestellt.

Gegenwärtig hat man die Ausbaupläne für 1350-t-Schiffe (so genannte Euro-Schiffe) wieder aufgenommen. Durch die völlig veränderten Standortbedingungen und das gewachsene Umweltbewusstsein gibt es jedoch auch erhebliche Kritik wegen der Unwirtschaftlichkeit und den zu erwartenden ökologischen Schäden.

Die Sensibilität der Aue bestätigen auch die letzten, gerade unter Naturschutz gestellten Auenwaldreste der Saaleaue im Exkursionsgebiet. Dies sind (von S nach N): Hohenweidener, Abtei- und Beesener Holz, Pfingstanger bei Wörmlitz, Rabeninsel und Saaleaue bei Böllberg, Nordspitze Peißnitz, Amselgrund und Forstwerder.

Von der Kanalbrücke sind der geschützte Park Pulverweiden und das Naturschutzgebiet Rabeninsel (ca. 90 ha) jenseits der Regattastrecke zwischen Wilder und Stromsaale gelegen, gut erreichbar. Der Gehölzbestand der Rabeninsel ist der wertvollste noch geschlossen erhaltene Auenwald innerhalb der Stadt. Das Schutzgebiet bildet zudem eine natürliche Überschwemmungsfläche mit vernässten Ruderalflächen und Röhrichten sowie allen positiven Merkmalen von naturnahen Flussabschnitten der Wilden Saale. Dies trifft vor allem hinsichtlich der artenreichen Tier- und Pflanzenwelt zu. Der Hartholzauenwald der Insel setzt sich vorrangig aus Stieleichen und Eschen sowie teilweise jüngeren Ulmen zusammen.

Die Rabeninsel als bewaldeter Werder war seit jeher ein beliebtes Ausflugsziel, eine Fähre verkehrte bis 1992. Im Jahre 2000 wurde von der Böllberger Seite zur Insel eine Brücke errichtet - ein Kompromiss zwischen Naturschutz und Erholungsnutzung.

Die **Klausbrücke am Mühlgraben (7)** wurde bereits 1170 als „Untere Brücke“ urkundlich erwähnt. Sie gehört zusammen mit der Schieferbrücke („Mittlere Brücke“) und der ebenfalls in Richtung Eisleben die Saale querenden Elisabeth- bzw. „Oberen Brücke“ zu den ältesten Brückenbauwerken der Stadt. Unter dem östlichen Bogen der Klausbrücke befindet sich die Mündung der ehemaligen Gerbersaale (Abb. S36). Dieser Nebenarm der Saale, der einst westlicher Teil der ringförmigen Stadtgrenze war und die hier ansässigen Gerbereien mit Wasser versorgte, wurde bereits 1894 im Zuge der Kanalisierung

Abb. S36: Neue Residenz mit Mühlgraben und Klausbrücke sowie einmündender „Gerberöhre“ (Foto: F. Winde)

des Stadtgebiets verrohrt und überbaut. Er verläuft seitdem in einem 5 m breiten und ca. 3 m hohen Tunnel (Gerberröhre) unter dem Hallorenring.

Der Mühlgraben ist ein natürlich entstandener Nebenarm der Saale, die hier gefällebedingt verwildert war. Die von den Mönchen des Klosters Neuwerk 1225 errichtete Neue Mühle gab ihm später dann den Namen. 50 m unterhalb der Klausbrücke zweigt nach links die so genannte, bereits 1667 erwähnte „Hulbe“ zur Stromsaale ab, die den Mühlgraben bei Hochwasser entlastet. Der Mühlgraben diente fast 400 Jahre lang der Trinkwasserversorgung von Halle (Alte Wasserkunst 1476-1868). Mitte des 19. Jh. führte jedoch die Verschmutzung des Mühlgrabens mit Abwässern der stark angewachsenen Stadtbevölkerung und der beginnenden Industrialisierung zwischen 1831 und 1866 zu insgesamt vier verheerenden Typhus- und Choleraepidemien. Nach der Verlagerung der Trinkwassergewinnung in die Saale-Weiße-Elster-Aue nach Beesen 1868 wurde um die Jahrhundertwende auch mit dem Bau des städtischen Kanalisationsnetzes und der Errichtung von Kläranlagen (z. B. Tafelwerder 1915) begonnen. Kernstück der Kanalisation ist der weitgehend parallel zu Gerbersaale, Mühlgraben und Stromsaale verlaufende Abwasserhauptsammler zur Kläranlage Tafelwerder in Trotha, der 1928 mit einer Länge von 10,4 km fertiggestellt wurde. Er leitet heute neben den Abwässern aus den Haushalten und Betrieben auch das von den Straßen abfließende Regenwasser ab. Über Regenwasserüberläufe gelangen neben dem Mischwasser auch Stäube und Feststoffe in die Saalearme und bildeten hier zusammen mit Industrieschlämmen bis zu 2 m mächtige Ablagerungen. Eine Übersicht über die historischen Hochwasserstände des 16. bis 18. Jh. am Mühlgraben bieten die am Gebäude der Neuen Mühle angebrachten Hochwassermarken (Höchstwasserstände vom 2.3.1595 und 25.2.1799, vgl. Abb. E13).

Von **Lehmanns Felsen (8)**, 30 m über der Saale, hat man einen ausgezeichneten Rundblick über das sich von 300 m (1 km oberhalb) auf

80 m verengende Saaletal. Dadurch erfolgt bei Hochwasser ein Rückstau in die oberhalb liegende Saale-Auslaugungsniederung. Fast nirgendwo wird deutlicher, dass Halle eine attraktive und grüne Stadt ist, durchzogen vom ökologischen Rückgrat der Saaleaue. Von der Anlegestelle der Weißen Flotte an der Saalepromenade starten zur Zeit 4 Touristenschiffe in das reizvolle Saaletal flussabwärts bis nach Wettin bzw. Rothenburg/Georgsburg.

Der Blick von hier lässt über der Flussinsel der Peißnitz nahezu den gesamten halleschen Süden und im Westen die Silhouette von Halle-Neustadt erkennen (Abb. S37). Der südlichste Teil der Peißnitzinsel wird vom Gimritzer Park eingenommen. Dieser geschützte, im englischen Stil angelegte Park umfasst eine Fläche von ca. 6ha und weist zahlreiche dendrologische Besonderheiten auf. Mit dem Erwerb des Gutsbezirkes Gimritz durch die Stadt Halle 1888 begann die Erschließung der Insel für die städtische Bevölkerung. Ab 1968 wurde auf der Peißnitzinsel ein Kulturpark eingerichtet (760 ha, Ausstellungshallen, Freilichtbühnen, Pioniereisenbahn/heute Peißnitzexpress, Planetarium, ca. 2 Mio. Besucher/Jahr). An diesem Saaleabschnitt finden bereits seit 1926 alljährlich das größte hallesche Volksfest, das Laternenfest, sowie andere Freiluftveranstaltungen statt.

Daran schließt sich das Naturschutzgebiet Nordspitze Peißnitz an. Es setzt sich als funktionstüchtiger Auenwaldrest (ca. 23 ha) vor allem aus naturnahen

Abb. S37: Blick von Lehmanns Felsen über die Saaleaue nach Halle-Neustadt (Foto: M. Frühauf)

Harthölzern zusammen bei einem größeren Bestand von Alteichen sowie einem beachtenswerten Totholzanteil. Während des „Jahrhunderthochwassers" vom April 1994 war der Bereich der Peißnitzinsel flächenhaft zwischen 1,5 und 2 m hoch überstaut, dies zeigt die Probleme der Nutzungskonflikte nach der Bebauung im Hochwasserbereich der Aue auf.

Von der Porphyrkuppe des 120 m hohen **Ochsenbergs (9)** bietet sich ein sehr guter Überblick über die Stadt Halle und das Durchbruchstal der Saale (Abb. S38). Unmittelbar nördlich des Porhyrriegels und östlich der Saale erkennt man das Naturschutzgebiet Forstwerder, das neben Resten der Hartholzaue auch bedrohte Vogelarten und Amphibien beherbergt.

Abb. S38: Blick vom Ochsenberg auf Halle (Foto: S. Koch, 2002)

Andere, ebenfalls von hier erkennbare Naturschönheiten, wie das NSG Brandberge, die Kiesgrubenseen Kröllwitz und der Saalealtarm Tafelwerder des nördlichen Stadtgebietes, sollen zukünftig mit dem Götsche- sowie dem Reidetal (nordöstliches und östliches Stadtgebiet) zu einem Naturschutz- und Biotopverbund-System zusammengefasst werden.

Unmittelbar in nördlicher Richtung erkennt man den Abzweig des Schleusenkanals mit der Schleuse Trotha. Sie wurde bereits 1694 erbaut, 1874 erneuert und 1980 rekonstruiert und dient bis heute der Passage von 240-t-Schiffen. Auch der Schleusengraben fand schon im 17. Jh., der Trothaer Mühlengraben mit der Wassermühle sogar bereits 1121, erstmals Erwähnung (20 historische Hochwassermarken). Hier befindet sich auch der Unterpegel Halle-Trotha, über den das hydrologische Geschehen der Saale erfasst wird. Der mittlerer Abfluss beträgt hier ca. 100 m^3/s bei einem mittleren Wasserstand von 208 cm. Hinweise auf historische Hochwasserstände sind im linken Brückenbogen der oberhalb befindlichen Kröllwitzer Brücke (Talstraße) zu sehen.

Am gegenüberliegenden Saaleufer befindet sich der Hafen Trotha, der 1928/29 in Betrieb genommen wurde. Als zwischen 1870 und 1876 die Saale reguliert und für 400-t-Schiffe ausgebaut worden war, entwickelte sich Halle als Endhafen der Saaleschifffahrt (seit 1854 existierte bereits der Sophienhafen). 1937 erreichte der Umschlag schon 358.000 t. Der Höhepunkt wurde Mitte der 1970er Jahre erreicht, danach ging der Umschlag zurück, das Gelände diente später überwiegend nur noch als Schrott- und Kohlelagerplatz. 2000 wurden weniger als 50.000 t umgeschlagen. Für 2004 ergeben sich laut Internetangaben des Hafens Halle insgesamt folgende Umschlagleistungen (in 1.000 t gerundet): Straße 160,0, Wasser 23,4, Schiene 82,4. Der Containerumschlag betrug 2005 über 15.000 TEU (Standardeinheit für einen Fuß-Container). Die Containerstellplatzkapazität beträgt derzeit ca. 650 TEU.

Eine Container-Ganzzugverbindung Halle–Hamburg/Bremerhaven ist im Januar 2005 aufgenommen worden, zuvor bestand bereits seit März 2004 eine Zugverbindung nach Hamburg. Damit ist der Raum Halle-Leipzig leistungsfähig mit den wichtigsten deutschen Überseehäfen verbunden. Die Perspektive des Hafens wird auch wesentlich geprägt durch den Bau der Biodieselanlage im Gelände, die 2005 den Probebetrieb aufnahm. Jährlich sollen ca. 60.000 t produziert werden, ferner ca. 10.000 t Kosher-Pharmaglycerin.

Die im Nordwesten erkennbaren weißen „Kuppeln“ sind Teile der Kläranlage Halle-Nord (Lettin). Ihr Bau wurde insbesondere mit der Entstehung von Halle-Neustadt erforderlich. 1968 erfolgte die Inbetriebnahme der alten Anlage (mechanische Reinigung für ca. 120.000 Einwohner). Bedingt durch die hohen Abgabeforderungen an die Stadt infolge Einleitung von unzureichend geklärten Abwässern in die Vorfluter war Halle nach der Wende gezwungen, auf diesem Gelände einen kompletten Neubau nach dem neuesten Stand der Technik vorzunehmen. Weithin sichtbar sind die zur Klärschlammnachbereitung gehörenden 33 m hohen Faultürme. Die neue Groß-Kläranlage nahm im August 1998 ihren Dauerbetrieb auf (biologisch-chemische Reinigung, Endausbau für 450.000 Einwohner). Mit der Errichtung dieser Großkläranlage wurde ein wichtiger Schritt in Richtung der Verbesserung der Wassergüte der Saale (Güteklasse II) getan.

Es erfolgte die Umwidmung der übrigen städtischen Kläranlagen in Abwasserpumpwerke. Damit reinigt die Kläranlage Halle-Nord das gesamte städtische Abwasser nach modernsten Verfahren; Flächen für die Erweiterung der Anlage sind vorhanden.

Steffen Fliegner

Spurensuche in Halle-Neustadt

Exkursionsroute: Überblick von zweiter Hochhausscheibe, altes Zentrum und neues Stadtteilzentrum, Eselsmühle, Wohnkomplex I, Wohngebiet „Am Südpark“ (2-3 Std.)

Ziel: Wir begeben uns auf „Spurensuche“ in diesem drittgrößten Großwohngebiet Deutschlands, das als ehemalige „sozialistische Modellstadt“ in industrieller Plattenbauweise errichtet wurde. Neustadt ist durch seine lange Bauzeit ein „Freilichtmuseum“ des industriellen Bauens der DDR. Während die ersten Wohnkomplexe (WK I und II) im technologisch einfachen Zeilenbau realisiert wurden, gelang es später, Gebäudeformen zu flexibilisieren, um z. B. Hofsituationen zu ermöglichen. Von L-Blöcken über U-Grundrisse kam man zu „Mäandern“ (WK VI, Am Südpark). Anliegen ist es, Halle-Neustadts Geschichte und seine aktuellen Probleme des Übergangs von den ehemaligen Rahmenbedingungen des Bestandsschutzes durch staatliche Regulierung zum unvermittelten Markteintritt seit der Wende zu verstehen.

Exkursion: Von der Innenstadt fahren wir mit der Straßenbahn bis zur Haltestelle „Zentrum Neustadt“. Von hier sind es wenige Schritte zum zweiten „Scheiben“-Hochhaus (Fahrstuhl ins Reisecafé Skyline, 18. Etage). Von der

Abb. S39: Das Zentrum der ehemaligen „sozialistischen Modellstadt“ im Herbst 2000 (Foto: S. Fliegner)

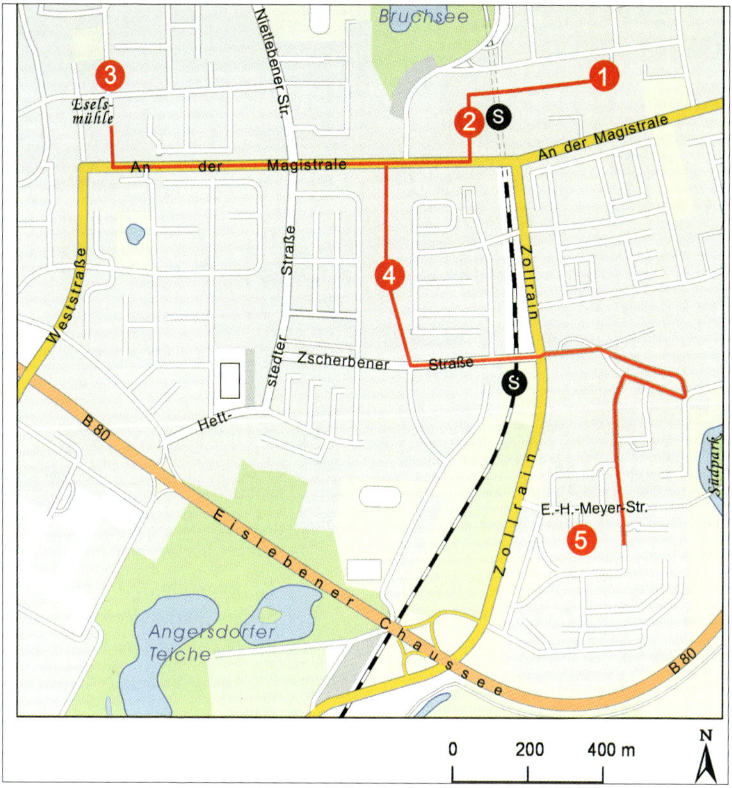

Exkursionsroute (© MLU Halle-Wittenberg)

Dachterrasse bietet sich der beste **Überblick (1)** über Halle-Neustadt und das übrige Stadtgefüge. Im Westen liegen das alte Stadtzentrum (Abb. S39) und dahinter das im Jahr 2000 erbaute neue Stadtteilzentrum. Südwestlich und südlich erstrecken sich die ältesten Wohnkomplexe: WK I und II. Östlich kann man jenseits der WK III, VIII und VII die Saaleaue und die Stadtkante von Alt-Halle erblicken, mit den charakteristischen fünf Türmen des Marktes. Nördlich liegt der WK IV mit den meisten Hochhäusern (z. B. „Y-Hochhäuser“, Abb. S40) und direkt angrenzend das größte Neubaugebiet Halles seit der Wende, das ehemalige Gelände der sowjetischen Garnison „Heide-Süd“, nun Wohnungs- und Wissenschaftsstandort. Am Horizont erstreckt sich der ausgedehnte Stadtwald „Dölauer Heide“.

Abb. S40: Wohnkomplex IV mit den Y-Hochhäusern (Foto: S. Fliegner, 2000)

Wieder am Boden durchqueren wir die Einkaufszone des alten Zentrums und den langgestreckten Flachbau des neuen Stadtteilzentrums. Im ursprünglichen Plankonzept spielte das **Zentrum (2)** der Modellstadt eine konstitutive Rolle, sollte es doch die urbane Antithese zum alten, bürgerlichen Halle repräsentieren. 1970 war eine funktionale und städtebauliche Dreigliederung in Einkaufs- und Versorgungszentrum (unser Standort), politisch-kulturelles Zentrum sowie Bildungszentrum im Westen vorgesehen. Ausgerechnet die politisch-kulturelle Mitte mit dem „Hochhaus der Chemie" als Symbol wurde nie gebaut und lag jahrzehntelang brach. Damit blieb das als repräsentativer Mittelpunkt konzipierte Zentrum der neuen Stadt ein Fragment.

Seit 1990 wird wieder am Zentrum gebaut. 1993-1995 erfolgte der Bau des sog. Magistralenkarrees auf L-förmigem Grundriss, zu dem ein Hotel, ein Bürotrakt und eine Ladenpassage gehören. Der Entwurf wurde 1996 mit dem Architekturpreis des Landes Sachsen-Anhalt ausgezeichnet. Im September 2000 eröffnete das neue Stadtteilzentrum (Abb. S41) mit modernem Einkaufscenter, Multiplex-Kino und Büronutzung auf der ehemaligen Brache am westlichen Ende des Zentrums. Hier sind auf mehr als 14.000 m^2 Einkaufs- und Freizeitfunktionen vereint. Das neue Zentrum soll auch kultureller Mittelpunkt des Stadtteils werden, denn an Kultur herrscht der wohl größte Mangel in Neustadt. Der Kontrast zwischen Alt und Neu ist stark. Seit 2004 wird das alte Einkaufs- und Versorgungszentrum saniert und

Abb. S41: Das neu gebaute Stadtteilzentrum (Foto: S. Knabe, 2005)

umgebaut. Dieses vermittelt authentisch die Modernitätsvorstellungen der 1970er Jahre, da die Plattenbauweise wenig gestalterische Änderungen zulässt. Man ist allerdings ratlos, wie mit vier der fünf kammartig aufgereihten stark sanierungsbedürftigen Scheiben-Hochhäuser zu verfahren ist, da sich für sie bisher keine tragfähige Nutzung gefunden hat. Halle-Neustadt hatte auch den Anspruch, Stadt der Kunst zu sein. Die Versöhnung von Architektur und bildender Kunst war Programm. Einige der ehemals 182 Kunstwerke im öffentlichen Raum, meist Plastiken und Skulpturen an Brunnen, werden wir auf dieser Exkursion entdecken.

Die ca. 4 km lange Magistrale erschließt das Großwohngebiet in Ost-West-Richtung und verbindet es mit der Altstadt. Dieses auch als Aufmarschstraße vorgesehene und für den sozialistischen Städtebau typische Strukturelement ist von Beginn an umstritten gewesen, da die Autoverkehrsschneise Halle-Neustadt in zwei Hälften zerteilt. In den 1960er Jahren wurde der als altmodisch geltenden Straßenbahn der vermeintlich modernere Busbetrieb vorgezogen. Dennoch hielt man „heimlich“ einen Mittelstreifen für die Straßenbahn vor. Die Inbetriebnahme des ersten Streckenabschnittes im November 1999 vollzog nahverkehrstechnisch den Zusammenschluss mit Alt-Halle.

Vom S-Bahnhof „Neustadt“ fahren wir mit der Straßenbahn bis zur **„Eselsmühle“ (3)**. Im rechten Punkthochhaus bietet sich in der obersten Etage vom Treppenhausbalkon ein hervorragender Blick nach Norden. Erkennbar ist die intensive Verzahnung der westlichen Neustadt mit der alten

Dorflage Nietleben (Abb. S42). Die „grüne Lunge" Halles, die Dölauer Heide, liegt zum Greifen nah. An deren Südrand liegt der Heidesee, eine ehemalige Braunkohlengrube und heute wichtiges Badegewässer.

Abb. S42: Die Verzahnung der westlichen Neustadt mit dem dörflichen Nietleben (Foto: S. Fliegner, 2000)

Die Wohnkomplexe V und VI markierten in den 1970er Jahren im Rahmen der ersten Erweiterungsphase die maximale West-Ausdehnung der Neustadt. Die Ausnutzung der letzten freien Flächen führte dazu, dass kein Abstand zur alten Dorflage Nietleben eingehalten wurde. So stehen die Blöcke teilweise mitten im Dorf und erdrücken dieses fast. Solche Fehlentwicklungen werden wohl zukünftig mit teilweisem Rückbau korrigiert werden. Er soll sich nach der derzeitigen städtischen Entwicklungskonzeption zunächst vor allem auf die elfgeschossigen Hochhäuser richten, die hier abgerissen bzw. rückgebaut werden. Die Punkthochhäuser wurden 1999 durch den privaten Eigentümer saniert. Der baulich bedingten Anonymität wird durch Conciergen („Pförtner") im Eingangstrakt begegnet. Das hat die Akzeptanz dieser Bauform bei den Bewohnern deutlich erhöht.

Zurück zum Einkaufscenter „An der Eselsmühle", das wir zur alten Windmühle hin durchqueren. Das Wohngebietszentrum wurde bald nach der Wende 1994 mit einem attraktiven und maßstabsgerechten Neubau ergänzt (Abb. S43). Es gehört zur zweiten Generation der Wohnkomplex-Zentren, die aufgrund abnehmender ökonomischer Ressourcen zwei Wohnkomplexe gleichzeitig versorgen sollten. Freilich blieb dies Theorie, denn sie wurden in der DDR weder für WK V/VI, noch für WK VII/VIII in Neustadt verwirklicht.

Abb. S43: Wohngebietszentrum „An der Eselsmühle“ (Foto: S. Fliegner, 2000)

Die alte Windmühle von Nietleben war schon in der DDR-Zeit eine sehr beliebte Gaststätte. Nietleben - 1950 mit vielen anderen Saalkreisgemeinden in die Stadt Halle eingemeindet - besaß noch vor wenigen Jahren einen ausgesprochen dörflichen Charakter. Der inzwischen deutlich sichtbare Umbau zum begehrten Wohnsitz einkommensstarker Hallenser führte dazu, dass das Erscheinungsbild des Ortes immer mehr die typischen Züge des Wohnideals der modernen städtisch-ländlichen Lebensweise annimmt.

Nach der Rückfahrt zur „Schwimmhalle“ erreichen wir das Zentrum von **Wohnkomplex I (4)**. Zur Linken der überlange „Europablock“, zur Rechten die drei Zentrumsbauten. Die flachen Baukörper (Abb. S44) enthielten ehemals folgende Nutzungen: Nr. 1: Dienstleistungen (Post, Sparkasse ...), Ärzte und Apotheke; Nr. 2: die damals größte Selbstbedienungs-Kaufhalle der DDR; Nr. 3: Gastronomie (Gaststätten, Schulspeisung). Mittlerweile ist die weit größere Nutzungsvielfalt der Konsumgesellschaft eingezogen. Wenden wir uns nochmals der Konzeption einer Gliederung der Modellstadt in Wohnkomplexe zu, die sich hier im WK I gut nachvollziehen lässt. In einem Wohnkomplex sollten grundsätzlich alle Einrichtungen für das alltägliche Leben in fußläufiger Entfernung untergebracht sein. Die Einkaufs- und Versorgungseinrichtungen waren zentral

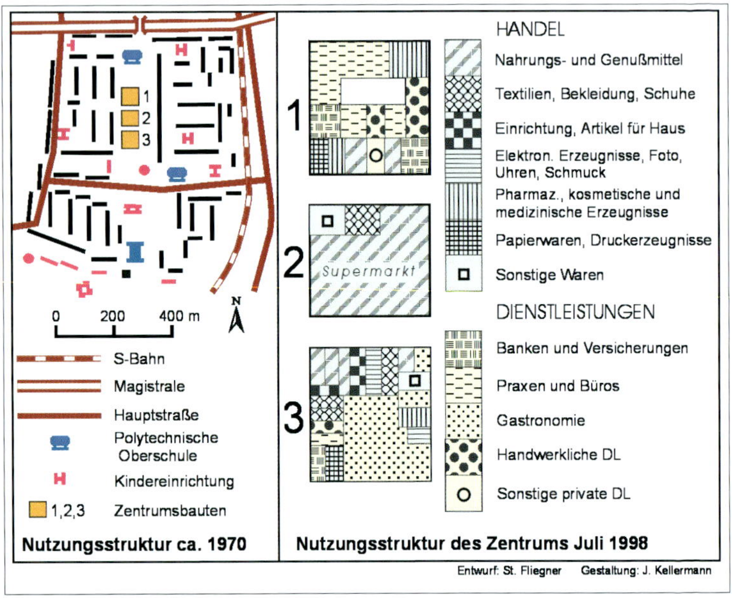

Abb. S44: Wohnkomplex I – Nutzungsstruktur 1970 und 1998

verortet. Die Kindereinrichtungen wurden Wohngruppen mit jeweils ca. 1.000 Wohnungen zugeordnet. Die Schulen – im WK I noch über das Wohngebiet verteilt – wurden später zu Schulkomplexen zusammengefasst. Der Verkehrserschließung dient ein äußeres Erschließungssystem mit ausgedehnten Fußgängerbereichen im Inneren. In der Realität funktionierte manches nicht wie gewünscht. Die demographischen Wellen, d. h. das Altern gleicher Jahrgänge, führten zur teilweisen Aufgabe des Prinzips der Wohnungsnähe. Die Kinder mussten z. B. über teils große Entfernungen gebracht werden. Die späteren WK-Zentren bekamen größere Einzugsbereiche und blieben Fragmente.

Der im WK I gelegene und mit 384 Metern längste Plattenbau der DDR hat ca. 900 Wohnungen, die 1998 saniert wurden. Die „Katharinen Wohnanlage“ im südlichen und nördlichen Teil dieses Blockes bietet betreutes Wohnen für Senioren an. Dieses Wohnmodell wird in Zukunft große Bedeutung für die Neustadt erlangen, soll es doch den Erstbewohnern einen angenehmen Verbleib in ihrem vertrauten Wohnumfeld ermöglichen. Der WK I hat die älteste, stabilste und zufriedenste Bewohnerschaft der Neustadt.

Wir gehen linker Hand vorbei an der ehemaligen 1. Polytechnischen Oberschule (heute Sonderschule), dem Ort der Grundsteinlegung für Halle-

Neustadt (damals Halle-West), und entlang der Zscherbener Straße über die S-Bahntrasse. Die S-Bahn als Voraussetzung für die Chemiearbeiterstadt wurde 1967 zu den Chemiekombinaten Buna und Leuna (10/22 Min. Fahrzeit) und Halle Hbf. (12 Min.) in Betrieb genommen. Sie verläuft im Zentrum Neustadts unterirdisch.

Durch die alte Ortslage Passendorf (Kammstr.) gelangen wir in das zuletzt erschlossene Wohngebiet **„Am Südpark" (5)**. Passendorf wurde für den Bau Neustadts teilweise abgerissen (angesichts fehlender attraktiver innerneustädtischer Bauflächen wird jetzt die alte Dorflage als Standort für die Errichtung von Eigentumswohnungen einkommensstarker Haushalte wieder entdeckt). In den 1980er Jahren vereinfachte sich der Städtebau in der DDR zur Wohnungsproduktion, da das Wohnungsproblem nach der zentralistischen Direktive bis 1990 gelöst sein sollte. So musste man 1982–1986 das 1978 bereits fertiggestellte Neustadt um ein ungeplantes Wohngebiet erweitern, für das es nicht einmal Reserveflächen gab. Das Naherholungsgebiet Südpark musste größtenteils weichen. Architektonisch anspruchsvolle Lösungen wurden nicht mehr realisiert. Die Einheitshöhe von 6 Geschossen (ohne Fahrstuhl) statt früher 5 Geschossen und die hohe Baudichte sind Zeichen der ökonomischen Krise der DDR. Nicht immer zum Nachteil, denn im Wohngebiet „Am Südpark" gibt es keine von sozialer Destabilisierung bedrohten Hochhäuser.

Auch ein Wohngebietszentrum wurde nicht mehr gebaut; das bestehende datiert von 1993. Die dichte Bebauung ist heute Hauptkritikpunkt der Bewohner. Eine Rarität sind die Mietergärten im rechten Innenhofbereich der Telemannstraße, die ein bemerkenswertes Stück Identifikation mit der Plattenbausiedlung ausdrücken und uns vor oberflächlichen Urteilen warnen. Normalerweise befinden sich die Kleingärten - in der DDR die typische Ergänzung zur Neubauwohnung - am Rande der Großwohngebiete.

Jürgen und Iris Breuste

Stadtwachstum durch Vorstädte und Wohnsiedlungen in Halles Süden

Exkursionsroute: Altindustriestandorte westlich und östlich der Merseburger Straße, Streiberstraße, Gartenvorstadt Lutherviertel, Gartenvorstadt Gesundbrunnen, Großwohngebiet Silberhöhe, ehemaliges Dorf Beesen (3 Std.)

Ziel: Auf dieser Exkursion soll erfahrbar gemacht werden, wie sich die Stadt Halle von der Wende zum 20. Jh. an nach Süden hin ausgedehnt hat, welche Vorstellungen Architekten und Planer hatten und inwieweit die zu unterschiedlichen Zeiten entstandenen Stadtstrukturen heutigen Ansprüchen an eine moderne Stadt genügen.

Zusatzinformation: Nirgendwo in Halle sind die Wachstumsphasen als aneinander anschließende Zonen gleichen Baualters in der Struktur der Stadt so gut zu erkennen wie im Süden. Eingeengt zwischen Saale im Westen und Eisenbahnlinien im Osten wuchs Halle im 19. und 20. Jh. besonders nach Norden und Süden. Vor allem der Süden bot sich als Stadterweiterungsraum an (mehr als 10 km² ebenes Baugelände).

Die Stadt wuchs durch neue Vorstädte ins Umland, wobei der Stadtrand stetig weiter nach Süden „wanderte". Immer waren die Vorstädte und Wohnsiedlungen funktional abhängige Teile der Stadt, anfangs Fabrik- und Wohnstandorte verbindend, nach der Jahrhundertwende dann nur noch als Wohnsiedlungen. Ihre Umgestaltung und Aufwertung unter veränderten Nutzungsbedingungen dauert an.

Am Beispiel der Altindustriestandorte westlich und östlich der Merseburger Straße („Riebeckviertel") lässt sich der Aufstieg der unbedeutenden preußischen Provinzstadt Halle während der Industrialisierung nachvollziehen. Mehrere hundert Industriebetriebe und ihre Arbeitskräfte siedelten sich nach 1850 vor allem hier an. Allein 25 hierher verlegte oder neu gegründete Maschinenbaubetriebe waren in diesem Gebiet konzentriert. Dazu kamen Zuckerraffinerie, Kaffeerösterei und Malzfabrik.

Exkursion: Der **Thüringer Bahnhof (1)** (seit 1844) zwischen Raffineriestraße und Schlosserstraße wurde 1896 durch neue Streckenanschlüsse zum größten Bahnhof der Stadtbahn. Er und die von ihm ausgehende Hafenbahn und das Anschlussgleis durch die Turmstraße bis zur Pfännerhöhe ermöglichten allen neuen Industriebetrieben beiderseits der Merseburger

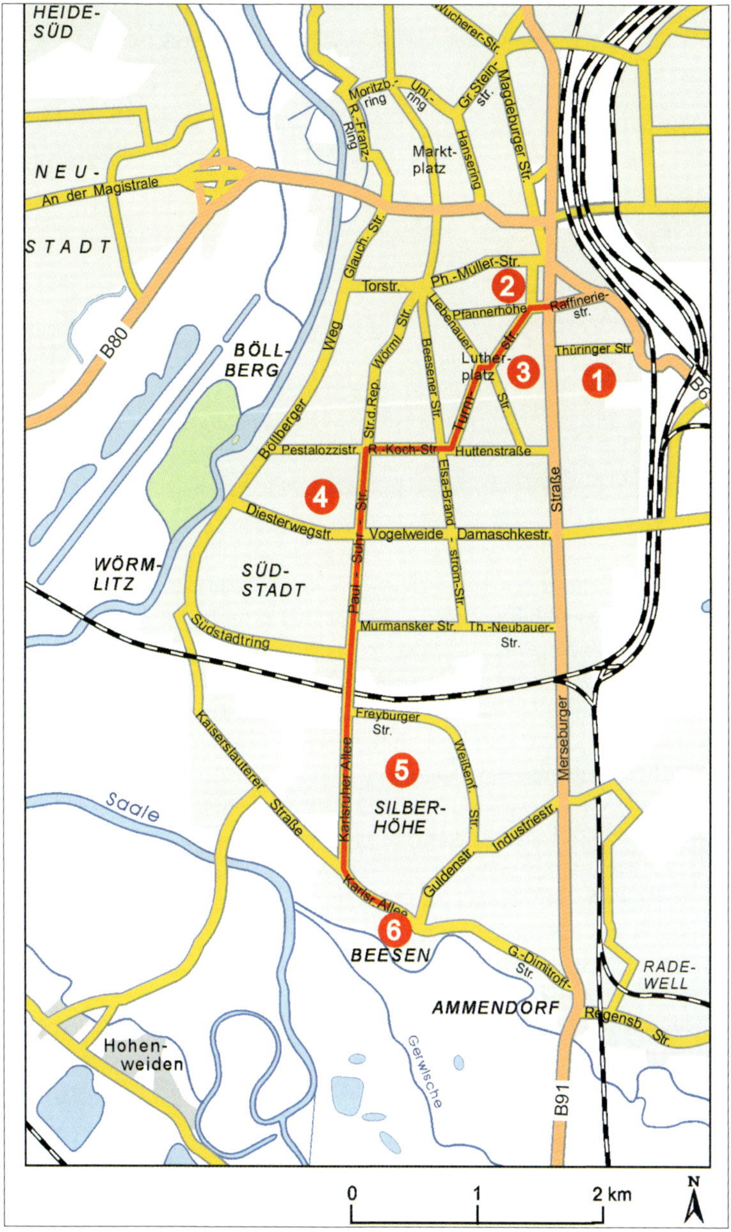

Exkursionsroute (© MLU Halle-Wittenberg)

Abb. S45: Revitalisierungsareal am ehemaligen Thüringer Bahnhof (Foto: T. Skupien, 2005)

Straße einen direkten Gleisanschluss für den Warentransport. Die letzten Industriebahnanschlüsse wurden noch bis 1991 genutzt. Die politische Wende brachte das lange hinausgezögerte Ende der meisten der jahrzehntelang vernachlässigten Altindustriebetriebe. Die großen Hallen und Gebäude stehen heute entweder leer oder sind bereits abgerissen. Offene Freiflächen bestimmen das Bild dort, wo früher dichte Bebauung und geschäftiges Arbeitsleben dominierten. Damit neue Perspektiven zu verbinden und Entwicklungschancen zu nutzen war nach hundert Jahren Industrie im Süden von Halles Zentrum eine besondere planerische Herausforderung.

Mit rund 100 ha umfassen die ehemaligen Industrieflächen heute ein ganzes Altstadtviertel und bilden den größten innenstadtnahen Neuordnungsbereich der Stadt Halle (Abb. S45). Einige Gebäude wurden als erhaltenswerte Industriearchitektur unter Denkmalschutz gestellt. Die großen Freiflächen in dicht bebauter städtischer Umgebung machten ein neues bauliches Strukturkonzept erforderlich. Nach intensiven Vorarbeiten seit Beginn der 1990er Jahre wurden 1996 die Ergebnisse eines Wettbewerbs, an dem sich 11 Architektur- und Städtebaubüros beteiligt hatten, der Öffentlichkeit vorgestellt. Zu den Konzeptionen gehören die Ansiedlung neuer Unternehmen und die Werbung um private Investitionen ebenso wie die Anlage eines großen innerstädtischen Parks (Abb. S46). 1996 kaufte die Stadt Halle die Flächen der ehemaligen Zuckerraffinerie und der Kaffeerösterei, um in den denkmalgeschützten Gebäuden einen Handwerkerhof, ein Unternehmenszentrum für klein- und mittelständische Betriebe sowie eine Jugend- und Freizeitwerkstatt einzurichten. Zwischen 1996 und 2000 wurde auf dem Gelände des ehemaligen Thüringer Bahnhofs ein neuer Stadtteilpark angelegt. Er bezieht die industrielle Nutzungsvergangenheit in die Gestaltung ein und trägt zur Neugestaltung und Aufwertung des Stadtteils als Wohngebiet deutlich bei.

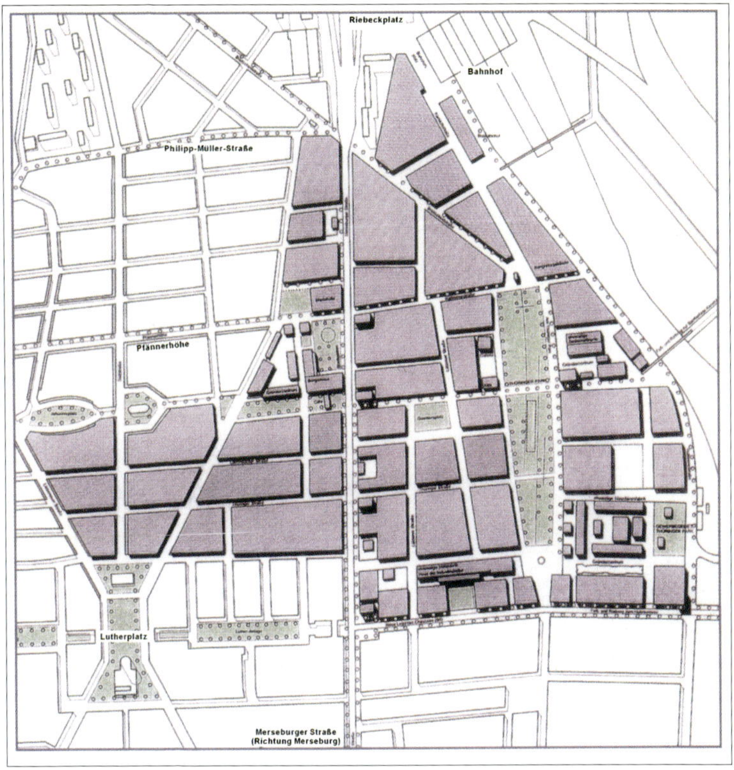

Abb. S46: Planungsvorschlag für die Altindustriestandorte westlich und östlich der Merseburger Straße (Quelle: Stadt Halle (Saale) 1996; Leitidee Troja, Troja und Neu, Darmstadt)

Zwischen Lindenstraße (Philipp-Müller-Str.) im Norden, Südstraße im Westen, Pfännerhöhe im Süden und Merseburger Straße im Osten besteht eines der größten einheitlich bebauten Mietskasernenviertel Halles. Dryander-, Bernhardy-, Thomasius- und **Streiberstraße (2)** standen bis zur Wende in Halle für dichteste Wohnbebauung in geschlossenen Baublöcken, kleine, schlecht ausgestattete Wohnungen, lichtlose Hinterhöfe mit Hinterhäusern und Nebengebäuden und enge Straßen ohne Grün. Wer konnte, suchte sich anderswo – z. B. in den neuen Wohnstädten im Westen und Süden – besseren Wohnraum. Seine Entstehung verdankte das Wohngebiet dem raschen Bevölkerungswachstum der Saalestadt durch den industriellen Aufschwung, der zwischen 1855 und 1914 auch in Halle zur bis dahin umfangreichsten und dynamischsten Stadterweiterung mit der Hauptzielrichtung Süden führte. Die Wohnquartiere der Industriearbeiter waren räumlich eng mit den benachbarten Industriestandorten verbunden. Wohnen und Arbeiten gehörten bei niedrigem Lohn und geringer Mobilität der Arbeitskräfte zusammen. Das Viertel verfiel in den Jahren der DDR durch jahrzehntelang unterlassene notwendigste Reparaturen immer mehr. Seit 1990 ist es Sanierungsgebiet. Die Renovierung ist in einem solchen Tempo vorangeschritten, dass zwei Drittel der alten gründerzeitlichen Gebäude bereits saniert sind. Folge davon ist auch, dass sich die Bevölkerungsstruktur vollständig ändert. Das ehemals unter der Abwanderung der Wohnbevölkerung leidende Verfallsviertel gewinnt an junger Bevölkerung. Deren Interessen verändern das Dienstleistungsspektrum. Die ehemals verbreiteten alten Handwerkerbetriebe in den Hinterhöfen sind inzwischen fast völlig verschwunden. Stattdessen findet man heute Sonnenstudios, Boutiquen und Szene-Kneipen. Das Viertel ist damit ein Beispiel für Innenstadtsanierung aus der nicht nur Wandel und Erneuerung der Bausubstanz, sondern

Abb. S 47: Sanierungsfortschritte in der Streiberstraße (Foto: Breuste)

auch Wandel und neue Perspektiven der Einwohner und der Infrastruktur erwachsen (Abb. S47).

Die Gartenvorstadt **Lutherviertel (3)** war das erste große einheitlich durchgestaltete Neubaugebiet der Stadt Halle. Sie ist eine der modernen Wohnsiedlungen der 1920er Jahre. Um den Wohnungsmangel nach dem Ersten Weltkrieg zu beheben, wurde 1920 das Reichsheimstättengesetz erlassen. Es förderte den Bau von Kleinwohnungen mit öffentlichen Mitteln. Allein 18 Mio. Reichsmark verwandte die Stadt Halle zwischen 1918 und 1922 für Wohnungsbauförderung. Die Senkung der Baukosten durch den Bau größerer, geschlossener Anlagen nach einheitlichen Bautypen war Voraussetzung für staatliche Förderung. Der „Kleinwohnungsbau" wurde geboren.

Die Neubauvorhaben, dreigeschossige Mehrfamilienhäuser (6–12 Wohnungen je Haus) und Reihenhaussiedlungen, wurden durch Spar- und Bau-Vereine, Organisationsformen der Arbeiter und Angestellten, getragen. Ihr Ziel war es, gesunde und bezahlbare Wohnungen für ihre Mitglieder zu bauen. Bauträger im Gebiet Lutherviertel und bis heute Eigentümer ist der 1910 gegründete Bauverein für Kleinwohnungen E.G.m.b.H. (Eingetragene Genossenschaft mit beschränkter Haftpflicht), der damals größte Bauträger dieser Art in Mitteldeutschland. Oberbaurat Wilhelm Freise übernahm 1927 die Planung des neuen Wohnviertels. Es wurde um den von Stadtbaurat Wilhelm Jost zwischen Juli 1927 und August 1928 errichteten neuen Wasserturm auf dem Lutherplatz im Süden der Stadt gebaut. Zwischen 1927 und 1929 wurden die Ränder der Baublöcke mit drei- bis viergeschossigen, durchgehenden oder eine Seite offen lassenden und einen Innenhof umschließenden Wohngebäuden bebaut. Sie waren den Vorgaben des Kleinwohnungsbaus entsprechend in ihrer baulichen Ausführung einfach und zweckmäßig. Seit 1994 steht das Viertel mit dem Ziel der Erhaltung des Gestaltwertes der Einzelgebäude und des städtebaulich-historischen Ensembles unter Denkmalschutz.

Die Wohnanlage Lutherviertel war für kleine städtische Angestellte und Angehörige des Mittelstandes entworfen worden. Charakteristisch war die geringe Größe der Wohnungen (32–45 m^2), ohne Bad, meist nur „Wohn-Stube", „Schlaf-Kammer", Küche/Speisekammer und Innentoilette! In den Gebäuden fanden sich Gemeinschaftseinrichtungen wie Trockenböden und Waschraum, im Viertel leicht erreichbare Kinderspielplätze und Stadtgrünplätze. Trotz äußerster Sparsamkeit in der Bauausführung wurde auf eine „gesunde" Siedlung mit guter Belichtung und Besonnung (Größe der Innenhöfe) sowie Begrünung Wert gelegt. Die Mieten von 20 bis 40 RM waren erschwinglich und blieben mehr als 70Jahre lang fast unverändert.

1995 bis 1998 erfolgte die Komplettsanierung unter bewohnten Bedingungen für 1.000 Wohnungen in 160 Gebäuden (Abb. S48).

380 Wohnungen kamen durch Ausbau der Dachgeschosse zusätzlich hinzu. Je Wohnung wurden dafür ca. 65.000 DM aufgewendet. Mit 130 Mio. DM Gesamtkosten war das Sanierungsvorhaben eines der größten in ganz Sachsen-Anhalt. Ungelöst blieb das Problem des ruhenden Verkehrs. Von den vorgesehenen drei Tiefgaragen wurde 1998 nur eine (77 Plätze) mit Fördermitteln errichtet.

Abb. S48: Renovierte Gebäude in der Lutherstraße (Foto: Breuste)

1902 hatte sich die Deutsche Gartenstadt-Gesellschaft als gemeinnützige Bau- und Terraingesellschaft gegründet. Garten(vor)städte wie Hellerau bei Dresden (1907-1913) oder die Wohnsiedlung des Stickstoffwerkes Piesteritz an der Elbe (1913-1918) sind frühe Beispiele des neuen Bauens in Deutschland nach der Jahrhundertwende. Das Hauptziel der Bau-Vereine waren gesunde, „zeitgemäße“ Wohnverhältnisse für gering verdienende Mittelschichten. Dies war - nach englischem Vorbild - am besten durch Einfamilienhäuser mit großen Gartenflächen in gartenstadtgemäßer Gestaltung zu erreichen, wie dies der Gemeinnützige Bau-Verein Gartenstadt Halle E.G.m.b.H. (gegr. 1918) bei seinem Projekt **Gartenvorstadt Gesundbrunnen (4)** anstrebte. Wegen der höheren Kosten ließ sich der gedachte Plan nicht oder nur teilweise verwirklichen. Einfamilienreihenhäuser, aber auch Mehrfamilienhäuser mit drei Geschossen wurden auf einem 60,78 ha großen, überwiegend in städtischem Besitz befindlichen Gelände 1926-1929 errichtet. Das Bauvorhaben wurde mit 4,4 Mio. RM durch Hauszinssteuerhypotheken finanziert. Weitere Baugenossenschaften (Bund der Kinderreichen, „Eigene Scholle“ und „Mitteldeutsche Heimstätte“) beteiligten sich daran (Sparkasse Halle 1929).

Die durchgeplante Gartenvorstadt ist fast vollständig fertiggestellt worden und noch heute in ihrer ursprünglichen Struktur gut erkennbar (Abb. S49). Sie ist als bauliches Denkmal in der zentralen Denkmalliste Sachsen-Anhalts verzeichnet. Die Anlage spiegelt sich an dem von Nord nach Süd verlaufenden zentralen Pestalozzipark (Wohngebietspark). An ihn schließen sich östlich und westlich Dauerpachtgartenflächen (7,0 ha) für die Bewohner der mehrgeschossigen Wohnbauten ohne eigene Gärten an. Die Ein- und Vierfamilienhäuser haben kleine Vor- und Hausgärten. Insgesamt 21 % (7,84 ha) der Gesamtfläche der Gartenstadt waren bewusst öffentlichem Grün vorbehalten, dessen Mangel insbesondere im Süden schon damals beklagt wurde. Schulgebäude, Kirche und Wohlfahrtshaus sollten das südliche Zentrum bestimmen. Die Wohndichte war wegen der vielen kinderreichen Familien groß. In den mehrgeschossigen Wohnbaugebieten betrug sie 222 Ew./ha (mehr als heute in der Großwohnsiedlung Silberhöhe) und selbst in den Einfamilienhausgebieten noch 123 Ew./ha. Ein Einfamilienhaus wurde damals durchschnittlich von 8,8 Personen bewohnt. Nur Familien mit Kindern hatten im öffentlich geförderten Wohnungsbau auf mehr als 60 m² Anspruch! Die mehrgeschossigen Bauten an der Diesterwegstraße wurden 1992 renoviert. Die Gartenvorstadt Gesundbrunnen zählt trotz kleiner Wohnungen noch heute wegen ihres grünen Wohnumfeldes zu den beliebtesten Wohngebieten der Stadt Halle.

Abb. S49: Doppelhäuser in der Gartenvorstadt Gesundbrunnen (Foto: Breuste)

Großwohngebiete nehmen in der Stadtstruktur Halles eine bedeutende Rolle ein. In den Stadtteilen Halle-Neustadt, Heide-Nord, Südstadt II und Silberhöhe leben zusammen etwa die Hälfte aller Hallenser. Ihr Bau wurde 1964 in Halle-Neustadt, 1972 in der Südstadt II und 1978 in der **Silberhöhe (5)** in Angriff genommen. Mit der Entwicklung der Plattenbauweise am Beginn der 1960er Jahre konnten einfache, „moderne“ Wohnungen „industriemäßig“ viel schneller als üblich gebaut werden. Die DDR-Staatsführung verfolgte damit das Ziel, den drängenden Problemen des Wohnungsnotstands, verursacht durch altstädtischen Verfall und Bevölkerungswachstum in den Großstädten, zu begegnen. Sie machte die neuen Wohnsiedlungen zu Symbolen des Erfolges ihrer Ideologie und des Fortschritts („Sozialistische“ Wohnsiedlungen). Die Wohnungen waren mit 50–80 m² (überwiegend 2- und 3-Raumwohnungen) zwar nur wenig größer als die Kleinwohnungen der 1920er Jahre (s. o.), aber im Vergleich mit den Altbaugebieten der Stadt überdurchschnittlich gut ausgestattet (Bad und Fernheizung, Warmwasserversorgung). Die Siedlungen waren als reine Wohnstädte geplant und ausgeführt worden.

Die Silberhöhe bildete die Fortsetzung des „komplexen“ Wohnungsbaus im Süden Halles. 1978 begann auf dem südlich der Kasseler Bahnstrecke gelegenen Areal das letzte große Wohnungsbauvorhaben der DDR in der Saalestadt. Bereits ein Jahr später waren 10 Wohnblöcke errichtet und der neue S-Bahn- und Fernbahn-Haltepunkt errichtet. Wie Halle-Neustadt war auch die Silberhöhe als „Chemiearbeiterstadt“ geplant. Täglich stellten 10 Züge in 23 Minuten die Verbindung von hier zu den chemischen Großbetrieben Buna und Leuna her. Erst 1979 erfolgte auch der Straßenbahnanschluss nach Halle (1982 bis zur heutigen Endschleife Beesen verlängert).

Tab. S2: Entwicklung des Wohnungsbaus im Großwohngebiet Silberhöhe

Jahr	Anzahl Wohnungen
1980	1.838
1983	10.000
1985	14.000
1988	15.000

Erst als bereits mehr als 3.000 Menschen (1980) hier wohnten, begann man zunächst provisorische Versorgungseinrichtungen zu bauen (Behelfsverkauf von Lebensmitteln in Erdgeschosswohnungen, Dienstleistungsannahmestellen, Post usw.). Als 1983 schon 10.000 Wohnungen fertiggestellt waren, wurde eine zweite Kaufhalle und eine Poliklinik (seit 1985, heute Ärztehaus

Silberhöhe) im geplanten Wohngebietszentrum errichtet. 1985 wurde dann die immer noch nicht abgeschlossene Gestaltung eines Wohngebietszentrums begonnen. Geplant waren mehrgeschossige Versorgungsbauten, Läden und ein das Wohngebiet gliedernder Grünzug. Als jüngste Großwohnsiedlung wurde die Silberhöhe - um die Planzahlen des DDR-Wohnungsbauprogramms zu erreichen - besonders eng und hoch bebaut. Mit 173,97 Einwohnern je Hektar (zu DDR-Zeiten fast 200 Ew./ha!) war die Wohnsiedlung in Halle der am dichtesten besiedelte Stadtteil überhaupt.

Erst seit 1990 erfolgt schrittweise die Renovierung der Gebäude, die Ergänzung notwendiger Infrastruktur (Einzelhandel, Dienstleistungen) und von Grünflächen (Grünzug 1995-1999). Dies hat jedoch den rapiden Verlust an Wohnbevölkerung durch Wegzug in bevorzugte Wohngebiete in Halle oder im Umland nicht aufhalten können. Ein Blick auf die Altersstruktur belegt, dass gerade junge Familien immer stärker aus diesem Wohngebiet wegziehen, während der Anteil älterer Haushalte zunimmt. Ebenso bestimmen Arbeitslose, Sozialhilfeempfänger und Haushalte mit niedrigem Einkommen überdurchschnittlich die sozialen Strukturen. Für den Wegzug sind neben den nur geringen Wohnungsgrößen auch der unbefriedigende Zustand des Wohnumfeldes, das geringe Angebot an Individualität der Wohnsituationen und das insgesamt schlechte Image der Großwohnsiedlungen (insbesondere dieser) verantwortlich. Die Identifikation mit dem Viertel (Bürgervereine, Stadtteilfeste usw.) ist hier geringer als anderswo.

Tab. S3: Unzufriedenheit mit dem Wohngebiet Silberhöhe (1996)

Anteil der Nennungen in %	Problembereich
90	zu wenig Parkplätze
86	keine Anlaufstelle für kommunale Belange
84	zu wenig Bürgerbeteiligung bei der Planung
66	zu wenig Radwege
64	zu viel Unrat
44	Probleme mit Autos und Straßenverkehr

Quelle: Bürgerbefragung in Halle 1996

Da derzeit 38 % des Wohnungsbestandes leer stehen, geht das kommunale Neuordnungskonzept für den Stadtteil Silberhöhe bis zum Jahr 2010 von einem notwendigen Abriss von 4.500 Wohneinheiten aus. Abgerissen sind bereits ca. 3.000 Wohneinheiten, meist elfgeschössige Gebäude. Begonnen wurde damit im Jahre 2000 (Abb. S50). Dabei sind bereits ca. 3.000 Wohnungen aus dem Bestand genommen. Da der Stadtteil zwischen 1989 und 2003 bereits 56 % seiner Einwohner verloren hat (mehr als das Doppelte der Gesamtstadt) und die Prognose für 2010 von einem weiteren Verlust um 21 % ausgeht (1992: 38.000; 2010: 15.100) scheint es keine Alternative zum Abriss zu geben. Das Entwicklungskonzept der Freiraumplanung sieht eine Erweiterung des bestehenden Grünzuges um Waldareale vor.

Abb. S50: Abriss in der Silberhöhe (W.-Bredel-Straße) (Foto: S. Müller, 2002)

Die Perspektive dieses Großwohngebietes ist nach wie vor unsicher. Sie wird zunehmend von der Verbesserung der Ausstattung mit Infrastruktur, des Wohnumfeldes und der differenzierten, die Individualität der Teilgebiete fördernden Neugestaltung abhängen.

Dass das alte **Dorf Beesen (6)** ehemals eine Fischersiedlung an der Weißen Elster war, ist heute nicht mehr im Ortsbild wahrnehmbar. Bereits in den 1980er Jahren hatte sich die Großwohnsiedlung Silberhöhe (8. Wohnkomplex) bis unmittelbar an die dörfliche Bebauung herangeschoben und der Stadterweiterung Halles eine vorläufige Grenze gesetzt.

Der Ortskern lässt alte dörfliche Struktur noch gut erkennen. Mit der Entwicklung der Großindustrie im Süden von Halle und in unmittelbarer Nähe der Stadt selbst wurde das Dorf schon seit Jahrzehnten zur Arbeiterwohnsiedlung. 1920 kam es zum Industrievorort Ammendorf und wurde

1950 mit diesem nach Halle eingemeindet. Damals trennten immer noch große Ackerflächen Beesen von Halle.

Von besonderer Bedeutung wurde Beesen für Halle durch das alte Wasserwerk, das 1868 in Betrieb genommen wurde und Halle bis 1903 mit Trinkwasser versorgte. Mehrere Choleraepidemien seit 1831 mit 60 bis 70 Toten am Tag waren letztlich auslösend für die vordringlichen Anstrengungen zur Verbesserung der Wasserqualität. Anstelle des 1868 im ehemaligen Garten des Rittergutes Beesen gebauten Wasserwerks trat 1995 ein hochmoderner Neubau, der als Modellprojekt für schwer zu reinigende Wässer mit umfangreicher finanzieller Förderung entstand. Im Frühjahr 1999 wurde ein Erlebnisbad mit mexikanischem Ambiente mit Unterstützung aus regionalen Wirtschaftsförderung Sachsen-Anhalts und der EU („Maya Mare“) eröffnet. Es ist derzeit das größte seiner Art in der Stadtregion und gibt dem ehemaligen Dorf neue Nutzungsperspektiven.

Das ehemalige Rittergut (später volkseigenes Gut), auf einem Vorsprung über der Elster gelegen, wurde Waldorfschule. Neben der schon in den 1980er Jahren renovierten Dorfkirche entstand in den letzten Jahren ein neues Evangelisches Gemeindezentrum, das auch für die nahe Silberhöhe wirksam wird. In den letzten Jahren siedelten sich auch Infrastruktureinrichtungen wie Arztpraxen, eine Gaststätte und Freizeiteinrichtungen an.

Hans-Jürgen Hafermalz/Konrad Schuberth/Günter Zinke

Landschaftliche Schönheiten beiderseits der Saale zwischen Halle und Rothenburg

Exkursionsroute: Gimritz, Mücheln, Wettin, Dobis, Rothenburg, Friedeburg, Johannashall (Tagesexkursion)

Ziel: Die Exkursion konzentriert sich auf einen der schönsten Abschnitte des Saaletales. Sie führt von den Hochflächen nördlich des Flusses bei Gimritz über Wettin zum engen Durchbruch der Saale durch die Halle-Hettstedter Gebirgsbrücke bei Rothenburg und von hier auch auf das gegenüberliegende Ufer (Abb. U2). Damit sollen vor allem landschaftliche Besonderheiten des geplanten Naturparks „Unteres Saaletal" vorgestellt werden.

Exkursion: Ausgangspunkt der Exkursion ist der durch ehemalige Großbauerngehöfte geprägte Ort **Gimritz (1)**. Die Gebäude weisen mit ihrem Baumaterial (Porphyr, aber auch Lehm) auf die die Umgebung prägenden Gesteine hin. Von Gimritz aus ist eine Fußexkursion in das Naturschutzgebiet „Porphyrlandschaft" empfehlenswert. Dabei führt der Weg zunächst in den Teichgrund. Dessen Felsklippen bestehen in Ortsnähe aus Unterem Halleschen Porphyr. Rechts mündet ein Tälchen, in welchem Sedimentgesteine aus dem Unterrotliegenden anstehen. Die westliche Talflanke liegt bereits in Oberem Halleschen Porphyr. Hier hinauf wandernd erreicht man einen **Aussichtspunkt (2)**, von dem sich ein schöner Blick ins Saaletal bietet. Die umgebenden Hochplateaus wurden im Eiszeitalter stark zertalt. Die zum Saaletal vermittelnden Felsformationen sind durch einen kleinräumigen Biotopwechsel (Halbtrockenrasen, Trockenrasen, Felsfluren) geprägt (Abb. U1). In den Tälern findet man Fettwiesen und Pflanzen anmooriger Standorte. Sie bilden einen starken Kontrast zu den im Osten dominierenden, überwiegend ackerbaulich genutzten Lösslandschaften.

Der Pfad führt nun südlich des Einschnittes der ehemaligen Wallwitz-Wettiner Eisenbahn vorbei an einigen Hügelgräbern. In Verlängerung des Bahneinschnittes quert ein Damm den unteren Lauchengrund. Von hier zweigt rechts ein breiter Weg in den Grund mit seinen interessanten Felsbildungen (Teufelsküche, Teufelskanzel) ab.

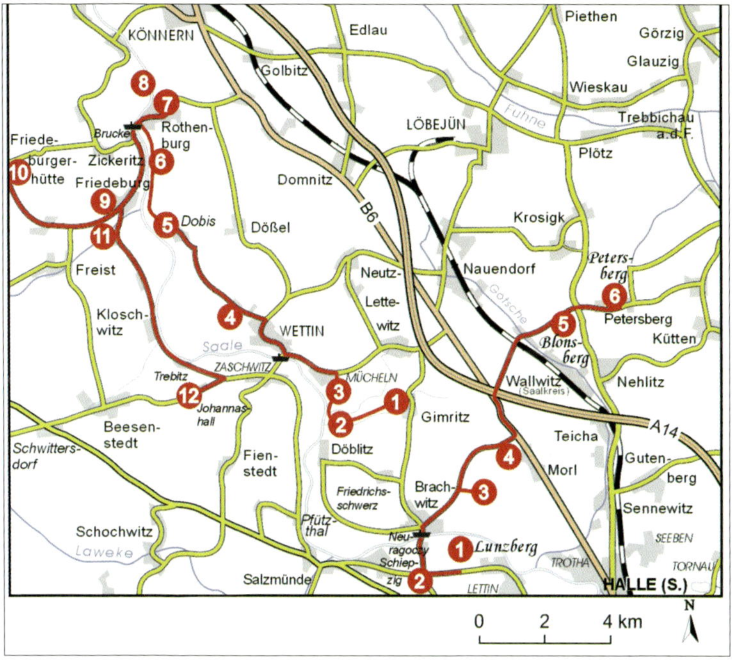

Exkursionsrouten: Route Gimritz-Johannashall (1-12), Route Lettin-Petersberg (1-6) (© MLU Halle-Wittenberg)

Abb. U1: Saalehänge bei Gimritz mit kleinräumigem Biotopwechsel (Foto: H.-J. Hafermalz, 1999)

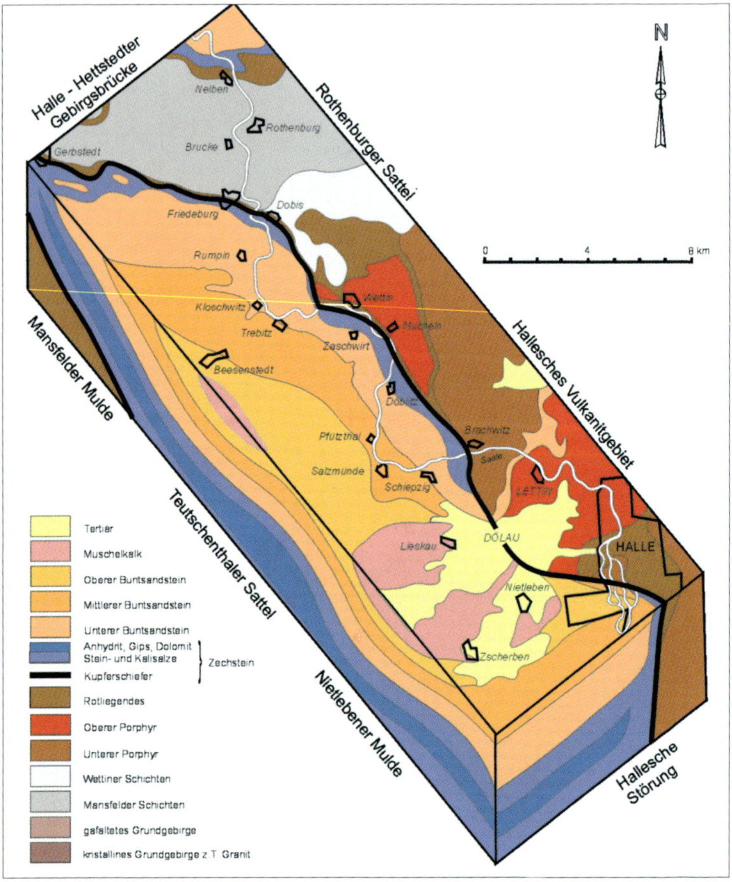

Abb. U2: Geologisches Blockbild der Umgebung von Halle (vereinfacht aus: Krumbiegel u. Schwab 1974)

Die Route führt nun zwischen Lauchen- und Teichgrund nach Westen. Beim Abstieg wechseln die Gesteine von roten Sandsteinen des Rotliegenden zu grauviolettem Oberem Halleschem Porphyr. Der Verlauf des Teichgrundes folgt einer Störung, die die Ausräumung seines Tales begünstigte.

Auf dem Weg Richtung Saale gelangt man auf einem Fahrweg, dem man nach rechts (nach Norden) folgt, nach einem knappen Kilometer an die Einmündung des Scharrngrundes. Links bildet das Saaleköpfchen einen guten Aussichtspunkt. Die alte Bahnlinie unterquerend geht es durch den Scharrngrund auf einem Feldweg bergan bis auf das Plateau; am nächsten

Weg nach links abbiegend erreicht man bald das Tal der Pfaffenmagd (markante Felsbildungen).

Die Wanderung erschließt eine interessante und vielgestaltige Landschaft. Der Wechsel der Gesteinsverhältnisse (zwischen Sedimentgesteinen und den magmatischen Porphyren) sowie die damit in Zusammenhang stehenden unterschiedlichen Boden- und (Lokal-)Klimaverhältnisse haben sehr unterschiedliche Standortbedingungen entstehen lassen. Bizarre Felsgebilde (z. B. Teufelskanzel) mit guten Aussichtsmöglichkeiten wechseln mit zahlreichen Tälern, die hier Gründe genannt werden. Der kleinräumige Reliefwechsel steht damit im Kontrast zu den vielfach vorhandenen Vorstellungen über eine monotone Ackerlandschaft.

Wen diese Wanderung nicht zu Fuß bis nach Mücheln führt, der sollte diesen Ortsteil von Wettin aber mit dem Auto aufsuchen. Anlass hierfür bietet zum einen die letzte Templerkirche Mitteldeutschlands mit den dazugehörigen Hofanlagen. Darüber hinaus ist aus geologischer Sicht empfehlenswert, den ersten Weg unterhalb der Bushaltestelle nach links einzuschlagen, um gleich hinter den Häusern wieder nach links zu einer ehemaligen Kiesgrube abzubiegen. Hier wurden Flussschotter der **Salza-Mittelterrasse (3)** abgebaut. Die Salza war bis zur Saale-Eiszeit Hauptvorfluter dieses Raumes. Über ihren Schottern, die somit Zeugen der „Vor-Saale-Periode“ sind, lagern weichsel-eiszeitliche Fließerden aus Schwemmlöss, die durch Frostwechselprozesse verwürgt wurden.

Die Exkursionsroute verläuft nun weiter saaleabwärts nach Wettin. Um einen Eindruck von der Vielgestaltigkeit der natürlichen Verhältnisse sowie von Zeugnissen der Kulturlandschaftsentwicklung zu bekommen, ist ein Besuch des **Schweizerlings (4)** mit dem Bismarckturm sehr zu empfehlen. Der 1905 eingeweihte, 21,5 m hohe Turm steht auf Oberem Halleschem Porphyr, der hier seine westlichste Verbreitung hat. Von der Aussichtsplattform bietet sich ein weiter Rundblick in das östliche Harzvorland und die Leipziger Tieflandsbucht. Eindrucksvoll erhebt sich im Osten der Porphyrhärtling des Petersberges.

Im Westen durchfließt die Saale ein weites, nahezu 1,5 km breites Tal. Dieses Salzspiegeltal entstand durch Aufstieg von Salzen des Zechsteins bis in Oberflächennähe. Auslaugung und Taleintiefung wurden dadurch begünstigt.

Die 1951 fertiggestellte Wettiner Schleuse überwindet 3,20 m Höhenunterschied und ist für 1000-t-Schiffe ausgelegt. Im Bereich der parallel fließenden Kleinen Saale (Turbinengraben) wurde 1904 ein Wasserkraftwerk errichtet. Jenseits des Saaletals markiert am Hochflächenrand die Halde Johannashall einen ehemaligen Kalischacht. An Horizont sind die seit Anfang des 20. Jh.

aufgetürmten Großhalden (bis 149 m hoch) des Mansfelder Kupferschieferbergbaus nördlich von Eisleben erkennbar.

Nördlich und nordöstlich des Schweizerlings beleben zahlreiche bewachsene Kleinhalden des historischen Steinkohlenbergbaus die Feldflur (Abb. U3). Sie bezeugen eine intensive bergbauliche Nutzung, die nicht nur für die unmittelbare Umgebung von großer Bedeutung war. „Ohne das Steinkohlenwerk würde Wettin eine der elendesten und nahrlosesten Städte sein, ja schlechter als ein Dorf" heißt es in einer Urkunde von etwa 1740. Der Bergbau begann an der Wende vom 14. zum 15. Jh. Obwohl es in Folge des Dreißigjährigen Krieges zu einem starken Niedergang kam, brach nach 1687 eine neue Blütephase an. Der Wettiner Bergbau war damals technisch und wirtschaftlich weiter als der Ruhrbergbau. Wettiner Bergleute wurden nach Westfalen gesandt, um den dortigen Bergbau voranzubringen.

Die Steinkohle, die man aus Teufen zwischen 20 und 80 m förderte, fand beim Salzsieden in Halle und Staßfurt Verwendung. Auch Berlin erhielt in dieser Zeit Kohle aus Wettin. Um 1870 erreichte die Steinkohlenförderung ihren Höhepunkt (Maximum: 42.000 t). aufgrund der komplizierten Lagerungsverhältnisse, der oft nur über wenige Meter gleichmäßigen Flözmächtigkeiten sowie der Konkurrenz anderer Gebiete (Westfalen, Oberschlesien) wurde 1893 der Steinkohlenbergbau eingestellt. Heute erinnern noch etwa 90 Halden verschiedener Betriebsperioden an diese bedeutsame Bergbauzeit. Zwei der Halden, am Wetterschacht Nr. 1 und am König-Georg-Schacht, sind als Klopfhalden (oberkarbone Fossilien) ausgewiesen, weil ihnen in früheren Zeiten Material für den Wegebau entnommen wurde und relativ frische Haldenanschnitte zur Verfügung stehen. Die übrigen Halden stehen unter Schutz. Das Gebiet kann auf einem beschilderten Bergbaulehrpfad (Beginn nordöstlich des Schweizerlings) in ca. 2 Stunden durchwandert werden.

Abb. U3: Halden als Überbleibsel des historischen Steinkohlenbergbaus bei Wettin (Foto: M. Frühauf, 2002)

Die Exkursionsroute führt weiter saaleabwärts nach Dobis. Viele Gehöfte dieses Dorfes sind aus Sandsteinen und Konglomeraten erbaut und geben so Hinweise auf die geologischen Verhältnisse der Umgebung. Die Stützmauer hinter dem Kriegerdenkmal hingegen besteht aus eiszeitlichen Geschieben (u. a. skandinavische Granite) aber auch Tertiärquarziten (Knollensteine). Erwähnenswert ist darüber hinaus die romanische bis barocke Dorfkirche.

Wir folgen dem Pfad zwischen den Gehöften Rothenburger Straße Nr. 21 und 22 zum **Flächennaturdenkmal „Weiße Wand" (5)** (Abb. U4). Dieser überregional bedeutsame Geotop (griechisch; gé: Erde, topos: Ort) liegt am Nordost-Rand der Mansfelder Mulde, deren Schichten hier durch die kreidezeitliche Hebung des angrenzenden Halleschen Vulkanitkomplexes aus der Horizontalen in eine Schräglage von etwa 50° aufgeschleppt wurden. Die Weiße Wand dokumentiert den Wechsel der Klima- und Ablagerungsbedingungen zur Zeit des Übergangs vom Rotliegenden zum Unteren Zechstein. Folgende Schichten, vom Älteren (unten) zum Jüngeren (oben), sind zu beobachten:

ROTLIEGENDES

Porphyrkonglomerat (Eisleben-Schichten, Mächtigkeit >2,0 m):

Bei Schichtfluten sedimentierte Abtragungsprodukte des Variskischen Gebirges, vor allem Porphyrkiese aus dem Gebiet des heutigen Thüringer Waldes; Rotfärbung deutet auf wüstenhaftes Klima hin.

Abb. U4: Der geologische Aufschluss der „Weißen Wand" bei Dobis (Skizze: K. Schuberth)

Grauliegendes (Mächtigkeit ca. 0,3 m):

gebleichtes Porphyrkonglomerat; Bleichung erfolgte vermutlich unter humidem Klima schon bei Annäherung des Zechsteinmeeres oder aber erst nachträglich am Meeresgrund.

Weißliegendes (Mächtigkeit ca. 0,1 m):

imprägniert mit Malachit, einem grünlichen Kupfer-Oxydationserz.

ZECHSTEIN

Kupferschiefer (Mächtigkeit ca. 0,3 m):

schwarzgrauer bituminöser Mergelschiefer (früher hier abgebaut); Ablagerung unter sauerstoffarmen bis -freien Bedingungen am Meeresgrund.

Zechsteinkalk (Mächtigkeit >2,0 m):

ungebankter massiger Kalkstein, grau bis dunkelgrau; marines Sediment, kreidezeitlich geklüftet.

Oberhalb dieses Profils markieren Terrassenschotter der frühsaale-eiszeitlichen Salza das ehemalige, höhere Talniveau.

Nördlich der Ortschaft liegt am rechten Flussufer mit den „Saalehängen bei Dobis" ein weiteres Naturschutzgebiet. Es wird überwiegend durch sonnige Felsfluren mit Trocken- und Halbtrockenrasen, Zwergstrauchheiden sowie xerothermen Gebüschen geprägt.

Abb. U5: Die Saale durchbricht die Molassegesteine der Halle-Hettstedter Gebirgsbrücke bei Rothenburg (Foto: K. Schuberth, 1994)

Auf dem Weg am Saaleufer erreicht man Rothenburg. Über die am Denkmal für die Opfer des Faschismus abzweigende Straße führt der Weg zum **Saalberg (6)**. Mehrere Felsnasen bieten einen guten Überblick auf die vor uns liegende Landschaft.

Die unterhalb fließende Saale durchschneidet zwischen Friedeburg und Könnern die Halle-Hettstedter Gebirgsbrücke (Abb. U5). Diese tektonische Einheit verbindet den Harz mit dem Halleschen Vulkanitkomplex. Die an den steilen Hängen des Durchbruchstales anstehenden Karbon-Schichten sind die ältesten Gesteine (ca. 290 Mio. Jahre) des halleschen Raumes. Bei ihnen handelt es sich um unter trockenwarmen Klimaverhältnissen entstandene Abtragungsprodukte (Molasse) des damals quer durch Europa verlaufenden, etwa 500 km breiten Variskischen Faltengebirges. Sandsteine bzw. Schiefertone mit eingeschalteten Konglomerat-Bänken beherrschen die rötlichen Talflanken (Abb. U6).

Abb. U6: Namengebende rote (Oberkarbone) Sandsteine und Konglomerate an den Talflanken bei Rothenburg (Foto: K. Schuberth, 1994)

Wo saaleabwärts am gegenüberliegenden Ufer der Hang buchtenartig zurückweicht, ereignete sich vor ca. 12.000 Jahren eine Rutschung, die am 20.05.1935 ungewollt reaktiviert wurde: Durch Unterschneidung der westlichen Talflanke im Zuge flussbaulicher Maßnahmen kamen etwa 20.000 m^3 Gestein ins Gleiten. Zur Stabilisierung des Hanges mussten 750.000 m^3 Material umgelagert werden. Die verbuschten Hangterrassen sind Zeuge dieser Katastrophe.

Wir verlassen den Standort und erreichen nun unmittelbar am Saaleufer das Gelände der Draht- und Seilwerke GmbH. Die Metallverarbeitung hat in Rothenburg eine lange Tradition. Schon im 16. Jh. entstand auf Basis des Kupferschieferabbaus eine erste Schmelzhütte, weitere folgten im 17./18 Jh. Davon zeugt auch die Schlackenhalde nördlich des Werksgeländes am Saaleufer. Im 19. Jh. entstanden das Kupferhammer- und Walzwerk sowie eine Gießerei und eine Maschinenfabrik. 1934/35 wurde eine Fabrik für Gewehr- und Pistolenmunition errichtet (Sprengstoffbunker am Steinbruch im Nussgrund). Später kamen eine Aluminium- und eine Stahldrahtzieherei sowie eine Verseilerei hinzu. Aus den 1950er und 1960er Jahren stammen die das Ortsbild prägenden, ehemals werkseigenen Wohnblöcke.

Flussabwärts auf der östlichen Saaleseite markiert eine Sandsteinsäule mit Wetterfahne (Schifffahrtssäule von 1820) den Standort der ehemaligen **Sputinesburg (7)**. Der Zugang erfolgt über einen Fußweg, der 50 m hinter dem Gehöft „Am Amtsberg 22" links bergan führt.

Zum Saaletal fällt das Gelände steil um nahezu 75 m ab. Nach Osten und Norden wird die etwa 0,25 ha große innere Schanze von zwei bis drei bogenförmig verlaufenden Schutzwällen aus Steinen und Erde flankiert. Die an einem wichtigen Saaleübergang gelegene, ehemals slawische Befestigungsanlage wurde 961 erstmals als „urbs Sputinesburg" erwähnt und war im 10./11. Jh. Mittelpunkt eines deutschen Burgwards. Ihre Zerstörung (letzte Erwähnung 1075) erfolgte vermutlich in den Kriegen Heinrichs IV. gegen Thüringen und Sachsen.

Der nächste Exkursionspunkt **Saaledurchstich und Schleuse Rothenburg (8)** liegt nur wenige hundert Meter stromabwärts des Ortes. Die Schleuse (seit 1942) wurde im Zusammenhang mit Arbeiten für den geplanten Großschifffahrtsweg Mittellandkanal - Hafen Halle-Trotha (seit 1929) - Kanalhafen Leipzig (1938, unvollendet) errichtet. Die Saale sollte damals durch verschiedene bauliche Maßnahmen für die Passage von 1000-t-Schiffen ausgebaut werden, um den wirtschaftlichen Aufschwung des mitteldeutschen Industrieraums zu begleiten. Neben der Rothenburger wurden in dieser Zeit auch andere Schleusen (Wettin, Alsleben, Bernburg, Calbe) errichtet sowie eine Begradigung und Vertiefung des Flusslaufes durchgeführt. Trotz der auch nach dem Zweiten Weltkrieg weitergeführten Ausbauarbeiten sank die auf der Saale transportierte Gütermenge (max. 358.000 t, 1937) bis zur Gegenwart (50.000 t, 2000). Nach der Wende hat man neue Ausbaupläne entwickelt, die den Transportbetrieb mit so genannten Euro-Schiffen (1.350 t, 90 m lang, 9,5 m breit, 2,80 m Abladetiefe) garantieren sollen. Durch die veränderten ökonomischen Standortbedingungen, freie Kapazitäten der Bahn, die Errichtung des Biosphärenreservates „Mittlere Elbe", den geplanten Naturpark „Unteres Saaletal" sowie zahlreiche Naturschutzgebiete und Flächennaturdenkmäler in diesem Gebiet ergeben sich gegenwärtig jedoch wegen dessen ökologischen Sensibilität hinsichtlich der Realisierung dieser Ausbaupläne viele offene Fragen und ein beträchtliches Konfliktpotenzial.

Die Exkursion führt uns nun mit der Fähre über die Saale nach Brucke und weiter flussaufwärts bis Friedeburg an der Mündung des Schlenzetales in die Saale. Links neben dem Grundstück „Am Borngrund 4a" zweigt ein Fußweg zum **Eichberg (9)** (147,3 m NN) ab. Morphologisch handelt es sich um eine steil stehende Schichtrippe aus Zechsteinkalk. Sie wurde durch selektive Abtragung herauspräpariert und bildet so eine weithin sichtbare Erhebung. Von den alten Obstplantagen des Südhanges bietet sich wiederum ein guter Blick nach Süden in das weite Salzspiegeltal der Saale, das hier durchschnittlich bei 70 m über NN liegt.

Gräberfunde der Jüngeren Bronzezeit am Eichberg deuten auf eine weit zurückreichende Besiedlungsgeschichte des strategisch wichtigen Platzes hin. Der Ort Friedeburg selbst wurde 1183 erstmals, als „Vredeberch" (der umfriedete Berg), erwähnt und war im 13. Jh. Sitz einer mansfeldischen Nebenlinie. Wie viele Siedlungen des Mansfelder Landes blieb Friedeburg in seiner Entwicklung zur Stadt stecken. Der Dichter Friedrich Gottlieb Klopstock (geb. 1724 in Quedlinburg) verbrachte hier von 1731 bis 1736 seine Jugendjahre.

Von Friedeburg aus lohnt sich ein kurzer Abstechern nach **Friedeburgerhütte (10)**. Schon der Ortsname weist auf die engen Beziehungen zwischen (Kupferschiefer-)Bergbau und Siedlungsentwicklung hin. Bis 1852 wurden hier Kupfererze aus den Revieren Burgörner, Rotewell und Gerbstedt verhüttet. Die Relikte der Abbautätigkeit sieht man heute noch als Abraum- bzw. Schlackehalden an der Straße nach Thaldorf. Von der Hütte selbst ist nichts mehr erhalten geblieben. An ihrer Stelle liegt heute die Zentralschule.

Unweit davon entfernt befindet sich mit den so genannten Kornflaschen (Abb. U7) eine besondere Sehenswürdigkeit. Diese sollen nach Vorbildern aus dem Mittelmeerraum erbaut worden sein. Hierfür wurden Schlacken

Abb. U7: Kornflaschen bei Friedeburgerhütte (Foto: M. Frühauf, 2000)

der Kupferschieferverhüttung verwendet. Im Jahre 1825 entstand das erste dieser unterirdischen Getreidesilos. Zwischen 1826 und 1829 folgten nochmals fünf. 1841 wurden zwei weitere gebaut und zwei aus privatem Besitz hinzugekauft, so dass insgesamt zehn Getreidesilos in Betrieb waren. Die in den umgebenden Löss hineingebauten Kornflaschen hatten eine Höhe von 9,50 m und eine Weite von 4,50 m. Diese Lagerbehälter dienten zur geschützten Unterbringung des Deputatgetreides in Notzeiten (Deputatgetreide erhielten die Berg- und Hüttenarbeiter neben ihrem Lohn bis in die 1870er Jahre). Solche Notzeiten hatten im 19. Jh. neben wirtschaftlichen auch klimatische Ursachen: Damals herrschte in Europa die so genannte „Kleine Eiszeit" mit ihren für die Nahrungsmittelproduktion überaus ungünstigen Auswirkungen.

Da die Öffnungen der Kornflaschen etwa einen Meter unter der Geländeoberfläche lagen und mit einer Steinplatte verschlossen waren, blieb die Temperatur in den Behältern ziemlich konstant, gleichzeitig bestand damit ein gewisser Schutz vor ungewolltem Zugriff. Weil das gut verfugte Schlackenmauerwerk keine Feuchtigkeit eindringen ließ, wurde eine lange Haltbarkeit des eingelagerten Getreides garantiert. 1913 wurde der die Behälter umgebende Löss als Rohmaterial für die Gussproduktion im damaligen Messingwerk Rothenburg abgegraben, die Kornflaschen freigelegt und dabei, bis auf die heute noch vorhandenen drei, leider fast völlig zerstört. Im Jahr 2000 ist zudem ein großes Stück des ehemals noch erhaltenen Einstiegs heruntergebrochen. An dieser Kornflasche konnten durch Fördermittel bis zum Jahresende 2001 umfangreiche Sanierungsarbeiten durchgeführt werden. Das sanierte Gelände ist jederzeit begehbar.

Abb. U8: Die Mündung des Schlüsselstollens in die Schlenze – ein bergbautechnisches Meisterwerk (Foto: M. Frühauf, 2000)

Unser Weg geht nun zurück in Richtung Friedeburg. 300 m

hinter der Abzweigung in Richtung Kloschwitz wählen wir den Fahrweg nach Süden („Neue Siedlung 10-9“), der zum **Mundloch des Mansfelder Schlüsselstollens (11)** führt (Abb. U8). Sein Bau ist in unmittelbarem Zusammenhang mit dem Kupferschieferbergbau in der Mansfelder Mulde zu sehen. Er wurde bereits im 18. Jh. als „Friedeburgischer neuer Haupt- und Erbstollen“ begonnen und von 1809 bis 1879 als „Tiefer Mansfelder Schlüsselstollen“ weitergefahren (Kosten: 3,6 Mio. Mark). Die Präzision, mit der der Stollen bei einem durchschnittlichen Gefälle von nur 14 cm/km über eine Länge von 31 km bis zu seiner Mündung in die Schlenze vorangetrieben wurde, verdient Respekt. Über den Schlüsselstollen wurden der Schlenze, und damit der Saale, zwischen 1884 und 1968 ca. 1,55 Milliarden m³ Salzwasser mit einem durchschnittlichen Gehalt von 170 g Steinsalz pro Liter zugeführt. Obwohl sich dieser Stoffeintrag in den 1980er Jahren verringerte, ergab eine Analyse (TÜV Bayern, 1991) für 1990 noch folgende Jahresfrachten: 410.000 t Chlorid, 0,2 t Arsen, 34.000 t Sulfat, 17.800 t Kalzium, 5.400 t Magnesium, 8,4 t Kupfer, 370 t Zink und 2,5 t Cadmium. Diese Stoffmengen führten zu einem weiteren Belastungsschub für die durch flussaufwärts eingeleitete Abwässer ohnehin schon beträchtlich geschädigte Saale.

Auch heute noch bildet das Mundloch des Schlüsselstollens den zentralen Einleitungspunkt der Grubenwässer in die Vorflut. Seit 1981 ist der bergmännisch geschaffene Hohlraum unterhalb des Schlüsselstollen-Niveaus wassergefüllt. Während der Flutungsphase (1970–1981) flossen über den

Abb. U9: Blick über das weite Saaletal bei Wettin zur Kalisalzhalde von Johannashall (Foto: M. Frühauf, 2002)

Schlüsselstollen nur Süßwässer ab. Später kam es zu einer erneuten Aufsalzung. 1995 betrug der Abfluss durchschnittlich 20 m^3/min (zum Vergleich: 1879: 21,3 m^3/min), die Salzlast lag bei ca. 8 kg/s.

Die Route verläuft nun in Richtung Salzmünde. Hinter Trebitz zweigt rechts die Straße nach Beesenstedt ab. Am Hochflächenrand verweist die markante, 30 m hohe Halde des **Bergwerks Johannashall (12)** auf den früheren Kalisalzbergbau (Abb. U9). Der 545 m tiefe Schacht „Kurt“ wurde zwischen 1900 und 1902 abgeteuft. Das aus dem Kern der Mansfelder Mulde in deren Randbereiche abgewanderte Salz traf hier auf das feste Widerlager des Halleschen Vulkanitkomplexes, so dass sich eine salzstockartige Struktur mit intensiven tektonischen Störungen herausbildete. Die durchschnittliche Mächtigkeit des Kaliflözes betrug 17 m.

Zu dem Bergwerk gehörten neben der 1895 errichteten Werksiedlung eine Rohsalzmühle, eine Chlorkaliumfabrik sowie eine 280 m lange Kaianlage an der nur 1,5 km entfernten Saale. 1909 waren hier etwa 250 Menschen beschäftigt, aber bereits 13 Jahre später mussten der Schacht „Johannashall“ wie auch der benachbarte Schacht „Wils“ wegen der zu geringwertigen Lagerstätte stillgelegt werden.

Hans-Jürgen Hafermalz/Manfred Frühauf/Lutz Volland

Der Petersberg und sein Umland – ein kurzer erdgeschichtlicher Exkurs

Exkursionsroute: Halle-Lettin, NSG Lunzberge, Dölau, Saalefähre Brachwitz, Fuchsberg, Beidersee, Wallwitz, Blonsberg, Petersberg (5 Std., vgl. Karte der Exkursionsroute, S. 177)

Ziel: Die Exkursion soll mit geologischen Zeugen der älteren und jüngeren landschaftlichen Entwicklung, aber auch botanischen Besonderheiten des Gebiets nordwestlich und nördlich von Halle vertraut machen.

Exkursion: Die Exkursionsroute beginnt am nordwestlichen halleschen Stadtrand in Lettin. Von der Innenstadt kommend fährt man dabei zuerst an der dem heiligen Wenzel gewidmeten Dorfkirche von Lettin (mit romanischem Ursprung) sowie an einer rechts der Straße gelegenen Windmühle vorbei. Letztere wurde 1819 erbaut, da die Lettiner Bauern ihr Getreide bis dahin in die Mühlen nach Halle fahren mussten. Nach 1945 unterstützten Elektromotoren den Antrieb dieser noch bis 1965 zur Mehl- und sogar bis 1990 zur Schrotherstellung genutzten Mühle.

Kurz hinter der Stadtgrenze sieht man rechter Hand der nach Salzmünde führenden Landstraße die „Buckellandschaft" des Naturschutzgebiets **„Lunzberge" (1)** (Abb. U10). Die rundlichen Formen der Porphyrkuppen

Abb. U10: Die Porphyrhügellandschaft des NNG Lunzberge (Foto: H.-J. Hafermalz, 1998)

setzen sich mit Höhen um 100 m (Großer Lunzberg 107,3 m NN) sowohl gegen das Saaletal, als auch gegen die südlich anschließenden Geländeteile (um 75 m NN) deutlich ab. Für die Entstehung der Buckel waren die schürfende Tätigkeit der eiszeitlichen Gletscher sowie die nachfolgende Erosion durch die anfallenden Schmelzwässer verantwortlich. Unter Berücksichtigung der allgemeinen klimatischen Gegebenheiten (Regenschattenlage) sowie der durch die Neigungs- und Expositionsverhältnisse bedingten besonderen Bodenverhältnisse entwickelte sich hier ein kleinräumig wechselndes Mosaik mit überaus interessantem botanischen Inventar. Zahlreiche der hier vorkommenden Pflanzenarten sind daher unter Schutz gestellt. Einige von ihnen lassen darüber hinaus Beziehungen zu den asiatischen Trockensteppen erkennen. Die Pflanzenzusammensetzung selbst variiert dabei insbesondere in Abhängigkeit von der Lössauflage bzw. vom Anteil des Porphyrverwitterungsmaterials am Bodenaufbau sowie von den Bodenwasserverhältnissen. Dadurch kommen hier kleinräumig neben kalkliebenden Arten vor allem solche Pflanzen vor, die an saure, grusige Substrate gebunden sind. Dazu zählen u. a. das Heidekraut, die Kuhschelle oder das Kleine Knabenkraut aus der Familie der Orchideen. Dabei sei der Hinweis erlaubt, dass dies auch ein Beleg gegen manchmal noch vorhandene Vorstellungen über Sachsen-Anhalt als artenarme Ackerlandschaft ist. Bei den zuvor er-

Abb. U11: Blick über die Brachwitzer Alpen mit ihren gebleichten Porphyrwänden zum Petersberg (Foto: M. Frühauf, 2001)

wähnten Orchideen sind 45 der insgesamt 60 in Deutschland vorkommenden Arten in Sachsen-Anhalt heimisch. Das Naturschutzgebiet lässt sich von Lettin ebenso wie von der Fähre bei Brachwitz gut zu Fuß erkunden.

Neben diesen botanischen und geomorphologischen Besonderheiten erkennt man von unserem Standort gegenüber der Saale die markanten Felsbildungen der Brachwitzer Alpen, die am Horizont von dem letzten Ziel unserer Exkursion, dem Petersberg überragt werden (Abb. U11). Ihre Formen sind maßgeblich früherer Steinbruchtätigkeit zuzuschreiben. Auffällig ist die weiße Färbung der Porphyrwände in ihren oberen Partien. Sie entstand durch tiefgründige, überwiegend tertiäre Verwitterung (Kaolinisierung). Dabei wurden die Feldspäte durch humose Wässer in Kaolin und Kieselsäurelösungen zerlegt. Der Kaolin war lange Zeit Rohstoff für die regionale Porzellanindustrie. Eine dieser ehemaligen Porzellanfabriken, in der heute ein Autohandel sowie eine Kartbahn ihre Heimstatt gefunden haben, befindet sich südlich unseres Standorts am Rande von Lettin. Die Kieselsäure schied sich häufig in (tertiären) Sanden aus und schuf die als Knollensteine bekannten Tertiärquarzite. Mit der „Steineren Jungfrau“ (vgl. Abb. E10), einem 5,5 m großen Menhir, der vermutlich während der Steinzeit kultischen Zwecken diente, finden wir am nördlichen Rand der Kleingartenanlage von Dölau einen dieser markanten Braunkohlenquarzite.

Abb. U12: Straßenbezeichnungen und Gebäude (Zechenhaus „Humboldt“) als Zeugen des Steinkohlenbergbaus bei Dölau (Foto: M. Frühauf, 2002)

Von den Lunzbergen nach Süden schauend sieht man in der welligen Landschaft einige mehr oder weniger bewachsene Hügel. Sie sind Zeugen des einstmals im Raum nördlich von Dölau umgegangenen Steinkohlenbergbaus. Die heute im Umfeld der Zechen- bzw. Elbestraße sowie des Feldweges „An der Schachthalde“ erkennbaren Pingen dokumentieren - ebenso wie das nach Alexander von Humboldt benannte Zechenhaus (Abb. U12) - eine kurze, aber intensive Bergbauperiode. Neben dem Wittekindtal lag hier die zweite Lokalität, wo im (heutigen) halleschen Stadtgebiet von 1736 bis 1806 Steinkohle gefördert wurde. Diese fand hauptsächlich in der halleschen Saline ihre Abnehmer. Obwohl man sowohl in der 2. Hälfte des 18. Jh., als auch in der Zeit nach dem Zweiten Weltkrieg versuchte, diesen Bergbau hier wiederzubeleben, sprach letztlich die geringe wirtschaftliche Effizienz dagegen. Im Übrigen sei darauf hingewiesen, dass hier in unmittelbarer Umgebung der Steinkohlengruben auch Braunkohlenabbau (Grube „Elise“) erfolgte. Dies kann wiederum als eine Besonderheit gewertet werden, die ihres Gleichen sucht!

Das Vorkommen der Steinkohlenflöze erklärt sich aus den geologischen Gegebenheiten dieses Raumes, der sich im Bereich der wohl markantesten geologischen Störung des Exkursionsraumes - der Halleschen Störung (Halleschen Marktplatzverwerfung) (Abb. U13) befindet. Während nach Osten die alten Sedimente und Vulkangesteine des Halleschen Permokarbonkomplexes vorzufinden sind, treten westwärts vor uns jüngere Ablagerungen der Mansfelder Mulde als oberflächennahe Gesteine (Buntsandstein- bzw. Muschelkalksedimente) auf. Der für den Raum östlich dieser Verwerfung charakteristische Porphyrvulkanismus der Roliegendenzeit hat die gering-

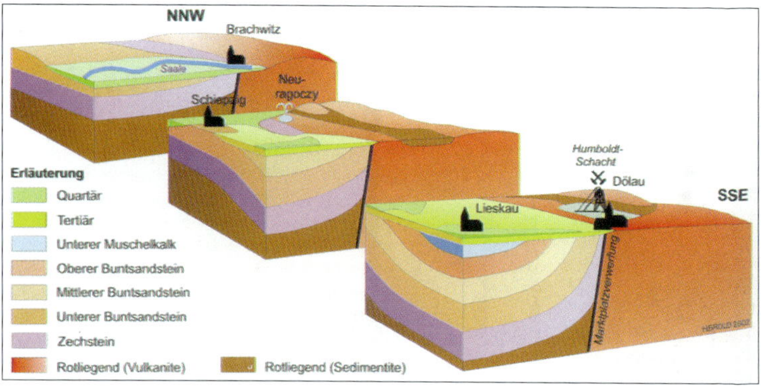

Abb. U13: Geologisches Blockbild am nordwestlichen Stadtrand von Halle (aus: Halle neu entdecken auf dem geologischen Lehrpfad, hrsg. vom Umweltamt Halle 2002)

fügig älteren, oberkarbonen Steinkohlenlager sogar qualitativ aufgewertet, indem diese durch die Hitzewirkung der vulkanischen Schmelzen teilweise in Anthrazit umgewandelt wurden. Dadurch rentierte sich eine wirtschaftliche Nutzung der nur 0,5–1,5 m mächtigen und zudem in ihrer Lagerung stark gestörten Flöze.

Auf der nach Westen (Richtung Salzmünde) führenden Straße biegen wir an der bald folgenden Kreuzung zur Fähre nach Brachwitz talwärts ab. Zunächst nutzen wir die Gelegenheit für einen **Überblick (2)** über die vor uns liegende Landschaft. Bevor unser Interesse dem weiten und über 40 m tiefer liegenden Saaletal gilt, blicken wir auf die gegenüberliegenden Talhänge, an die sich das Örtchen Brachwitz anschmiegt. In seiner Umgebung entdeckt man ebenfalls Spuren des historischen Steinkohlenbergbaus. In Richtung Westen (Salzmünde) weitete sich das Tal nochmals. Am Horizont erkennt man den Bismarckturm bei Wettin. Das Tal selbst gliedert sich nahezu lehrbuchhaft in die Aue und eine untere, in der Weichsel-Eiszeit durch Schotterakkumulation entstandene Niederterrasse (ca. 1–3 m über der Saale). Darüber befindet sich noch ein weiteres, während der späten Saale-Eiszeit (als sich die Endmoränen des Flämings bildeten) entstandenes Geländeniveau. Diese Terrasse liegt heute 6 bis 8 m über dem Fluss und bezeugt damit die seitdem erfolgte Eintiefung.

Wir folgen nunmehr der Straße zur Fähre. Im Bereich der großen Linksschleife schneidet diese die schon erwähnte Hallesche Störung. Rechts der Fahrtrichtung (östlich) entdeckt man einen Geländeanschnitt, in dem oberflächig ausstreichender Zechsteinkalk (Abb. U14) auch den Beleg dafür bietet, dass wir nunmehr nahezu direkt auf dieser markanten geologischen Trennungslinie stehen. Wollte man das ebenfalls aus dieser erdgeschichtlichen Periode stammende, dünne Kupferschieferflöz suchen, müsste man an dieser Stelle reichlich graben. Trotzdem handelt es sich bei der etwas unspektakulären, z. T. auch überwachsenen kleinen Kalkwand um eine geologische Besonderheit: Es ist die einzige Stelle im halleschen Stadtgebiet, an der man Zechsteinablagerungen, die für das Landschaftsbild unseres Raumes, aber auch die wirtschaftliche Entwicklung so bedeutsam waren, direkt an der Erdoberfläche antrifft.

Unweit der Saale stehen einige Gebäude, die bis in die 1970er Jahre einer Mineralwasserfabrik („Neura") gehörten. Ihre Produktion wäre ohne die genau hier an der Halleschen Störung zu Tage tretenden Quellen nicht möglich gewesen. Vom halleschen Arzt Dr. Runge entdeckt, waren sie Grundlage für eine schon 1851 eingeweihte Trink- und Badeanstalt. Bis 1920 die Mineralwasserabfüllung einsetzte, florierte hier nicht nur der Badebetrieb, sondern auch das Gaststättenwesen mit zahlreichen Konzertveranstaltungen.

Abb. U14: Zechsteinkalk an der Straße zur Fähre bei Neuragoczy - einer der wenigen oberflächig zu besichtigenden Relikte der Zechsteinzeit (Foto: M. Frühauf, 2002)

Nachdem wir mit der Fähre die Saale gequert haben, erreichen wir Brachwitz. Erste Siedlungsspuren reichen hier bis ins Neolithikum und die frühe Eisenzeit zurück. Slawen kamen nach 531 n. Chr. in diesen Raum, wovon nicht nur der Name des Ortes, sondern auch die hoch über der Saale befindlichen Überreste einer Burganlage berichten. Zu Brachwitz gehört heute auch der Ortsteil Friedrichschwerz. Er hat eine wechselvolle Geschichte. Schon 1288 als Swerczß erwähnt (slawischer Ursprung) fiel er danach für lange Zeit wüst. Erst 1769 wurde er als Kolonistenansiedlung durch den preußischen König wieder gegründet. Die Namengebung symbolisiert diese zwei Wurzeln, wobei der slawische Wortstamm wohl auf „svrc", (Nadelbaum, Tanne, Fichte) zurückzuführen ist.

Wir folgen von Brachwitz der in Richtung Halle bzw. zur A 14 führenden Landstraße. Nach ca. 3 km tauchen Werksanlagen auf, die ehemals der Kaolingewinnung dienten. Vor den Werksgebäuden biegen wir nach rechts ab und erreichen nach gut 1 km eine aufgelassene Grube des ehemaligen Tagebaus **Fuchsberg-Süd (3)**. Bis in die 1990er Jahre wurde hier das unter subtropischen Klimaverhältnissen während des Tertiärs entstandene Verwitterungsprodukt des Porphyrs, der Kaolin, abgebaut. Die 20 bis 25 m mächtige Nordwest-Wand der Grube (Abb. U15) dokumentiert einen für die geologische Entwicklung unseres Raumes wichtigen Abschnitt des älteren Tertiärs mit Schichten vom höheren Eozän bis in das Oligozän (vor ca. 38–31 Mio. Jahren). Da nach Beendigung des Braunkohlenbergbaues im mitteldeutschen Raum kaum noch nennenswerte Tertiär-Aufschlüsse für Forschung, Lehre und Bildung zur Verfügung stehen werden, kommt diesem Profil eine überregionale Bedeutung zu. Die Schichtenfolge bietet in prägnanter Form einen Einblick in ein bewegtes Kapitel der jüngeren geologischen Geschichte unseres Raumes.

Abb. U15: Die Nordwestwand des ehemaligen Tagebaus Fuchsberg-Süd – ein Blick in die Erdgeschichte der Braunkohlenzeit (Foto: K. Schuberth, 2000, bearbeitet: Frühauf, 2002)

Während der älteren Braunkohlenzeit (Mitteleozän) kam es durch sich ständig verlagernde Flussläufe zur Verfrachtung des zuvor gebildeten Kaolins. Dabei wurden die feineren (tonigen) Anteile in südwestliche Richtung geschüttet. Im Aufschluss lagerten sich über diesen feinen Substraten Sande und Kiese, meist aus Porphyr-Quarzen, ab, die einen nur kurzen Transportweg beweisen. In Trockenphasen wurde das Material dann z. T. verfestigt (quarzitisiert).

Während des nachfolgenden Obereozäns vollzogen sich infolge des Meeresspiegelanstiegs Vermoorungsprozesse, die zur Bildung des im unteren Teil des Aufschlusses erkennbaren Braunkohlenflözes Bruckdorf (Hallesches Unterflöz) führten. Dass Flüsse die beginnende Moorbildung immer wieder störten, belegen die in die Kohle eingelagerten Sandlinsen. Über den Braunkohlen sind mächtige Fluss-, aber auch Meeressande (brackisch) zu erkennen, die einen erneuten Wechsel des paläogeographischen Milieus anzeigen.

Danach folgte eine erdgeschichtliche Periode mit ausgesprochener Trockenheit, aus der die im oberen Teil des Sandpakets erkennbaren verfestigten und eisenschüssigen gelblich braunen Sande stammen. Obwohl eine nachfolgende Meeresüberflutung unseren Raum nicht direkt erreichte, führte der damit einhergehende Anstieg des Grundwasserspiegels abermals zur Vermoorung und damit zur Bildung des hier stark tonigen und nur geringmächtigen Braunkohlenflözes Zöschen.

Darüber folgen wiederum Flusssande. Über ihnen erkennt man das ca. 1 m mächtige Braunkohlenflöz Lochau (Hallesches Oberflöz), das in küstennahem Milieu entstand. Die darüber abgelagerten, ca. 3,5 m mächtigen marinen Sande (Rupelbasissande) bezeugen einen erneuten weltweiten Anstieg des Meeresspiegels. Ablagerungen des folgenden Rupeltones fehlen, sind aber am Nordhang des Fuchsberges aufgeschlossen.

Die im obersten Aufschlussbereich erkennbaren, knapp 1 m mächtigen Schotter gehören schon in die frühe Elster-Eiszeit des Quartärs. Sie wurden von der damals das Gebiet querenden Salza abgelagert. Als jüngste Ablagerung folgt Geschiebemergel der Saale-Eiszeit.

Vor Erreichen der zur B 6 führenden Landstraße berühren wir die Gemarkung von **Morl (4)**. Der Ort wurde um 1360 erstmals als „Mordal" erwähnt, dies wird als „Siedlung an einem sumpfigen Grund" gedeutet. Auch heute erkennt man westlich des Dorfes Böden mit einer tiefschwarzen Farbe, deren Bildung auf den Einfluss von Vermoorungsprozessen hinweisen.

Nur kurz folgen wir der B 6 in Richtung Nordosten, um unmittelbar hinter Beidersee zum Petersberg abzubiegen. Nach der Querung des Götschetales und der Ortschaften Wallwitz sowie Trebitz gilt unser nächstes Interesse dem kleinen Bruder des Petersberges, dem **Blonsberg (5)**. Er erreicht eine für unsere Region beachtliche Höhe von 190 m NN. Hier befindet sich ein Naturschutzgebiet mit stark gefährdeten Pflanzenarten. Die Ostflanke des Berges ist bewaldet, während sich an den Süd- und Südwestseiten größere Trockenrasenflächen und Zwergstrauchheiden entwickelt haben. Von der Westseite hat man einen schönen Blick ins Götschetal, in dem sich Siedlung an Siedlung drängt.

Auch der sich nur knapp 2 km weiter östlich erhebende **Petersberg (6)** besteht aus Porphyr. Vom den Parkplätzen am Südhang erreicht man in ca. 20 Minuten den Gipfel des markanten Wahrzeichens des Saalkreises (250,2 m NN). Der Petersberg ist die höchste Erhebung des halleschen Raumes (Abb. U16) und überragt seine Umgebung um ca. 90 m. Vom nördlich gelegenen Fuhnetal beträgt der Höhenunterschied sogar 175 m. (Oftmals wird in diesem Zusammenhang auch erwähnt, dass der Petersberg in östlicher Richtung auf seinem Breitengrad erst im fernen russischen Ural wieder an Höhe übertroffen wird.) Von hier oben kann man, klare Sicht vorausgesetzt, den Brocken, Magdeburg und Leipzig (ehemaliges Universitätshochhaus, Völkerschlachtdenkmal) erkennen. Das eigentliche Bergmassiv bildet eine lang gestreckte Kuppe, deren Gipfel der Hauptanlage eines hier befindlichen mittelalterlichen Klosters genügend Raum bot. Während große Teile des Berges von Wald bedeckt sind, ist die Südseite an vielen Stellen offen und durch einen Steinbruch weit aufgerissen. Die Bewohner der gleichnamigen kleinen Ortslage hatten bis in die 1950er Jahre unter Wassermangel zu leiden, da die Speicherkapazität der Porphyrklüfte gering ist. Ergiebige Quellen fehlen deshalb hier.

Abb. U16: Der Petersberg – der „Riese des Saalkreises“ – als Zeuge einer feurigen Vergangenheit (Foto: H.-J. Hafermalz, 1997)

Das Petersbergmassiv besteht aus Quarzporhyr, also vulkanischem Gestein. Der Petersberg selbst stellt jedoch keinen eigentlichen Vulkanrest dar, wie man vermuten könnte, sondern verdankt seine Entstehung einem 400 bis 600 m breiten vulkanischen Spaltensystem, das sich von Krosigk im Norden bis Nehlitz im Süden erstreckte. Die Laven ergossen sich während der Zeit des Unterrotliegenden (vor ca. 255 Mio. Jahren) wahrscheinlich in eine damalige Landsenke. Daher erreichen sie hier maximale Mächtigkeiten von 500 m. Nach Süden „dünnen“ sie allmählich aus (in Halle-Trotha nur noch 10–20 m mächtig). Die feurigen Schmelzen flossen in sich überlagernden Teilströmen aber auf einer Breite von drei bis vier Kilometern auch in östliche Richtungen ab und schufen so die geologischen Grundlagen für den manchmal auch als „Riesen des Saalkreises“ bezeichneten Berg. Das rot-violette Gestein (griech. porphyros = purpurfarbig) besteht bei genauerer Betrachtung aus einer eisenreichen Grundmasse sowie kleineren Einsprenglingen. Von diesen sind auch mit bloßem Auge dunkle, rundliche Quarze, aber auch etwas trübe, kantige Feldspate sowie schwarze, blättchenförmige Glimmer erkennbar. Die Einsprenglinge geben Auskunft darüber, dass diese Laven an der Erdoberfläche erkalteten und infolge dessen keine Zeit zum Wachsen hatten. Beim Unteren Halleschen Porphyr, der nicht direkt an der Luft, sondern oberflächennah im Gesteinskörper stecken blieb, war dies der Fall, so dass sich größere Kristalle bilden konnten. Dieser Porphyr erreicht sogar noch größere Mächtigkeiten. Mit einer bei Sennewitz niedergebrachten, 875 m tiefen Bohrung konnte seine unterste Grenze noch nicht erreicht werden.

Neben hieraus ableitbaren Hinweisen auf die feurigen Geburtsstunden dieses Gesteins lassen sich am Nordhang des Petersberges sowie in seinem unmittelbaren Umfeld auch Sachzeugen aus seiner kältesten Erdgeschichte besichtigen: Dazu zählen zum einen die Gletscherschrammen am Nordosthang, die belegen, dass dieses Gebiet während des Eiszeitalters von Gletschern überdeckt war. Zum anderen geben hierüber die eiszeitlichen Ablagerungen der Umgebung Auskunft. Vom Berggipfel aus erkennt man in südöstlicher Richtung einige das ansonsten flache Terrain überragende Hügel. Dazu gehören auch die Schurzbusch- oder die Hammelberge. Diese Hügel stellen endmoränenartige Bildungen des so genannten Petersberger Vorstoßes der Saale-Eiszeit dar (Abb. U17). Die ihnen nach Westen vorgelagerten Schmelzwasserabsätze, aus denen die Guten- wie die Ibenberge bestehen, können damit im Sinne der klassischen Eiszeitabfolge als San-

Abb. U17: Die Endmoränen der Petersberger Randlage geben Hinweise auf unsere eiszeitliche Vergangenheit (Foto: M. Frühauf, 2002)

derbildungen angesprochen werden. Diese Sande und Kiese werden südlich des Petersberges an mehrere Stellen abgebaut. Die in dieser späten Zeit des Maximal-Vorstoßes der Saalevereisung (Drenthe-Stadium) anfallenden Schmelzwässer trugen wesentlich zur Herausformung des Götschetales bei. Sieht man heute das kleine Bächlein, so kann man sich kaum vorstellen, wie viel Wasser notwendig war, um das 40 m in die Hochfläche eingeschnittene und ziemlich breite Tal auszuformen.

Der Petersberg unterscheidet sich aber nicht nur durch seine Geologie und Höhe, sondern auch durch seine Waldbedeckung von der großflächig landwirtschaftlich genutzten Umgebung. Halbkreisförmig umgeben ihn ein ca. 288 ha großer Wald, der zu etwa 80 % aus Eichen besteht. Die Laubmischwälder des Bergholzes können als Reste der ursprünglichen Waldvegetation angesehen werden. Das deshalb unter Naturschutz gestellte Gebiet prägen vor allem Traubeneichen und Winterlinden. Aber auch Stieleichen sowie Hain- und Rotbuchen sind anzutreffen. Besonderes interessant ist ein Besuch im Frühjahr, wenn vor der Belaubung rosa und weiße Farben der Buschwindröschen dominieren. Das Waldgebiet stellt auch ein bevorzugtes Brutgebiet heimischer Greifvögel dar.

Wolfgang Raschke

Der Nordosten des historischen Saalkreises

Exkursionsroute: Peißen, Hohenthurm, Landsberg, Hohen, Wurp, Ostrau, Plötz, Löbejün, Petersberg, Sennewitz (Tagesexkursion)

Ziel: Der Saalkreis war bis zur Wiedervereinigung weitgehend agrarisch geprägt und ist seitdem durch eine hochgradige Siedlungsdynamik gekennzeichnet. In deren Gefolge profitieren die im Nordosten an Halle grenzenden Gemeinden zunehmend von der Standortansiedlung von Wirtschaftsunternehmen. Dieser Prozess wird in Fachkreisen als Gewerbesuburbanisierung diskutiert. Für das Untersuchungsgebiet ist speziell die Gewerbeentwicklung entlang der B 100 zwischen den BAB-Anschlussstellen der A 14 (Dresden-Magdeburg) und der A 9 (München-Berlin) von Bedeutung, da sich hier eine erstrangige, ökonomisch geprägte Entwicklungsachse herausbildet (Abb. U18). Im Rahmen dieser Exkursion sollen sowohl die historischen Wurzeln und Spuren der Siedlungsentwicklung im Exkursionsgebiet verfolgt, als auch die neuen Umstrukturierungen nachvollzogen werden.

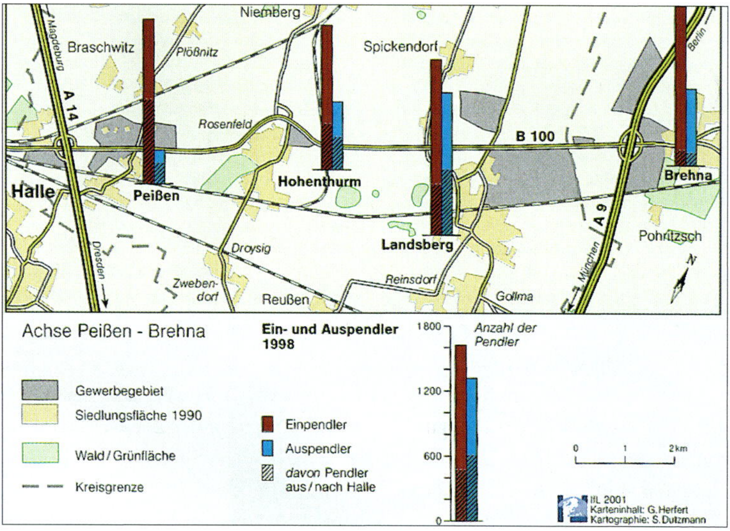

Abb. U18: Korridor der Gewerbesuburbanisierung entlang der B100 zwischen Peißen und Brehna (aus: Berkner u.a. 2001, 42)

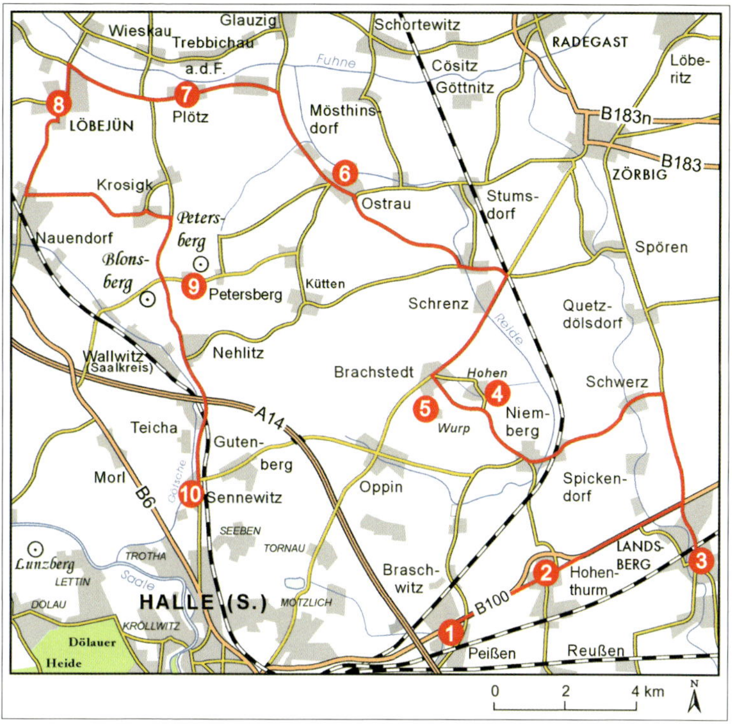

Exkursionsroute (© MLU Halle-Wittenberg)

Exkursion: Am Beispiel von **Peißen (1)** (Standort: Halle-Center) lässt sich der strukturelle Wandel von der ehemaligen Ausrichtung auf Landwirtschaft und Gartenbau zum heutigen Einzelhandels-Zentrum „auf der grünen Wiese“ sehr gut nachvollziehen. Die 7 km nordöstlich von Halle gelegene Gemeinde (mit 1.112 Einwohnern im Jahre 2004) umfasst neben dem namengebenden Peißen seit 1950 die weiteren Ortsteile Rabatz, Stichelsdorf und Zöberitz. Etwa die Hälfte der Einwohner leben im inzwischen zusammengewachsenen Peißen/Rabatz. Um das Jahr 800 wurde ein sorbischer Weiler Pesenitz, 1332 das ursprünglich als Rundling angelegte Dorf „Peitzne“ urkundlich erwähnt (für den Ortsteil Stichelsdorf gilt dies bereits für das Jahr 1269). Die Kirche von Peißen ist deutlich älter, sie wurde um 1200 errichtet. Über Jahrhunderte war Landwirtschaft das wirtschaftliche Standbein der Siedlung. Der Dreißigjährige Krieg führte zu starken Zerstörungen von Dorf und Kirche. 1825 hatte Peißen nur noch 172 Einwohner. Ein deutlicher Anstieg der Einwohnerzahl erfolgte mit der Ausweitung des Gartenbaus in mehreren Gärtnereien und einer Gutsgärtnerei in Stichelsdorf zur Versorgung des Marktes in Halle. Parallel wurde Peißen zum Auspendlerwohnort von Arbeitskräften für Halle. 1950 wurde das Einwohnermaximum von 1.840 erreicht. Die Zahl ging bis 1990 auf etwa 1.140 zurück und bleibt seitdem stabil.

Die in vielen Saalkreisgemeinden zu verzeichnende Bevölkerungssuburbanisierung zu Lasten Halles, sichtbar im Wohnungsneubau, findet hier nicht statt. Eine Ursache liegt sicher in der Zerschneidung der Gemeindefläche durch mehrere bedeutende Eisenbahntrassen, die Autobahn A 14, und die B 100 sowie in dem Ausbau vor dem Kreuzungsbereich. Dennoch ist diese Lagesituation ein Standortvorteil für Wirtschaftsunternehmen, denen eine gute Erreichbarkeit besonders wichtig ist. So gelang es der Gemeinde durch Grundstückskauf (etwa 6 DM/m² Ackerland) und frühen Vertragsabschluss bereits um die Wendezeit, ein großes Gewerbegebiet zu erschließen. Damals noch am Ende der A 14 gelegen, konzentrierten sich hier großflächige Einzelhandels- und Großhandelseinrichtungen (1991 Möbelhaus Walther), es entstanden ca. 2.000 Arbeitsplätze „vor den Toren Halles". Inzwischen hat sich hier das „Halle-Center Peißen" etabliert und macht dem City-Einzelhandel der Saalestadt große Konkurrenz. Daraus resultiert aus raumplanerischer Sicht eine bedenkliche Schwächung der oberzentralen Funktionen Halles. Die weitere Erschließung von 134 ha Gewerbeflächen und infrastrukturelle Erneuerungen im Ortskern verursachten Kosten in Höhe von ca. 30 Mio. Euro, wodurch Peißen zu den höchstverschuldeten Gemeinden in Sachsen-Anhalt zählt (Keidel, 2001, 42 f.).

Ortsbild und Namengebung des 10 km östlich von Halle gelegenen **Hohenthurm (2)** (Standort: Schloss, parken am Gutstor) sind durch den weithin sichtbaren „hohen Turm", einem romanischen Bergfried auf einer Porphyrkuppe, bestimmt. In der Gemeinde leben 2.199 Einwohner. Es handelt sich um eine der wenigen deutschen Ortsgründungen im Saalkreis, denn ein slawischer Ursprung ist nicht nachgewiesen. Um den Turm herum entwickelte sich um 1200 eine Burganlage, bestehend aus Wohn- und Wirtschaftsgebäuden, einer Kapelle und einer Mauer. Der Burgbau geht wahrscheinlich auf den Markgrafen Dietrich von Landsberg zurück. Der Ort kam 1347 zum Erzstift Magdeburg und das auf der Burg ansässige Adelsgeschlecht nannte sich „von Hohenthurm".

Im unterhalb der Burg im Norden gelegenen Ortsteil Rosenfeld (1202 erstmals als Rosnvelt genannt), wurde bereits 1578 eine Kinder- und Pfarrschule errichtet. Von den Ereignissen des Dreißigjährigen Krieges wurde Hohenthurm stark betroffen, so dass die Einwohner 1636 und 1641 nach Halle flüchteten. Während der 3. Phase der friederizianischen Binnenkolonisation von 1780 bis 1786 wurden 7 Kolonistenhäuser errichtet. 1836 kamen Gut und Schloss in den Besitz der Familie von Wuthenau, die einen florierenden Landwirtschaftsbetrieb entwickelte. Das Burgschloss wird jetzt durch das Institut für Pflanzenzüchtung und Pflanzenschutz der Martin-Luther-Universität Halle-Wittenberg genutzt. Um die Wende zum 20. Jahrhundert erfolgte die Ansiedlung von Industriebetrieben im Süden an der Eisenbahnstrecke Halle-Berlin (1888 Tiefbohr- und Brunnenbau, 1908 Maschinenfabrik - jetzt Dampfkesselbau Hohenthurm GmbH). Die Siedlungen Hohenthurm (Gutsbezirk) und Rosenfeld wurden 1925 vereinigt. Bis zum Aufschwung des Gutes war Rosenfeld die größere und bedeutendere Siedlung.

Nach 1990 wurde das Gewerbegebiet „Die Spitze" im Nordosten Hohenthurms, südlich der B 100, auf einer Fläche von 14 ha erschlossen (Abb. U19). Das hier u. a. angesiedelte Postverteilzentrum hat überregionale Bedeutung, was auch darin zum Ausdruck kommt, dass sich dessen Pendlereinzugsbereich bis in den angrenzenden Regierungsbezirk Dessau erstreckt.

Abb. U19: Hohenthurm mit dem Gewerbegebiet an der B 100 (Foto: MZ, 2001)

Folgen wir der B 100 weiter, gelangen wir nach **Landsberg (3)** (Standort: Kapellenberg), der mit 4.607 Einwohnern (im Jahr 2004) größten Stadt des Saalkreises. Auch Landsberg hat nach der Wende eine gewerbliche Umorientierung erfahren. Nachdem die alten Industriebetriebe weitgehend brach fielen, wurden auf dem ca. 174 ha großen neuen Gewerbestandort zwischen

Stadt und B 100 etwa 50 Betriebe angesiedelt (Verkaufspreis 50-66 DM/m^2 erschlossener Gewerbefläche); neben Dienstleistungs- und Handelseinrichtungen sind dies Betriebe des Maschinenbaus, des Transportgewerbes und vor allem Unternehmen der Baubranche. Dabei entstanden 1.600 Arbeitsplätze.

Im Jahr 961 wird als Hauptort des Gaues Siusie eine große Wallburg („civitas holm") genannt. Reste der slawischen Wallanlage sind am Fuß des Kapellenberges zu sehen. Die Wälle umschlossen ehemals wahrscheinlich den größten Teil des heutigen Ortes. Das Reichsgut, bestehend aus der Burg Landsberg und dem Gau Siusie, stand unter der Verwaltung eines Burggrafen. Parallel war die Burg mit dem Amt eines Markgrafen verbunden, so dass deren Rechtsposition Analogien zur Burg Meißen aufwies. Die Funktionen des Burggrafen und des Markgrafen lagen oft in Personalunion bei den Wettinern. In der Mitte des 12. Jh. errichteten diese eine neue Burg im staufischen Reichsburgstil. Zum Ende dieses Jahrhunderts wurde die Abteikirche, die als Burgkapelle diente, zur Doppelkapelle umgebaut. Ihr Obergeschoss fungierte als letzter Zufluchtsort innerhalb der Burg. Nachdem das Gebiet im Jahr 1210 an die Meißner Linie der Wettiner fiel, ging die Bedeutung der Burg als Residenz zurück. Häufige Besitzwechsel in den folgenden Jahrhunderten fanden ihren Höhepunkt mit der totalen Zerstörung von Stadt und Burg im Jahr 1514. Die Kapelle blieb erhalten und wurde auch später von den sächsischen Herzögen unterhalten.

Beim Weitergang zum Marktplatz unterhalb der Burg erschließt sich die Entwicklung der Stadt aus einem Suburbium, das im Jahr 1574 etwa 400 bis 500 Einwohner besaß. Das wirtschaftliche Leben war durch Kaufleute und Handwerker geprägt. Im Jahr 1579 wurde Landsberg das Stadtrecht verliehen. Zentrum ist der dreieckige Markt in einem bis heute geschlossenen städtischen Ortsbild. Markante Punkte des Marktes sind das Rathaus von 1583 und die Postmeilensäule (Kopie von 1989).

Nach mindestens 12 Zerstörungen (Dreißigjähriger Krieg) gelangte Landsberg im Ergebnis der napoleonischen Kriege von Sachsen an Preußen. Mit Beginn des Porphyrabbaus am Burgberg ab 1840 begann die Industrialisierung, in deren Folge sich die Ackerbürgerstadt zur kleinen Industriestadt entwickelte. Der ländliche Charakter ging aber nie ganz verloren. Dem bis etwa 1930 betriebenen Porphyrabbau fielen die fast völlig erhalten gebliebenen Grundmauern der Burg zum Opfer. Ein weiterer Abbau des Berges wurde zum Schutz der Doppelkapelle verboten, mit dem Ergebnis, dass sich der Abbau in die Tiefe entwickelte. Dort befindet sich heute das Felsenbad (Abb. U20). Nach 1860 verlagerte sich die industrielle Entwicklung nach Norden in Richtung der Eisenbahnlinie Berlin-Halle. Es entstanden Betriebe zur Verarbeitung landwirtschaftlicher Produkte (Zuckerfabrik bis 1945, Malz-

Abb. U20: Landsberg, die größte Stadt des Saalkreises, mit Felsenbad und Doppelkapelle (Foto: MZ, 2001)

fabrik) und eine Landmaschinenfabrik. Die bereits eingangs geschilderte dynamische Wirtschaftsentwicklung seit der Wende ist begleitet von reger Bautätigkeit in den letzten Jahren und einem Anstieg der Einwohnerzahl um etwa 700.

Hohen (4), ein Ortsteil der Gemeinde Brachstedt, liegt abseits der Straße von Niemberg nach Brachstedt und hat etwa 110 Einwohner. Vermutlich handelt es sich um eine als Rundling angelegte deutsche Siedlung aus dem 13. Jh. Ihre erste Erwähnung erfolgte 1320 als „von den Hogen“, dem nach dem Dorf benannten Herrengeschlecht. Das Dorf liegt am Hügel (nomen est omen) im Bereich einer ehemaligen Sumpfniederung eines Nebenbaches der Reide. Die Dorfstraße 3 bis 6 bildet ein denkmalgeschütztes Areal. Von der frühzeitlichen Besiedlung zeugt das Hügelgrab in exponierter Lage auf dem Steinberg, Teil der Niemberg-Brachstädter Höhen, nördlich des Dorfkernes. Für eine gewisse Bedeutung des Ortes bis in das 18. Jh. spricht die Tatsache, dass Hohen einen der sieben „Ältesten“ stellte, die in Halle/Giebichenstein im Burggrafengericht tätig waren.

Wurp (5) - ebenfalls ein Ortsteil von Brachstedt - liegt abseits der Straße von Niemberg nach Brachwitz und hat etwa 70 Einwohner. Es handelte sich ursprünglich um einen slawischen Rundling, erstmals 1343 als „Worp“ benannt. Das entspricht dem alten Flurnamen „Wurf“. Im Raum Lübeck ist der Begriff Wurf zur Bezeichnung der Breite von Saatäckern noch heute gebräuchlich. Einen Hinweis auf die slawische Besiedlung gibt der Name Wendenplatz für den Dorfplatz. Die Bockwindmühle Wurp (Baudenkmal) ist von 1648 und gilt als die älteste Mühle Sachsen-Anhalts (Abb. U21).

Abb. U21: Die Bockwindmühle im ehemals slawischen Wurp aus dem Jahre 1648 (Foto: W. Raschke, 1998)

Die **Gemeinde Ostrau (6)** (Standort: Schloss auf der Insel) zählt 1.010 Einwohner (im Jahr 2004) und liegt etwa 15 km nördlich von Halle. Wie häufig im Saalkreis deutet der Name auf einen slawischen Ursprung hin und bedeutet „Insel". Das ist auch der Hinweis auf die vermutete slawische Ringwallburg im Bereich des jetzigen Burggeländes auf einer Insel. Die erste Erwähnung datiert von 1127 als Ostraw in einer Stiftungsurkunde für das Kloster Petersberg. Die Nennung des Schlosses Ostrowe geht auf 1327 zurück. Wenige Jahre zuvor wurde die 1689 bis 1699 umgebaute sehenswerte Kirche errichtet. Nach mehreren Besitzwechseln ging Ostrau 1585 an die Familie von Veltheim, die bis 1945 einen starken Einfluss auf die Entwicklung des Dorfes hatte. Kampfhandlungen zwischen schwedischen und kaiserlichen Soldaten führten im Dreißigjährigen Krieg zur fast vollständigen Zerstörung der Siedlung. Das neue Schloss wurde 1713 im spätbarocken Stil auf dem Inselareal der Wasserburg errichtet (Abb. U22). Nach Norden schließt sich seit 1764 der Lustwald an. Die Familie von Veltheim zog Künstler aus verschiedenen Ländern Europas nach Ostrau. Im stark sanierungsbedürftigen Schloss befindet sich jetzt die Grundschule Ostrau und der Lustwald ist als Naturdenkmal geschützt.

Abb. U22: Das spätbarocke Ostrauer Schloss (Foto: W. Raschke, 2005)

Die nördliche Grenze des Saalkreises wird in großen Abschnitten durch die Fuhneniederung gebildet. Unmittelbar an ihrem südlichen Rand liegt **Plötz (7)** mit 792 Einwohnern (2004), davon etwa 300 im Ortsteil Kösseln. Das westlich gelegene Unterplötz wurde 1252 erstmals urkundlich erwähnt und war ebenfalls ein Rundling slawischen Ursprungs. Etwa 600 m weiter östlich davon legten deutsche Siedler im Mittelalter Oberplötz an. Über viele Jahrhunderte änderte sich in beiden Siedlungen kaum etwas. 1827 hatten sie jeweils etwa 80 Einwohner (14 Häuser in Unter- und 9 Häuser in Oberplötz). Baulich wuchsen die Siedlungen erst nach 1853 mit der Aufnahme des Steinkohlenabbaus zusammen. 1952 wurden beide Orte (damals Plötz und Kösseln) administrativ zur Gemeinde Plötz vereinigt, wobei im Sprachgebrauch der Ortsansässigen die ehemalige Unterscheidung weiterlebt. Nach ersten - infolge der hohen Wasserführung zunächst erfolglosen - Schürfungen nach Steinkohle in den Jahren 1741 und 1751 wurde 1851 die Grube „Carl-Moritz“ gegründet. Die Steinkohle wurde vorwiegend für nahe gelegene Ziegeleien, Kalkbrennereien und Zuckerfabriken genutzt. Der insgesamt relativ unproduktive Abbau, mit mehrfachem Besitzwechsel, wurde ab 1919 deutlich erhöht und es waren etwa 400 Arbeiter untertage beschäftigt. Eine weitere Expansion des Abbaus erfolgt während des Zweiten Weltkriegs. Die erschöpften Vorräte führten 1967 zur Einstellung der Kohleförderung. Die weithin sichtbare (fossilienreiche!) Halde (Abb. U23) bei Oberplötz gibt

Zeugnis von den insgesamt geförderten 4 Mio. t Steinkohle. Am ehemaligen Werktor verweisen ein Hunt und eine Gedenktafel aus Porphyr mit einer Inschrift auf die Bergbautradition: „Von 1851–1967 förderten fleißige Bergleute aus der Plötzer Grube Steinkohle zu Tage. Das war das letzte Kapitel der 600-jährigen Geschichte des Steinkohlenbergbaus auf den Wettin-Löbejün-Plötzer Lagerstätten“. Nach 1967 entstand auf dem Grubengelände ein Betonwerk und seit 1989 bildete sich ein kleiner Industriepark heraus.

Abb. U23: Halde des ehemaligen Steinkohlenbergbaus Plötz (Foto: W. Raschke, 1998)

Rund 3 km weiter westlich erreicht man die Kleinstadt **Löbejün (8)** (Standort: Marktplatz) mit heute 2.362 Einwohnern. Sie befindet sich ca. 1,5 km südlich des Landschaftsschutzgebiets der Fuhneaue und damit in hochwassergeschützter Lage. Nach Süden steigt das Gelände über die Wettiner Berge bzw. den Haltberg (185,5 m NN) zum Petersberg (250 m NN) stetig an. Die Siedlungsgeschichte Löbejüns ist interessant: Im 8. Jh. wurde durch die Slawen eine ständig bewohnte, größere Wallburg im heutigen Stadtgebiet geschaffen. Einzelne Reste sind im Bereich „der Schanze“ erhalten. Die erste Nennung erfolgte als „Civitas Liubuhun“ im Jahr 961. Löbejün war Burgwardhauptort und somit Verwaltungssitz. Von hier erfolgte auch die Sicherung des Überganges über den Fuhnesumpf beim heutigen Cattau. Im Jahre 1152 kam der obere Bereich der Stadt mit der Burg von der Grafschaft Wettin zum Erzstift Magdeburg. In dieser Zeit (1156) erfolgte auch die erste Erwähnung des Weinbaus; darauf verweist auch der Weinberg südlich der Stadt. Zwischen 1253 und 1290 kam der restliche Bereich von Löbejün zum Erzstift, um dann 1446 zum Amt Giebichenstein zu gelangen. Um 1400 lebten hier etwa 300 Menschen. Damals entstanden neben markanten und wichtigen Gebäuden (Hospital - 1461, Stadtkirche - 1485, Rathaus - 1502) auch die Stadtbefestigung mit Graben und Lehmmauer (ab 1495). Diese Mauer wurde von 1552 bis 1562 durch eine bis heute existierende Porphyr-Bruchsteinmauer ersetzt. Sie ist 1.700 m lang und hatte vier Tore, von denen nur noch das eindrucksvolle Hallesche Tor (Abb. U24) im Süden verblieb. Bereits im Jahr 1466 wurde bei der Suche nach Kupfer Steinkohle in der Umgebung des Ortes gefunden, deren Abbau aber erstmals im Jahr 1622 erfolgte. Das Privileg zur Durchführung von 3 Jahrmärkten erhielt Löbejün 1564 und bald darauf auch das Bierbraurecht. Der gewisse Aufschwung der Stadt zeigt sich in der Einwohnerentwicklung von 800 im Jahr 1600 auf etwa 1.100 im Jahr 1618. Wie generell im Saalkreis war der Dreißigjährige Krieg auch für Löbejün verheerend: die Einwohnerzahl ging bis zum Jahr 1626 auf 96 zurück, der Steinkohlenabbau wurde eingestellt, die Stadt von 5 Plünderungen heimgesucht.

Abb. U24: Das mittelalterliche Hallesche Tor in Löbejün als Teil der ehemaligen Stadtbefestigung (Foto: W. Raschke, 1998)

Der 1691 wieder aktivierte Abbau der Steinkohle fand seinen Ausdruck in der von der Magdeburger Heerstraße abzweigenden Straße von Löbejün nach Plötz, die seit 1723 Kohlenstraße genannt wurde. Bis zur Mitte des 18. Jh. wurden 26 Schächte in Betrieb genommen. Einen weiteren Impuls brachte der Einsatz einer zuvor in Hettstedt genutzten Dampfmaschine ab dem Jahr 1795. Sie war bis 1848 im Einsatz und der erhalten gebliebene zweite Zylinder steht als technisches Denkmal auf der Promenade. Steigender Kohlebedarf im Zuge der Industrialisierung führte zum weiteren Ausbau der Förderung. 1834 arbeiteten in den bis zu 40 Schächten 164 Bergmänner. Die Einwohnerzahl Löbejüns stieg bis 1860 auf 3.500 an. Infolge von Grundwasserproblemen und Absatzschwierigkeiten wurde der Abbau jedoch 1882 eingestellt. Eine kurze Wiederbelebung erfolgte von 1954 bis 1960 in zwei

Schächten. Ersatzarbeitsplätze fanden die Bergleute in den Porphyrsteinbrüchen und in der seit 1849 bestehenden Zuckerfabrik. Der Porphyrabbau wird im Westen der Stadt vor allem als Schotterabbau betrieben und ist in seiner landschaftsverändernden Wirkung nicht zu übersehen.

Mit 250 m Höhe ist der aus allen Richtungen über große Distanzen sichtbare **Petersberg (9)** die höchste Erhebung im östlichen Harzvorland. Verstärkt wird der exponierte optische Eindruck durch die Stiftskirche St. Peter (Standort der Straße der Romanik), den Bismarckturm und den Fernmeldemast (nahe der Kirche). Die gleichnamige Gemeinde (707 Einwohner) liegt am relativ flachen Südhang des Petersberges (Abb. U25).

Abb. U25: Der Petersberg mit Porphyr-Steinbruch, Stiftskirche, Bismarckturm und Fernmeldemast (Foto: MZ, 2001)

Die südexponierte Seite der Porphyrkuppe ist bereits sehr früh und ständig besiedelt, was durch jungsteinzeitliche Grabhügel in der Umgebung bezeugt wird. Befestigte Siedlungen sind seit der Bronzezeit bekannt. Zu einer slawischen Festung und zum Heiligtum wurde der Petersberg im 8. und 9. Jh. ausgebaut. Die im Norden der Kirche befindlichen Ruinen sind vermutlich Reste einer vor 1100 errichteten Rundkapelle auf dem damaligen Lauterberg. 1124 kam der Berg zur Markgrafschaft Meißen und der Bau der Klosterkirche wurde vollendet. 1127 wird erstmals „mons serenus" erwähnt. Der Stifter des Klosters, Markgraf Konrad von Meißen, wurde 1157 neben seiner Frau in der Mitte des Kirchenschiffes beigesetzt. Der Name der 1184 dem hl. Petrus geweihten Kirche des Augustiner-Chorherrenstiftes ging allmählich auf den Berg über. Ein Besuch des in der Sanierung weit fortgeschrittenen Gebäudes ist empfehlenswert. Das Kloster verfügte über großen Grundbesitz und die Einnahmen von etwa 8.400 Morgen Land, neben 17 Dörfern, 9 Kirchen, Mühlen, Wäldern, und besaß das Patronatsrecht über 13 Dörfer. Es war ein herausragendes Zentrum der Christianisierung der Slawen im Saalegebiet. Die Ruinen des Klosters dienten während des Dreißigjährigen Krieges als Zufluchtort für die Bevölkerung der Umgebung. Das Amt Petersberg wurde 1697 durch den sächsischen Kurfürsten August an den Kurfürsten von Brandenburg verkauft. Die Brandenburger veranlassten 1726 die Verlegung des Amtsgebäudes an den Fuß des Berges, wo um 1736 das Dorf Petersberg unter Nutzung des verfallenen Klostergebäudes als Steinbruch entstand. Zwischen 1740 und 1760 wurden während der 1. Periode der friederizianischen Binnenkolonisation 16 Häuser und ein Gasthof errichtet. In der 3. Binnenkolonisationsperiode von 1780 bis 1786 entstanden nochmals 19 Kolonistenhäuser. Recht gut erhalten ist eine einzeilige Gehöftreihe aus der Kolonisationsphase in der Grünen Gasse direkt unterhalb der Stiftskirche St. Peter. Gegen Ende des 19. Jh. begann die Einrichtung von Steinbrüchen, die bis in die Gegenwart anhält. Die Entwicklung zu einem Ort der Naherholung setzte in den 1960er Jahren ein. Neben der Umwidmung eines ehemaligen Steinbruches zu einem Bergbad entstanden u. a. der Berg-Tierpark, das Kreismuseum des Saalkreises, die Waldbühne und Gaststätten.

An das Stadtgebiet von Halle schließt sich im Norden, der letzte Exkursionspunkt, die Gemeinde **Sennewitz (10)** mit 1.680 Einwohnern (im Jahr 2004), an. Vermutlich im Bereich einer slawischen Kultstätte bildete sich das 1212 erstmals urkundlich erwähnte „Senewicz“ (Grasort) heraus. Bis in das 19. Jh. war Sennewitz eine reine Agrarsiedlung. Während der 3. Phase der friederizianischen Binnenkolonialisation entstanden 7 Kolonistenhäuser. Der Kreuzungspunkt der Straße Halle-Petersberg mit dem Gutenberger Bach wird als „Dreckende“ bezeichnet. Das ist ein Teilabschnitt der ehemaligen „Kohlenstraße“ (vgl. Standort 8) auf der die im Löbejüner Revier abgebaute Steinkohle transportiert wurde. Der bildhafte Begriff Dreckende wurde volkstümlich zu Dreckente. Der jetzt unscheinbare, seit dem 18. Jh. ganzjährig nutzbare Bachübergang außerhalb der Kernsiedlung war Ansatzpunkt für einen Ausbau von Sennewitz, u. a. mit Schenke und Kolonistenhaus.

Im Westen an der B 6 liegt der Ortsteil Grube Ferdinande. Von 1819 bis 1910 wurde dort im Tiefbau Braunkohle gewonnen. Da dies in relativ geringer Tiefe (10–30 m) unter der Erdoberfläche ablief, kam es hier auch zu Geländesenkungen. Ein umfangreicher Wohnungsneubau führte ab 1996 zu einem starken Anwachsen der Einwohnerzahl um etwa 300.

Claudia Kaiser/Dieter Scholz/Wolfgang Walossek

Der kurze Weg nach Sachsen – Suburbanisierung und Wirtschaftsentwicklung im Wachstumskorridor Halle-Leipzig

Exkursionsroute: B 6 Halle nach Großkugel, B 6 und A 9 zum Schkeuditzer Kreuz, A 14 bis Leipzig-Nord zum GVZ (mit Porsche-Werk) und zurück über A 14 zum Flughafen, über A 14 und A 9 zu „Nova Eventis" (ehemals Saalepark) in Günthersdorf (ca. 6 Std.)

Ziel: Nur etwa 40 Kilometer südöstlich von Halle liegt Leipzig, nach Berlin die zweitgrößte Stadt der neuen Bundesländer. Im Wachstumskorridor zwischen den beiden Großstädten führt seit 1990 eine rege Bautätigkeit zu einschneidenden Veränderungen der Siedlungsstruktur. Die weithin sichtbaren Resultate der Suburbanisierung und Wirtschaftsentwicklung, insbesondere von Wohn-, Dienstleistungs-, Produktions- und Handelsfunktionen sind wie der hochgradige Ausbau der Verkehrsinfrastruktur Thema der Exkursion.

Zusatzinformationen: Beide Großstädte als heutige Pole des Wachstumskorridors gehen auf Gründungen im Kerngebiet des mitteldeutschen Altsiedellandes zurück, deren Anfänge im frühen (Halle, Ersterwähnung 806) bzw. hohen Mittelalter (Leipzig, Ersterwähnung 1064) liegen. Bis ins 16. Jh. hinein war Halle aufgrund von Salzförderung und -handel die bedeutendere der beiden Städte. Mit dem „Messeprivileg" von 1497 kehrten sich die Gewichte um: von nun an war Leipzig die führende Stadt in der Tieflandsbucht.

Während sich Halle zu einer Industriearbeiterstadt der chemischen Industrie, des Maschinenbaus und der Energiewirtschaft entwickelte, stand in Leipzig neben dem Maschinenbau, der Textilindustrie und dem Buchgewerbe vor allem der Handel im wirtschaftlichen Mittelpunkt. Die Frühjahrs- und Herbstmessen machten die sächsische Handelsmetropole weit über die Grenzen Deutschlands bekannt und bewahrten Leipzig auch in der DDR-Zeit ein vergleichsweise weltoffenes Klima.

Die jahrhundertealte politische Grenze zwischen Halle und Leipzig führte dazu, dass beide Städte sich jeweils auf ihr Territorium orientierten und somit relativ isoliert voneinander entwickelten. Heute liegen beide Oberzentren innerhalb der neu entstandenen Bundesländer Sachsen-Anhalt und Sachsen sehr peripher und sind trotz ihrer Größe nicht Landeshauptstädte geworden (stattdessen Magdeburg und Dresden). Die enge Verknüpfung beider Zentren durch leistungsfähige Verkehrsinfrastrukturen (Eisenbahn,

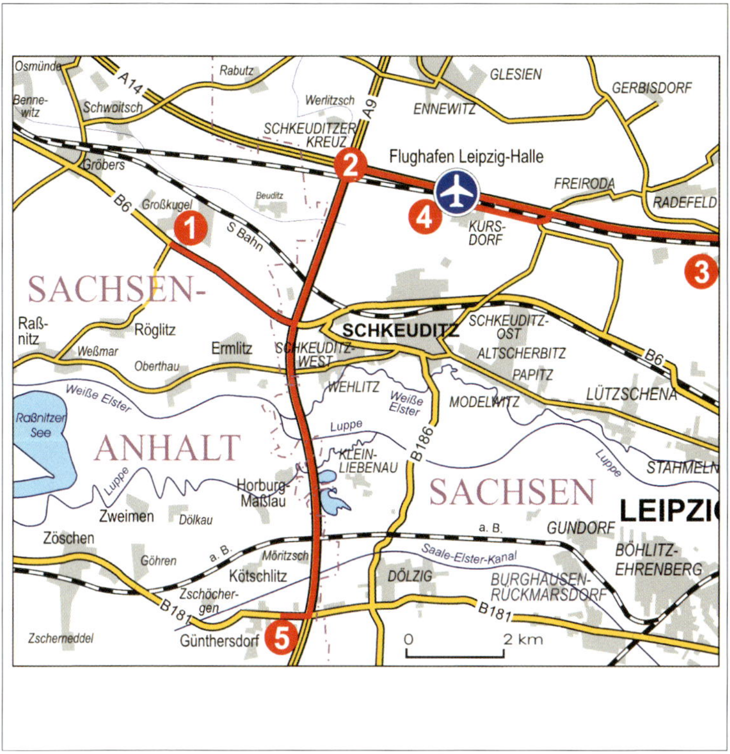

Exkursionsroute (© MLU Halle-Wittenberg)

Bundesstraße, Autobahn) wirkt stimulierend auf die Suburbanisierungs- und Wirtschaftsprozesse, sie generieren vielfältige Pendlerbewegungen innerhalb des Wirtschaftsraums Halle-Leipzig. Um hier die raumordnerische Zusammenarbeit trotz der bestehenden Ländergrenze zu erleichtern, wurde 1993 ein Staatsvertrag unterzeichnet; seine Auswirkungen werden u. a. in der gemeinsamen Beteiligung am Mitteldeutschen Verkehrsverbund und am internationalen Flughafen Leipzig/Halle sichtbar. Letzterer trug auch mit dazu bei, dass sich unter anderen solche namhafte Unternehmen wie Porsche, BMW, Deutsche Post und Quelle, ansiedelten, künftig auch DHL.

Exkursion: Großkugel (1) (Standort Marktplatz im Bereich des Geschosswohnungsbaus). Etwa auf halbem Wege zwischen Halle und Leipzig, nördlich der Bundesstraße 6 und südlich der Eisenbahnstrecke Halle-Leipzig gelegen, galt Großkugel bis zur Wende als typisches Bauerndorf mit rückläufiger Bevölkerungszahl und Wohnfunktion für Arbeitskräfte, die in den Unternehmen von Halle und Leipzig sowie in den Großbetrieben des Bergbaus und der chemischen Grundstoffindustrie tätig waren.

Seit dem Jahr 1992 erfolgte eine tiefgreifende Veränderung: Großkugel wurde zum Standort flächenintensiver Bauinvestitionen, die „auf der grünen Wiese" im Umfang von 160 ha realisiert wurden. Davon sind allein 95 ha als Gewerbegebiet und 19 ha als Misch-, Wohn- und Kerngebiet vorgesehen, während das eigentliche Wohnbauland mit nur 4,4 ha vergleichsweise klein ausfällt. Die Bebauung dieser Areale sollte laut Planung für Großkugel eine beachtliche Zunahme an Arbeitsplätzen und Einwohnern zur Folge haben (Einwohnerzuwachs von 6.000 und Zunahme der Arbeitsplätze um 7.000). Ende der 1990er Jahre waren die voll erschlossenen Gewerbeflächen zum weitaus überwiegenden Teil noch unbesetzt, lediglich ca. 300 Arbeitsplätze sind bisher geschaffen worden. Die Einwohnerzahl ist zwischen 1991 bis 2003 dagegen von 588 auf 2.197 gestiegen, was fast eine Vervierfachung bedeutet (Tab. U1). Dieser beträchtliche Zustrom von Bewohnern zielte auf die unmittelbar an der Bahnlinie errichteten Einfamilienhäuser (v.a. Reihenhäuser) und die etwas entfernteren Geschosswohnungsbauten (Abb. U26). Inzwischen ist aber erkennbar, dass eine hohe Fluktuation unter den Bewohnern vorherrscht, dass Wohnungen leer stehen und weitere Baumaßnahmen wegen fehlender Nachfrage nicht realisiert werden.

Tab. U1: Einwohnerentwicklung der Gemeinden im Wachstumskorridor 1994–2003

	Einwohner (EW)				**EW 1994–1997**	**EW 1997–2000**	**EW 1994–2003**
	1994	**1996**	**1998**	**2003**	%	%	%
Saalkreis	66.070	72.520	79.053	80.981	15,4	7,6	22,6
Dieskau	1.737	2.565	2.924	3.135	61,0	10,2	80,5
Dölbau	976	1.156	1.246	1.200	23,7	0,1	22,9
Gröbers	2.537	2.494	2.667	2.527	2,8	1,6	−0,4
Großkugel	1.022	1.916	2.125	2.197	106,1	6,2	115,0
Halle (Saale)	289.909	275.604	260.838	240.119	−7,6	−7,5	−17,2
Großlehna	2.198	2.267	2.460	2.490	6,3	6,8	13,3
Markranstädt	9.741	11.169	12.418	13.068	22,1	11,0	34,1
Schkeuditz	17.355	17.182	17.285	18.702	0,1	10,2	7,8
Wiedemar	1.725	2.029	2.323	2.286	30,1	3,9	32,5
Leipzig	524.727	506.114	491.086	497.531	−5,1	−0,9	−5,2

Quelle: Statistische Landesämter Sachsen-Anhalt und Sachsen; Anmerkung: Für die sächsischen Gemeinden nach dem Gebietsstand von 2000 zurückgerechnet.

Dieses Beispiel der Wohnsuburbanisierung ist typisch für die Nachwendeentwicklung in Ostdeutschland. Dabei gilt der Verdichtungsraum Halle-Leipzig als Region mit der höchsten Suburbanisierungsdynamik. Aus den vielfältigen Ursachen hierfür sollen nur die wichtigsten herausgegriffen werden: Auf der Seite der Gemeinden stand nach 1990 der Wunsch nach Einwohnerzuwächsen und damit auch wirtschaftlichem Wachstum im Mittelpunkt. Aufgrund zunächst fehlender Planungsinstrumentarien konnte die Ausweisung unverhältnismäßig großer Baulandareale nicht verhindert werden. Die zumeist westdeutschen Großinvestoren nutzten steuerliche Möglichkeiten - insbesondere im Rahmen der Sonder-AfA - und schufen Siedlungen mit Einzel-, Doppel- und Reihenhäusern, aber auch im Geschosswohnungsbau. Der Wunsch nach einem eigenen oder angemieteten Häuschen, der sich in den Kernstädten wegen des dortigen Angebots und Preisniveaus zunächst schlechter realisieren ließ, stimulierte die notwendige Nachfrage. Inzwischen hat allerdings die Stadtrandwanderung ihren Höhepunkt überschritten; die Kernstädte selbst schaffen durch konkurrierende Wohnangebote oder Eingemeindungen attraktive Alternativen im innerstädtischen Bereich.

Abb. U26: Wohnsuburbanisierung Großkugel mit der Dominanz im Geschosswohnungsbau (Foto: C. Kaiser, 1999)

Der Verdichtungsraum Halle-Leipzig ist durch eine überdurchschnittliche Verkehrslagegunst durch Straße, Schiene und Luft (in Halle auch Binnenwasserstraße) gekennzeichnet. Die Bundesautobahnen 9 (Berlin-München) und 14 (Dresden-Magdeburg) queren sich im **„Schkeuditzer Kreuz" (2)** zwischen Halle und Leipzig. Die Erweiterung aller Richtungsfahrbahnen (dreispuriger Ausbau) dieses Knotens erfolgte bereits. Für das Jahr 2010 wird eine durchschnittliche tägliche Verkehrsbelastung von ca. 200.000 Pkw prognostiziert. Weitere wichtige Verbindungen zwischen den beiden Oberzentren sind die nördlichere B 6 und die südlich verlaufende B 181 zwischen Leipzig und Merseburg. Die Eisenbahnverbindungen Leipzig-Halle sind sowohl für den Nah- als auch für den Fernverkehr (mit Halt am Flughafenbahnhof und der Neuen Messe Leipzig) erheblich ausgebaut. Die neue S-Bahn-Strecke zwischen Leipzig und Halle wurde 2004 vollendet. Das Schkeuditzer Kreuz wird in der Literatur auch als der „trimodale" Kern des Logistikstandortes Mitteldeutschland bezeichnet.

Über die A 14 gelangt man zum **Güterverkehrszentrum Leipzig (3)** und zum **Porsche-Werk**. Das GVZ ist gemeinsam mit dem Flughafen Bindeglied zwischen den Märkten in Europa sowie logistisches Herzstück der Wirtschaftsregion Leipzig-Halle. Durch die Ansiedlung des Europa-Drehkreuzes von DHL wird die Bedeutung für weitere Unternehmensansiedlungen aufgewertet. Das GVZ weist im Süden eines der leistungsfähigsten Terminals des kombinierten Verkehrs Schiene-Straße in den neuen Bundesländern auf, das weiter ausgebaut wird. Die geplante Infrastruktur war auch für die Deutsche Post (Briefpost- und Frachtpostzentrum) entscheidend für deren Ansiedlung. Die Bruttofläche des GVZ beträgt gegenwärtig 330 ha, mit dem Porsche-Werk ca. 600 ha, eine Erweiterung ist im Südwesten vorgesehen. Die GVZ-Entwicklungsgesellschaft unterstützt neue Investoren, die die beschriebene Standortgunst im Zentrum von Europa für ihre Wirtschafts-Mobilität nutzen wollen. Bereits gegenwärtig ist ein breiter Gewerbemix am GVZ anzutreffen (ca. 25 Firmen). 1999 wurde angekündigt, dass die Porsche AG in der Nähe des Flughafens ein neues Montagewerk errichten werde. Bereits seit 2002 werden hier der Cayenne und seit 2003 der Carrera GT gefertigt. Die Schenker Deutschland AG sorgt für den Transport der Produktion zu ca. 45 % in die USA, 35 % innerhalb Europas sowie der übrigen 20 % in weitere Staaten. Das Werk beschäftigt ca. 370, die lokal ansässigen Zulieferbetriebe ca. 260 Arbeitskräfte. Porsche verfügt über einen eigenen Eisenbahnanschluss, über den die Karosserien und Motoren angeliefert werden. Presseberichten zufolge ist die Fertigung einer vierten Porsche-Baureihe (Modell „Panamera") ab 2009 in der Diskussion, was mit Zulieferern zusätzlich ca. 600 Arbeitsplätze schaffen würde.

Damit würde der Automobilbau-Standort Leipzig weiter an Bedeutung gewinnen, denn im März 2005 nahm BMW im Norden von Leipzig in einem neuen Werk die Produktion auf. Hier wurden vorerst 2.000 Arbeitsplätze geschaffen (geplant ca. 5.000 Beschäftigte). Der Standort setzte sich insbesondere auch wegen seiner modernen regionalen Infrastruktur unter mehr als 250 Bewerbern weltweit durch.

Der **Flughafen Leipzig/Halle (4)**, nördlich der Stadt Schkeuditz und beiderseits der BAB 14 gelegen, schickt sich an, in die Gruppe der international bedeutsamen deutschen Flughäfen vorzudringen. Unter ihnen lag er 2004 nach der Zahl der Passagiere an zehnter Stelle hinter Nürnberg, Hannover und Köln/Bonn. Dennoch werden hier nur ca. 5 % der Passagiere des größten deutschen Flughafens, Frankfurt/M., abgefertigt (Abb U27).

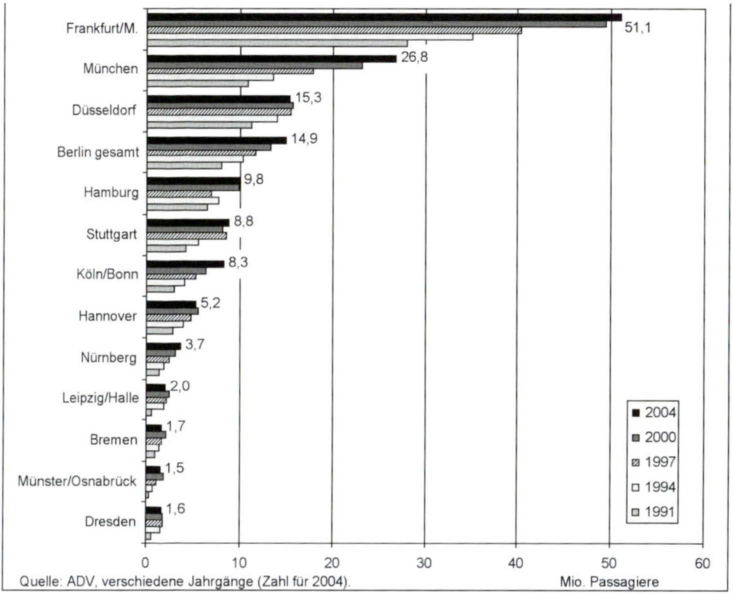

Abb. U27: Passagiere der dreizehn größten deutschen Verkehrsflughäfen 1991-2004 (in Mio.)

Die Geschichte des Flughafens reicht ins Jahr 1927 zurück, als er - damals noch „Halle/Leipzig“ genannt - in nur acht Monaten neu errichtet wurde. Bereits Ende der 1920er Jahre verzeichnete er über 20.000 Passagiere. Bis Kriegsbeginn nahm er den vierten Rang der verkehrsreichsten Flughäfen Deutschlands ein. 1939 wurde er von der Luftwaffe übernommen und für den zivilen Luftverkehr gesperrt. Nach dem Zweiten Weltkrieg entstanden mehrere Betriebe der Luftfahrtindustrie um Schkeuditz. Zwischen 1957 und 1960 wurde eine 2.500 m lange Start- und Landebahn errichtet. Seit 1963 diente der Flughafen als Zubringer für die Leipziger Herbst- und Frühjahrsmesse. Erst 1972 wurde wieder ein regelmäßiger Flugbetrieb aufgenommen.

Hauptgesellschafter der 1991 gegründeten Flughafen Leipzig/Halle GmbH ist die Mitteldeutsche Flughafen AG (94 %), deren Gesellschafter wiederum

Sachsen (67 %), Sachsen-Anhalt (13,6 %) und die Städte Leipzig, Dresden und Halle sind. Die restlichen 6 % teilen sich der Freistaat Sachsen, die Landkreise Delitzsch, Leipziger Land und die Stadt Schkeuditz. In den folgenden Jahren wurde die Start- und Landebahn saniert, das Terminal A modernisiert, Zufahrten und Parkplätze erweitert und ein Lärmschutzwall für die östlich gelegene Gemeinde Kursdorf errichtet. Das Verkehrsaufkommen des Flughafens hat sich seit 1990 vervielfacht, 2004 waren fast 40.000 Flugbewegungen und über 2 Mio. Fluggäste zu verzeichnen. Im Einzugsgebiet von 100 km leben nahezu 7 Mio. Menschen.

Angesichts der zunehmenden Kapazitätsengpässe wurde ein Erweiterungs- und Ausbaukonzept erarbeitet, dessen Herzstück der Neubau einer Start- und Landebahn mit einer Länge von 3.600 m und einer Breite von 60 m darstellt. Sie entstand nördlich der BAB 14 und ist per Rollbrücken über die A 14 mit dem südlich gelegenen Flughafengelände verbunden. Damit wird die Kapazität nochmals auf schätzungsweise 6–8 Mio. Fluggäste pro Jahr erweitert. Die 24-Stunden-Betriebserlaubnis ist insbesondere auch für den Frachtverkehr von Bedeutung. Zwischen 1991 und 1996 wurden bereits die Terminals A, B und C erweitert, um- und neu gebaut. 2003 wurden ein Zentralterminal für den Check-in-Bereich, Parkhaus, Service- und Einkaufsstraße sowie ein neuer ICE-Fernbahnhof errichtet. Mit den Nahverkehrszubringern entsteht eine ideale Schnittstelle von Straßen-, Schienen-, und Luftverkehr. In den Leitlinien der Europäischen Union wird der Intercontinental-Flughafen infolge seiner Flexibilität als Knotenpunkt für das transeuropäische Verkehrsnetz im Zentrum Mitteldeutschlands ausgewiesen. Bisher wurden für seine Erweiterung seit der

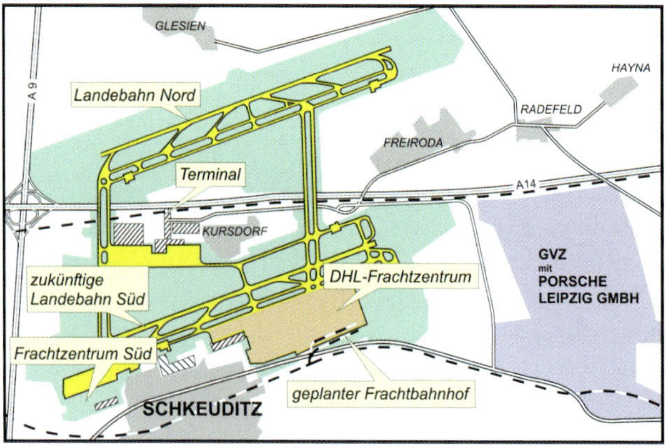

Abb. U28: Internationaler Flughafen Leipzig-Halle (Masterplan 2000, verändert)

Wiedervereinigung mehr als eine Milliarde Euro investiert. Der Flughafen Leipzig-Halle mit seinen Möglichkeiten für weltweite Nonstop-Flüge ohne Nutzlastbeschränkungen zählt mit ca. 2.500 Beschäftigten zu den größten Arbeitgebern Mitteldeutschlands.

Bis 2007 entsteht durch Neubau und Drehung der verschlissenen Start- und Landebahn Süd ein paralleles System zur Nordbahn ebenfalls mit 3.600 m Länge (Abb. U28). Mit diesem Doppelbahnsystem ergibt sich ein wesentlicher Wettbewerbsvorteil, der u. a. sicherlich auch den Ausschlag dafür gegeben hat, dass DHL als das zur Zeit weltweit führende Express- und Logistikunternehmen mit dem Flughafen den auf 30 Jahre bemessenen Vertrag zur Errichtung des europäischen Luftfracht-Drehkreuzes unterzeichnet hat. Ende 2007 soll der Probebetrieb aufgenommen werden, 2008 sollen zunächst etwa 50 Flugzeuge pro Nacht abgefertigt werden. Weit über 3.000 Arbeitsplätze wurden avisiert, über 300 Mio. Euro sollen bis Ende 2007 investiert werden.

Nova Eventis (5) (ehemals Saalepark). Dieser Einkaufspark steht exemplarisch für die nach der Wende einsetzende stürmische Suburbanisierung von Handels- und Dienstleistungsfunktionen. Das Beispiel zeigt, dass aufgrund der gegensätzlichen Interessenlagen der Innenstädte und der dezentralen Standorte eine ausufernde Flächenentwicklung im Wachstumskorridor Halle-Leipzig in Zukunft nur mit Hilfe von starken interkommunalen und länderübergreifenden Kooperationen verhindert werden kann

Standort des ehemaligen Saaleparks und von „Nova Eventis“ ist die sachsen-anhaltinische Gemeinde Günthersdorf, die 1989 nur 424 Einwohner zählte, von denen die meisten in der Landwirtschaft beschäftigt waren. Auch hier stieg die Einwohnerzahl bis 2003 auf 1.194. Die erste Initiative für die Errichtung des Saaleparks ging von der Firma „Möbel Höffner“ aus, die mit einer Baugenehmigung, die noch vor Oktober 1990 - und damit nach DDR-Recht - erteilt wurde, zügig mit dem Bau beginnen konnte. Der Möbelmarkt mit heute etwa 20.000 m² Verkaufsfläche konnte bereits im August 1991 eröffnet werden. Das angrenzende Einkaufszentrum Saalepark, das im August 1992 in Betrieb genommen wurde, verfügte über eine Verkaufsfläche von ca. 125.000 m² (25.000 m² mehr als die gesamte Innenstadt von Halle) und war damit eines der größten Shopping-Center Deutschlands.

Der Saalepark konnte mit einheitlichem Management, abgestimmten Ladenöffnungszeiten und eigenen Serviceleistungen (Sicherheits- und Rettungsdienste, Kinderbetreuung, Werbeevents etc.) gezielt Kunden ansprechen. Seine Vorteile waren die weitgehende Wetterunabhängigkeit und die räumliche Nähe der Angebote, eine ausgeprägte Angebotsbreite und -tiefe sowie die Kopplung der Einkaufsfunktionen mit weiteren Dienstleistungs- und Freizeitangeboten. So sind auf dem Areal zusätzlich ein Autohaus, eine Tankstelle, das Möbelhaus IKEA, ein Stinnes-Baumarkt, McDonald's und ein UCI-Kinocenter mit 2.200 Plätzen in 10 Kinosälen angesiedelt. Die verkehrsgünstige Lage im Kreuzungsbereich der B 181 von Leipzig nach Merseburg und der BAB 9 mit eigener Abfahrt einerseits und die absolut unzureichenden Busverbindungen von den Oberzentren Halle und Leipzig andererseits verdeutlichten die alleinige Ausrichtung des Saaleparkkonzepts am motorisierten Individualverkehr. 6.500 kostenlose Parkplätze standen für das Einkaufszentrum zur Verfügung und wurden bei Spitzenwerten von fast 13.000 Pkws pro Tag auch ausgelastet.

In den ersten Jahren nach der Eröffnung erfuhr der Saalepark zunächst einen Ansturm von Einkäufern und Freizeitsuchenden aus einem sehr großen Einzugsgebiet, das bis nach Mecklenburg-Vorpommern und Thüringen reichte. Danach war dieser jedoch zunehmend kleiner geworden, da sich die Konkurrenz durch andere großflächige Einrichtungen ebenfalls im Umland der Städte Leipzig und Halle sowie z. T. auch durch die nachholende Entwicklung der Innenstädte (z. B. die Eröffnung der Hauptbahnhof-Promenaden in Leipzig) bemerkbar macht. Nach zähen Auseinandersetzungen wurde die Ansiedlung eines Wal-Mart Supercenters auf dem Areal des Saaleparks genehmigt, das im November 2001 mit 10.000 m² Verkaufsfläche eröffnete. Diese Ansiedlung sollte die seit Mitte der 90er Jahre rückläufigen Kundenfrequenzen wieder anheben.

Die Deka Immobilien Investment GmbH plante die Umstrukturierung des Saaleparks zu „Nova Eventis", wobei weite Teile seines Konzeptes übernommen wurden. Baubeginn war 2003, in vier Bauabschnitten soll das Projekt bis 2006 abgeschlossen sein. Ende 2005 waren bereits ca. 30.000 m² Verkaufsfläche fertig gestellt. Die gesamte Verkaufsfläche soll ca. 76.000 m² betragen. Die Anlage verfügt über Malls und einen zweigeschossigen, glasüberdachten Einkaufsbereich mit künftig über ca. 3.000 m Schaufensterfronten und vier Rotunden. Über 200 Fachgeschäfte und Magnetbetreiber sollen das Center zu einem Anziehungspunkt der Region machen. Ein neues Parkhaus erhöht die bestehenden Stellplatzkapazitäten. Nova Eventis geht von einem Einzugsgebiet von ca. 2,7 Mio. Menschen aus. Prospekten und dem Internet ist zu entnehmen, dass hier ein breiter Branchen- und Mietermix entstehen soll, was eine vollkommen neue und zukunftsorientierte Shopping-, Service- und Erlebniswelt mit faszinierender Wasserlandschaft, Sportangeboten und einem Abenteuerspielplatz beinhaltet.

Bruno Tauché/Günter Zinke

Die Achse Halle-Merseburg-Geiseltal: industrielle und bergbauliche Vergangenheit, Umweltwandel und Zukunftsprojekte

Exkursionsroute: Stadtzentrum Halle, Rattmansdorf, Buna/Dow Chemical, Merseburg, Daspig, Bad Dürrenberg, Leunawerke/Total-Raffinerie, Geiseltal, Mücheln, Bad Lauchstädt (Tagesexkursion)

Ziel: Die Exkursion führt durch eine alte Kulturlandschaft, geprägt von Ackerbau und Waldarmut, aber auch von dichtgedrängten Siedlungsgassen. Sie soll vor allem die Auswirkungen der bergbaulichen und industriellen Vergangenheit mit der ehemaligen extremen Umweltbelastung sowie die tiefgreifenden Veränderungen in der Landschaft aufzeigen.

Zusatzinformation: Das Exkursionsgebiet war früher eine der bedeutendsten Braunkohlenabbauregionen Deutschlands. Nach über 300 Jahren wurde 1993 die Förderung eingestellt. Besonders seit dem Beginn des 20. Jh. war hier in mehreren Großtagebauen das teilweise 100 m mächtige Flöz abgebaut worden. Ohne diese Braunkohlengewinnung wäre die Entwicklung der Chemieindustrie (Leuna, Buna) in diesem Raum kaum vorstellbar gewesen. So wurden im ehemaligen „Chemiebezirk" Halle 40 % der chemischen Bruttoproduktion der DDR erwirtschaftet. Im Gebiet Halle-Schkopau-Leuna-Geiseltal waren bis zur Wende über 60.000 Personen in der chemischen Industrie tätig. Die Leuna- und Buna-Werke mit 32.000 bzw. 20.000 Beschäftigten waren die größten Arbeitgeber der Region.

Die hier ehemals vorhandene Konzentration von Braunkohlenbergbau, chemischer Industrie und einer Reihe anderer, die Umwelt belastender Industrien (Kraftwerke, Papier-, Zellstoff-, Nahrungs- und Genussmittelindustrie), aber auch eine intensiv betriebene Landwirtschaft sowie eine große Bevölkerungskonzentration (ca. 320 Ew./km²) führten zu schwerwiegenden Umweltproblemen. So hatte der ehemalige Bezirk Halle bei 8.800 km² Größe (ca. 8 % der DDR-Fläche) und mit 1,77 Mio. Einwohnern (ca. 10 % der Einwohner der DDR) hinsichtlich des Ressourcenverbrauchs, insbesondere aber hinsichtlich der Umweltbelastung einiges zu „bieten": 26 % des Wasserbedarfs der gesamten DDR; 31 % der Abwasserlast; 80 % der Hauptflüsse waren ökologisch geschädigt; 23 % der Luftschadstoffe wurden hier emittiert; 53 % der Waldfläche waren geschädigt; 54 % der Gesamtmenge an toxischen Abprodukten und Schadstoffen der DDR fielen hier an.

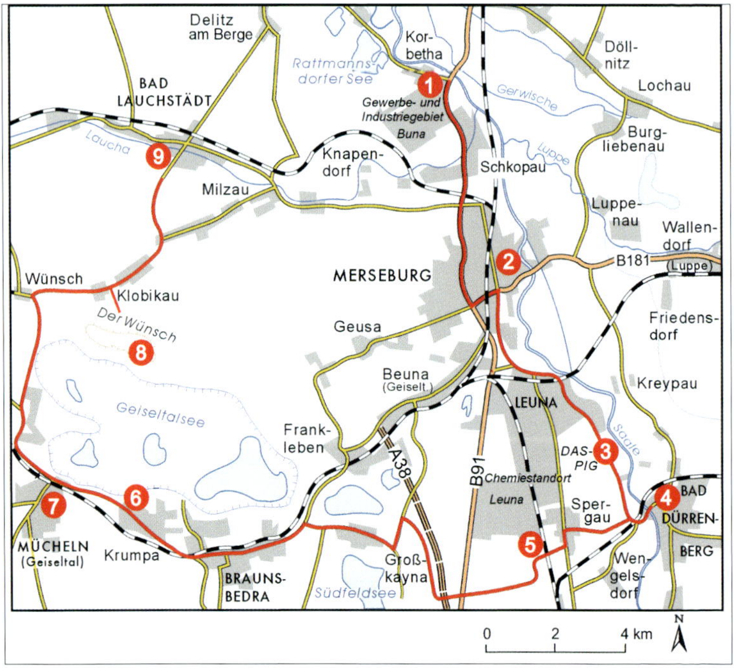

Exkursionskarte (© MLU Halle-Wittenberg)

Aufgrund dieser für Deutschland nahezu einmaligen Umweltschadenssituation wurde unmittelbar nach der Wende zunächst mit Neuinvestitionen gezögert, seit 1993 investierten jedoch vor allem Großunternehmen riesige Summen im Chemiedreieck Buna/Leuna, Bitterfeld/Wolfen, Böhlen. Mit dem zwangsläufigen Niedergang der Industrie und des Bergbaus sowie infolge der getätigten Infrastrukturinvestitionen hat die Belastung von Luft, Wasser und Boden sehr abgenommen. Davon zeugen nicht nur saubere Dächer, wieder „grüne" Bäume, sondern auch eine Verbesserung der Saalewasserqualität um 2 Güteklassen (Abb. U29).

Exkursion: Zum ersten Exkursionsziel benutzen wir die B 91 in Richtung Merseburg bis vor den **Eingang der ehemaligen Buna-Werke (1)** (Namenbildung aus Butadien, dem Rohstoff für Synthesekautschuk, sowie Natrium, das ursprünglich als Katalysator Verwendung fand). Wo heute wieder moderne Industrieanlagen erkennbar sind, war bis zur Wende der Hauptproduktionsstandort der Buna-Werke, seit 1936 erster Großstandort zur Erzeugung von synthetischem Kautschuk in der Welt. Größere Freiflä-

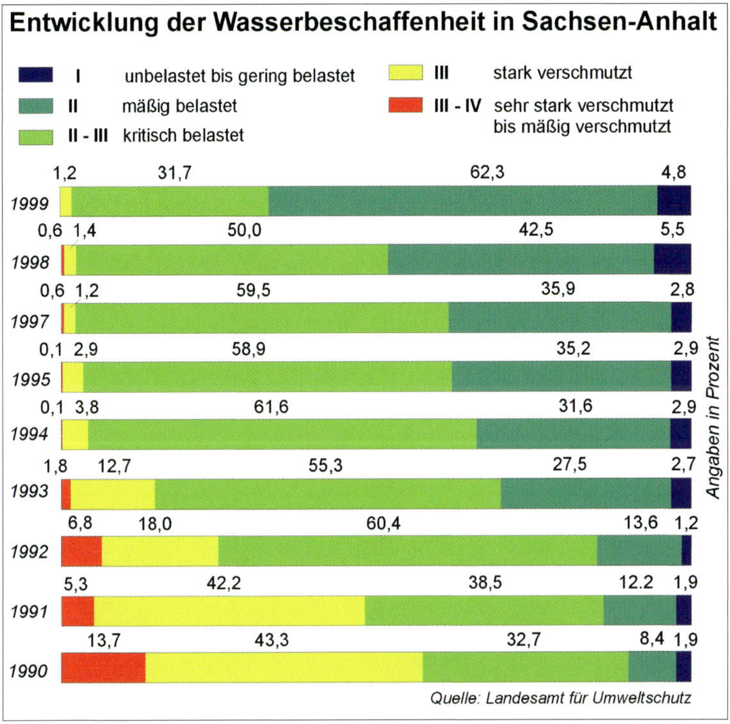

Abb. U29: Verbesserung der Wasserqualität in der Saale seit der Wende (nach Unterlagen des Landesamtes für Umweltschutz Sachsen-Anhalt)

chen lassen erkennen, dass in den vergangenen Jahren ca. 80 alte Anlagen abgerissen wurden. Auch Neues kam hinzu: So investierte allein der US-Konzern Dow Chemical seit 1994 über 4 Mrd. DM. Die BUNA SOW und LEUNA Olefin-Verbund GmbH (BSL) im Value-Industriepark - 500 ha Fläche, 2.250 Beschäftigte, 2,88 Mrd. Euro Umsatz - ist das größte Unternehmen Sachsen-Anhalts und gilt als einer der modernsten Chemiebetriebe der Welt. Eine angepasste Produktionspalette (u. a. PVC, synthetischer Kautschuk) hat die Chemieindustrie neu belebt und Arbeitsplätze in dem von hoher Arbeitslosigkeit gezeichneten Gebiet geschaffen. Bei der Entscheidung der Investoren spielten die existierenden Standortvorteile eine wesentliche Rolle. Zu diesen zählten neben der räumlichen Nähe der verschiedenen Standorte des Chemiedreiecks vor allem ansässige Facharbeiter, ein Potenzial an Forschungskräften sowie die jahrzehntelang gewachsene Akzeptanz der Chemieindustrie in der Region.

Nun fällt der Blick auf das neue Braunkohlengroßkraftwerk von E.on in Schkopau. Es wurde mit einem Investitionsaufwand von 2,5 Mrd. DM errichtet und 1996 in Betrieb genommen. Mit einer Kapazität von 900 MW gilt das Kraftwerk neben Schwarze Pumpe (1.600 MW) und Lippendorf (1.866 MW) als modernstes Braunkohlenkraftwerk Deutschlands. Pro Jahr werden dafür 5,5 Mio. t Kohle aus dem Tagebau Profen benötigt. Diese moderne „Landmarke" mit ihrem 200 m hohen Schornstein und den beiden 145 m hohen Kesselhäusern ist schon aus über 50 km Entfernung zu erkennen (Abb. U30). Die Chemiebetriebe und das neue Großkraftwerk arbeiten umweltschonend. So wurden die Kraftwerksaschen mit Saaleschlämmen versetzt bis 2005 auf der Großdeponie Lochau abgelagert.

Abb. U30: Das Groß-Kraftwerk Schkopau - eine moderne Landmarke (Foto: G. Zinke, 1999)

Weiter auf der B 91 führt der Weg direkt zum **Domhügel in Merseburg (2)**. Unweit vom Standort münden Geisel und Klia in die Saale. Dieser Inselberg, 15–20 m über dem Saaleniveau, bildet den östlichsten Sporn der Merseburger Buntsandsteinplatte (Mittlerer Buntsandstein), in die das tertiäre Kohlenbecken des Geiseltales eingesenkt ist. Nach Westen wird der Buntsandstein fast vollständig vom Löss verhüllt und bildet eine sanftwellige Landschaft mit den Muldetälern von Laucha und Schwarzeiche im Norden sowie Geisel im Süden. Westlich schließt sich die Querfurter Platte an. Der Blick geht vom Standort aus über die bis zu 4 km breite Saaleaue.

Der Hügel bot schon frühzeitig einen hervorragenden Siedlungsplatz. So sind auch die Anfänge der städtischen Entwicklung eng mit der alten Burgsiedlung verbunden, die sich in seinem Nordteil im Bereich der Altenburg befand. Westlich am Hang zog sich der viculus, eine erste Kaufmannssiedlung, entlang. Der deutsche König Heinrich I. (919-936) ließ die Burg zu seiner Pfalz ausbauen. Durch die Könige und Kaiser aus sächsischem Hause (919-1024) wurde die Pfalz Merseburg ein wichtiger Standort in der Reichspolitik. Zwischen 962 und 1213 fanden hier 21 Reichstage statt. Im 15. Jh. war die Stadt zeitweilig Mitglied der Hanse, nach dem Dreißigjährigen Krieg wurde sie das Zentrum des Herzogtums Sachsen-Merseburg. In dieser Zeit wurde der Park angelegt, der südlich von den wuchtigen Gebäuden des Schlosses (Abb. U31), westlich vom provinzial-sächsischen Ständehaus (1892-1895) und nördlich vom barocken Schlossgartenpavillon (um 1730) eingerahmt wird.

Abb. U31: Ein kulturhistorisches „Highlight" in der Chemieregion - Dom und Schloss Merseburg (Foto: G. Zinke, 1998)

Die jüngere Entwicklung der Stadt, die gegenwärtig rund 35.000 Einwohner zählt, wurde durch die Gründung der Leuna- und der Buna-Werke (1916 bzw. 1936) geprägt. Deren alte Industriebrachen sowie die günstige Verkehrslage (Interkontinental-Flughafen; die Autobahnprojekte A 14, A 38 und A 143 sowie das ICE-Projekt Erfurt-Halle-Leipzig) bieten heute gute Voraussetzungen für die künftige wirtschaftliche Entwicklung. In Merseburg selbst entstanden vier neue Gewerbegebiete: Merseburg-Nord (nahe DOW Chemical), seit 1993 erfolgten hier bereits über 60 Ansiedlungen von produzierendem Gewerbe und Dienstleistern; Airpark Merseburg, dessen Erschließung seit 1999 Gewerbe- und Industrieflächen für mittelständische Unternehmen bereitstellt, mit eigenem Flugplatz für Geschäfts- und Sportflieger; Merseburger Innovations- und Technologiezentrum (MIT) mit der Bereitstellung von Gewerbeflächen mit Büro- und Laborräumen zu günstigen Konditionen für Existenzgründer und Jungunternehmer sowie Einrichtungen der Fachhochschule und der Universität Halle in unmittelbarer Nähe; Merseburg-Süd (nahe Leuna an der B91) mit der Revitalisierung bestehender Industrieflächen für die Ansiedlungen von Industrie-, Dienstleistungs- und Logistikunternehmen.

Als nächsten Exkursionsstandort besuchen wir das Großwasserwerk **Leuna-Daspig (3)**. Die Saale, die hier zwei weite Mäander (Flussschlingen) beschreibt, fließt auf der Westseite der Aue und hat so zwischen Daspig und Leuna ein Steilufer geschaffen. Direkt am Fluss liegt das ehemals größte Industriewasserwerk Mitteldeutschlands: Leuna-Daspig (1918 errichtet) mit einer ursprünglich max. Kapazität von 1 Mio. m^3/Tag. Das entspricht ungefähr der Hälfte des hier bei Niedrigwasser auftretenden Durchflusses; daneben wurde auch Grundwasser aus den Saaleschottern bzw. Uferfiltrat entnommen.

Gegenwärtig wird infolge wassersparender Technologien bedeutend weniger Wasser benötigt. Nach einer kostenintensiven Modernisierung (40 Mio. DM) ist das Wasserwerk jetzt für eine Aufbereitung von 220.000 m^3/Tag ausgelegt. Seit Mai 2001 werden davon auch 2,5 m^3/s über eine 9 km lange Leitung zur Füllung des Tagebaurestloches Großkayna bzw. später des zukünftigen Geiseltalsees bereitgestellt. Bis 1990 erfolgte die Abwassereinleitung aus den Leuna-Werken direkt unterhalb dieses Wasserwerkes und trug ganz wesentlich zur hohen Gesamtbelastung der Saale bei. Heute ist die Menge der biologisch-chemisch gereinigten Abwässer deutlich zurückgegangen.

Von hier aus führt der Weg nach **Bad Dürrenberg (4)** (Standort: Kurpark). Schon von weitem erblickt man auf der Ostseite der Saale den Borlachturm, das Wahrzeichen der Großgemeinde, die sich seit 1935 Bad nennen darf. 1946 erhielt sie das Stadtrecht und ist damit eine der jüngsten der Salzstädte, die im Süden von Sachsen-Anhalt verbreitet sind und deren Ursprung auf unterirdisch zufließende Solwässer aus der Zechsteinformation zurückzuführen ist. Das Gradierwerk im Kurpark gehört mit einer Länge von 850 m (ehemals 1.821 m) europaweit zu den größten Einrichtungen. Die Erschließung der Sole geht auf August den Starken (1694) zurück, der für das sonst salzarme Kursachsen neue Einnahmequellen erschließen wollte. Der 1763 angelegte erste Schacht (Tiefe 233 m) ermöglichte einen kontinuierlichen Solezufluss. Um die Sole zu heben, wurde in der Saale ein Wehr angelegt (1753–1756) und mittels eines Feldgestänges die Kraft auf die Pumpen übertragen, so dass die Sole dann über die Dornenwände laufen kann. Infolge der Wasserverdunstung kommt es zu einer Anreicherung der Sole von 10,6 % auf 22–24 %. Durch die Entdeckung der Heilwirkung einer schwachprozentigen Sole sowie der Freiluftinhalation am Gradierwerk

Abb. U32: Luftbild (Blick nach Südosten) des Chemiestandorts Leuna, Werkteil 2
(© InfraLeuna Infrastruktur und Service GmbH, 2005)

um 1800 entwickelte sich der Ort zu einem Heil- und Kurbad. 1845 wurde das erste Badehaus errichtet. Infolge der Weltkriege kam es jeweils für einige Jahre zur Unterbrechung des Kurbetriebes. 1960 wurden noch über 100.000 Bad- bzw. Inhalationskuren verabreicht. Mit dem Ausbau der chemischen Industrie (Leuna- und Bunawerke an erster Stelle) und der damit verbunden enormen Luftverschmutzung in den sechziger Jahren verlor Bad Dürrenberg schnell die Bedeutung als Kurstadt, bereits 1965 schloss man deshalb den Kurbetrieb. In der Folge überließ man die Kuranlagen und die Siederei dem Verfall, ein Teil des Gradierwerkes wurde sogar abgerissen. Die Salzgewinnung war bereits 1963 eingestellt worden. Heute versucht die Stadt wieder, ihre alte Bedeutung als Kurort zurückzugewinnen. Ein neuer Schacht wurde abgeteuft (in 223 m Tiefe floss Sole zu) und am 24. Juni 2000 eingeweiht. Auch der 10 ha große Kurpark zeigt sich jetzt wieder in einem würdigen Zustand. Heute leben in Bad Dürrenberg 11.500 Einwohner (2005). Die Stadt gehört zu den bevorzugten Wohngemeinden für die in den Industrie- und Dienstleistungsbetrieben von Leuna und Merseburg tätigen Menschen.

Am Ortsausgang von Spergau bietet ein kleiner Hügel die Aussicht (Abb. U32) auf den 1.300 ha großen Komplex des **Chemiestandorts Leuna (5)**. Dieser blickt auf fast 90 Jahre Chemietradition zurück und wird heute durch einen Mix unterschiedlichster Betriebe bestimmt, unter denen die der Chemie- und Mineralölindustrie (z. B. TOTAL, DOMO, INFRA, LINDE) mit 2.600 Mitarbeitern sowie Versorgungs- und Dienstleistungseinrichtungen (wie z. B. InfraLeuna) mit 5.800 Mitarbeitern dominieren (Abb. U33). Obwohl hier gegenwärtig insgesamt bereits wieder über 9.000 Beschäftigte gezählt werden, ist dies kaum mit der Situation vor der Wende zu vergleichen, als in Leuna, dem damals größten chemischen Betrieb der DDR, ca. 32.000 Menschen arbeiteten.

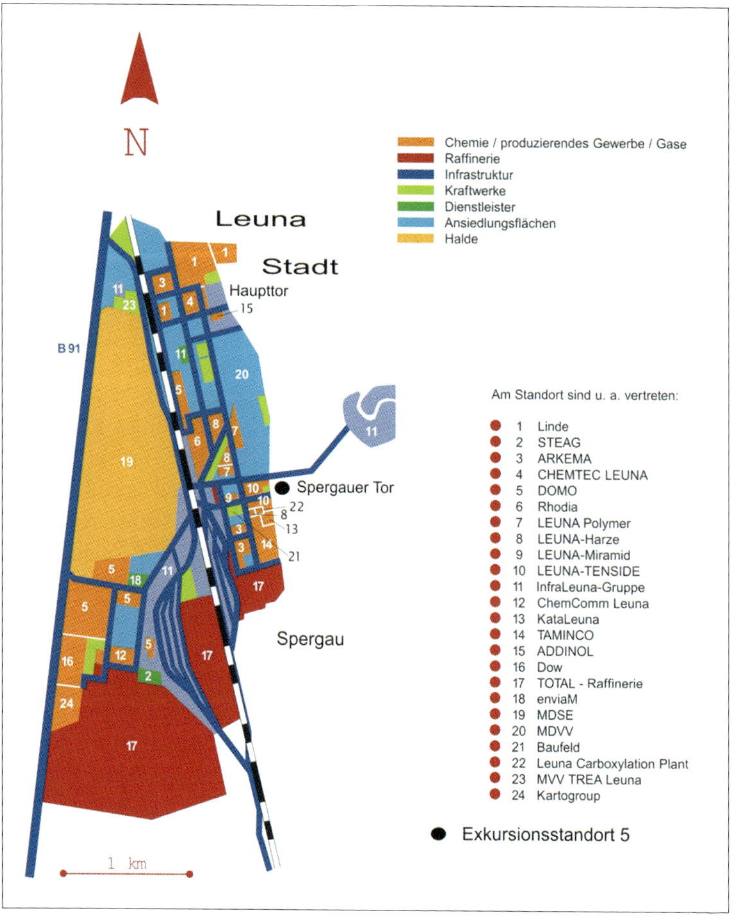

Abb. U33: Areal des Chemiestandorts Leuna (© InfraLeuna Infrastruktur und Service GmbH)

Die Geschichte dieses Industriestandorts begann 1916 mit dem Bau der ersten industriellen Hochdruck-Ammoniaksynthese-Anlage Deutschlands durch die BASF. 1923 entstand hier der erste Methanol-Großproduktionsbetrieb der Welt, 1927 das erste Synthese-Großverfahren zur Benzinerzeugung aus Braunkohle. Die Zahl der Mitarbeiter belief sich bereits 1928 auf 29.000. 1940 folgten Einrichtungen zur Herstellung von Tensiden, 1942 solche zur Produktion von Phenol und Caprolactam. Nach großen Zerstörungen am Ende des Zweiten Weltkrieges wurde ab 1948 nicht nur der Wiederaufbau in Angriff genommen, sondern auch eine Erweiterung der Produktionspalette vorgenommen. So kam es u. a. von 1959 bis 1971 zum Aufbau von Leuna II mit petrochemischer Basis.

Nach dem Ende der DDR wurden die alten Raffinerien, die 1970 mit 352.000 t SO_2- und 150.000 t Staubemission zu den größten Luftverschmutzern der Region gehörten, sowie die veralteten Abwasseranlagen schrittweise abgerissen. Insgesamt wurden hier nach der Wende mehr als 9 Mrd. DM investiert. Allein der französische ELF-Konzern errichtete hier von 1994 bis 1997 mit einem Investitionsaufwand von ca. 4,8 Mrd. DM eine völlig neue Raffinerie, heute unter dem Namen TOTAL Raffinerie Mitteldeutschland GmbH bekannt. Sie wird als neues Herzstück des Chemiedreiecks bezeichnet, das gleichzeitig günstige Voraussetzungen für die Ansiedlung zahlreicher weiterer Chemiebetriebe im mitteldeutschen Raum lieferte. Die nachfolgenden Produktionskennziffern (2000) dokumentieren eindrucksvoll die wirtschaftsgeographische Bedeutung dieses Standorts: 660 Beschäftigte, Verarbeitung von knapp 10 Mio. t Erdöl (über zwei Pipelines aus Rostock und Schwedt) pro Jahr zur Erzeugung von rund 5 Mio. t Diesel, leichtem Heizöl, über 2,3 Mio. t Benzin sowie Methanol, Bitumen, Flüssiggasen, Flugkraftstoff, Schwefel und Schweröl, bei 2,65 Mrd. Euro Umsatz.

Weiter über Großkayna und Braunsbedra durchfahren wir eines der dichtbesiedeltsten Gebiete Deutschlands und erreichen das Tagebaurestloch des **Geiseltals bei Krumpa (6)** (Standort: Aussichtsplattform). Obwohl die Anfänge des Braunkohlenbergbaus in diesem Raum etwa 300 Jahre zurückreichen, wurde vor allem in den vergangenen 80 Jahren hier auf ca. 100 km² nahezu alles verändert, was durch Natur und Menschen zuvor geschaffen worden war. So mussten der Bergbautätigkeit 18 Ortschaften teilweise oder vollständig weichen und dabei ca. 12.500 Einwohner umgesiedelt werden. Neben Straßen wurde auch die für die Region namengebende Geisel während dieser Zeit viermal in ein neues Bett verlegt.

Zwei Schautafeln geben detaillierte Informationen über die Geschichte des Braunkohlenabbaus dieser in vielerlei Hinsicht bemerkenswerten Lagerstätte sowie über die zukünftige Entwicklung dieser riesigen „Narbe“ in der Landschaft. So wird deutlich, dass sich ohne die begünstigenden geologischen Voraussetzungen (Auslaugungsprozesse und Geländeabsenkungen) hier kaum solch mächtige Braunkohlenflöze (über 100 m) entwickelt hätten (Abb. U34). Die Kohlen waren zudem von guter Qualität. Zeitweise (um 1960) galten die hier lokalisierten 5 Großtagebaue mit ihren über 20.000 Beschäftigten, die jährlich über 40 Mio. t Kohle förderten, als die größte Braunkohlenförderstätte der Erde. Die Kohle fand in den ehemaligen Brikettfabriken Großkayna und Braunsbedra, im inzwischen ebenfalls stillgelegten Mineralölwerk Lützkendorf-Krumpa, zum größten Teil aber in den Leuna-Werken Verwendung.

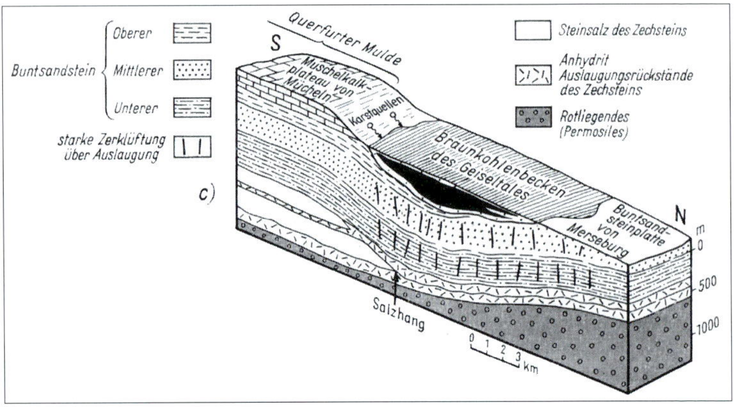

Abb. U34: Geologischer Profilschnitt durch das Geiseltal (aus: Wagenbreth u. Steiner 1982)

Von der Aussichtsplattform reicht der Blick über die Innenkippen zum Nordrand des ehemaligen Tagebaues Mücheln („Elise"), wo genau dem Betrachter gegenüber ein lang gestreckter Berg (eine Hochhalde), der Wünsch, zu sehen ist (Abb. U35). Unterhalb des südlichen Tagebaurandes wird sich nach den Rekultivierungsmaßnahmen zukünftig ein Strandbereich von Deutschlands größtem durch den Menschen geschaffenen See (1.840 ha, 423 Mio. m^3 Wasservolumen, bis 78 m Tiefe) befinden (der Vergleich mit dem bekannten größten Stausee des Rappbode-Systems im Harz mit einem Volumen von 108 Mio. m^3 vermittelt die Größe des „Vorhabens"). Der Geiseltalsee wird damit zum Kernstück der neu entstehenden Halle-Geiseltal-„Seenplatte" (10 Großseen, ca. 35 km^2 Gesamtfläche, ca. 800 Mio m^3 Gesamtinhalt). Die 2002 mit Unterstützung von Saalewasser begonnene Flutung wird etwa 2008 abgeschlossen sein (Abb. U36).

Weitere Folgemaßnahmen, die auch der touristischen Erschließung dienen, sind vorgesehen. Dazu gehören Radwanderwege, ein Labyrinthgarten, Aussichtspunkte, ein geologischer Pfad sowie Häfen für Segelschiffe und Ruderboote. Teile der Innenkippe werden dann als Inseln aus dem See aufragen.

Abb. U35: Blick über das Geiseltal (Tagebau Mücheln mit Innenkippe und der Hochkippe des Wünsch, im Vordergrund Krumpa; Foto: B. Tauché, 1998)

Sie sind bereits jetzt unter Naturschutz gestellt worden, um die ungestörte Entwicklung von Flora und Fauna zu erreichen.

Die speziellen geologischen Verhältnisse führten aber, gegenüber anderen Braunkohlenvorkommen, auch zu ausgezeichneten Erhaltungsbedingungen für Pflanzen- und Tierfossilien aus der Entstehungsepoche (Beginn vor ca. 50–45 Mio. Jahren). Eine wichtige Rolle spielte hierbei die für die gesamte ehemalige Bergbauregion namengebende Geisel. Ihre Quelle liegt am Ostrand der durch Muschelkalkgesteine bestimmten geologischen Querfurter Mulde (morphologisch: Querfurter Platte) in Mücheln. Durch ihr sehr kalkreiches Wasser, das schon während der beginnenden Kohlebildung in diesen Raum gelangte, wurden die reichlich vorhandenen organischen Materialien vor der Zersetzung geschützt, indem sie „versteinerten". Dadurch wurden im Moor Pflanzen und Tiere „präpariert" und blieben so für die Nachwelt erhalten. Während des Abbaus der Kohle konnten deshalb wertvolle Fossilien geborgen werden. Allein die Wirbeltierfunde werden auf etwa 10.000 geschätzt, bei einer Gesamtzahl von über 50.000 Fossilresten von mehr als 200 Arten. Die meisten Funde wurden im Bereich von fossilen Einsturztrichtern geborgen, die durch Auslaugung des Gipses aus dem Buntsandstein entstanden waren. Diese Hohlformen dienten damals vor allem in den trockenen Jahreszeiten den Tieren als Tränken, in denen dann zahlreiche von ihnen versanken. Das berühmteste Fossil des Geiseltales ist das 1933 gefundene, vollständig erhaltene, ca. 40 cm hohe Urpferdchen. Im Geiseltalmuseum (Fachbereich Geowissenschaften der Martin-Luther-Universität) können die Funde besichtigt werden.

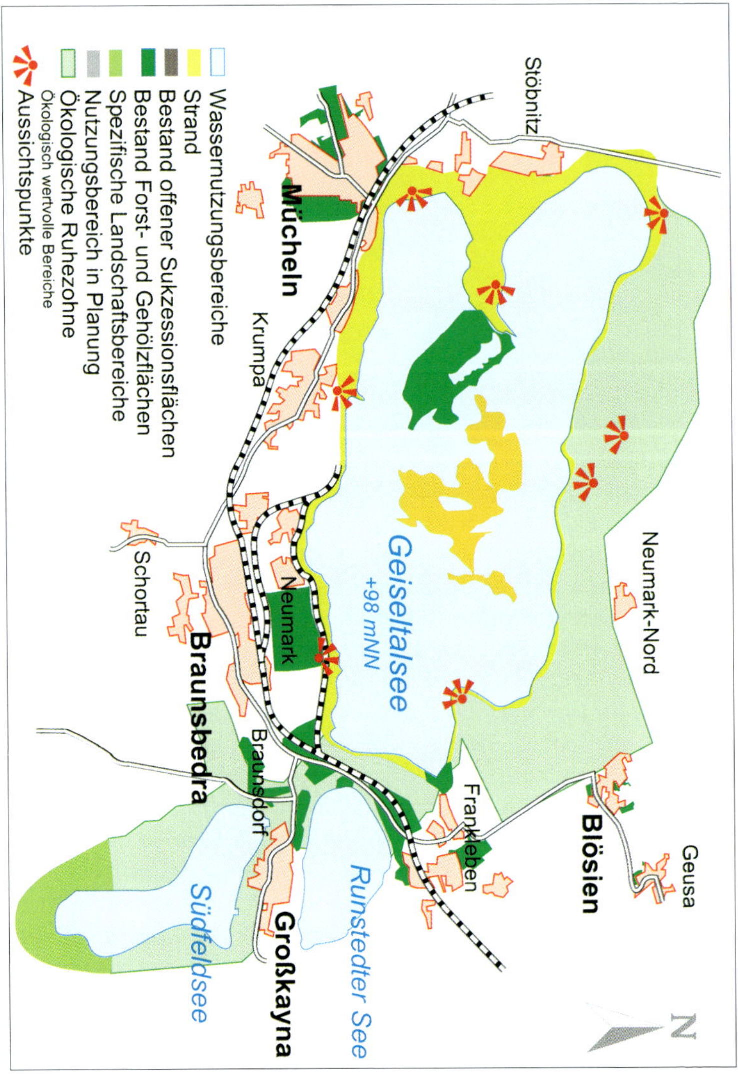

Abb. U36: Die geplante Nutzung des Geiseltalsees nach der Flutung 2008 (© LMBV)

Der kurze Abstecher nach **Mücheln (7)**, dem ältesten Ort des Geiseltals (Stadtrechtverleihung 1350), dient vornehmlich der Erkundung der hydrologischen Situation der Region. So tritt hier am Fuße des Veitsberges im Ortsteil St. Micheln eine der großen Quellen Mitteldeutschlands (mittlere Schüttung 35 l/s) zu Tage. Der Quellaustritt zeigt eine ausgeglichene Schüttung, so dass ehemals 12 Mühlen durch die Geisel betrieben werden konnten. Infolge des durch Störungen zerrütteten Muschelkalkes gelangt das versickernde Niederschlagswasser auf den durch tonreiche Sedimente geprägten (unterlagernden), undurchlässigen Oberen Buntsandstein. Unter Druck geraten gelangt es dann an einer Querstörung in der Ortsmitte von St. Micheln an die Oberfläche (Abb. U37). Zeitweise sprudelte das Wasser, verbunden mit aufsteigenden Luftblasen, mehrere Dezimeter hoch (regelrecht zu Tage), so dass hierfür früher die Bezeichnung Springquelle gebräuchlich war. Das Wasser mit einer Gesamthärte von 27° dH (deutscher Härte) wird chemisch durch Kalzium, Magnesium, Hydrogenkarbonat und Sulfat dominiert.

500 m nordöstlich der Geiselquelle befinden sich die so genannten 12 Apostelquellen. Elf dieser - sich perlschnurartig aneinander reihenden - Schichtquellen sind an das unterirdische Trinkwassernetz von Mücheln angeschlossen. Nur die erste Quelle tritt, im Zentrum von St. Micheln, oberirdisch gefasst zu Tage. Wie Abb. U37 zeigt, liegt die Geiselquelle noch im Muschelkalk und damit 3 bis 4 m höher. Allerdings haben beide das gleiche Einzugsgebiet, bei dem, wie bei Karstquellen häufig, der oberirdische Teil (35 km²) kleiner als der unterirdische (60 km²) ist.

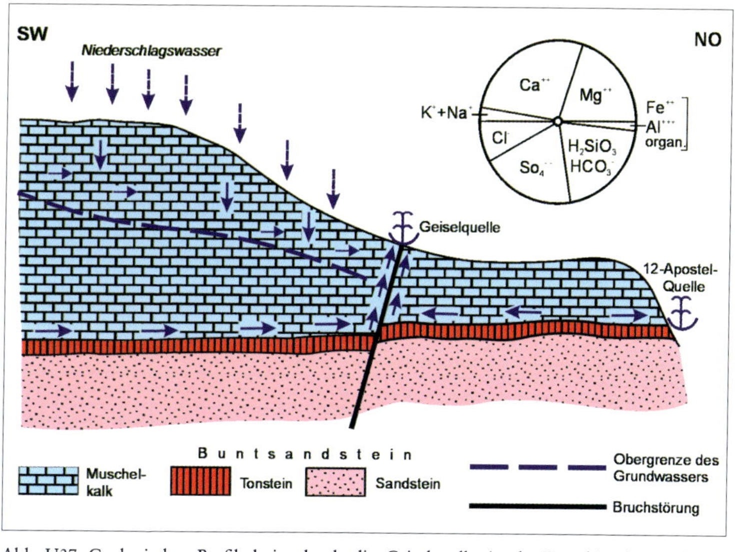

Abb. U37: Geologischer Profilschnitt durch die Geiselquelle (nach: Krumbiegel u. Schmidt 1968, aus: Kugler u. Schmidt 1988)

Der Ortsname Mücheln wird in alten Urkunden des 13. Jh. Muchunlevaburg genannt. Dabei handelt es sich um eine altthüringische Ortsbezeichnung. Die Kleinstadt Mücheln schmiegt sich hier in das enge Kerbtal des Muschelkalks, bevor die Geisel in die ehemals sanftwellige Landschaft des Merseburger Ländchens tritt. St. Micheln wie St. Ulrich und Wenden und Gehüfte gehören seit alters her zu Mücheln, aber unmittelbar vor der Stadt lagen noch die Dörfer in der Waldoffenlandschaft Zöbigker, Zorbau, Eptingen und Möckerling, schon weiter weg Stöbnitz, das heute zu Mücheln gehört. Sehenswert in dem Ort sind der bereits 1720 erwähnte Landschaftspark mit barockem Terassengarten, ein Wasserschloss - dessen Ursprünge als von der Geisel umflossene Pfahlburg bis ins 12. Jh. reichen - mit bemerkenswertem Renaissance-Erker sowie das ebenfalls im Stil der Renaissance errichtete Rathaus im denkmalgeschützten Marktensemble.

Von Mücheln führt der Weg zu der bereits erwähnten Hochhalde bei Klobikau, die allgemein als **Wünsch (8)** bezeichnet wird. In einer Länge über 3 km wurde die Halde am nördlichen Tagebaurand des Geiseltales aufgeschüttet. Mit einer Höhe von 217,8 m NN ist der Wünsch im halleschen Raum die zweithöchste Erhebung nach dem Petersberg. Vom Wünsch aus kann man bei klarer Sicht nicht nur das Völkerschlachtdenkmal und die Spitzkegelhalden des Mansfelder Landes, sondern sogar den Brocken sehen. Der höchste Bereich des Berges wird von einer Trockenrasenvegetation eingenommen. Nach Westen neigt sich die Hochfläche, sie ist dort mit Robinien und amerikanischen Pappeln bestanden, die auf erste Rekultivierungsarbeiten um 1975 zurückgehen.

Der Wünsch blieb bisher in der Wahrnehmung der hier lebenden Menschen weitgehend unbeachtet: Bis 1990 war dieses Gelände militärisches Sperrgebiet, das man nicht betreten durfte. Die UdSSR hatte hier Raketen stationiert. Eine zukünftige Gestaltung des Wünsch wird mit seiner Einbeziehung in die Kulturlandschaft verbunden sein. Neben der Unterschutzstellung als NSG sieht ein Projekt vor, einen geographischen Garten anzulegen, d. h. Landschaften der gemäßigten Breiten entsprechend den Kleinbiotopen nachzugestalten und dabei auf naturnahe Verhältnisse zu achten. Damit könnte ein bisheriges „Unland“ für den sanften Tourismus erschlossen und wieder zu einem intakten Bestandteil der Kulturlandschaft werden. Ein Aussichtsturm ist bereits errichtet worden. Es gibt auch die Projektvorstellung von einer Wünschstiege, die es ermöglichen soll, dass man vom zukünftigen Geiseltalsee aus, nachdem man mit dem Boot angelegt hat, auf das Plateau zum Aussichtsturm aufsteigen kann.

Von hier aus ist es nicht weit bis zu unserem letzten Exkursionsziel **Bad Lauchstädt (9)** (Standort: Kurpark). Die Kuranlagen bilden ein sehenswertes

Ensemble spätbarocker und klassizistischer Bauten (Abb. U38). Die Hauptachse führt vom Tor des Schlosses (barocke Gestaltung aus dem 17. Jh. über älteren Fundamenten) über den Brunnen zum Kursaal. Sie schneidet damit auch die Hauptpromenade. Im Mittelpunkt der Anlagen befindet sich die barocke Brunnenfassung (1777), die von zwei Pavillons, dem Quellpavillon im Osten und dem Duschpavillon im Westen, eingerahmt wird. Sie werden heute museal genutzt. Die vormalige Badeliteratur berichtet, dass „der Badepavillon wegen seiner Einrichtung, seiner Vollkommenheit und seines Nutzens mit keinem anderen vergleichbar sei". Zur Gartenstraße hin bildet das spätbarocke Kursaalgebäude (1780 vom sächsischen Kurfürsten eingeweiht und nach Entwürfen von Schinkel ausgestaltet und bemalt) den Abschluss der Hauptachse. Die „Alte Küche" daneben wird heute als Café und Restaurant genutzt. Auf der nördlichen Einfassungsmauer des Laucha-Bettes zum Teich wurde ein Kolonnadengebäude (1786) mit Wandelgang errichtet, der Platz für 29 Kramläden bietet und noch im Original erhalten ist.

Bad Lauchstädt hatte sich am Ende des 18. und zu Beginn des 19. Jh. zu einem beliebten Modebad entwickelt. Die Ernennung zum Kurort geht auf die Entdeckung der Mineralquelle (Eisensäuerling, Schüttung zwischen 14–16 l/min) durch den halleschen Medizinprofessor und Chemiker Friedrich Hoffmann (1660–1742) zurück. Nach der Bestätigung der heilenden Wirkung der Mineralquelle (insbesondere bei Harnleiden) wurde sie 1708 gefasst. Bad Lauchstädts Bekanntheitsgrad wuchs dadurch sehr stark. Die

Abb. U38: Die Kolonnaden am Kurpark in Bad Lauchstädt (Foto: B. Tauché, 2001)

Quelle wurde Grundlage eines überregional bedeutsamen Kurbetriebes. Großen Anteil daran hatten auch die Vertreter der Weimarer Klassik und später die Romantiker. Besonders Goethe und Schiller weilten oft hier. 1802 wurde unter der Leitung von Goethe das Theater erbaut, das noch gegenwärtig in seiner alten Form von halleschen Bühnen regelmäßig bespielt wird.

1905 wurde der Kurbetrieb auf den Brunnenversand des „Lauchstädter Heilbrunnens" (Bezeichnung seit 1710) umgestellt. 1950 übernahm ein volkseigener Betrieb, der in den 1980er Jahren täglich 35.000 Flaschen abfüllte, die Produktion und den Versand. Seit 1990 konnte die Bad Lauchstädter Heil- und Mineralbrunnen GmbH die Kapazitäten beträchtlich ausbauen. Das Wasser stammt aus dem (Mittleren) Buntsandstein und wird über einen rund 100 m tiefen Brunnen gewonnen. Im mineralreichen Wasser (Gesamtmineralgehalt 1 g/l) dominieren Calcium- und Magnesium-Verbindungen. Das für das „normale" Mineralwasser genutzte Wasser entstammt einem anderen Brunnen mit niedrigerem Mineralisierungsgrad (150 mg/l).

Georgia Kroll/Sabine Lachmann/Wolfgang Raschke/Barbara Rösel/ Manfred Frühauf

Kulturelle und wirtschaftliche Vielfalt im westlichen Saalkreis: Ein Raum mit Tradition und neuen Chancen

Exkursionsroute: Halle - B 6 Richtung Norden, Neutz, Deutleben, Lettewitz, Wettin-Mücheln, Wettin, Saalefähre nach Zaschwitz, Trebitz, Kloschwitz, Salzmünde, B 242 Richtung Mansfeld, Abzweigung nach Höhnstedt, Langenbogen, Teutschenthal (Tagesexkursion)

Ziel: „Die nächste Umgebung von Halle, eine sandige Ebene, ist als landschaftlich reizlos preiszugeben." So erlebte Thomas Mann den Saalkreis. Tatsächlich nehmen weite, flachwellige Hochflächen große Teile des westlichen Saalkreises ein, die jedoch nicht mit Sand, sondern mit Löss bedeckt sind. Die fruchtbaren Schwarzerden werden seit Jahrhunderten ackerbaulich genutzt. Prägend ist aber auch das tief eingeschnittene Saaletal, vor allem dessen Hänge, die durch sehr differenzierte Landschaftsstrukturen gekennzeichnet sind. Aufgrund der naturräumlichen Gunstfaktoren, verbunden mit gesellschaftlichen und wirtschaftlichen Reformen, wurde der Saalkreis im 19. Jh. zu einem der Ausgangspunkte der Industrialisierung und Modernisierung der Landwirtschaft in Deutschland. Als „Kragenkreis" der Stadt Halle wies er neben seiner eigenständigen Entwicklung schon immer enge funktionale Verflechtungen mit der Kernstadt auf. Mit der Exkursion werden verschiedene Gemeinden im westlichen Saalkreis vorgestellt und deren Entwicklungswege zwischen Tradition und Moderne aufgezeigt.

Zusatzinformation: Die Saalefähre Zaschwitz-Wettin wird ganzjährig betrieben und ist auch für Busse geeignet.

Exkursion: Wie viele Gemarkungen in den fruchtbaren Lössgebieten, war auch Neutz-Lettewitz schon im Neolithikum besiedelt. Der Ortsteil **Neutz (1)** (Standort: Ende der Straße „Siedlung", von der Dorfkirche zu Fuß ca. 100 m zur Weggabelung am westlichen Ortsausgang) geht auf eine slawische Siedlung zurück. Die gut erhaltene spätromanische Kirche stammt aus dem Jahre 1180. Sie besteht zu größten Teilen aus Steinen der Umgebung und gibt somit dem Interessierten Einblick in den geologischen Untergrund.

Für Jahrhunderte war die Landwirtschaft die wichtigste wirtschaftliche Grundlage und sicherte den Wohlstand der Bewohner. Die in Neutz noch

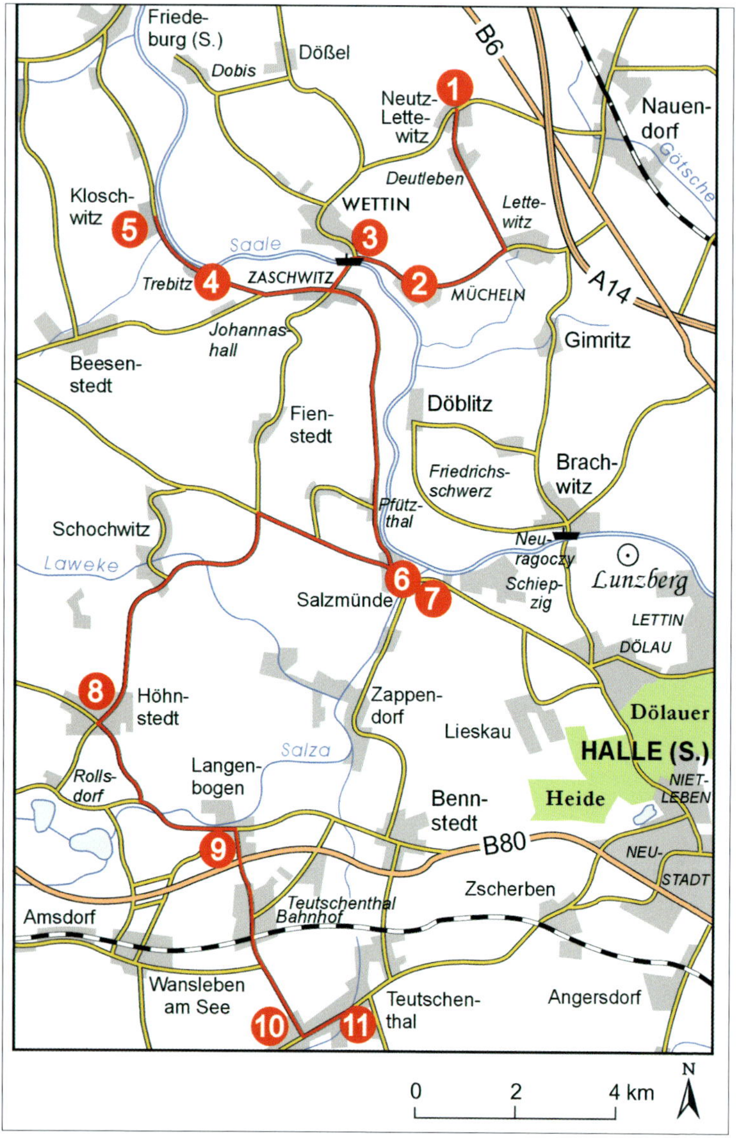

Exkursionsroute (© MLU Halle-Wittenberg)

erhaltenen Bauten ehemaliger Gutshöfe aus der zweiten Hälfte des 19. Jh. (z. B. entlang der Hauptstraße) belegen dies. Obwohl die Landwirtschaft inzwischen als Einkommensgrundlage an Bedeutung verloren hat, weisen Neutz und Lettewitz noch immer ein ländliches Erscheinungsbild auf (Abb. U39). Großflächige Gewerbeansiedlungen „auf der grünen Wiese" oder die Neuausweisung von Wohngebieten, wie sie oftmals im Umland von Halle zu finden sind, fehlen. Aber auch hier konkurrieren verschiedene Flächennutzer miteinander: Durch den Neubau der BAB 14 zwischen Halle und Magdeburg wurden so vor allem ehemals landwirtschaftlich genutzte Flächen der Gemeinde Neutz-Lettewitz in größerem Umfang beansprucht.

Abb. U39: Blick auf Neutz-Lettewitz (Foto: MZ, 2001)

Vom Standort aus hat man auch einen Überblick über die prägenden Landschaftseinheiten. In nördlicher und östlicher Richtung erstrecken sich die weiten Flächen der so genannten „Kleinen Börde" mit ihren fruchtbaren Schwarzerdeböden. Sie zeigen das für den Saalkreis typische Bild einer intensiv genutzten Agrarlandschaft mit großen Schlägen und wenigen landschaftsgliedernden Elementen. In westlicher und südwestlicher Richtung ändert sich mit dem geologischen Untergrund auch das Landschaftsbild: Das Relief wird insbesondere am Übergang zur Saale vielfältiger, eine kleinräumige Strukturierung prägt die Bodenverteilung und Flächennutzung. Die inselhaften Gehölzgruppen markieren Halden des historischen Steinkohlenbergbaus um Wettin. Bei guter Sicht sind in der Ferne die mächtigen Halden des Mansfelder Kupferschieferbergbaus zu erkennen.

Die Route führt über Deutleben nach Lettewitz. Die Ursprünge von Lettewitz reichen bis ins 7. Jh. zurück. Obwohl der Ortsname einen slawischen Siedlungsursprung vermuten lässt, gibt doch die Anlage als Angerdorf eher Hinweise auf eine deutsche Dorfgründung zwischen 1150 und 1350. Als Anger fungierten in historischer Zeit die um den heute noch vorhandenen Dorfteich befindlichen Weiden. Allmählich wurden diese immer mehr von Häusern umbaut.

Wir gelangen weiter zum Wettiner Ortsteil **Mücheln (2)** (Standort: Templerkapelle). Die nach 1250 errichtete frühgotische Kirche ist jetzt von Wohn- und Wirtschaftsgebäuden des im 17. bis 19. Jh. gebauten Gutes umgeben. Bei der Kapelle handelt es sich um einen der wenigen erhaltenen baulichen Zeugen des Templerordens in Deutschland (Abb. U40). Nach der erzwungenen Auflösung des Ordens im 14. Jh. in Deutschland wurde die Kapelle lange Zeit als landwirtschaftliches Lagergebäude genutzt, wobei die Besitzer häufig wechselten. Bauliche Veränderungen fanden dadurch kaum statt, so dass gotische Architekturmerkmale und z. T. Wandmalereien erhalten sind. Seit der Bodenreform sind die Kapelle und der Hof im Besitz der Stadt Wettin, die einzelne Sicherungs- und Sanierungsarbeiten veranlasste. Parallel zu den seit der Wende laufenden Restaurationsarbeiten wird die Kapelle für Ausstellungen und Konzerte genutzt.

Wettin (3) (Parken am Saaleufer und Aufstieg zur Burg) liegt 25 km nordwestlich von Halle am Nordufer der Saale. 2.139 Einwohner leben in der Kerngemeinde und den Ortsteilen Schachtberg, Zaschwitz und Mücheln.

Abb. U40: Templerkapelle Mücheln (Foto: M. Frühauf, 2002)

Ansatz für die Herausbildung der Stadt war die 961 erwähnte Burg Wettin (Vitin civitas) auf einem Sporn oberhalb der Saale. Als Vorgänger existierte vermutlich eine slawische Wallburg aus dem 8./9. Jh., daher auch die slawische Herkunft des Siedlungsnamens. 985 kamen Burg und Ort durch Erbfolge aus dem Besitz des Vogtes des Erzstiftes Magdeburg zum verwandten Grafen aus dem Hause Budzici. Das Geschlecht übernahm den Namen der Burg: Wettiner. Nach dem Ausbau der Burg im 11. Jh. entwickelten sich die Wettiner ab dem 12. Jh. zu einem der mächtigsten Fürstenhäuser in Deutschland (Markgrafen ab 1089; Kurfürsten ab 1423; Könige von Sachsen ab 1806). Nachdem die Wettiner Linie des Grafenhauses 1217 ausstarb, wurde Wettin 1288 an das Erzstift Magdeburg verkauft und erstmals als Stadt genannt.

Sehenswert ist neben der Burganlage die Altstadt. Das mittelalterliche Ensemble um den Marktplatz, auf den 5 Straßen münden, wird überragt vom 30m hohen Turm des Renaissance-Rathauses. Das über seinem Eingang befindliche Stadtwappen erinnert mit dem Hinweis auf das Jahr 1660 an den Beginn eines Neuaufbaus nach zwei vorangegangenen Stadtbränden.

Über einen kurzen Abstecher zu der dem heiligen Nikolaus - dem Schutzpatron der Schiffer und Fischer - geweihten Kirche (erste Anlagen Ende 12. und Beginn 13. Jh.) erreicht man die imposante Burganlage. Deren Länge beträgt einen halben Kilometer, die Breite 100 m. Das heute teilweise schon in die Stadt integrierte Areal gliedert sich in Ober- und Unterburg (Abb. U41). Die höchsten Teile der auf einem Porphyrrücken errichteten Anlage liegen etwa 50 m über dem Niveau der Saale. Von hier hat man einen schönen Blick über das breite Saaletal bis in das durch die Kupferschieferhalden geprägte Mansfelder Land.

In der Unterburg wurde 1953 eine Ingenieurschule für Agrochemie und Pflanzenschutz eingerichtet. Die Oberburg fungierte als Standort der einzigen Schäferschule der DDR. Dieser Teil wird jetzt als Internat für das Gymnasium in der Unterburg genutzt. Auf die für Wettin charakteristische Bergbautradition weist u. a. ein mit Hammer und Schlegel verziertes Gebäude oberhalb der Dampferanlegestelle hin. Hierbei handelt es sich um das letzte königlich preußische Wettiner Bergamt (1820-1893). Die Bedeutung des Ortes als Bergbaustandort (Kupferschiefer und Steinkohle) wird ebenfalls durch zahlreiche Halden in der Umgebung belegt.

Nach Querung der Saale bietet sich für Naturfreunde ein Halt am Ortsausgang **Trebitz (4)** (Aussichtsplattform) an. Von hier aus kann man in den warmen Jahreszeiten häufig riesige und für unsere Räume einzigartige Kolonien von Graureihern und Weißstörchen beobachten.

Vom Aussichtspunkt am Müllerberg in **Kloschwitz (5)** hat man einen sehr schönen Blick auf die Ortslage sowie auf die Saale mit ihrem Durch-

Abb. U41: Wettin an der Saale mit seiner das Stadtbild bestimmenden Burganlage (Foto: MZ, 2001)

bruchstal durch die Halle-Hettstedter Gebirgsbrücke bei Friedeburg (vgl. Abb. U51). In den Jahren nach der Wende haben Zuzüge aus Halle das Antlitz der Ortsteile (neben Kloschwitz auch Trebitz, Rumpin und Johannashall) verändert. Deren erste urkundliche Erwähnungen stammen aus dem 13. Jh. Eine Ausnahme hiervon stellt Johannashall dar, das erst 1895 im Zusammenhang mit der Eröffnung eines Kalischachts gegründet wurde. Kloschwitz mit seinen 490 Einwohnern (2000) ist eine der am reizvollsten gelegenen Gemeinden im Saaletal.

Mehrere Tafeln geben am Standort Auskunft über die landschaftlichen Besonderheiten der Umgebung, insbesondere über die Zusammenhänge zwischen dem geologischen Untergrund, der Bildung des breiten Saaletals, auftretenden „Wasserverlusten" sowie botanischen Seltenheiten. Besonders interessant erscheinen dabei durch Erosion entstandene, tief eingeschnittene Tälchen und Schluchten mit ihrem reichhaltigen botanischen Inventar. Am bekanntesten ist der Kloschwitzer Grund. Der Hangrestwald des „Stengelholzes" (Flächennaturdenkmal) weist zahlreiche durch Auslaugung im Untergrund hervorgerufene Erdfälle auf. Die bis zu 8 m tiefen Kerb- und Sohlentäler der „Gründe" sind hauptsächlich infolge schrittweiser Eintiefung während des Eiszeitalters entstanden. Dadurch kann man heute, wie z. B. im Mordgrund, an den steilen Talhängen die Sandsteine und Schiefertone des (Mittleren) Buntsandsteins beobachten. Die dort erkennbaren Mauerreste einer ehemaligen Brücke zeugen von einer hierüber führenden (hölzernen) Wasserleitung, die als Teil des Mühlgrabens für die Kloschwitzer Mühle fungierte.

Am Ausgang des Holzgrundes wurde 1851 eine Solquelle entdeckt. Sie ist inzwischen mit einer rekonstruierten kleinen Kneippanlage umgeben. Ohne die besonderen geologischen Gegebenheiten dieses Raumes (vgl. Schautafel) könnte die Quelle hier nicht „sprudeln". Auf den Hängen der Umgebung dominierte bis vor hundert Jahren der Weinanbau. Danach wurde er vom Obstanbau abgelöst. Aus dieser Tradition resultiert im Landschaftsbild eine hohe Anzahl von Streuobstanlagen. All dies lockt zahlreiche Wanderer an, während der Campingplatz am Saaleufer und die Bungalowsiedlung Anziehungspunkte für Touristen sind. Deren Hauptzustrom findet in Kloschwitz jährlich am ersten Maiwochenende zum überregional bekannten Blütenfest statt.

Salzmünde (6) (Standort: Johann-Gottfried-Boltze-Straße, Parkplatz am Einkaufszentrum), an der Mündung der Salza in die Saale gelegen, fungiert aufgrund der exponierten, gleichzeitig aber hochwassergeschützten Lage nachweislich bereits seit ca. 5.000 Jahren als bevorzugter Siedlungsplatz. Derzeit leben in dem urkundlich erstmals 979 erwähnten Ort 2.548 Einwohner (2004). Das für das kleine Flüsschen viel zu breite Tal gibt Hinweise darauf, dass die Salza bis in die Zeit der letztmaligen Eisbedeckung unseres Raumes der Hauptvorfluter der Region war. Von der damaligen Bedeutung der Salza zeugt nicht nur die Größe und Tiefe des Tales, sondern auch die südöstlich des Ortes befindlichen Kieslagerstätten, die gegenwärtig noch abgebaut werden.

Bis ins 19. Jh. hinein war der Ort nahezu bedeutungslos. Danach wurde er zu einem wichtigen Ausgangspunkt der Entwicklung der Provinz Sachsen zur „Industrie-Agrar-Region". Standortvorteil war, dass 1829 über den „Stapelplatz" Salzmünde und die Saale nahezu der gesamte Getreidetransport des Mansfelder Landes abgewickelt wurde. Davon zeugen noch die drei Getreidespeicher an der Saale. Aufgrund der geringen schiffbaren Tiefe hat die Binnenschifffahrt auf der Saale heute keine nennenswerte Bedeutung mehr.

Vom Standort bietet sich ein Blick über die Anlage eines der im 19. und 20. Jh. bedeutendsten Agrar-Industrie-Unternehmen im mitteldeutschen Raum. Grundlage dieser Entwicklung im 19. Jh. waren das hohe Ertragspotenzial der lössbestimmten Schwarzerden der Region sowie soziale und ökonomische Reformen. Neben der Modernisierung der Landwirtschaft im Zuge der preußischen Agrarreformen und der einsetzenden Industrialisierung ermöglichte es die Gewerbefreiheit den Gutsbesitzern, im gewerblichen Sektor tätig zu werden. J. G. Boltze entwickelte seit 1829 das Salzmünder Gut zu einem „modernen" Agrar-Industrie-Unternehmen mit einer Betriebsfläche von ca. 3.500 ha (1862). Die Weiterverarbeitung der Agrarprodukte erfolgte vor Ort (Großmühle, Zuckerfabrik, Spiritusbrennerei etc.), daneben wurden auch Rohstoffgewinnung (z. B. Kohle, Kies, Ton) und -verarbeitung (Tonschlämmerei, Ziegelei) betrieben. 1915 wurde das Unternehmen mit den wentzelschen Großlandwirtschaftsbetrieben in Teutschenthal vereinigt und unter Carl Wentzel im industriellen Bereich erweitert (vgl. Standort 11). Überregionale Bedeutung erlangte die 1921 gegründete Saatzuchtstation. Nach der Enteignung 1945 ging das Unternehmen in den 50er Jahren in volkseigenen Betrieben und Gütern auf. Die frühere Betriebsfläche liegt heute teilweise brach. Nach Plänen der Gemeinde Salzmünde sollen hier in Zukunft Wohnungen und kleinere Gewerbeeinheiten entstehen.

Weiter in Richtung Halle, erreicht man die im Südosten der Ortschaft gelegene sog. **Rathaus-Siedlung (7)**. Hierbei handelt es sich um eine städtebaulich und kulturhistorisch bedeutsame Anlage, wie sie in der damaligen Zeit verbreitet durch paternalistisch eingestellte Unternehmer errichtet wurde. Sie entstand seit 1920 im Auftrag von C. E. Wentzel und wurde 1937/39 im Ostteil erweitert. Die insgesamt 34 Einfamilienhäuser waren als

Werkswohnungen konzipiert. Hinzu kamen ein Rathaus (ursprünglich mit Bad und Bibliothek - Abb. U42) sowie verschiedene soziale Einrichtungen für die Arbeiter und ihre Familien, z. B. ein Kranken- und Invalidenhaus, eine „Kleinkinderbewahranstalt" und eine Schule. Das soziale Engagement zielte darauf ab, soziale Missstände abzubauen und Fachkräfte an das Unternehmen zu binden. Die Siedlung entstand im Rahmen der Gartenstadtbewegung und zeigt - der konservativen Einstellung des Auftraggebers folgend - die typische Gestaltung süddeutscher Kleinstadthäuser in barocken und biedermeierlichen Formen sowie das erwähnte Rathaus mit Brunnen und einer Linde davor. Das gesamte Ensemble ist denkmalgeschützt, erfordert aber - aufgrund der zwischenzeitlich zahlreichen baulichen Veränderungen - eine grundlegende Sanierung, um den ursprünglichen harmonischen Charakter zurückzugewinnen.

Abb. U42: Rathaus-Siedlung Salzmünde - ein Musterbeispiel einer agrarindustriell geprägten Werkssiedlung (ehemals Kloschwitz) (Foto: Friedrich, 2002)

Man verlässt Salzmünde in Richtung Mansfeld bis zur Abzweigung nach Höhnstedt. Der Weg führt dabei über die zu Schochwitz gehörenden Ortsteile Krimpe und Wils, bevor man das Tal der Laweke quert. Dieser Fluss mit seinen 6 Nebenbächen entwässert nahezu die gesamte Hochfläche zwischen Salza und Saale. Mit seiner geringen Wasserführung weist er eindrucksvoll auf das geringe (autochthone) Wasserdargebot dieser Region hin. In **Höhnstedt (8)** (Standort: Touristenzentrum an der Hauptstraße) leben 1.635 Einwohner (2004). Die Ortslage befindet sich zu großen Teilen auf einem nach Süden abfallenden Buntsandsteinhang. Diese Südexposition ist, zusammen mit weiteren klimatischen Gunstfaktoren, wesentliche Voraussetzung für das nördlichste geschlossene Qualitätsweinbaugebiet Europas (Abb. U43). Es umfasst heute ca. 90 ha. Auch der Siedlungsname spiegelt die topographische Situation wider. 981 wurde „Hoenstede" (hoch gelegene Stätte) erstmals urkundlich genannt. Die Lagegunst - fruchtbare Lösshochfläche im Norden und Klimagunst an den Weinhängen im Süden - bewirkte bereits im Mittelalter eine blühende Landwirtschaft. Der Abbau von Kaolin und Kohle in der Umgebung sowie die aufblühenden Industrieunternehmen in Halle boten gegen Ende des 19. Jh. den ehemaligen Landarbeitern aus Höhnstedt die Möglichkeit zum Auspendeln.

Abb. U43: Das nördlichste geschlossene Weinbaugebiet in Höhnstedt (Foto: T. Skupien, 2005)

Der traditionelle Anbau von Aprikosen und Äpfeln bildet weiterhin einen Schwerpunkt in der Wirtschaft der Gemeinde. Der Konkurrenz aus dem Süden wird vor allem durch die Veredelung zu Obstbränden und die Konzentration auf Spezialitäten begegnet. Die fast 900-jährige Weinbautradition wird mit trockenen Weinen fortgeführt, ein größerer Ausbau der Flächen ist nicht geplant. Die Bewirtschaftung erfolgt durch zwei private Weingüter, 95 Hobbywinzer in einer Winzergenossenschaft und vor allem durch die „Obstproduktion Höhnstedt GmbH". Der Weinlehrpfad am Kelterberg gibt einen Überblick über 26 Weinsorten. In den leicht zu findenden Weingütern in der Dorflage werden Weinproben und Weinverkauf angeboten. Einen Überblick zum Gebiet, zu seiner Geschichte und zum Weinanbau gab das leider viel zu wenig genutzte - und deshalb unlängst geschlossene - Touristenzentrum in der Ortsmitte (Standort).

Von Höhnstedt aus erreicht man über die Hauptstraße entlang der Salza das neue Wohngebiet „Eisleber Breite" der stark prosperierenden Gemeinde **Langenbogen (9)**. Hier lebten um 1989/90 ca. 900 Einwohner, die sich in den wenigen Geschäften des Ortes mit Gütern des täglichen Bedarfs versorgen konnten. Mit der Erschließung des Neubaugebietes zur Mitte der 1990erJahre hat sich deren Zahl mehr als verdoppelt und liegt derzeit (2004) bei 2.691 Einwohnern. Allein aus Halle sind im Zeitraum 1993 bis 1999 per saldo 1.015 Einwohner zugezogen. Dies ist eine charakteristische Folge der Wohnsuburbanisierung, die für Halle eine starke Abwanderung vor allem der Bewohner der Großwohngebiete in Plattenbauweise bedeutete und dem Saalkreis deutliche Einwohnergewinne bescherte. Die Bahnhofsiedlung mit ca. 760 Einwohnern wurde 2004 durch Umgemeindung von Teutschenthal nach Langenbogen eingegliedert. Trotz des unmittelbaren Anschlusses des Neubaugebietes (Abb. U44) an die nach der Wende verstärkt bebauten Gartengrundstücke erscheint es getrennt vom alten Dorf.

Bei der Weiterfahrt nach **Teutschenthal (10)** (Standort: Parkplatz der Motocrosstrecke) lassen sich die jüngeren Siedlungsentwicklungen gut nach-

Abb. U44: Langenbogen, neu erschlossenes Wohngebiet „Eisleber Breite" am Rande des Ortes (Foto: MZ, 2002)

vollziehen. Teutschenthal ist mit 6.266 Einwohnern (2004) die bevölkerungsreichste Gemeinde des Saalkreises. Als erstmalige urkundliche Erwähnung gilt im 9. Jh. die Nennung der slawischen Dörfer Osniz (oder Osniza) und Dussina (beide werden schon im Hersfelder Zehntverzeichnis erwähnt). Mit dem Begriff Teutschenthal allerdings waren lange Zeit die im Würdetal vorhandenen 8 Siedlungen (Kusdorf, Deußen, Gottsdorf, Boßdorff, Ibitz, Würden, Oeßnitz, Nazdorf) gemeint, die im Verlaufe der Jahrhunderte verschmolzen sind. Heute besteht die Gemeinde aus den Ortsteilen Teutschenthal, Teutschenthal-Bahnhof, Eisdorf und Köchstedt.

Bis zur Mitte des 19. Jh. war die Landwirtschaft Haupterwerbsquelle für die hiesige Bevölkerung. Mit dem Abbau von Kalisalzen nahm das Gebiet seitdem einen starken wirtschaftlichen Aufschwung. Anfang des 20. Jh. hatte Teutschenthal den Charakter eines ausgesprochenen Bauerndorfes schon völlig verloren und konnte zu jener Zeit bereits als große Industriegemeinde angesprochen werden. Der weitaus größte Teil der arbeitenden Bevölkerung war in den Werken der Riebeck'schen Kohlengruben, der Grube „Henriette" des Kaliwerkes Krügershall und im Leunawerk beschäftigt. Außerdem gab es industrielle Saisonarbeitsplätze im Herbst in den Zuckerfabriken in Eisdorf und Langenbogen. Ein großer Teil der Arbeitskräfte aus Teutschenthal pendelte bis zu Beginn der 1990er Jahre in die Betriebe der chemischen Großindustrie und in die Stadt Halle.

Heute gehört Teutschenthal zu den Gemeinden, die nach 1989 wegen ihrer Lagevorteile im „Speckgürtel" der Großstadt Halle sowohl Wohn- als auch Gewerbesuburbanisierung zu verzeichnen haben. So führte rege Bautätigkeit z. B. an den Standorten „Kopfweg" und Teutschenthal-Ost zu einem Bevölkerungszuwachs. In dem 20 ha großen Gewerbegebiet am Bahnhof haben sich in den Jahren nach der Wende zahlreiche Einrichtungen des produzierenden Gewerbes sowie verschiedene Verkaufseinrichtungen etabliert.

Besonders ins Auge fällt die große, grau-weiße Halde. Sie gibt Hinweise auf die geologischen Verhältnisse im Untergrund (vgl. Abb. U51 u. U52). Die Kalisalzförderung begann hier 1905, als der Hallenser Kaufmann F. H. Krüger mit einigen Geschäftspartnern das Kaliwerk „Krügershall AG" gründete. In den Salzgruben und den übertägigen Einrichtungen waren nach dem Zweiten Weltkrieg ca. 1.000 Arbeitskräfte beschäftigt. Der ab 1952 als „Kaliwerk Deutschland" bezeichnete Betrieb wurde zu einem wichtigen Standort der Kaliproduktion der DDR. Bis zur Stilllegung (1982) umfasste die Produktionspalette neben Kalidüngemitteln insbesondere Vakuumspeisesalz, $MgCl_2$-Sole und Brom. Die bergtechnische Sicherung und Verwahrung der unterirdischen Hohlräume, die sich mit einem Volumen von etwa 12 Mio. m^3 bis fast nach Halle-Neustadt erstrecken, ist nicht ganz unproblematisch. Dies zeigte u. a. das „Erdbeben“ vom 11. September 1996. Bei diesem Einsturz von Teilen des ehemaligen unterirdischen Abbaufeldes kam es zu beträchtlichen seismischen Bewegungen und Schadwirkungen. Ein Großteil der hier im (Stein-)Salz angelegten bzw. existierenden Hohlräume (mit maximalen Durchmessern von 90 m und Höhen bis zu 160 m) dient heute als Untergrundspeicher für Gas. Der größte Teil der Kavernen befindet sich in 765 bis 925 m Tiefe. „Oberirdisch“ weisen die an der Straße von Teutschenthal nach Bad Lauchstädt gelegenen Betriebsgebäude auf diese Gasspeicher hin. Die Halde ist aber auch aus einem anderen Grund einen Besuch wert (Abb. U45): Durch (unterirdische) Sickerwässer, die nördlich in einer Mulde (zwischen der Halde und der B 80) über tonigem Buntsandsteinverwitterungsmaterial zu Tage treten, haben sich hier für unseren Raum einzigartige Mineralabsätze sowie eine bemerkenswerte, anthropogen initiierte Salzflora ausgebildet. Die zu Tage tretende Lauge enthält ein weites Spektrum verschiedener chemischer Verbindungen, die letztlich in Abhängigkeit auch von den jahreszeitlichen Konzentrationsschwankungen zur Bildung ähnlicher Mineralbestände in unterschiedlichsten Farbnuancen und Größen führt, wie wir sie aus Pamukkale (Türkei) oder dem Yellowstone Nationalpark (USA) kennen. Auch der floristische Bestand an 21 halophilen bzw. halotoleranten Pflanzen spricht für die Besonderheit dieses Standortes, der leider in der jüngsten Vergangenheit durch „falsche“ Mineralliebhaber seiner Einzigartigkeit stark beraubt wurde. Eine über den Status des Flächennaturdenkmals hinausgehende Unterschutzstellung als Geotop würde der Einmaligkeit dieses Standorts überaus dienlich sein.

Abb. U45: Sinterbildungen am Solaustritt der Teutschenthaler Kalihalde (Foto: M. Frühauf,

Abb. U46: Schloss Teutschenthal (Foto: M. Frühauf, 2002)

Bevor der Besucher Teutschenthal verlässt, sollte er unbedingt noch den **Park und das Schloss (11)** besuchen (Abb. U46). Der heute geschützte Park (18 ha) entstand um die Jahrhundertwende südlich des um 1860 errichteten und 1911 umgebauten Schlosses. Dessen letzter Besitzer, C. Wentzel, wurde aufgrund seiner Beteiligung am Attentat auf Hitler 1944 in Berlin hingerichtet. Während der DDR-Zeit enteignet, wurde das Schloss später als Agraringenieurschule genutzt und in diesem Zusammenhang auch schon teilweise saniert. Nach der Wende gelangte es in den Besitz der Erben der Familie Wentzel. Es fungiert heute als Hotel und kulturelle Begegnungsstätte. Der im englischen Stil gehaltene Park, der Jahrzehnte sich selbst überlassen war, wird heute von standorttypischen Gehölzen, wie Winterlinden, Eschen, Traubeneichen, und verschiedenen Ahorn-, aber auch Parkbaumarten, wie Rosskastanien und Blutbuchen, geprägt. Wer den Park besucht, wird Gelegenheit haben, den Ehrenhain für die verstorbenen Mitglieder der wentzelschen Familie kennen zu lernen, der noch zu DDR-Zeiten begonnen wurde. Von kulturhistorischem Interesse erscheint darüber hinaus die als Kindertagesstätte genutzte Schule, die 1929 im Bauhausstil errichtet wurde.

Manfred Frühauf

Westwärts – zum „Blauen Auge des Mansfelder Landes"

Exkursionsroute: Von Halle-Nietleben über die B 80 in westlicher Richtung zum Süßen und zum (ehemaligen) Salzigen See (Tagesexkursion)

Ziel: Die Exkursion macht vertraut mit Besonderheiten der landschaftlichen Bedingungen, ihrer Bedeutung als Grundlage der Landnutzung und dadurch bedingten Umweltproblemen.

Exkursion: Die Exkursion beginnt am **Heidesee (1)** im halleschen Ortsteil Nietleben. Dieser ist nicht nur wegen der unmittelbaren Nähe der 760 ha großen Dölauer Heide, sondern auch aus geologisch-wirtschaftshistorischer Sicht einen Besuch wert. Die hier im Untergrund lagernden (bis 20 m mächtigen) Braunkohlenflöze waren, nachdem erste Abbauaktivitäten ab 1825 erfolgten, mehr als 100 Jahre Gegenstand des wirtschaftlichen Interesses. Der Abbau der Kohlen, die einen relativ hohen Teergehalt (16–17 %) und einen Heizwert von ca. 3.000 kcal aufwiesen, erfolgte auf einer Fläche von mehr als 6 Mio. m². Die gewonnenen Kohlen gelangten in der frühen Förderperiode zu großen Teilen über eine Pferdebahn zu einer Verladestelle an die Saale (Weinberg), von wo ihr Weitertransport erfolgte. Zum Teil wurde diese Kohle aber auch verschwelt und an die hallesche Pfännerschaft geliefert oder als Hausbrand verwendet. Um 1856 fand sie verstärkt Absatz in der Kaliindustrie. Ab 1898 dominierten Zuckerfabriken als Hauptabnehmer.

Der Abbau in der Grube „Neuglücker Verein" erfolgte 1826–1875 im Tagebaubetrieb, da die in einer geringen Teufe von 10 bis 15 m lagernden Kohlen sehr leicht gewinnbar waren. Von 1840 bis 1931 dauerte der Braunkohlentiefbau. Teilweise hat dieser den Tagebau unterfahren. Der hier entstandene Heidesee (Abb. U47) stellt somit eine Kombination von wassergefülltem Tagebau und Tiefbau-Senkungsmulde dar. Das 1954 eröffnete Heidebad ist in seiner heutigen Form somit nicht (nur) identisch mit dem ehemaligen Tagebau. Der Tiefbau entwickelte sich vorrangig in östlicher, aber auch in westlicher Richtung. Aufgrund der relativen Oberflächennähe dieser Stollen ist das hangende Deckgebirge an zahlreichen Stellen in der Zwischenzeit schon „nachgesackt". Dadurch entstand hier, z. B. südwestlich der S-Bahnlinie am Bergmannsstieg (Pfad der von 1865 bis 1936 in den Zscherbener Braunkohlen arbeitenden Dölauer Bergleute), eine große Anzahl von Einsturztrichtern bzw. Tagesbrüchen (vgl. Abb. S26). Auch der Eisenbahnwagen am steilen Ostufer des Heidesees stellte sich infolge nachgebenden

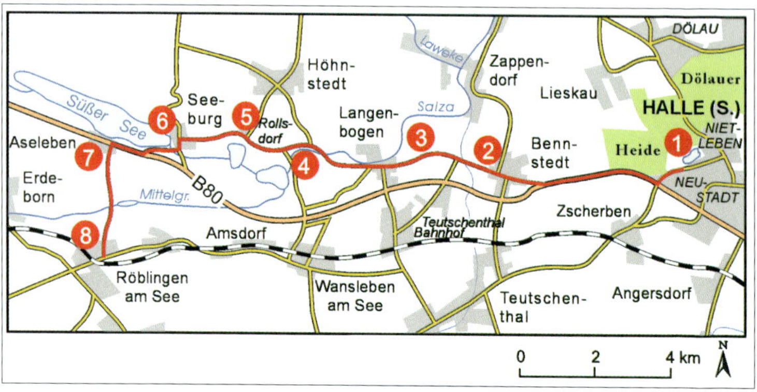

Exkursionsroute (© MLU Halle-Wittenberg)

Abb. U47: Der Heidesee; eine von zahlreichen Hinterlassenschaften des Braunkohlenabbaus im halleschen Raum (Foto: T. Skupien, 2005)

Untergrundes in den 1970er Jahren zunehmend schief. Durch zusätzliche Untergrundverpressung wurde er stabilisiert. Ebenso wies die Gaststätte des Heidebades zu dieser Zeit setzungsbedingte Rissschäden auf. Der unmittelbar südlich des genannten Eisenbahnwaggons in alten Übertageanlagen eingerichtete Kindergarten musste sogar geräumt werden, da er sich über einem unterirdischen Schacht befand.

Die tertiären (miozänen) Sedimente der Umgebung des Heidesees stellen einen im halleschen Raum kaum vorkommenden, ziemlich gleichkörnigen und fast reinen (und kalkfreien) Quarzsand dar. Er bedingte nicht nur die Genese von ansonsten in unserem Raum völlig atypischen Podsolböden, sondern wurde auch wirtschaftlich genutzt. Darauf weist neben der Siedlung am Kirschberg (nördlich des Heidesees) ein großes Abbaufeld hin. Hier wurde der Sand mit Kalk vermischt und zu Kalksandstein bzw. Hartziegeln verarbeitet und in größerem Umfang beim Hausbau verwendet.

Zum nächsten Exkursionsstandort fahren wir über Halle-Neustadt auf die B 80. Bei Bennstedt biegen wir ab und halten am westlichen Ortsrand. Dort nehmen wir den unweit der neuen Wohnsiedlung nach rechts abzweigenden Weg. Er führt uns anfangs von Gebüsch, später von Ackerflächen begleitet nach ca. 300 m zum **Kalksteinbruch bei Bennstedt (2)**. In dessen unterem Teil erkennt man den bankigen Wellenkalk, der Gegenstand des Abbaus war. In seinen obersten 4 bis 6 m ist der Muschelkalk intensiv verwittert. Linkerseits des Abbautrichters ist ein Geländesporn übrig geblieben, der gewissermaßen einen „locus typicus" der Erdgeschichte der Umgebung repräsentiert (Abb. U48).Von unten nach oben erkennt man folgende Schichten:

- (bankiger) Muschelkalk als Relikt eines unser Gebiet vor ca. 215 Mio. Jahren bedeckenden tropischen Flachmeeres
- die Auflockerungszone des Muschelkalks als Zeuge spätkreidezeitlicher bis tertiärer Verwitterung unter festländischen, subtropisch-tropischen Klimaverhältnissen

Abb. U48: Der Muschelkalkbruch bei Bennstadt - ein geologisches „Leitprofil" am Rand der Mansfelder Mulde (Foto: M. Frühauf, 2002)

- die darüber auftretende ca. 1,5–2 m mächtige Moräne, die das Erbe der Saale-Eiszeit (mit lokalen, aber auch nordischen Geschieben) symbolisiert
- die Steinanreicherung als Abschluss dieser Moräne als Hinweis darauf, dass diese als Landoberfläche während jüngerer (wahrscheinlich weichsel-eiszeitlicher) Abschnitte des Quartärs als Ausblasungsgebiet fungierte. Dabei wurden die feineren Partikel davongeblasen, während die gröberen Gesteine (Geschiebe) zurückblieben und ein „Steinpflaster" bildeten. Hierüber wurde später eine ca. 60 cm mächtige Lössdecke akkumuliert, so dass die ehemalige (steinige) Ausblasungsoberfläche jetzt als lineare „Steinsohle" in der Profilwand erscheint. Damit wird an dieser Lokalität der Wechsel von Ausblasungs- und Akkumulationswirkung an ein und derselben Stelle dokumentiert.
- Die Bodenbildung (Braunschwarzerde) selbst erfolgte im Holozän. Sie bezeugt historische Klima- und Vegetationsbedingungen, die zur Entstehung dieses Bodentyps führten. Gleichzeitig kann aus der Verbraunung der einst viel dunkleren Böden auf den seit ca. 5.000 Jahren wirkenden Einfluss feuchterer Klimabedingungen geschlossen werden.

Der hier vorkommende Muschelkalk gehört der sog. Nietleben-Bennstedter Mulde an, einem östlichen (eigenständigen) Teilbereich der Mansfelder Mulde. Die Muschelkalkfelsen westlich von Halle sind ebenfalls botanisch interessant: Die vorkommenden Frühlings-Adonisröschen sind an die hier herrschenden besonderen Gesteins- und Klimabedingungen gebunden. Diese ansonsten eher für die südosteuropäischen Steppen typischen Pflanzen gehören zu den Rote-Liste-Arten (von vollständigem Verlust bedroht). Im Naturschutzgebiet „Muschelkalkhänge" bei Köllme (Verbindungsstraße nach Salzmünde) kann man sie, wie auch „Händels Weinberg", besichtigen. An einer Steinbruchwand südlich von Köllme lässt sich als Zeugnis von Lösungsprozessen eine ca. 10 m breite Karstspalte im (Unteren) Muschelkalk entdecken, die mit hellen, z. T. kohligen Schluffen aus der Tertiärzeit gefüllt ist.

Unsere Route führt uns aber weiter in westlicher Richtung auf der „alten" (F-)80 in Richtung **Langenbogen**. Wir stoppen kurz vor Querung der **Bahnschienen (3)**, um uns der wassergefüllten Senke mit einigen „skurrilen" Gebäuden inmitten des Wassers zu widmen (Abb. U49). Sie verweisen auf eine interessante Nutzungsgeschichte: Seit 1848 produzierte hier eine der ältesten Zuckerfabriken der Region. Die günstigen Böden der Umgebung, die Braunkohlen aus dem wenige Kilometer südwestlich gelegenen Röblingen-Amsdorfer Revier sowie der Muschelkalk (zur Raffination) boten ausgezeichnete Standortbedingungen. Zur „Standortsicherheit" musste aller-

Abb. U49: Das Wasser gewinnt sein Terrain zurück – Naturschutzgebiet Salza bei Langebogen (Foto: M. Frühauf, 2000)

dings eine großflächige Grundwasserabsenkung vorgenommen werden. In die nunmehr trockenen Senken wurden im Laufe der Jahre auch Datschen gebaut, nicht ahnend, dass dies ja nur ein „Kunstzustand" war. Mit der Wende und dem Ende der Zuckerfabrik hörte auch das Abpumpen auf. Das Wasser kam sehr bald wieder und machte aus den Datschen und ihren Gärten Wassergrundstücke im wahrsten Sinne des Wortes.

Die diesen Raum durchfließende Salza ist der einzige natürliche Abfluss des ehemaligen Salzigen Sees. Bevor die Saale zum größten Fluss unseres Gebietes wurde, fungierte dieses heutige Flüsschen (auch Salzke genannt) als Hauptvorfluter der Region. Davon zeugen nicht nur das für die jetzige Salza viel zu breite und zu tiefe Tal, sondern auch die mächtigen Kiesablagerungen, die z.B. in Salzmünde auch wirtschaftlich genutzt werden. Der schon in der Vergangenheit durch zahlreiche Teichanlagen überprägte Fluss und sein reizvolles Tal zwischen Langenbogen und Salzmünde stehen heute auch deswegen unter Naturschutz, weil man hier Salzwiesen, salzbeeinflussten Weiderasen sowie spezielle Röhrichte und Staudenfluren mit Rote-Liste-Pflanzen findet. Ein Problem stellen dabei allerdings Einleitungen von Sole (täglich 1,7 Mio. Liter!) in den Unterlauf der Salza dar, die bei der Anlage von Hohlräumen für die Erdgasspeicherung (bei Teutschenthal) entsteht.

Das Tal der Salza rechts von uns wird von einer markanten Buntsandsteinbruchstufe begrenzt, die durch Wein- und Obstanbau (Abb. U50)

Abb. U50: Der südexponierte Buntsandsteinhang bei Höhnstedt - Standort des Aprikosen- und Weinanbaus (Foto: M. Frühauf, 2000)

sowie einer Datschenlandschaft geprägt ist. Damit erreichen wir das nördlichste zusammenhängende Weinanbaugebiet Deutschlands. Die Klimagunst dieses Raumes bot gleichzeitig einen wesentlichen Standortfaktor für ca. 20.000 Aprikosenbäume, die in dieser Geschlossenheit in Deutschland selten anzutreffen sind.

An der Abzweigung der Straße nach Wansleben halten wir, um den unmittelbar südöstlich gelegenen, aus Buntsandstein bestehenden **Flegelsberg (4)** zu erklimmen. Von hier aus überblickt man große Teil des Mansfelder Landes. Für das Verständnis der Landschaft, ihrer ökologischen Probleme, aber auch ihrer wirtschaftlichen Potenziale dient ein vereinfachtes geologisches Nord-Süd-Profil (Abb. U51): Wir sehen, dass unser Exkursionsgebiet sowohl im Norden als auch im Süden von Sätteln aus Rotliegendgesteinen (Verwitterungsprodukte des Variskischen Gebirges) begrenzt wird. Mit der Heraushebung dieses Sättel während der saxonischen Gebirgsbildung wurden auch die Schichten des Zechsteins und der Trias mit aufgebogen. Während die ehemals über den (heutigen) Sätteln lagernden jüngeren Schichten abgetragen wurden, drang an Störungen zunehmend mehr Wasser in den Untergrund. Dadurch reagierte das hier befindliche Zechsteinsalz plastisch und wölbte sich zu einem Salzsattel auf. Über diesem Teutschenthaler Salzsattel kam es nachfolgend zu Erosionsprozessen, so dass keine „Geländebeule" entstand. Andererseits führte die Aufwölbung aber zu noch intensiverem Eindringen von Sickerwasser in

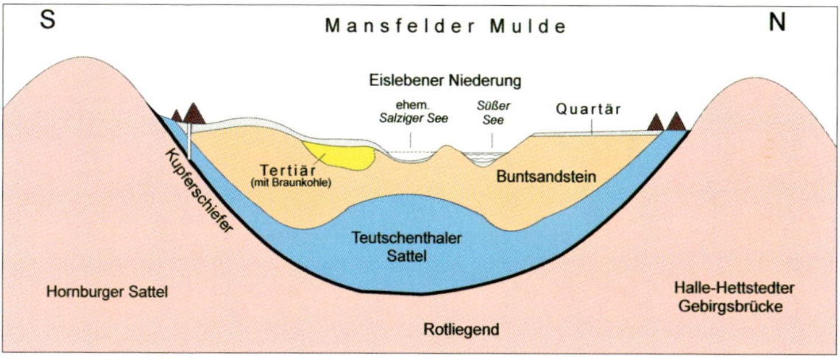

Abb. U51: Idealisiertes geologisch-morphologisches Nord-Süd-Profil durch die Mansfelder Mulde (Entwurf: M. Frühauf)

den Untergrund. Dadurch wurden die unterirdischen Lösungsprozesse forciert. Die so entstandenen „Substanzdefizite" im Untergrund „pausten" sich allmählich auch bis an die Erdoberfläche durch. Dadurch entstand hier eine 16 km lange und 3 km breite Auslaugungssenke. Gegenüber den umgebenden Hochflächen hat sich die Eislebener Niederung seit dem Tertiär teilweise um 130 m abgesenkt. Im Tiefsten dieser Auslaugungssenke entwickelten sich im jüngeren Quartär mehrere Seen, die ein unterschiedliches „Schicksal" hatten, worauf noch näher eingegangen wird.

Zum Verständnis dieser Zusammenhänge müssen wir auch die West-Ost-Abfolge der geologischen Verhältnisse berücksichtigen (Abb. U52). Diese unterstreichen, dass unser Raum geologisch als (Mansfelder) Mulde zu bezeichnen ist. Im Westen wird diese vom Harz, im Osten von der gehobenen Scholle bei Halle begrenzt, die ebenfalls durch Rotliegendgesteine geprägt ist. Die „schüsselartige" Struktur wird im Norden, Süden, Osten und Westen durch die aufgeschleppten und somit an der Oberfläche ausstreichenden

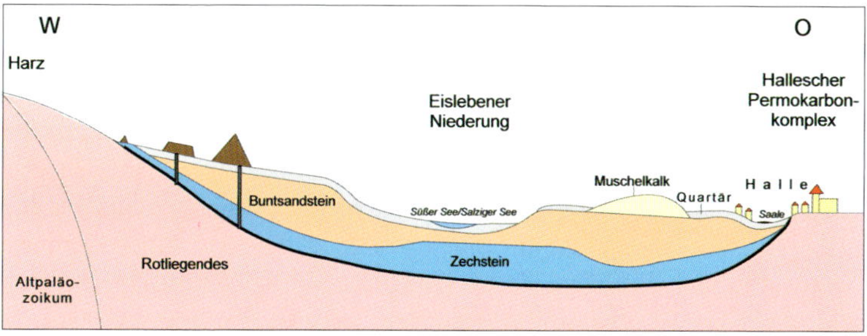

Abb. U52: Idealisiertes geologisch-morphologisches West-Ost-Profil vom Harz nach Halle (Entwurf: M. Frühauf)

Schichten des Zechsteins bestimmt. Das Muldeninnere dieser Schüssel, der nur im Südosten, im Übergang zur Querfurter Platte, der „Rand“ fehlt, ist mit Buntsandstein- und Muschelkalkmaterial gefüllt. Diese triassischen Gesteine werden allerdings großflächig von quartären Sedimenten (Moränen und Löss) überdeckt.

Diese Bedingungen hatten nicht nur wesentlichen Einfluss auf unsere heutige Landschaft, sondern auch auf ihre Nutzung. So wird von unserem Standort bei einem Blick nach Südosten auf die dort erkennbare 80 m hohe, weißlich graue Halde des ehemaligen Kaliwerkes Teutschenthal deutlich, dass wir uns nicht all zu weit von dem erwähnten unterirdischen Salzsattel entfernt befinden. Ausschlaggebend für die Salzförderung war hier die relative Oberflächennähe (–200 m) dieses Salzsattels. Einen weiteren indirekten Hinweis auf die ökonomischen Folgen der erwähnten Auslaugungserscheinungen entdecken wir bei einem Blick in südwestliche Richtung. Dort erkennt man den riesigen Schornstein der ROMONTA GmbH, aber nicht den dazugehörigen Braunkohlentagebau. Die Entstehung dieser Tertiärlagerstätte wäre ebenfalls ohne den „nachgebenden“ Untergrund am Rande des Salzsattels nicht möglich gewesen. Man sollte den Aussichtspunkt am Südrand des riesigen Tagebaus (unweit von Stedten) aufsuchen, denn dort erfährt man durch Informationstafeln mehr über die Geologie, den Kohlenabbau, aber auch über die besondere Qualität der Kohle selbst. Diese weist einen hohen Bitumengehalt auf, der u. a. bei der Herstellung von Putz-, Pflege- und Düngemitteln, bei der Gummi- und Plasterzeugung sowie neuerdings im Umweltschutz (Einkapselung von Deponien) Verwendung findet. Der nach der Wende modernisierte Betrieb mit seinen 370 Beschäftigten ist heute Know-how-Träger der Romontanherstellung und beliefert derzeit 80 % des Weltmarktes mit diesem „fossilen“ Wachs. Die hier 1691 begonnene Braunkohlenförderung wird nach jetzigem Kenntnisstand bis mindestens 2017 weitergehen. Danach ist die Rekultivierung mit dem Entstehen einer Seelandschaft geplant.

Unser Blick gilt nun den in westlicher Richtung erkennbaren beiden Seen. Sie sind eigentlich nur „Reste“ eines ehemals die gesamte erkennbare Niederung einnehmenden größeren Gewässers, des Salzigen Sees, auf den später noch Bezug genommen wird. Sowohl der vor uns gelegene Kernersee (Abb. U53), wie auch der etwas weiter westlich gelegene Bindersee haben eine Fläche von 20 ha und sind ca. 10 m tief. Die „Halbinsel“ der Teufelsspitze verengt hier die Verbindung zum eigentlichen Seebecken auf 1 km. Dies wird heute überwiegend landwirtschaftlich genutzt. Auch die B 80 verläuft hier hindurch. Um diese Nutzung zu gewährleisten, musste vor allem das weiterhin zuströmende oberirdische Wasser „technisch“ entsorgt werden.

Abb. U53: Der Kernersee - Restgewässer des ehemaligen (und zukünftigen?) Salzigen Sees (Foto: M. Frühauf, 2001)

Eine wesentliche Rolle spielt hierbei der Mittelgraben, dessen Wasser am Pumpwerk Wansleben um ca. 9 m gehoben wird. Von hier aus gelangt es dann über einen Kanal bis an den ehemals natürlichen Ausfluss des Salzigen Sees (direkt an der Straßenkreuzung), bevor es dann im natürlichen Lauf der Salza abfließt.

Diese queren wir beim Abstieg von unserem Aussichtspunkt, um danach dem Weg der alten F 80 bis Rollsdorf zu folgen. Die Straße weist an vielen Stellen eine durch unterirdische Auslaugung (Subrosion) bedingte starke Oberflächendeformation auf. Letztlich sah man sich deshalb in den 1970er Jahren sogar gezwungen, die gesamte Straße zu verlegen. Seitdem führt die F (jetzt) B 80 durch den (trockenen) Salzigen See. An der **Bushaltestelle Rollsdorf (5)** stoppen wir, um die in der unmittelbaren Umgebung sichtbaren Gebäudeschäden (vor allem an der die Straße begrenzenden Mauer) zu betrachten. Zu den „Opfern" der hier besonders starken Subrosionswirkung zählt auch der heute nicht mehr vorhandene Gasthof Rollsdorf. Eine geowissenschaftliche Attraktion entdecken wir am Westrand des als Badegewässer genutzten Bindersees. Hier ereignete sich am 3. April 1961 ein großer Erdfall (Abb. U54). Dadurch entstand ein nahezu kreisrundes Loch von ca. 20 m Durchmesser. Da in der Folgezeit wiederholt Wasser aus dem Bindersee hier eindrang und versank, sah man sich zur Aufschüttung eines Trenndammes gezwungen. Durch Färbungsversuche war nachzuweisen, dass das abgelaufene Wasser nach etwa 8 Tagen Fließzeit in einer Entfernung von 20 km auf der 5. Sohle eines Stollens des Kupferschieferbergbaus (Zirkelschacht) wieder „zu Tage" trat. Dies gibt

Abb. U54: Der Erdfallkessel bei Rollsdorf gibt Hinweise auf die Aktualität der Auslaugung (Foto: M. Frühauf, 2005)

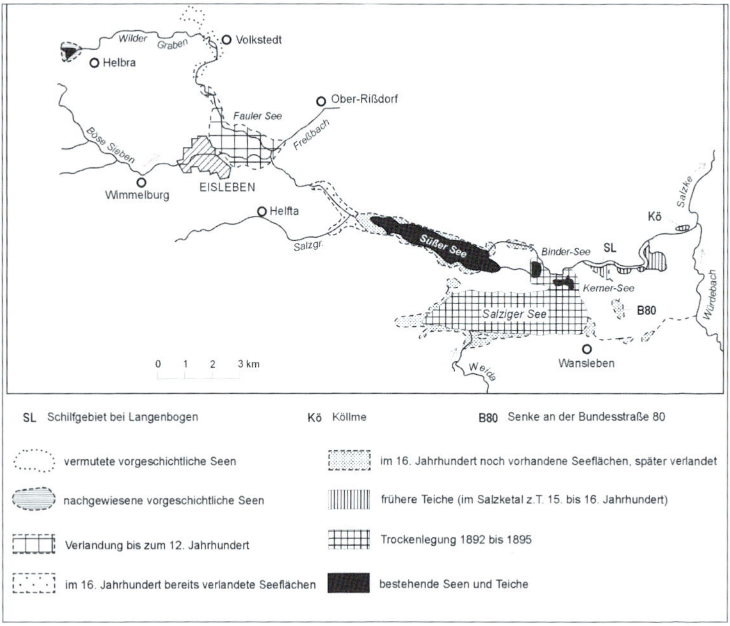

Abb. U55: Die ehemals drei „blauen Augen" des Mansfelder Landes (aus: Aurada 1969)

uns einen Eindruck von der „Löchrigkeit" des Untergrundes oder genauer gesagt von der karsthydrologischen Situation.

Nach 2 km Fahrt erreichen wir **Seeburg am Süßen See (6)**. Dieser wird auch als das „Blaue Auge des Mansfelder Landes" bezeichnet und ist mit rund 250 ha nach dem Arendsee (Altmark) der zweitgrößte natürliche See Mitteldeutschlands. Er ist gleichzeitig der einzige „Überlebende" von ehemals 3 Mansfelder Seen (Abb. U55). Während der Faule See bei Eisleben bereits um das 14. Jh. trockengelegt wurde und seit dem letzten Jahrzehnt auch der Salzige See trocken liegt, ist der Süße See bis zum heutigen Tage das einzige verbliebene „blaue Auge" des Mansfelder Landes. Auch er leidet stark unter Verlandungstendenzen, die vor allem durch Bodenerosion bedingt sind. Sie wird durch die hier herrschenden Lössböden, die großflächige landwirtschaftliche Nutzung sowie die häufigen, der Bodenabschwemmung förderlichen, sommerlichen Gewitterniederschläge begünstigt.

In deren Gefolge hat in historischer Zeit auch die Fläche des Süßen Sees stark abgenommen. Würde die „Auffüllung" des Sees so weiter ablaufen wie gegenwärtig, würde sie in ca. 1.350 Jahren ihr Ende finden. Diesem Schicksal kann vor allem durch Erosiosschutzmaßnahmen im Einzugsgebiet des Sees begegnet werden. Verschiedentlich versuchte man in den 1960er und 1970er Jahren dies auch durch Ausbaggerung zu erreichen.

Heute ist der See durchschnittlich nur 3,5 m (maximal 8,2 m) tief und von mächtigen Schlammablagerungen bedeckt. Hinsichtlich seiner ökologischen Qualität weist er darüber hinaus auch andere Probleme auf. Hierfür entscheidend ist, dass der See nicht nur als „Senke" für die Bodenerosionssubstrate dient, sondern auch für eine Vielzahl anderer, aus dem 167 km^2 großen Einzugsgebiet eingetragener Stoffe. Große Probleme stellen hierbei häusliche Abwässer sowie Nährstoffausträge von landwirtschaftlichen Nutzflächen dar. So wurden noch 1989 dem See pro Tag (!) 145 kg Orthophosphat, 208 kg anorganischer Stickstoff und 121 kg organische Last (BSB5) zugeführt. Die Folge war eine überaus starke Eutrophierung mit Algenmassenentwicklungen und Sauerstoffarmut. Der See hatte deshalb zeitweise einen poly- bis hypertrophen Gesamtzustand. Die Nutzung als Badegewässer war überaus bedenklich. Aus diesem Grund begann man Ende der 1970er Jahre eine Phosphoreliminierung an der Mündung der Bösen Sieben in den Süßen See zu betreiben (Abb. U56).

Auch gegenwärtig hat das „Blaue Auge des Mansfelder Landes" - trotz einer nachweisbaren Problemreduzierung - noch mit Beeinträchtigungen der ökologischen Qualität sowie den vielfältigen Nutzungsansprüchen an den See zu kämpfen. Zu diesen müssen nicht nur Freizeitaktivitäten (z. B. der Bade- und Wassersportbetrieb), sondern auch die Bedeutung als Fische-

Abb. U56: Blick auf die Seeburg am Süßen See (Foto: M. Frühauf, 2001)

reigewässer gezählt werden. Gleichzeitig weist die unmittelbare Umgebung ein überaus interessantes morphologisches, vor allem aber botanisches Inventar auf: u. a. vier Naturschutzgebiete sowie mehrere Flächennaturdenkmäler. Letztere sind insbesondere an der staffelbruchartigen Geländestufe am Nordrand des Sees zu bewundern. Diese symbolisiert mit einer „Sprunghöhe" von ca. 90 bis 100 m in beeindruckender Form die seit dem Tertiär durch Subrosion bedingte Geländeabsenkung. Im Zusammenhang mit auftretenden Starkregen, Erosion und Salztektonik entstanden dadurch mehrere, sehr tiefe Schluchten. Teilweise sind die Buntsandsteinhänge noch lössüberkleidet. Begünstigt durch die spezifischen Boden- und Reliefverhältnisse (Südexposition), die Lage im Regenschatten des Harzes sowie die thermische Ausgleichswirkung des Süßen Sees konnte sich hier eine überaus vielfältige Pflanzenwelt entwickeln und erhalten. Besonders interessant ist hierbei das Nebeneinander von subozeanischen, submediterranen und subkontinentalen Vegetationselementen sowie die besonders engen Beziehungen zu den südosteuropäischen Florenräumen. Dazu zählen u. a. das Wimper-Perlgras oder der Blauschwingel. Bemerkenswert erscheint zudem, dass hier die Steppen-Kirsche ihr nordwestlichstes Verbreitungsareal hat. Auch andere Vertreter der Roten Liste Sachsen-Anhalts (z. B. Stengelloser Tragant) können hier ebenso wie Heidekraut beobachtet werden.

Unser Weg führt uns wieder auf die B 80 und dann nach **Aseleben (7)**. Dieser Ort liegt im Lee-Zentrum des Harzes und gilt mit einer durchschnittlichen Jahresniederschlagsmenge von 429 mm (Messreihe 1901–1950) als „trockenster Ort“ Mitteleuropas. In seiner Nachbarschaft am Südufer des Süßen Sees befindet sich das (aus zwei Teilen bestehende) NSG „Salzwiesen“. Unter dem Einfluss von salzhaltigem Quell- und Drängewasser haben sich hier im ufernahen Bereich Salzwiesen herausgebildet. Leider standen diese Flächen in der Vergangenheit teilweise unter Mähwiesennutzung. Dieses NSG fungiert gleichzeitig als bedeutsamer Rastplatz des Vogelzuges sowie als bevorzugter Brutplatz für Rohrweihe, Große Rohrdommel, Rohrsänger, Wasserralle sowie Bartmeise. Leider wird diese Funktion durch übermäßige Trampelpfade sowie Boots- und Angelbetrieb stark gestört. Auch die Salzwiesen selbst drohen aufgrund fehlender Pflege zu verschilfen.

Von Aseleben aus biegen wir in südlicher Richtung nach Röblingen am See ab. Dabei durchfahren wir nun unmittelbar den Grund des **ehemaligen Salzigen Sees (8)**. Links und rechts der Straße sind größere Wasserflächen zu erkennen. Diese sind einerseits Relikte des ehemaligen Sees und andererseits bereits Ergebnisse des zunehmenden Wasseranstieges im „Seegebiet“. Vom Aussichtspunkt am (früheren) Südufer bietet sich ein guter Überblick über weite Teile der Fläche des ehemaligen Salzigen Sees (Abb. U57). Seine Geschichte ist eng mit der des Kupferschieferbergbaus verbunden. Der See verlor 1892 erstmals langsam, dann aber stetig mehr Wasser. Im gleichen Zeitraum kam es in mehreren Schächten des Kupferschieferbergbaus zu Wassereinbrüchen. Das Wasser fand seinen Weg in den Untergrund haupt-

Abb. U57: Der (noch) trockene Salzige See – ein Ergebnis der wirtschaftenden Tätigkeit des Menschen – harrt einer Perspektive (Foto: M. Frühauf, 2001)

sächlich über die (Ponore) Teufe (nördlich Röblingen) und das in Mitten des Sees gelegene Heller-Loch. Nachdem der Zusammenhang zwischen dem Wasserverlust am Salzigen See und den Wassereinbrüchen in den Gruben erkannt war, entschloss man sich, den See trockenzulegen und hierfür technische Lösungen zu schaffen. Gewissermaßen als Erinnerung führen auch heute noch Orte wie Wansleben oder Röblingen die Zusatzbezeichnung „am See" in ihrem Ortsnamen. Mit 880 ha war dieser „verschwundene" See das größte natürliche Binnengewässer Mitteldeutschlands.

Nach Einstellen der Grubenwasserhaushaltung stieg der natürliche Grundwasserstand wieder; es kam zur Bildung größerer offener Wasserflächen. Nach der Wende entwickelte sich in den Kommunen der Umgebung zunehmend der Wunsch, „ihren" See wieder entstehen zu lassen. Nach Entscheidung des Magdeburger Kabinetts laufen hierfür gegenwärtig wichtige Voruntersuchungen und Genehmigungsverfahren. Damit bleibt die Hoffnung, dass das Mansfelder Land bald wieder zwei „blaue Augen" besitzt.

Manfred Frühauf

Auf den Spuren des Kupferschieferbergbaus und zu den „Pyramiden des Mansfelder Landes“

Exkursionsroute: Lutherstadt Eisleben, Volkstedt, Ahlsdorf, Hühnekessel/ Wolferode, Helfta (Tagesexkursion)

Ziel: Die Exkursionsroute verläuft in der Umgebung der Lutherstadt Eisleben und soll hauptsächlich die Zusammenhänge zwischen den landschaftlichen, insbesondere geologischen Verhältnissen im westlichen Teil der Mansfelder Mulde und der Entwicklung des Kupferschieferbergbaus aufzeigen. Gleichzeitig wird damit auf die unterschiedlichen Folgewirkungen der 800-jährigen Bergbau- und Verhüttungsaktivitäten aufmerksam gemacht.

Exkursion: Ausgangspunkt der Exkursion ist die **Lutherstadt Eisleben (1)**. Da es zu Eisleben eine Vielzahl von Stadtführern gibt, soll an dieser Stelle nur auf wenige - für die Gesamtproblematik dieses Exkursionsführers wichtig erscheinende - Sehenswürdigkeiten verwiesen werden. Die heute mit ca. 23.000 Einwohnern größte Stadt des Mansfelder Landes wurde 904 erstmals urkundlich erwähnt und erhielt im 12. Jh. das Stadtrecht. Die Entwicklung Eislebens wurde maßgeblich durch die Rolle bestimmt, die die Stadt während der fast 800-jährigen Periode des Kupferschieferbergbaus innehatte. Während dieser Zeit wurden im Mansfelder Revier über 80 Mio. t Erz gefördert und hieraus 2 Mio. t Kupfer, aber auch 11 t Silber erzeugt.

Dem mit dem Bergbau- und Verhüttungsgeschehen verbundenen wirtschaftlichen Aufstieg folgte auch eine Stärkung der politischen Ausstrahlung, indem die Mansfelder Grafen als Stadtherren hier drei Stadtsitze einrichten ließen. Da an dieser Stelle kein Raum bleibt, um auf den größten Sohn der Stadt, Martin Luther, sein Geburts- und Sterbehaus sowie andere kulturhistorische Sehenswürdigkeiten einzugehen, soll zumindest der Hinweis gegeben werden, dass Eisleben auch über Luther hinaus viel Interessantes zu bieten hat. Dazu zählt das Naturhistorische Museum, in dem Informationen zur Bergbaugeschichte, aber auch zum landschaftlichen Inventar der Region gegeben werden. Auch das Bergschulmuseum in der Geisstraße zeigt interessante historische Exponate (u. a. Ausgaben der Werke Agricolas). Die 1798 gegründete Bergschule war die zweite in Deutschland.

Auf der B 180 in Richtung Norden erreichen wir die **Kreuzung (2)** der nach Helbra bzw. Volkstedt abzweigenden Straßen. In östlicher Richtung er-

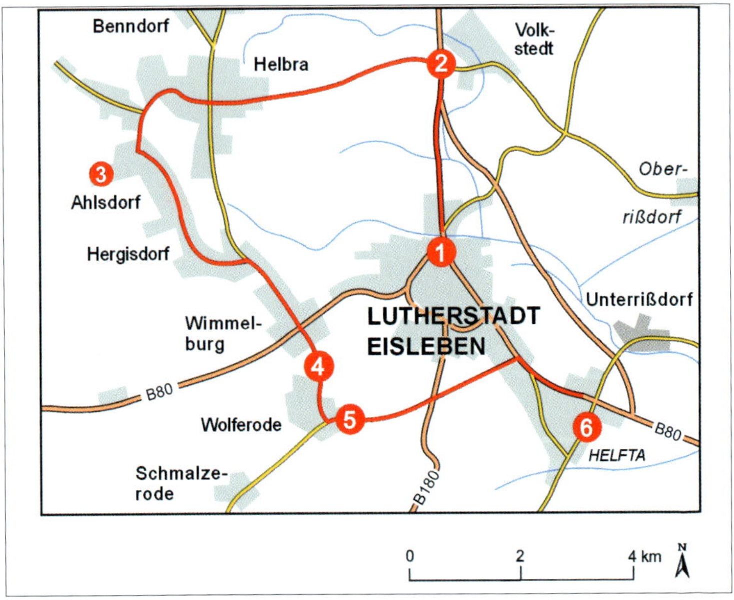

Exkursionsroute (© MLU Halle-Wittenberg)

kennen wir unmittelbar vor uns eine gewaltige Spitzkegelhalde. Sie stellt mit 149 m Höhe die höchste „Pyramide“ des Mansfelder Landes dar. Ihr (Kegel-) Volumen beträgt 6,6 Mio. m^3. Für das Entstehen dieser Halde musste der schon um 1890 niedergebrachte Wolfs- später Fortschrittschacht I bis in große Tiefe (572 m) vordringen und von hier ein riesiges unterirdisches Abbaurevier erschließen. Bis in die ersten Jahrzehnte des 20. Jh. galt er sogar als modernster Kupferschieferschacht Europas. In den letzten Förderjahren waren allein hier mehr als 5.000 Bergleute tätig.

Neben der Spitzkegelhalde bei Volkstedt gibt es mit denen des ehemaligen O.-Brosowski-Schachtes (bei Augsdorf) und des ehemaligen Ernst-Thälmann-Schachtes (Abb. U58) noch zwei weitere „Pyramiden“. Obwohl Letztere durch Setzung ca. 10 m ihrer ursprünglichen Höhe (149 m) verloren hat, stellt ihr Gipfel (mit 350 m NN) den weithin höchsten Punkt des Mansfelder Landes außerhalb des Harzes dar. Die Aufschüttung dieser Spitzkegelhalden kann mit Fug und Recht auch als Leistung gewürdigt werden, die erst durch und mit dem Fortschritt der Technik möglich war. Diese „Pyramiden“ symbolisieren damit nicht nur die jüngste und letzte Bergbauetappe im Mansfelder Land, sondern stellen gleichzeitig markante Zeugen der Kulturlandschaftsentwicklung dieser Region dar.

Abb. U58: Eine der drei „Pyramiden des Mansfelder Landes“ - die Halde des ehemaligen Ernst-Thälmann-Schachtes südlich Hübitz (Foto: M. Frühauf, 2001)

Wir wenden unseren Blick nun westwärts und erkennen südlich der von Helbra kommenden Straße eine größere Geländeeinsenkung, die im Tiefsten wassergefüllt ist. Sie wird im Volksmund auch als „Minnabad“ bezeichnet. Obwohl sich die auslaugungsanfälligen Zechsteinschichten an dieser Stelle erst in einer Tiefe von ca. 300 m befinden, kam es immer wieder zu einer Periode besonders starker Absenkung. Eine solche setzte ab 1970 ein und führte dadurch sogar zu einer Beeinträchtigung der Straße, die deshalb um 2 m aufgeschüttet wurde. Am Rand des Senkungstrichters sieht man eine 120 m lange, bis 20 m breite und maximal 6 m tiefe grabenartige Bruchform. Sie wird als randliche Zerrungsstruktur gedeutet, durch die damals auch ein hier befindliches Trafohäuschen so stark beeinträchtigt wurde, dass letztlich nur sein Abriss blieb.

Der Weg führt uns weiter über Helbra nach Westen. Der Ort selbst wurde jahrhundertelang durch Bergbau und Verhüttung geprägt. Bis zur Wende war hier die August-Bebel-Hütte Hauptarbeitgeber (1982–1800 Beschäftigte). In ihr wurde nach der Schließung der Krug- bzw. Liebknecht-Hütte in Eisleben (1972), Kupferrohstein (mit einem Cu-Gehalt von ca. 40 %) aus dem Erz gewonnen. Danach erfolgte in der Hütte Hettstedt die Herstellung des Feinkupfers. Von der ehemaligen August-Bebel-Hütte (Abb. U59), von der über die Schornsteine beträchtliche Belastungen der Umwelt mit Schwermetallen ausgingen, ist heute nicht mehr viel zu sehen. Nach der Wende und dem völligen Niedergang der Kupferschiefergewinnung und

Abb. U59: Teilansicht der ehemaligen August-Bebel-Hütte bei Helbra (Foto: M. Frühauf, 1988)

-verhüttung wurden die ehemaligen Betriebseinrichtungen großflächig abgerissen bzw. partiell saniert.

Unser Weg führt uns nunmehr in den Mansfelder Grund und damit an den Westrand der Mansfelder Mulde (Abb. U60). In der Ortsmitte von Ahlsdorf folgen wir zu Fuß dem ansteigenden Weg entlang des Dippelsbaches. 150 m hinter den letzten Häusern befindet sich am Schafberg ein (beschilderter) **geologischer Aufschluss (3)**. Das für die wirtschaftliche Entwick-

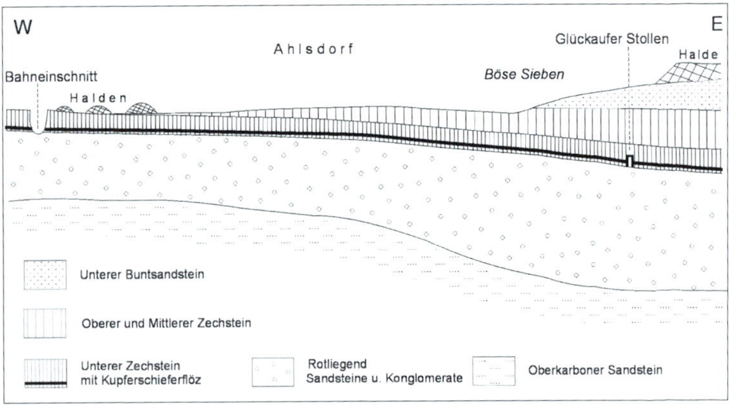

Abb. U60: Vereinfachter geologischer Schnitt durch den Westrand der Mansfelder Mulde (nach: von Hoyningen, aus: Neuß u. Zühlke 1982)

lung des Mansfelder Landes so bedeutsame Kupferschieferflöz ist hier als ca. 20 cm mächtiges dunkles Band etwa in der Profilmitte erkennbar (Abb. U61). Unter Beachtung des Schichteinfalls wird verständlich, dass der oberirdische Ausstrich dieses Horizontes nur unweit in westlicher Richtung (etwa dort, wo heute die Eisenbahn verläuft) erfolgte. Diese Situation bot günstige Bedingungen für den einsetzenden Bergbau. Da das Flöz ungefähr mit 8° Neigung nach Osten und damit zum Zentrum der Mansfelder Mulde hin einfällt, mussten die Bergleute indes später von hier aus in immer tiefere Bereiche vorstoßen, um dieses „Band" zu verfolgen. Der Aufschluss gibt auch Auskunft über die (paläogeographischen) Bedingungen, die für die Entstehung der verschiedenartigsten Gesteine bedeutsam waren: So repräsentieren die Rotliegendgesteine im unteren Aufschlussteil den Abtragungsschutt des Variskischen Gebirges. Ihre rote Farbe gibt Hinweise auf das damals herrschende trockenheiße, wüstenartige Klima. Die über den Molassekonglomeraten erkennbaren Zechsteinkonglomerate verraten uns, dass sich unser Raum danach senkte und zunehmend unter Meereseinfluss geriet. Das hierauf folgende Kupferschiefererz entstand unter sauerstoffarmen bzw. -freien Bedingungen eines Randmeeres, bei dem kaum noch ein Wasseraustausch mit dem offenen Ozean erfolgte. Die Kupfergehalte des (sulfidischen) Erzes erreichen allerdings nur Konzentrationen von 1 bis 3 Prozent. Über dem Kupferschieferflöz tauchen mit Kalken Hinweise auf tiefere Meeresbedingungen auf. Von der im Idealfall bis über 600 m mächtigen Abfolge von Zechsteinsedimenten erkennen wir an diesem Aufschluss nur einen verschwindend geringen Teil. Durch Lösungsprozesse kam es zu einer beträchtlichen Reduzierung der Mächtigkeit und zu einem „Nachsacken" des hangenden Deckgebirges. Dies bedingte letztlich auch die

Abb. U61: Aufschluss des Kupferschieferflözes an der Talflanke des Dippelsbaches bei Ahlsdorf (Foto: G. Schmidt, 1997)

Entstehung der Auslaugungssenke des Mansfelder Grundes. In ihr hat sich eine Siedlungsgasse gebildet in deren Tiefstem die Böse Sieben (in Richtung Eisleben) fließt.

Zum nächsten Standort fahren wir in Richtung Wimmelburg, queren die B 80 und halten hinter der Eisenbahndurchführung kurz vor Wolferode. Wir folgen dem (ausgezeichneten) Wanderweg, der uns den Buntsandsteinhang bergan führt. Nach ca. 600 m erreichen wir ein 60 m tiefes „Loch“ mit einem Umfang von 235 m - den **Hühnekessel (4)**. Hierbei handelt es sich um einen großen, in historischer Zeit erfolgten Erdfall. Dieser geht auf Auslaugungsprozesse im Untergrund zurück. Auch auf den benachbarten Ackerflächen entdeckt man mehrere, allerdings wesentlich kleinere Einsenkungsstrukturen. Diese Tagesbrüche lassen zwischen Wolferode und Wimmelburg eine gewisse Häufung erkennen. Ursächlich hängt dies mit der Entstehung unterirdischer Hohlräume - so genannter Schlotten - zusammen, die sich in den im Untergrund befindlichen Anhydrit- bzw. Gipsschichten des Zechsteins durch eindringende Oberflächenwässer und Lösungsprozesse bildeten. Schon um 1880 entdeckten Bergleute dieses 5 km lange Höhlensystem mit teilweise domartigen Hohlräumen von 35 m Höhe und 80 m Länge. Der Fortgang der Lösungsprozesse ließ das immer dünner werdende Deckgebirge dann an einigen Stellen durchbrechen.

Bevor wir wieder talwärts wandern, nutzten wir den Blick von hier über eine durch 800-jährigen Bergbau überprägte Kulturlandschaft (Abb. U62). Dazu zählen vor allem unterschiedlich alte Halden verschiedenster Form, Größe

Abb. U62: Blick vom „Hühnekessel“-Rücken auf die Wimmelburger Bergbau-Kulturlandschaft (Foto: M. Frühauf, 2002)

und Zusammensetzung. So erkennt man auf den nach Westen ansteigenden Hängen eine Vielzahl heute überwiegend buschbestandener Kleinhalden. Sie gelten als die ältesten heute noch erhaltenen Zeugen des für den östlichen Harzrand bereits um 1200 urkundlich belegten Kupferschieferbergbaus. Am Beginn wurde der hier ausstreichende Kupferschiefer überwiegend durch „Aufsammeln“ oder Ausbrechen aus dem Anstehenden gewonnen. Erst nachdem diese „Oberflächenlagerstätten“ erschöpft waren, ging man allmählich dazu über, das Erz in kleineren Gruben, zuerst in Talanschnitten, dann auch auf den nach Osten abfallenden Hängen zu gewinnen. Damit folgte man dem einfallenden Flöz mit kleinen Stollen. Die anfangs (vor 1400) kaum meterhohen Halden wuchsen so allmählich auf 2 bis 3 m Höhe. Sie setzen sich aus stark verwittertem (metallhaltigem) Schiefermaterial zusammen und sind heute überwiegend mit Gebüsch bestanden. Auch Luthers Vater betrieb hier, nachdem er mit seiner Familie 1483 aus Möhra (Thüringen) gekommen war, Kupferschieferbergbau. Er siedelte jedoch bereits im Folgejahr nach Mansfeld um, wo er Ratsherr und gleichzeitig einer der größeren Hüttenpächter dieser Region wurde. Dadurch war es ihm letztlich auch möglich, das Studium seines Sohnes zu finanzieren (die so genannte „Lutherhalde“ ist Bestandteil eines Bergbaulehrpfades und kann bei Wimmelburg besichtigt werden).

Ein Besuch dieser Kleinhalden lohnt sich in doppelter Hinsicht: Zum einen kann man hier manchmal in den Schiefern noch Abdrücke von Fossilien („Kupferschieferhering“) entdecken. Im gleichen Sinne bedeutsam sind aber auch die hier auf den schwermetallhaltigen Böden vorkommenden botanischen Kostbarkeiten. Zu diesen zählen neben Grasnelke und Traubenkopf insbesondere das Kupferblümchen.

Mit dem neuerlichen Aufschwung des nach dem Dreißigjährigen Krieg stark zurückgegangenen Kupferbergbaus „wanderte“ der Abbau immer weiter nach Osten und damit in größere Tiefen vor. Dafür wurden neben mehr Arbeitskräften auch neue technische Lösungen benötigt. Diese brauchte man vor allem, um den Anforderungen des Tiefbaus (Schächte über 100 m Teufe, Wasserhaltung, Wetterführung usw.) gerecht zu werden. Es verwundert deshalb kaum, dass hier schon 1785 und damit erstmals im deutschen Sprachraum eine Dampfmaschine zur Wasserhebung betrieben wurde. (Ein Nachbau dieser ersten deutschen Dampfmaschine nach J. Watt kann im Mansfeld-Museum Hettstedt besichtigt werden.) Im Laufe der Zeit wurde dadurch die Anzahl der Schächte immer geringer und das Netz der Halden immer weitmaschiger. Die Halden selbst indes wurden immer größer, sie wuchsen zu typischen Flachhalden die schon 10 m Höhe erreichten. Ein Beispiel hierfür bietet die von unserem Standort in der Ortslage Wimmelburg erkennbare Halde des Martinschachtes. Dieser förderte von 1845 bis

Ende des 19. Jh. Erz aus 180 m Tiefe. Unter Kenntnis der Lagerungsverhältnisse (Abb. U60) wird verständlich, warum der Kupferschieferabbau in immer tiefere Bereiche vorstieß. Der tiefste Grubenaufschluss des Mansfelder Reviers wurde bei 995 m Teufe (bei Burgsdorf) erreicht. Es wird auch dem Laien plausibel, dass dies die Wirtschaftlichkeit in immer stärkerem Maße in Frage stellte. 1969 wurde der Abbau im Mansfelder Revier völlig eingestellt. Seitdem erfolgte zwar die Kupfererzgewinnung nur noch im Sangerhäuser Raum, die Kupferherstellung war aber bis 1990 weiterhin auf die Standorte Helbra und Hettstedt konzentriert. Trotz erheblich niedrigerer Weltmarktpreise sicherten extrem hohe staatliche Subventionen die Existenz dieses Wirtschaftszweiges, der als wichtiger Devisenbringer gesehen wurde. Mit dem Ende der DDR war auch das Ende des Kupferschieferbergbaus verbunden.

Blicken wir nun nach diesem historischen Exkurs nach Norden, so sehen wir jenseits der B 80 eine tiefschwarze Halde. Diese besteht allerdings nicht aus Bergmaterial, sondern aus Schlacke, die bei der Kupferrohsteingewinnung (40 % Cu) der ehemals benachbarten Krughütte (ab 1951 Karl-Liebknecht-Hütte) anfiel.

An dieser Stelle muss auf ein besonderes Phänomen verwiesen werden, das bis vor kurzem zwar hinsichtlich seiner Auswirkungen, jedoch kaum bezüglich seiner genauen Ursachen bekannt war. Wie aus Abb. U63 ersichtlich, treten im Verbreitungsgebiet der mittelalterlichen Kleinsthalden

Abb. U63: Durch Erosion freigelegte (ehemals) vergrabene Haldenmaterialien als Ursache von Boden- und Ertragsschädigungen bei Benndorf (Foto: T. Oertel, 1998)

seltsame Strukturen auf. Diese führen auf den davon betroffenen Ackerflächen nicht nur zu beträchtlichen Ertragsausfällen, sondern auch zu hohen Belastungen der angebauten Kulturen mit Schwermetallen. Wie kann man sich das erklären? Im 18. und 19. Jh. wurden hier eine Vielzahl der ehemals vorhandenen Kleinsthalden „geschliffen" und einfach vergraben. Man wollte dadurch mehr landwirtschaftliche Fläche gewinnen. Über die vergrabenen Haldenmaterialien, die aus groben und auch noch kupferschieferführendem Material bestanden, schüttete man eine Schicht mit Mutterboden. Im Laufe der Zeit und infolge der Bearbeitung wurde dieser (schützende) Humus jedoch allmählich abgetragen, so dass die schwermetallhaltigen und andere ungünstige Eigenschaften aufweisenden Schiefer wieder an die Oberfläche kamen. Diese Erscheinungen treten am östlichen Harzrand als flächenhaftes Phänomen auf. Sie führen sowohl zu ökologischen als auch zu ökonomischen Beeinträchtigungen der hiesigen Landwirtschaft, indem auf diesen Standorten die Ertragsleistungen stark zurückgehen oder sogar vollständige Ausfälle zu beklagen sind.

Der weitere Weg führt uns durch die (ehemalige) Bergarbeitersiedlung **Wolferode (5)**, deren Name auf eine jüngere Rodungsperiode (1336 Villa Wolverode) hinweist. Vom Ortsausgang südwärts erkennt man hinter einer Geländedepression einen bewaldeten Höhenzug. Diese Oberflächenformen lassen eine enge Bindungen an die geologisch-tektonischen Verhältnisse deutlich werden. So ist die Talung an den Ausstrichsbereich des Zechsteins an der gehobenen Scholle des Hornburger Sattels gebunden. Letzterer stellt, wie auch die Halle-Hettstedter Gebirgsbrücke im Norden der Mansfelder Mulde eine Fortsetzung der Molassegesteine des östlichen Harzrandes dar (vgl. Abb. U51). Der Hornburger Sattel selbst ist von einem größeren Waldgebiet bestanden. 36 ha davon stehen unter Naturschutz (NSG Eislebener Stiftsholz), um so einen der am weitesten in den hercynischen Trockenraum vorgedrungenen Eichen-Buchen-Bestände zu sichern. Auch hier sind wiederum zahlreiche Kleinsthalden erkennbar. Es verwundert daher kaum, dass deshalb an dieser Stelle (Eislebener Berg) das früheste Einsetzen des Bergbaus in der Umgebung der heutigen Lutherstadt belegt werden konnte.

Von Wolferode führt die Exkursionsroute nach **Helfta (6)**. Obwohl heute ein Ortsteil von Eisleben, weist Helfta eine lange, wechselvolle Geschichte auf und zählt damit zu Recht zu den historisch bedeutsamsten Lokalitäten des Mansfelder Landes. aufgrund ihrer wirtschaftlichen, sozialen und kirchenrechtlichen Struktur sowie zahlreicher, hier ansässiger patrizisch-ritterlicher Geschlechter besaß die Siedlung eigentlich alle Voraussetzungen für eine Entwicklung zu einer bedeutenden Stadt. Sogar ein Rathaus existierte schon. Auf diesem Wege wurde Helfta dann allerdings mit dem aufkommenden Kupferschieferabbau von Eisleben „überholt". In diese Zeit des beginnenden 14. Jh. fiel auch der Niedergang des einst so bekannten Zisterzienserinnenklosters. Aus ihm sind die bedeutendsten Vertreterinnen der deutschen Mystik hervorgegangen.

Daneben ist Helfta auch aus bergbauhistorischer Sicht einen Besuch wert. Dazu zählt zum einen die auf dem Weg in Richtung Bahnhof sichtbar werdende größere Flachhalde. Sie gehört zum ehemaligen Hermannsschacht, der hier von 1899 bis 1924 Kupferschiefererz aus fast 400 m Tiefe gewann. Kurz vor der Halde befindet sich ein versumpftes, Schilf bewachsenes Terrain, das deutlich tiefer als das umgebende Gelände liegt (Abb. U64). Eine Pumpstation muss das Wasser des hier entlangfließenden Kuhschluchtbaches mittels Rohrleitungen über diese Geländesenke hinwegführen, da die natürlichen Vorflutbedingungen durch die Absenkung der Erdoberfläche gestört wurden. Diese Erscheinungen sind hier in Helfta - ebenso wie in den umgebenden Orten (z. B. Erdeborn) und selbst in Eisleben - häufig anzutreffen. So belegen Messungen für den Zeitraum von 1955 bis 1969 sogar lokale Absenkungen von über 4 m. Diese Absenkungen gehen auf Auslaugungsprozesse zurück, die an den am Hornburger

Abb. U64: Durch Geländeabsenkung als Folge unterirdischer Auslaugungsprozesse und nachfolgenden Grundwasseranstieg entstandene Depression mit Vegetationsausfällen bei Helfta (Foto: M. Frühauf, 2002)

Sattel ausstreichenden Zechsteinschichten ansetzten und sich von hier aus, entsprechend dem Schichtverlauf, in die Tiefe und damit nach Norden bzw. Nordosten weiterentwickelten. Die Auslaugungen im Untergrund arbeiteten sich allmählich durch Nachsacken des Deckgebirges auch an die Oberfläche durch. Dies führte zu den genannten unterschiedlich schnellen Geländeabsenkungen, aber auch zu plötzlichen Erdfällen. Der Kupferschieferabbau hat diese natürlichen Auslaugungsprozesse in unterschiedlichster Form und Intensität beeinflusst und dabei das natürliche Geschehen sogar noch beschleunigt. Obwohl im Untergrund von Helfta die auslaugungsanfälligen Zechsteinsedimente noch von einer ca. 150 m mächtigen Buntsandsteinablagerung überdeckt werden, häuften sich diese Erscheinungen hier in den 1960er und 1970er Jahren stark. Neben dem Senkungszentrum in der Umgebung der Halde befindet sich ein zweites im Ortszentrum (Dachsoldstraße). Hier entwickelte sich als Folge der Geländesenkung der so genannte „Hühnerfarm-See". Der Name weist darauf hin, dass die ehemals hier gelegene Hühnerfarm genauso wie zahlreiche andere Gebäude abgerissen werden musste. In der Zwischenzeit ist das großflächige Senkungsgeschehen stark zurückgegangen. Allerdings zeigen sich im gesamten durch Bergbau beeinflussten Gebiet nach wie vor Spätfolgen. So traten in den letzten Jahren wiederholt im Umfeld von Eisleben Tagesbrüche auf, die Gartenanlagen oder Straßen stark beeinträchtigten

Abb. U65: Tagesbrüche an der Straße Eisleben-Bischofferode (Foto: R. Liermann, 2001)

(Abb. U65). Dies vergegenwärtigt uns, dass diesem Gefährdungspotenzial auch zukünftig verstärktes Augenmerk gewidmet werden muss.

Bevor wir nun unsere Exkursion in Eisleben oder an der B 80 enden lassen, wenden wir unseren Blick noch der südwestlich des Kreisverkehrs gelegenen Freifläche zu. Auf ihr ist heute ein Gedenkstein zu sehen, der an das Schicksal von 90.000 deutschen Kriegsgefangenen erinnert, die hier kurz nach dem Zweiten Weltkrieg in einem alliierten Kriegsgefangenenlager interniert waren.

Glossar

Akkumulation	Sammlung von Verwitterungs-, Abtragungs- und Bodenmaterial
Aufschluss	eine natürliche bzw. künstlich geschaffene Stelle im Gelände, an der das anstehende Gestein unverhüllt beobachtet werden kann
Auslaugungsniederung	weitflächige Senke, entstanden durch unterirdischen Austrag leichtlöslicher Substanzen aus dem Gesteinsverbund, z. B. Salzablaugung
Ausstreichen	Schnitt eines Gesteinskörpers mit der Erdoberfläche
allochthon	orts- oder bodenfremd – an einem anderen Ort entstanden
autochton	am Ort des Vorkommens entstanden
Bitumen	teerige Kohlenwasserstoffverbindungen, unter Luftabschluss gebildet
Caprolactam	organisch-chemische Verbindung; aus Phenol oder Benzol herstellbare weiße Kristalle mit geringem Schmelzpunkt
Devastierung	Verwüstung; Zerstörung
Erosion	linear wirkende Abtragungsprozesse, z. B. Bodenerosion
Eutrophierung	Nährstoffübersättigung von Gewässern, z. B. durch industrielle, landwirtschaftliche und häusliche Abwässer
Flockung	chemisches Ausfällen eines Stoffes in lockerer (flockiger) Form
Flöz	bergmännische Bezeichnung für eine Schicht nutzbarer Gesteine (z. B. Kohle, Erz)
Gentrifizierung	mit der Verdrängung einkommensschwacher Bevölkerung verbundene soziale und bauliche Aufwertung innenstadtnaher Wohnquatiere
grusig	Adjektiv für feinkörniges (2–6 mm), verwittertes Gestein (Granit)
Hangendes	geologischer Körper (Gesteinsschicht, Erdgang usw.), der sich über einem betrachteten geologischen Körper befindet
humid	Bezeichnung für ein Klima, in dem der Gesamtniederschlag eines Jahres höher ist als die maximal mögliche Verdunstung
Hunt	Förderwagen im Bergbau
Kaolin	unter tropischen Bedingungen entstandenes Verwitterungsprodukt aus feldspatreichen Magmagesteinen
Karst	Landschaftstyp, der bestimmt wird durch das Auftreten löslicher Gesteine (Salze, Gipse, Kalke u. a.) und deren durch Lösungsverwitterung entstandene Oberflächenformen
Karstquelle	Quelle am Rande eines verkarsteten Gebietes, welche aus dem unterirdischen Karstwasser gespeist wird
klastisch	aus Gesteinsbruchstücken und/oder zerbrochenen Mineralien bestehende Gesteine
Konglomerat	grobklastisches Sedimentgestein, das aus abgerundeten Gesteinstrümmern besteht
kontaktmetamorph	durch Umwandlung älterer Gesteine infolge Kontakt mit aufsteigender Magma entstanden
Liegendes	geologischer Körper (Gesteinsschicht, Erdgang usw.), der sich unter einem betrachteten geologischen Körper befindet
Löss	kalkhaltiges, gelblich-braunes, ungeschichtetes und vom Wind abgesetztes Lockersediment

Mäander	Flussschlingen in mehr oder weniger regelmäßig schwingenden Krümmungen
Menhir	aufrecht aufgestellter einzelner Stein der Jungsteinzeit von kultischer Bedeutung
Mergel	klastisches Sedimentgestein mit schwankendem Verhältnis aus Kalk und Ton
Molasse	tertiäre Ablagerung (Konglomerate, Mergel, Sandsteine) im Alpenvorland
Moräne	gesamter vom Gletscher transportierter und abgelagerter Gesteinsschutt
Periglazial	klimabedingte geologische Bildungen, die sich in der weiteren Umrandung eines vereisten Gebiets, insbesondere des pleistozänen Vereisungsbereiches, befinden
Pinge	durch Einsturz unter Tage entstandener oberirdischer Einbruch
Podsol	Auswaschungsbodentyp silikatischer Lockergesteine und Verwitterungsdecken
Porphyr	Ergussgesteine, mit dichter oder feinkörniger Grundmasse und Einsprenglingen
Ruderalfläche	anthropogen geprägter, überwiegend pflanzenarmer Standort
Salzspiegeltal	Senke in unterirdischer Auslaugungsoberfläche (Salzspiegel)
Saxonische Gebirgsbildung	über Salzstöcken im außeralpinen Europa vom obersten Jura bis zur oberen Kreide andauernde schwache Faltungsphase des nordwestdeutschen Bruchfaltengebirges
Schichtrippe	an widerständiges Gestein gebundener, langgestreckter Bergrücken
Schluff (auch Silt)	feines, mineralisches Material der Korngröße 0,002–0,063 mm
Schluffstein	Festgestein aus verdichtetem und verfestigtem Schluff
Scholle	von Verwerfungen begrenztes Bruchstück der Erdkruste
Schwarzerde	unter Steppenbedingungen entstandener sehr fruchtbarer Boden mit mächtigem, dunklem, humusreichem Oberboden
Sedimentation	Ablagerung von Verwitterungsprodukten der Erdkruste
Sole	wirtschaftlich nutzbares, stark salzhaltiges Wasser mit über 3 % Natriumchlorid
Spektralbereich	Ausschnitt aus dem gesamtem Wellenlängenbereich des Lichtes
Suburbanisierung	Dekonzentrationsprozess von Bevölkerung und Gewerbe in das Umland
Tektonik	Vorgänge, die das Gefüge und die Lagerungsverhältnisse der Erdkruste verändern
Teufe	die von der Erdoberfläche aus senkrecht nach unten gemessene Tiefe
Tuff	verfestigtes, vulkanisches Sedimentgestein aus Aschen und Gesteinstrümmern
Variskisches Gebirge	Reste der Gebirgsbildung von Devon bis Perm (Rotliegendes)
Verschwelung	Teil der thermischen Zersetzung fester und flüssiger Stoffe unter Luftabschluss bei Temperaturen von mehreren hundert Grad
Verwerfung	tektonisch bedingte Verschiebung von Gesteinsschollen entlang von Bruchlinien
Xerothermrasen	Rasen in trockenwarmen Geoökosystemen der Steppen und Savannen

Literatur (Auswahl)

AURADA, K. (1969): Hydrologie und Wasserwirtschaft des Schlenzegebiets und ihre Beeinflussung durch die Wasserhaushaltung des Kupferschieferabbaus in der Mansfelder Mulde, Diss. (A), Martin-Luther-Universität Halle-Wittenberg.

BERKNER, A. u. a. (Hrsg.) (2001): Exkursionsführer Mitteldeutschland, Braunschweig.

BEZ, D. (1995): Die Entwicklungsprobleme der Region Halle-Leipzig. In: Materialien zur Angewandten Geographie, H. 30, S. 101-133.

BÖTTCHER, C./KATHE, H. (1991): Geschichte Sachsen-Anhalts in Karte, Bild und Text, Halle.

BRAKE, K./DANGSCHAT, J./HERFERT, G. (Hrsg.) (2001): Suburbanisierung in Deutschland - aktuelle Tendenzen, Opladen.

BRENDEL, K./FANTASNY, D./SUDERLAU, G. (1970): Der Einfluß der Senkungs- und Erdfallgebiete in der Mansfelder Mulde auf Baubestand und Bauplanung, Exkursionsführer zur Vortrags- und Exkursionstagung der DGGW 12.-15. November 1970 in Halle, Berlin (Ost), S. 39-101.

BRINGEZU, H. (2002): Stein- und Kalisalzschächte im Saalkreis, Heimatblätter Halle-Saalkreis, S. 23-29.

BRÜGGEMEIER, F.-J./KORFF, G./STEINER, J. (Hrsg.) (1998): Mittendrin - Sachsen-Anhalt in der Geschichte, Dessau.

BRÜLLS, H./DIETZSCH, T. (2000): Architekturführer Halle an der Saale, Berlin.

BRUNOTTE, E. (Hrsg.) (2001): Lexikon der Geographie, Heidelberg.

BUNDESAMT FÜR BAUWESEN UND RAUMORDNUNG (Hrsg.) (2000): Raumordnungsbericht 2000, Bonn.

BÜRO FÜR STÄDTEBAU UND ARCHITEKTUR DES RATES DES BEZIRKES HALLE (Hrsg.) (1972): Halle-Neustadt. Plan und Bau der Chemiearbeiterstadt, Berlin (Ost).

DACHVERBAND BERGBAUFOLGELANDSCHAFT/STIFTUNG BAUHAUS DESSAU (Hrsg.) (1997): BergbauFolgeLandschaft. Jahrbuch 1997, Leipzig.

DAMISCH, W./VILLWOCK, G. (Hrsg.) (1997): Beiträge zur Natur, Landnutzung und Wirtschaft des Naturparks „Unteres Saaletal“. Arbeiten aus dem Naturpark „Unteres Saaletal“, Halle.

DÖGE, H./HEROLD, U./THOMAE, M. (2002): Die Hallesche Marktplatzverwerfung. In: Stadt Halle, Umweltamt (Hrsg.) (2002): Halle neu entdecken auf dem Geologischen Lehrpfad - Die Hallesche Marktplatzverwerfung (Faltblatt), Halle.

DOLGNER, D. (Hrsg.) (1996): Historische Industriebauten der Stadt Halle/Saale, Halle.

DOLGNER, D. (Hrsg.) (1997): Historische Bauten und Anlagen der Stadttechnik und des Verkehrs der Stadt Halle/Saale, Halle.

EXNER, M./SCHWAB, M. (2000): Der Wettin-Rhyolith. Beitrag zur Oberflächenverbreitung und Entstehung eines Halleschen Quarzporphyrs. In: Hercynia, H. 2, S. 173-190.

FRANZ, P. (2001): Entwicklung des Wirtschaftsraumes Halle-Leipzig in den nächsten Jahren (Unveröff. Vortragsmanuskript), Halle.

FRIEDRICH, K. (1998): Die Wohnsuburbanisierung in der Stadtregion Halle (Saale). In: Hallesches Jahrb. Geowiss. R.A., Bd. 20, S. 107-115.

FRIEDRICH, K. (2000): Gentrifizierung. Theoretische Ansätze und Anwendung auf Städte in den neuen Ländern. In: Geographische Rundschau 52, S. 34-39.

FRIEDRICH, K. (2005): Siedlungsstruktureller und sozioökonomischer Wandel in der mitteldeutschen Kernregion Halle-Leipzig. In: Geographische Rundschau, Jg. 57, S. 20–26.

FRIEDRICH, K./MÜLLER, S. (2000): Halle-Neustadt. Gegenwart und Perspektiven eines ostdeutschen Großwohngebiets im Zeichen kumulativer Schrumpfungsprozesse. In: Hallesches Jahrb. Geowiss. R.A., Bd. 22, S. 119–129.

FRÜHAUF, M. (1993): Der Ostharz. Geographie und Geschichte einer mitteldeutschen Landschaft (zusammen mit: H. J. Bartmuß u. A. Schellbach). In: Mitteilungen der Geogr. Gesellschaft zu Lübeck, Bd. 58/1993, S. 11–49 (eigener Anteil).

FRÜHAUF, M. (1995): Zeugnisse der erdgeschichtlichen Entwicklung und Besonderheiten des landschaftlichen Inventars des Saalkreises. In: Heimat-Jahrbuch Saalkreis, Bd. 1, hrsg. vom Landratsamt Saalkreis in Zusammenarbeit mit dem Museum Petersberg, S. 51–58.

FRÜHAUF, M. (1999): Das Mansfelder Land. Kontrastraum zwischen landschaftlichen „Highlights“, Umweltbelastungen und sozialen sowie wirtschaftlichen Problemen. In: Hercynia. N.F., Bd. 32., H. 2., S. 161–190.

FRÜHAUF, M. (2005): Das Mansfelder Land – ökologische Probleme in einer sich wandelnden Kulturlandschaft. In: Geographische Rundschau, Jg. 57, S. 35–41.

FRÜHAUF, M./HARDENBICKER, U. (Hrsg.): Geowissenschaftliche Umweltforschung im mitteldeutschen Raum, Beiträge der 3. Tagung zur Geographischen Umweltforschung in Mitteldeutschland 6.–7. November 1997 Halle (Saale), Halle.

GEOLOGISCHES LANDESAMT SACHSEN-ANHALT (Hrsg.) (1996): Mitteilungen zur Geologie von Sachsen-Anhalt, Beiheft 3, Geotopverzeichnis.

GLORIUS, B./MÜLLER, S. (2001): Die Innenstadt von Halle (Saale) – auf dem Weg zu einer attraktiven City? In: Hallesches Jahrb. Geowiss. R.A., Bd. 23, S. 95–105.

HARTWICH, H.-H. (Hrsg.) (1995): Universitätsjubiläum und Erneuerungsprozeß. Die Martin-Luther-Universität Halle-Wittenberg im dreihundertsten Jahre ihres Bestehens, Opladen.

HERLYN, U./HUNGER, B. (Hrsg.) (1994): Ostdeutsche Wohnmilieus im Wandel (= Stadtforschung aktuell, Bd. 47), Basel/Boston/Berlin.

HERTZBERG, G.F. (1998): August Hermann Francke und sein hallisches Waisenhaus, Halle (Nachdruck der Originalausgabe von 1898).

INTERESSENVEREIN BERGBAUGESCHICHTE/BERGBAUTRADITION/UNIVERSITÄTSZENTRUM FÜR UMWELTWISSENSCHAFTEN (Hrsg.) (1996): Bergbau- und Umweltgeschichte in Mitteldeutschland. Sammelband zum Kolloquium an der MLU 7.3.1996, Halle.

JÄNCKEL, R./KRAUSE, H.-H./WALOSSEK, W. (1972): Stadtgeographie von Halle. In: Halle und Umgebung: Geographische Exkursionen (= Geographische Bausteine, N.R., H. 12), Gotha/Leipzig, S. 16–38.

JANKOWSKI, G. (Bearb.) (1995): Zur Geschichte des Mansfelder Kupferschieferbergbaus, Clausthal-Zellerfeld.

JÜRGENS, U. (1998): Einzelhandel in den neuen Bundesländern: die Konkurrenzsituation zwischen Innenstadt und „Grüner Wiese“, dargestellt anhand der Entwicklung in Leipzig, Rostock und Cottbus (= Kieler Geographische Schriften 98), Kiel.

KARPE, W./KUNERT, R. (1994): Das geologische Naturdenkmal „Weiße Wand“ bei Dobis (Saalkreis). – Journal für Natur- und Heimatfreude, 4. Jg., S. 13–15.

KEIDEL, TH. (2001): Gewerbesuburbanisierung entlang der B 100. In: Berkner, A. u. a. (Hrsg.): Exkursionsführer Mitteldeutschland, Braunschweig, S. 42 f.

KIRCHHOFF, F.-W. (1995): Sachsen-Anhalt im Wandel des 19. Jahrhunderts von der Agrarregion zur Industrie-Agrarregion, scientia halensis, H. 2, S. 36–38.
KNOCHENHAUER, G. u. a. (1994): Braunkohlenlagerstätte Geiseltal. Gestaltung einer Bergbaufolgelandschaft. Halle.
KOCH, S./ZINKE, G. (2001): Veränderungen des Gewässernetzes und des Wasserhaushalts der Weiße-Elster-Luppe-Aue (sachsen-anhaltischer Teil) durch den Bergbau. In: Hallesches Jahrb. Geowiss. R.A., Bd. 23, S. 1-15.
KOCH, TH. (2000): Der Wiederaufschluss des Gutjahrbrunnens am Hallmarkt in Halle (Saale). In: Hallesches Jb. Geowiss. 22, S. 141-150.
KOWALSKI, J./WINKELHOFER, D. (Hrsg.) (1991): Diva in Grau. Häuser und Gesichter in Halle (Fotografien von Helga Paris), Halle (Neuauflage 2006).
KRUMBIEGEL, G./SCHWAB, M. (1974): Saalestadt Halle und Umgebung. Ein geologischer Führer, Teil 1 u. 2, Halle.
KRUMBIEGEL, G./VORTHMANN, P. (1980): Geologische Naturdenkmäler in den Stadtkreisen Halle/Saale und Halle-Neustadt sowie im Saalkreis. In: Fundgrube 3, S. 78–89.
KRUMBIEGEL, G./RÜFFLE, L./HAUBOLD, H. (1983): Das eozäne Geiseltal. Ein mitteleuropäisches Braunkohlenvorkommen und seine Tier- und Pflanzenwelt, Lutherstadt Wittenberg.
KUGLER, H./MÜCKE, E. (1979): Geomorphologische Skizze des Halleschen Raumes. In: Wiss. Beiträge MLU Halle-Wittenberg, 45 (Q 5): Halle, S. 77–98.
KUGLER, H./SCHMIDT, W. (Hrsg.) (1988): Das Gebiet an der unteren Unstrut (= Werte unserer Heimat, Bd. 46), Berlin.
KUNERT, R. (1998): Zur Genese der Kaolintone, Tertiärquarzite und Eisenerze in der Umgebung von Halle (Saale). In: Mitteilungen zur Geologie von Sachsen-Anhalt, Bd. 4, Halle (Geologisches Landesamt Sachsen-Anhalt), S. 21–49.
LANDESAMT FÜR UMWELTSCHUTZ SACHSEN-ANHALT (Hrsg.) (1997): Die Naturschutzgebiete Sachsen-Anhalts, Jena.
LANDESAMT FÜR DENKMALPFLEGE SACHSEN-ANHALT (Hrsg.) (1997): Denkmalverzeichnis Sachsen-Anhalt, Bd. 5: Saalkreis, Halle.
LANDESAMT FÜR UMWELTSCHUTZ SACHSEN-ANHALT (Hrsg.) (1998): Arten- und Biotopschutzprogramm Sachsen-Anhalt - Stadt Halle (Saale) (= Berichte des Landesamtes für Umweltschutz Sachsen-Anhalt, Sonderheft 4).
LANDRATSAMT SAALKREIS (Hrsg.) (1995): Saalkreis. Ein Versuch, uraltes Land zu betreten, Halle.
MAGISTRAT DER STADT HALLE (Hrsg.) (1929): Halle an der Saale, 3. Aufl., Berlin-Halensee.
MAGISTRAT DER STADT HALLE/PROJEKTGESELLSCHAFT MBH DESSAU (Hrsg.) (1993): Stadterneuerung als Prozeß demokratischer und kultureller Weiterentwicklung. Perspektiven für Halle-Neustadt, Dessau.
MANIA, D. (1972): Das Eiszeitalter zwischen Thüringer Wald und Mittlerer Elbe. In: Urgeschichte und Heimatforschung, H. 10/11, Weimar.
MOHS, G./OELKE, E./ROSENKRANZ (Hrsg.) (1972). Halle und Umgebung. Geographische Exkursionen. Geographische Bausteine. N. R. H. 12, Gotha/Leipzig.
MEYERS (1992): Naturführer Harz, Mannheim/Leipzig/Wien/Zürich.
MRUSEK, H.-J. (1964): Halle/Saale, Leipzig.
MÜNZBERG, J./RICHTER, G./FINDEISEN, P. (1977): Architekturführer DDR. Bezirk Halle, Berlin (Ost).

NATURPARK UNTERES SAALETAL E. V. (Hrsg.) (o. J.): Wanderrouten im Naturpark „Unteres Saaletal“ (Mehrere Hefte: Dölau-Nietleben, Halle-Brachwitz, Wettin und Umgebung), Halle.

NEUSS, E. (1995): Besiedlungsgeschichte des Saalkreises und des Mansfelder Landes, Weimar.

NEUSS, E. (1999): Wanderung durch die Grafschaft Mansfeld, Halle.

NEUSS, E./ZÜHLKE, D. (Hrsg.) (1982): Mansfelder Land (= Werte unserer Heimat, Bd.38), Berlin (Ost).

NICKEL, H. L. u. a. (1996): Martin Luther in Halle, Kabinettausstellung der Marienbibliothek und der Franckeschen Stiftungen zu Halle im Luthergedenkjahr 1996, Halle.

OELKE, E. (Hrsg.) (2002): Glück auf! Bergbau und Bergbauregionen in Sachsen-Anhalt. Exkursionsführer, Halle.

PANTENIUS, M. (2005): Stadtführer Halle (Saale), Halle.

PATZ, R./KUHPFAHL, I. (2000): Neue räumliche Nähe: zur Qualität der Suburbanisierung im Entwicklungskorridor Leipzig - Halle (= UFZ-Bericht 18), Leipzig.

RAMM, P. (1986): Pfalz und Schloß zu Merseburg. Merseburger Land. Beiträge zur Geschichte und Kultur des Kreises Merseburg, Merseburg.

RAT DES BEZIRKES HALLE (Hrsg.) (1989): Umweltbericht des Bezirkes Halle. Fachorgan Umweltschutz, Naturschutz und Wasserwirtschaft, Halle.

RAT DES SAALKREISES (Hrsg.) (1990): Der Saalkreis in Vergangenheit und Gegenwart, Hannover.

ROSENFELD, M. T. W. (2000). Region Halle-Leipzig: vom Industrie- zum modernen Dienstleistungsstandort. In: Kirk, C. (Hrsg.): Wirtschaftsstandort Halle (Saale), Halle, S. 34-40.

ROTHER, K. (1997): Deutschland - Die östliche Mitte, Braunschweig.

RUSKE, R. (1963): Zur Entstehung des Gewässernetzes in der Umgebung von Halle/Saale. In: Hercynia N.F. Halle, Bd. 1, Leipzig, S. 40-50.

SACHSEN LB/GVZ (Hrsg.) (2003): Ideen auf den Weg bringen. 10 Jahre Güterverkehrszentrum Leipzig 1903-2003, Leipzig.

SAHNER, H. (1999): Zur Entwicklung der ostdeutschen Städte nach der Wende - nicht nur „dem Tod von der Schippe gesprungen“. In: Aus Politik und Zeitgeschichte. Beilage zur Wochenzeitung „Das Parlament“ B5/99, S. 26-37.

SAHNER, H. (1996). Städte im Umbruch. In: Strubelt u. a. (1996): Städte und Regionen - Räumliche Folgen des Transformationsprozesses, Opladen, S. 447-480.

SCHLÜTER, F. (1940): Die Grundrißentwicklung der Halleschen Altstadt. In: Mitt. d. Sächs.-Thür. Ver. f. Erdk. zu Halle a.d. Saale, Beiheft Nr. 12.

SCHLÜTER, O./AUGUST, O. (Hrsg.) (1959-1961): Atlas des Saale- und mittleren Elbegebietes, Leipzig.

SCHMIDT, H./FLIEGNER, S. (1997): Der Saalepark Günthersdorf - ein Megaprojekt des Dienstleistungssektors im suburbanen Raum Leipzig-Halle: Wirkungen und Probleme. In: Materialien des Instituts für Kulturgeographie, Stadt und Regionalforschung Frankfurt (Main) 21, S. 15-42.

SCHMIDT, U. (1960): Die Industrie als stadtbildender Faktor für Halle an der Saale, eine ökonomisch-geographische Untersuchung, Diss. Halle.

SCHÖLLER, P. (1987): Stadtumbau und Stadterhaltung in der DDR. In: Heineberg, H. (Hrsg.): Innerstädtische Differenzierung und Prozesse im 19. und 20. Jahrhundert (= Städteforschung aktuell, 25), Köln/Wien.

SCHOLZ, D. (1977): Die industrielle Agglomeration im Raum Halle-Leipzig zwischen 1850 und 1945 und die Entstehung des Ballungsgebietes. In: Hallesches Jb. Geowiss. 2, S. 87-116.
SCHRÖDER, A. (1929): Teutschenthal. Ein Beitrag zur tausendjährigen Geschichte des Ortes, Eisleben. (Reprint 1993 Halle).
SCHUBERTH, K. (1997): Geologische Verhältnisse und Landschaftsformen (im Naturpark „Unteres Saaletal"). In: Damisch, W./Villwock, G. (Hrsg.) (1997): Beiträge zur Nutzung, Landnutzung und Wirtschaft des Naturparks „Unteres Saaletal". Arbeiten aus dem Naturpark „Unteres Saaletal", H. 5, Halle, S. 10-28.
SCHUBERTH, K. (1997): Das Gebiet des unteren Saaletales im Satellitenbild. In: Damisch, W./Villwock, G. (Hrsg.) (1997): Beiträge zur Nutzung, Landnutzung und Wirtschaft des Naturparks „Unteres Saaletal". Arbeiten aus dem Naturpark „Unteres Saaletal", H. 5, Halle, S. 122-125.
SCHULZ, W. (1962): Gliederung des Pleistozäns in der Umgebung von Halle/Saale. In: Geologie, Beiheft 36, Berlin (Ost).
SCHULZE-THULIN, B. (2005): Wanderführer für Mitteldeutschland, Bd. 1: Halle und Umgebung, Halle.
SCHWAB, M. (1963): Bemerkungen zu den Lagerungsverhältnissen in der Steinkohlenlagerstätte Wettin bei Halle (Saale). In: Hall. Jb. Mitteldtsch. Erdgesch., 5, Berlin (Ost), S. 34-43.
SCHWAB, M. (1964): Der geologische Aufbau des Halleschen Porphyrkomplexes. In: Hercynia N.F., H. 1, Leipzig, S. 167-185.
SCHWAB, M./KÖBBEL, W. (1959): Zur Geschichte des Steinkohlenbergbaus in der Halleschen Mulde. In: Wiss. Z. Univ. Halle, Math.-Nat. R., H. 8, Halle, S. 323-336.
SCHWAB, M./VORTHMANN, P. (1979): Regionalgeologische Übersichten ausgewählter Kreisgebiete des Bezirkes Halle und der Harzkreise. In: Hercynia N.F., H. 16, Leipzig, S. 295-313.
SCHWARZ, B./FAIST, H. (1993): Historisches vom Strom. Schifffahrt auf Saale und Unstrut. Personenschifffahrt - Güterschifffahrt, Duisburg.
SCHWARZE-NEUSS, E. (1996). Dölauer Heide - Schutz und Pflege in alter und neuer Zeit. In: calendula, H. 2 u. 3/96, S. 14-16.
STAATL. AMT FÜR UMWELTSCHUTZ (1993): Der Süße See - das blaue Auge des Mansfelder Landes, Halle.
STADT DARMSTADT (Hrsg.) (1984): Baudenkmale in Hessen. Stadt Darmstadt. Das Johannesviertel (= Denkmaltopographie Bundesrepublik Deutschland).
STADT HALLE, DEZERNAT UMWELT U. NATURSCHUTZ (Hrsg.) (o. J.): Die Dölauer Heide - Waldidylle in Großstadtnähe, Halle.
STADT HALLE, DEZERNAT UMWELT- UND NATURSCHUTZ (Hrsg.) (1998): Landschaftsrahmenplan der Stadt Halle (Saale), Halle.
STADT HALLE, DEZERNAT UMWELT- UND NATURSCHUTZ (Hrsg.) (2000): Dritter Umweltbericht Stadt Halle (Saale), Halle.
STADT HALLE, EINWOHNER- UND STATISTIKAMT (Hrsg.) (2001): Sonderveröffentlichung: Halle und sein Umland, Halle.
STADT HALLE, EINWOHNER- UND STATISTIKAMT (Hrsg.) versch. Jgg.: Statistisches Jahrbuch der Stadt Halle, Halle 1993-2004.
STADT HALLE, STADTPLANUNGSAMT (Hrsg.) (1998): Flächennutzungsplan 1998. Erläuterungsbericht, Halle.

STADT HALLE, STADTPLANUNGSAMT (Hrsg.) (1996): Mafa, Venag und dann? Neue Planungen für alte Industriestandorte: Ergebnisse des Gutachterverfahrens „Altindustriestandorte westlich und östlich der Merseburger Straße“, Halle.

STADT HALLE, UMWELTAMT (Hrsg.) (2002): Halle neu entdecken auf dem Geologischen Lehrpfad - Die Hallesche Marktplatzverwerfung (Faltblatt), Halle.

STADTSPARKASSE HALLE (Hrsg.) (1929): Die neue Gartenvorstadt Gesundbrunnen: Stadterweiterung Halle, Halle.

SCHULZE-THULIN, B. (2005): Halle und Umgebung (= Wanderführer für Mitteldeutschland, Bd. 1), Halle.

TAUCHÉ, B. (2001): Die Entstehung der Kulturlandschaft - Geiseltal. In: Nühlen, M. (Hrsg.): Merseburger Ringvorlesung. Geschichte und Geschichten, Merseburg.

WAGENBRETH, O./STEINER, W. (1982): Geologische Streifzüge - Landschaft und Erdgeschichte zwischen Kap Arkona und Fichtelberg, Leipzig.

WALOSSEK, W. (1982): Methodologische Grundlagen und Probleme der Erfassung und Bewertung der industriellen Flächennutzung - ein geographischer Beitrag zur Planung einer rationellen Nutzung der Ressource Fläche am Beispiel der Stadt Halle (Saale), Diss. Halle

WALOSSEK, W. (1996): Verkehrsentwicklungsplanung im Raum Halle-Leipzig. In: Praxis Geographie, S. 22-26.

WERNER, E. (1992): Das Händel-Haus in Halle - Geschichte des Händel-Hauses und Führer durch die Händel-Ausstellung, Halle.

WINDE, F./FRÜHAUF, M. (2001): Sediment- und Schwermetalltransport in städtischen Auengebieten - eine Fallstudie der Saale-Aue bei Halle. In: Erhaltung und Regenerierung der Flusslandschaft Saale, Workshop, Nova Acta Leopoldina, Halle, S. 23-43.

ZINKE, G. (1993): Ökologische Probleme von Fließ- und Standgewässern in der Stadtregion Halle. In: Berichte zur Dt. Landeskunde 6.1, S. 101-104.

ZINKE, G. (1995): Anthropogene Veränderungen der hydrographischen Verhältnisse der Saale im Stadtgebiet von Halle unter besonderer Berücksichtigung der Hochwasserproblematik. In: Hallesches Jahrb. Geowiss. R.A., Bd. 17, S. 21-33.

ZINKE, G. (1997): Die hydrographisch-hydrologischen Bedingungen des Naturparks „Unteres Saaletal“. In: Hercynia N.F., H. 30, Halle, S. 195-214.

ZINKE, G. (1998): Ökologische Probleme von Standgewässern im halleschen und mitteldeutschen Raum unter besonderer Berücksichtigung der Braunkohlenbergbau-Restseen. In: Frühauf, M./Hardenbicker, U. (Hrsg.): Geowissenschaftliche Umweltforschung im mitteldeutschen Raum, Halle, S. 179-189.

Karten

Karpe, W. (1994): Übersichtskarte Geologische Naturdenkmale und Geotope in Sachsen-Anhalt 1:400.000, Geologisches Landesamt Sachsen-Anhalt, Halle.

Knoth, W. (1993): Geologische Übersichtskarte von Sachsen-Anhalt 1:400.000, Geologisches Landesamt Sachsen-Anhalt, Halle.

Kriebel, U. /Martiklos, G. (1995): Geologische Karte Halle und Umgebung 1:50.000, Geologisches Landesamt Sachsen-Anhalt, Halle.

Kunert, R./Wansa, S. (1997): Geologische Karte 1:25.000, Blatt 4436 Wettin, mit Erläuterungen, 2. Aufl., Geologisches Landesamt Sachsen-Anhalt, Halle.

Stedingk, K./Rappsilber, I. (2000): Geologisch-Montanhistorische Karte der Reviere Mansfeld und Sangerhausen 1:50.000. Herausgegeben zu den Feierlichkeiten „800 Jahre Kupferschieferbergbau und Hüttenwesen", Halle (Geologisches Landesamt Sachsen-Anhalt).

Autoren- und Herausgeberverzeichnis

Dr. Inge Ammon, wiss. Mitarbeiterin Landesamt für Umweltschutz Halle

Dr. Iris Breuste, ehemalige wiss. Mitarbeiterin Institut für Geographie, MLU Halle-Wittenberg-Wittenberg

Prof. Dr. Jürgen Breuste, Hochschullehrer, Fachbereich Geographie, Geologie und Mineralogie, Universität Salzburg

Friedrich Bussmann, ehemaliger Beigeordneter für Planung und Umwelt der Stadt Halle

Dr. Steffen Fliegner, Mitarbeiter Fachbereich Stadtentwicklung und Stadtplanung Halle

Prof. Dr. Klaus Friedrich, Hochschullehrer, Institut für Geographie, MLU Halle-Wittenberg

Prof. Dr. Manfred Frühauf, Hochschullehrer, Institut für Geographie, MLU Halle-Wittenberg

Birgit Glorius, wiss. Mitarbeiterin Institut für Geographie, MLU Halle-Wittenberg

Geol.-Ing. Hans-Jürgen Hafermalz, ehemaliger Mitarbeiter Geologische Forschung und Erkundung Halle

Alexander Hermes, ehemaliger Mitarbeiter des Fachbereiches Grünflächen der Stadt Halle

Claudia Kaiser, ehemalige wiss. Mitarbeiterin Institut für Geographie, MLU Halle-Wittenberg

Dr. Georgia Kroll, wiss. Mitarbeiterin Institut für Geographie, MLU Halle-Wittenberg

Sabine Lachmann, ehemalige wiss. Mitarbeiterin Institut für Geographie, MLU Halle-Wittenberg

Dr. Sigrid Lange, Mitarbeiterin Fachbereich Grünflächen der Stadt Halle

Dr. Sabine Mücke, Mitteldeutsche Bürogemeinschaft für Landschafts- und Naturschutz

Dr. Wolfgang Raschke, wiss. Mitarbeiter Institut für Geographie, MLU Halle-Wittenberg

Barbara Rösel, ehemalige wiss. Mitarbeiterin Institut für Geographie, MLU Halle-Wittenberg

Prof. em. Heinz Sahner, Hochschullehrer am Institut für Soziologie, MLU Halle-Wittenberg

Dr. Martin Sauerwein, ehemaliger Wiss. Assistent Institut für Geographie, MLU Halle-Wittenberg

Prof. em. Dieter Scholz, Hochschullehrer, Institut für Geographie, MLU Halle-Wittenberg

Konrad Schubert, Mitarbeiter Geologisches Landesamt

Andrea Schultz, Doktorandin Institut für Geographie, MLU Halle-Wittenberg

Dr. Bruno Tauché, wiss. Mitarbeiter Institut für Geographie, MLU Halle-Wittenberg
Geol.-Ing. Lutz Volland, Landesamt für Geologie und Bergwesen Sachsen-Anhalt (Ö)
Dr. Wolfgang Walossek, ehemaliger wiss. Mitarbeiter Institut für Geographie, MLU Halle-Wittenberg
Prof. Dr. Frank Winde, Univ. Potchefstroom/Südafrika
Dr. Michael Zierdt, wiss. Mitarbeiter Institut für Geographie, MLU Halle-Wittenberg
Dr. Günther Zinke, ehemaliger wiss. Mitarbeiter Institut für Geographie, MLU Halle-Wittenberg

Danksagung

Die Verwirklichung des vorliegenden Exkursionsführers wäre ohne eine vielfältige Unterstützung nicht möglich gewesen. Deshalb danken wir allen Autoren, unseren Kartographinnen Frau Kellermann und Frau Schröter, dem Mitteldeutschen Verlag sowie den bei der Endredaktion und der Korrektur engagierten wissenschaftlichen Mitarbeiterinnen Birgit Glorius und Susanne Müller. Die Mitteldeutsche Zeitung gestattete freundlicherweise den Abdruck mehrerer Fotos.

Dank sagen wir auch den Firmen und Institutionen aus der Region, die durch finanzielle oder sonstige Unterstützung die materielle Grundlage für die Realisierung des Exkursionsführers gelegt haben: der Martin-Luther-Universität Halle-Wittenberg, der Stadtverwaltung Halle, der Universitäts- und Landesbibliothek Sachsen-Anhalt, den Stadtwerken Halle, der Halleschen Verkehrsbetriebe AG (HAVAG), der Abfallwirtschaft Lochau GmbH sowie der Wohnungsgenossenschaft Leuna e.G.

Die Herausgeber